NIVELLE / KUNST- UND DICHTUNGSTHEORIEN

ARMAND NIVELLE

KUNST- UND DICHTUNGSTHEORIEN ZWISCHEN AUFKLÄRUNG UND KLASSIK

ZWEITE, DURCHGESEHENE UND ERGÄNZTE AUFLAGE

WALTER DE GRUYTER · BERLIN · NEW YORK

1971

Durchgesehene und ergänzte Auflage der neubearbeiteten Ausgabe des bei Belles-Lettres, Paris, erschienenen Werkes *Les théories esthétiques en Allemagne de Baumgarten à Kant* (Bibliothek der Philosophischen Fakultät der Universität Lüttich)

INHALT

INHALT

VI

EINLEITUNG

Zweck vorliegender Studie ist die Darstellung der systematischen Reflexion über Schönheit, Kunst und Dichtung von Baumgartens *Aesthetica* bis zur *Kritik der Urteilskraft.* Der Verfasser hat sich vorgenommen, die großen ästhetischen Theorien, die in Deutschland zwischen 1750 und 1790 entstanden sind, zu deuten und den Gang der wichtigsten Einzelanschauungen, die darin vertreten sind, zu verfolgen.

Bis zum Jahre 1750 hatte Deutschland den französischen, englischen und italienischen Bemühungen um eine umfassende Kunstanschauung wenig Bedeutendes und Selbständiges an die Seite zu stellen.

Zwar hatten sich in der ersten Hälfte des Jahrhunderts heftige Polemiken zwischen den damaligen Koryphäen der Literaturkritik entsponnen. Gottsched hatte Ideale und Regeln verfochten, die größtenteils dem französischen Klassizismus entlehnt waren, während Bodmer und Breitinger die Überlegenheit Miltons verkündet und — allerdings nicht immer folgerichtig — zum Gebrauch des „Wunderbaren" in der Dichtung gemahnt hatten. So wertvoll diese ersten Versuche und auch weitere, davon unabhängige Untersuchungen und Lehren gewesen sein mögen, sie erweisen sich in prinzipiellen Fragen als recht unergiebig. Die große Fehde zwischen Leipzig und Zürich ist — das sehen wir heute ein — eher auf Mißverständnisse als auf grundlegende Unterschiede der Auffassungen zurückzuführen, so ähnlich, wenn nicht identisch, waren die beiderseitigen Ausgangspunkte und Voraussetzungen. Will man ohnedies die spärlichen Ergebnisse dieses Federkriegs an den Erkenntnissen messen, die bis dahin in den übrigen europäischen Ländern errungen worden waren, so fällt bald ihr Mangel an Ursprünglichkeit auf.

Im Bereich der Philosophie deutete Leibnizens System in mancher Hinsicht bereits auf die Probleme der Ästhetik. Die Idee der Monade verschaffte dem Individuellen Eingang ins metaphysische Denken; die „petites perceptions" drangen bis in das Irrationale und das Unbewußte der Seele vor; und der Schönheitsbegriff nahm in Leibnizens Weltbild einen nicht geringen Platz ein. Ohne Zweifel hätten diese Anschauungen einen trefflichen Ausgangspunkt für eine ästhetische Theorie abgeben können. Doch hatte ihr Urheber sie nicht ausgewertet: wenn er gelegentlich seine Meinung über Poesie äußerte, blieb er jeweils in herkömmlichen Schablonen befangen. Sein Jünger Wolff kümmerte sich nicht eifriger als er um die Prinzipien der Kunst.

Um die Mitte des Jahrhunderts bemächtigt sich der meisten Geister ein ausgesprochener Enthusiasmus für ästhetische Fragen; es taucht eine kaum übersichtliche Reihe von Abhandlungen, Systemen, „Hauptgrundsätzen", „Anfangsgründen" der Ästhetik auf, und eine Anzahl kritischer Zeitschriften dringt ins Publikum ein. Die „Weltweisen" können an dem Problem der Schönheit nicht mehr vorbeigehen; die Ästhetik lockt die hervorragendsten Denker an. In der *Neuen Bibliothek der schönen Wissenschaften* heißt es: „Die Philosophie scheint seit einiger Zeit bei uns aus ihrem gewöhnlichen Gleise herausgekommen zu sein. Sonst war ihr nicht bloß die Methode des Nachdenkens, sondern auch der Gegenstand vorgeschrieben; man dachte bei dem Worte Philosophie niemals an etwas anderes als an einen gewissen Zirkel von Ideen. Jetzt philosophieren wir über alles — und über unseren Geschmack fast am meisten"[1]). In kurzer Frist werden so entscheidende Fortschritte erzielt, daß Lessing im Jahre 1768 schreiben kann: „Gottsched ... galt in seiner Jugend für einen Dichter, weil man damals den Versmacher von dem Dichter noch nicht zu unterscheiden wußte. Philosophie und Kritik setzten nach und nach diesen Unterschied ins Helle"[2]).

Auf welche Weise entwickelt sich die Ästhetik nach 1750 so gewaltig? Sie schlägt zwei Richtungen ein, die Lessing mit den Begriffen Philosophie und Kritik sehr richtig bezeichnet hat.

Eine erste Gedankenströmung geht von der Leibniz-Wolffschen Schule aus. Deren Hauptvertreter sind Baumgarten, Meier, Sulzer und Mendelssohn. Ihr besonderes Anliegen ist das abstrakte Nachdenken über die Prinzipien der Kunst und die psychologische Erforschung des Geschmacksvermögens. Diese Gruppe wird im ersten Teil des Buches behandelt.

Einer zweiten Reihe gehören Winckelmann, Lessing und Herder als Hauptfiguren an. Im Gegensatz zu den vorigen sind diese Denker nicht rein spekulativ; sie kümmern sich ebensosehr um die Praxis wie um die Grundsätze. Als Kunsthistoriker, Dichter, Kritiker lassen sie sich in

---

[1]) 2. Band, S. 241.
[2]) *Hamburgische Dramaturgie*, 81. Stück.

den Kampf mit dem herrschenden Geschmack ein und verkünden neue Ideale. Ihnen ist der zweite Teil gewidmet.

Im Jahre 1790 verbindet Kant, der geniale Vollender aller ästhetischen Versuche seit Baumgarten, die Gedanken der Zeit zu einem einheitlichen Ganzen. Bei ihm sind die ästhetischen Anschauungen des Jahrhunderts am zusammenhängendsten und am vollständigsten vertreten. Die meisten Schemata seines ästhetischen Denkens entlehnt er der philosophischen Strömung von Baumgarten bis Mendelssohn, und den größten Teil seiner Kenntnis der Kunst verdankt er der empirischen Richtung von Winckelmann, Lessing und Herder. Unbeschadet seiner sonstigen Bedeutung erscheint sein Werk zunächst als eine Synthese des Rationalismus der „Philosophen" und des Empirismus der „Kritiker". Dies zu zeigen soll das Hauptanliegen des dritten Teils sein.

Die Zeitspanne zwischen 1750 und 1790 deckt keinen hergebrachten Abschnitt in der Geschichte der Kunst, der Philosophie und der Literatur. In der Ästhetik bildet sie jedoch eine Periode, deren Einheit bisher nicht deutlich erfaßt wurde. Es ist die Zeit des ä s t h e t i s c h e n B e w u ß t w e r d e n s. Von Baumgarten bis Kant hat dasselbe Grundproblem fortwährend im Mittelpunkt des Interesses gestanden: man war bestrebt, der Kunst und dem Schönen eine selbständige Eigenheit zuzuerkennen, ihre Prinzipien in das System der Wissenschaften einzugliedern, und dem Kunstgeschmack sowie der Kunstschöpfung eine Stellung im Gefüge des menschlichen Geistes anzuweisen. Als erster in Deutschland hat Baumgarten eine methodische Antwort auf diese Fragen vorgeschlagen. Er hat sie in der Philosophie eingebürgert und zum Gegenstand einer von der Logik, der Psychologie und der Metaphysik unabhängigen Disziplin erhoben. Kants ästhetische Betrachtungen kreisen immer noch um Fragen, die sich Baumgarten und seine Nachfolger vorlegten. Er ist aber der letzte, der sich um die Legitimität des Schönen im Reiche der Werte bemüht; dem Geschmack sichert er in der Seele einen Platz, der ihm von der nächsten Schule nicht mehr bestritten wird. Wohl werden späterhin die Meinungen über Rolle und Bestimmung der Kunst noch weit auseinandergehen; aber Schelling, Hegel, Schopenhauer nehmen das Anrecht der Schönheit auf den Rang der höchsten Werte ohne weiteres hin. Eine neue Epoche der Ästhetik hat begonnen.

Dieses Buch will keine vollständige Bestandsaufnahme der ästhetischen Anschauungen zwischen 1750 und 1790 bieten, sondern nur die Theorien darlegen, die eine zusammenhängende Auffassung des Schönen und der Kunst widerspiegeln. Außerdem berücksichtigt es die zahlreichen Abhandlungen nicht, die, obwohl umfassend und kohärent, wenig selbständig — etwa voneinander abgeschrieben oder aus einer fremden Sprache übersetzt — sind oder Popularisierungszwecken dienen. Es geht daher weder auf die theoretischen Versuche des Sturm und Drangs — deren bedeutendste ohnehin von Herder wiederaufgenommen und weiter ausgebaut wurden — noch auf die Reihe der vielen zweitrangigen Baumgartenschüler ein.

Der Verfasser hat es jedoch nicht nur auf eine Porträtsammlung angelegt: zugleich mit der Deutung der Werke will er den Werdegang der darin vorgetragenen Ideen verfolgen und die Verknüpfung der Theorien miteinander aufzeigen.

Erster Teil

PHILOSOPHEN

Kapitel I

BAUMGARTEN

Das bedeutendste Werk, in dem Baumgarten seine Anschauungen über das Schöne und die Kunst dargelegt hat, ist die *Aesthetica,* deren erster Band im Jahre 1750 erschien. Seine 1735 veröffentlichte Dissertation, *Meditationes philosophicae de nonnullis ad poema pertinentibus,* befaßte sich bereits mit Problemen der Dichtungstheorie, und in manchen seiner weiteren Schriften, etwa im *Aletheophilus* und in der *Sciagraphia encyclopaediae philosophicae,* finden sich wertvolle Bemerkungen über Fragen der Kunst. Daneben nahm vom Jahre 1742 an die Ästhetik einen ansehnlichen Platz in seinem akademischen Unterricht ein. Die Arbeiten bis 1750 sind aber Vorstufen zur *Aesthetica:* diese greift die meisten vorher geäußerten Ideen auf, umrahmt sie mit festen Grundsätzen und gliedert sie in ein geschlossenes System ein. Nur die *Meditationes* weisen in manchen Punkten beträchtliche Unterschiede auf, die ins Licht gerückt werden müssen.

Die *Aesthetica* sollte zwei große Teile umfassen: den theoretischen und den praktischen. Der erste hätte drei Kapitel enthalten: die Heuristik, die Methodologie und die Semiotik. Tatsächlich bricht jedoch das mehr als sechshundert Seiten starke Buch schon vor dem Schluß der Heuristik ab. An Hand der weiteren Abhandlungen Baumgartens, namentlich der *Meditationes,* und ferner mit Hilfe der *Anfangsgründe aller schönen Künste und Wissenschaften* seines Schülers G. F. Meier kann man sich immerhin einigermaßen vorstellen, was die Fortsetzung hätte sein sollen. Meiers Werk wurde zwar v o r der *Aesthetica* veröffentlicht, gibt aber großenteils die Anschauungen Baumgartens wieder, wie er sie in seinen Vorlesungen auseinandersetzte[1]).

Es wird durchgehend angenommen, daß Baumgarten das Wort Ästhetik im Sinne einer allgemeinen Schönheits- und Kunstlehre ge-

---

[1]) Inwiefern es erlaubt ist, Meier als Interpreten Baumgartens zu vertrauen, wird im zweiten Kapitel gezeigt.

prägt hat. Es erscheint zum erstenmal in den letzten Seiten der *Meditationes* und bezeichnet dort eine Theorie der αἰσθητά, d. h. eine Wissenschaft von der sinnlichen Erkenntnis, die der Theorie der νοητά, d. h. der Logik, gegenüberstehen soll[2]). Dieser einstweiligen Bestimmung nach ist die Ästhetik eine Disziplin, deren Aufgabe darin besteht, die Sinnlichkeit (facultas cognoscitiva inferior) zu erforschen und zu lenken, ähnlich wie die Logik die Tätigkeit des Verstandes (facultas cognoscitiva superior) untersucht und regelt[3]).

Obgleich Baumgarten seine Grundeinstellung näher bestimmt und das in seiner Definition enthaltene Programm ausführlich entwickelt hat, wollen einige Historiker in seinem Werk keinen sachlichen, sondern einen rein nominalen Beitrag sehen: er habe bloß eine alte Sache neu benannt[4]). Triftige Gründe für diese Meinung vermißt man bei ihnen allerdings so gut wie ganz. Offensichtlich hat sich mancher Ausleger durch die scholastische Schwerfälligkeit des Stils und durch das verzwickte und mit Fachausdrücken überladene Latein abstoßen lassen. Baumgarten war in erster Linie Philosoph. Hin und wieder wird sogar behauptet, er sei n u r Philosoph gewesen, und bei seinen ästhetischen Bemühungen habe es ihm ausschließlich daran gelegen, das System der Wissenschaften zu vervollständigen und abzurunden. Es habe ihm an jedem echten Kunstsinn gefehlt[5]). Der Vorzug seiner Geistesart liegt immerhin in einer stark ausgeprägten analytischen Veranlagung, die auf einer umfassenden und gediegenen philosophischen Bildung beruht und sich wohl nicht leicht anders als sehr abstrakt ausdrücken kann. Dennoch darf der mühevolle Zugang zu seinen Werken das Interesse ihres Inhalts nicht übersehen lassen. Der weitaus größte Teil der Arbeiten, die von der *Aesthetica* handeln, stützt sich lediglich auf die etwa zwanzig Paragraphen der Einleitung, in denen die Definitionen

---

[2] „Sunt ergo νοητά cognoscenda facultate superiore objectum logices, αἰσθητά ἐπιστήμης αἰσθητικῆς sive aestheticae", *Meditationes*, § 116. Schon in den fünfziger Jahren wird das Wort Ästhetik in dieser Bedeutung landläufig. Bekanntlich wird es in der *Kritik der reinen Vernunft* in einem anderen Sinn benutzt; bald aber schließt sich Kant dem allgemeinen Gebrauch an.

[3] „Scientia ... facultatem cognoscitivam inferiorem quae dirigat, aut scientia sensitive quid cognoscendi", *Meditationes*, § 115.

[4] Croce, *Estetica*, S. 215; vgl. auch Gilbert u. Kuhn, A *History of Esthetics*, S. 289.

[5] Auch Windelband, *Lehrbuch der Geschichte der Philosophie*, S. 414, der Baumgarten sonst sehr richtig würdigt, neigt zu der Meinung, die Ästhetik sei aus einem Systematisierungswunsch entstanden. Bergmann, *Die Begründung der deutschen Ästhetik*, S. 6 ff., hat eine Rettung Baumgartens als Kunstliebhaber versucht.

und allgemeinen Begriffe stehen. Auf solch schmaler Grundlage bauen sie dann eine synthetische Interpretation des Ganzen auf[6]).

Abgesehen von der sprachlichen Schwierigkeit weist der Text einen scheinbaren Mangel an Originalität auf, und zwar sowohl was den Gesamtplan als was die einzelnen Abschnitte betrifft, in denen die Merkmale des Kunstwerks erörtert werden. Die äußere Anlage erinnert ziemlich genau an die Rhetorik und Poetik. Deshalb konnte die Meinung auftauchen, Baumgarten sei eher der Testamentsvollstrecker dieser beiden Lehren als der Schöpfer einer neuen Wissenschaft gewesen. Seine Theorie stützt sich freilich auf die Rhetorik und die Poetik: Cicero, Plinius, Longin, Quintilian und die römischen Dichter sind die am häufigsten angeführten Gewährsmänner. Aristoteles wird nicht erwähnt; weder die zeitgenössische noch die griechische Dichtung werden eines Hinweises gewürdigt; es wird kein Beispiel aus den bildenden Künsten herangezogen; und die Schönheit der Natur spielt als solche keine Rolle. Die Quellen fließen fast alle aus der lateinischen Literatur, in welcher besonders die Ode und die Redekunst berücksichtigt werden; nur selten findet sich eine Bemerkung über das Epos, und das Drama wird ganz verschwiegen[7]). Darüber hinaus hat Baumgarten mehr oder weniger stark den Einfluß neuerer Denker erfahren, insbesondere den von Wolff und Leibniz; er gesteht selbst, daß manche

---

[6]) Angesehene Philosophen, wie z. B. Lotze und Croce, haben sich so schwerer Deutungsversehen schuldig gemacht, daß die Annahme naheliegt, sie hätten das Buch nur flüchtig durchgeblättert.

[7]) Diese Bemerkungen gelten nur für die lateinische Fassung der *Aesthetica*. Die von Poppe herausgegebene „Kolleghandschrift" bietet ein ganz anderes Bild und zeigt, daß Baumgarten mit der neueren und der zeitgenössischen Literatur vertraut war. Dort werden u. a. folgende Namen genannt: Gellert (§ 538), Shaftesbury (§ 556), Klopstock (§§ 158, 395), Voltaire (§§ 183, 595), Günther (§ 229), Fontenelle (§§ 244, 429), Addison (§ 302), Pope (§ 493), Lohenstein (§ 319); ebenfalls Boileau (§ 237), Scaliger (§ 272), Cervantes (§ 323), Rabanus Maurus und Abälard (§ 359), die Edda (§ 513). Sogar Aristoteles wird dort zitiert und besprochen (§§ 104, 586, 595). Schon diese Aufzählung macht die Behauptung hinfällig, Baumgarten lasse jedes Verständnis für neuere Dichtung vermissen (Salmony, *Die Philosophie des jungen Herder*, S. 119). Auch Hinweise auf Malerei und Musik finden sich ab und zu im Kollegheft (§§ 146, 428). Dennoch haben schon die Zeitgenossen die Grenzen der Baumgartenschen Theorie deutlich bemerkt; eine anonyme Rezension in der *Bibliothek der schönen Wissenschaften*, 3. Band, S. 135, lautet: „Eine Ästhetik also, deren Grundsätze bloß entweder a priori geschlossen oder bloß von der Poesie und Beredsamkeit abstrahiert worden sind, muß in Ansehung dessen, was sie hätte werden können, wenn man die Geheimnisse aller Künste zu Rate gezogen hätte, ziemlich eingeschränkt und unfruchtbar sein. Daß aber die Baumgartische Ästhetik wirklich diese eingeschränkten Grenzen hat, ist gar nicht zu leugnen."

seiner Anschauungen Breitinger, Gottsched, Vossius, Werenfels und Geßners *Thesaurus* entlehnt sind; Dubos, Vico, teilweise auch Batteux kämen ferner in Betracht. Trotzdem ist keiner der zur Herabsetzung von Baumgartens Verdienst angeführten Gründe stichhaltig. Keiner entkräftet das Wesentliche daran. Will man seine Rolle richtig einschätzen, so sind von ihm weder konkrete Ansichten über die Kunst, noch praktische Anweisungen für die Ausübung der Dichtung zu erwarten. Mangel an Originalität in den Einzelheiten seines Werkes darf ihm unbeschadet seines Ansehens nachgesagt werden. Seine wahre Ursprünglichkeit liegt anderswo.

Baumgarten hat sich besonders mit drei Problemen befaßt, die nacheinander betrachtet werden sollen: er hat der Ästhetik in der Philosophie der Zeit ihren Platz angewiesen, die ästhetische Einstellung definiert und schließlich ein System zu entwickeln versucht.

1. Stellung der Ästhetik in der Leibnizischen Philosophie

Baumgartens erstes Anliegen war, den Platz der neuen Disziplin im philosophischen System der Zeit zu bestimmen. Das Weltbild, das die deutschen Universitäten damals gewöhnlich vermittelten, gründete sich auf Leibnizens Anschauungen, die auch dem breiteren Publikum in der ihnen von Wolff gegebenen Form bekannt waren. Es bilden denn auch die der Leibniz-Wolffschen Philosophie eigenen Denkschemata den Rahmen für Baumgartens Bemühungen.

Im ersten Paragraphen der *Aesthetica* wird der Gegenstand der Abhandlung folgendermaßen umschrieben: „Aesthetica (theoria liberalium artium, gnoseologia inferior, ars pulcre cogitandi, ars analogi rationis) est s c i e n t i a c o g n i t i o n i s s e n s i t i v a e." Was versteht man unter cognitio sensitiva im Jahre 1750? Baumgartens Auffassung ist eindeutig. Schon am Anfang der *Meditationes* legt er den Sinn fest, den er dem Worte sensitivus zu geben gedenkt: er schlägt vor („sint"), diejenigen Vorstellungen sensitiv zu nennen, die durch das untere Erkenntnisvermögen vermittelt werden; und mit dem Ausdruck oratio sensitiva bezeichnet er die Rede, in der solche Vorstellungen vorgetragen werden[8]. In der *Aesthetica* wird der Begriff cognitio sensitiva definiert: „complexus repraesentationum infra distinctionem subsisten-

---

[8]) „Repraesentationes per partem facultatis cognoscitivae inferiorem comparatae sint sensitivae", *Meditationes*, § 3; „oratio repraesentationum sensitivarum sit sensitiva", *Meditationes*, § 4.

tium"[9]). Deutlichkeit (distinctio) ist das Merkmal der intellektuellen Erkenntnis; die „sensitive" ist also undeutlich. Sie verdankt ihre Entstehung den nicht intellektuellen Vermögen,·d. h. der sinnlichen Wahrnehmung und dem analogon rationis[10]). Dies wird durch die Synonyme
des Wortes aesthetica bestätigt: ars analogi rationis, gnoseologia
inferior.

Es klingt erstaunlich, wenn die meisten Ausleger die Tragweite des
Begriffes ohne Grund einschränken, indem sie ihm die Bedeutung verleihen, die etwa Lalandes Lexikon angibt und nach der sich „sensitiv"
einzig auf die Empfindung (sensatio) beziehen soll[11]). Lalande stützt
sich dabei auf einen Text von Bossuet, in welchem die sensitive der
intellektuellen Tätigkeit gegenübersteht, sich aber lediglich auf die
Wahrnehmung der Sinne beschränkt. Im gleichen Zusammenhang wird
von Lalande dem Wort sensitiv, wie es von Kant in der *Kritik der
reinen Vernunft* gebraucht wird, derselbe Sinn wie bei Bossuet bei-
gelegt. Solche Auffassung des Kantischen Textes ist ebensowenig be-
friedigend wie die erwähnte Deutung des Baumgartenschen Begriffs.
Sowohl bei dem einen als bei dem anderen Philosophen ist es willkürlich, die sensitive Erkenntnis auf die Empfindung schlechthin zurückzuführen. Bei Kant schließt sie wenigstens die Einbildungskraft mit ein,
deren entscheidende Rolle im Prozeß der Erkenntnis zur Genüge bekannt ist[12]); bei Baumgarten umfaßt sie alle Erkenntniskräfte, die dem
Intellekt „unterlegen" sind. Bei beiden Denkern ist das Gebiet der
cognitio sensitiva sehr ähnlich, und es ist gar nicht ausgeschlossen, daß
Baumgartens Ansicht Kant beeinflußt hat: man weiß, daß dieser gewisse Abhandlungen Baumgartens als Kolleghandbücher benutzte[13]).

Andere Interpretationen der sensitiven Erkenntnis erweitern deren
Bedeutung auf eine Weise, die ebenso willkürlich ist wie die vorhin
erwähnte Einschränkung. Schon Herder, der Baumgartens Definition
des Gedichtes (oratio sensitiva perfecta) billigte, hat sich die Frage nach

---

[9]) *Aesthetica*, § 17. Die entsprechende deutsche Bezeichnung in der Kolleghandschrift ist „sinnlich". Der Begriff sensitivus war schon im Mittelalter bekannt.
In der scholastischen Philosophie bildete die auf den vires sensitivae interiores
beruhende Intuition einen der vier Modi des Denkens. Die vires sensitivae bestanden aus vier Elementen: sensus communis, Einbildungskraft, Gedächtnis und
vis aestimativa (Beurteilungskraft); vgl. Anitchkov, *L'Esthétique au moyen âge*,
S. 7 ff.

[10]) Vgl. unten S. 13.

[11]) *Vocabulaire technique et critique de la philosophie*, S. 963.

[12]) Vgl. *Kritik der reinen Vernunft*, B, 151 ff.

[13]) Vgl. Riemann, *Die Ästhetik A. G. Baumgartens*, S. 15.

dem Sinn des Ausdrucks oratio sensitiva gestellt. Er sieht darin eine Rede, die sich an die Sinne und an die unteren Erkenntnisvermögen richtet, darüber hinaus will er aber in dem Worte sensitiva die Forderung nach einer besonderen „Kraft" der vorgetragenen Vorstellungen erblicken. Diese „Kraft" ordnet sich zwar sehr gut in Herders Gedankengänge ein; in Baumgartens Denken ist sie jedoch nicht vorhanden[14]). Nach Herders Vorgang will Heinrich von Stein dem Begriff sensitivus ebenfalls erkenntnisfremde Elemente zuordnen. Sensitive Vorstellungen, schreibt er, sind nicht nur sinnliche Vorstellungen, was man mit dem Worte repraesentationes sensuales ausdrücken würde[15]). Der Terminus stammt nach seiner Ansicht aus dem Gebiet des Wollens und wird auf eine Form des Erkennens übertragen. Sensitive Vorstellungen wären daher an Begehrung und Leidenschaft, Gefühle und Affekte gebunden. In diesem Zusammenhang erinnert H. von Stein an Dubos' Satz: „Affectus movere est poeticum"; er führt aus, daß der Dichter um so wahrer und größer sei, als er seine Leser gewaltiger bewege. Die Meinung ist mit Baumgartens Theorie nicht unvereinbar: der angeführte Satz findet sich fast wörtlich in den *Meditationes,* und das letzte Kapitel der Heuristik sollte die Mittel andeuten, die dem Künstler zu Gebote stehen, um eine Rührung hervorzurufen. Die Frage ist nur, ob es statthaft ist, dem Worte sensitivus in dem Ausdruck cognitio sensitiva eine solche Bedeutung beizumessen. H. von Stein übersetzt es mit dem Adjektiv „gefühlsartig"; so erhält die berühmte Definition des Gedichts in § 9 der *Meditationes* den Sinn eines „lebhaft empfundenen Vortrags[16]). Auf den ersten Blick scheint sich diese Interpretation historisch zu rechtfertigen. Wolff wendet in der Tat das Wort sensitiv auf das Wollen an, insofern dieses durch eine verworrene Vorstellung des Guten determiniert wird[17]). Darüber hat jedoch Baumgarten selbst Klarheit geschaffen: in der Anmerkung zu § 3 der *Meditationes* erinnert er an Wolffs Definition und gibt zu, daß sie den eigentlichen Sinn des Wortes sensitivus ausdrückt; er setzt ihr aber die Bedeutung entgegen, die er dem Terminus in seinem Buche geben will: sensitivus soll ein Merkmal der dunklen und verworrenen Vorstellungen an sich bezeichnen, das sie von den intellektuellen abhebt, ohne jeglichen Bezug auf den Willen[18]).

---

[14]) Herder, *Viertes kritisches Wäldchen,* IV, 132.

[15]) Baumgarten selbst gebraucht das Wort ideae sensuales, um die Empfindungen zu bezeichnen (*Meditationes,* § 91).

[16]) *Die Entstehung der neueren Ästhetik,* S. 336 ff.

[17]) *Psychologia empirica,* § 580.

[18]) § 521 der *Metaphysica* lautet: „Repraesentatio non distincta sensitiva vocatur". In der Anmerkung wird der Ausdruck durch „eine sinnliche Vorstellung" übersetzt.

So kann sich die voluntaristische Deutung H. von Steins nicht auf Baumgartens Text stützen. Seine Auffassung des Grundbegriffs der *Aesthetica* verkennt übrigens eines der Hauptanliegen des Werkes, das gerade darauf abzielt, das ästhetische Phänomen der Vormundschaft des Willens zu entziehen und es der Erkenntnis anzuschließen.

Welchen Platz nimmt nun die sensitive Erkenntnis, wie Baumgarten sie auffaßt, in Leibnizens System ein? Dies wird in den *Meditationes de cognitione, veritate et ideis* aus dem Jahre 1684 bündig angedeutet. Dort heißt es: „Est cognitio vel obscura, vel clara; et clara rursus vel confusa, vel distincta". Eine Vorstellung ist dunkel, wenn sie nicht dazu hinreicht, ihren Gegenstand unter anderen erkennbar zu machen; klar ist sie, wenn ihr Gegenstand unterscheidbar ist. Eine klare Vorstellung nun ist verworren, wenn ihr Gegenstand erkannt wird, ohne daß man dessen Merkmale und Bestandteile zu ermitteln vermag (wie es etwa bei Farben, Gerüchen, Geschmackswahrnehmungen der Fall ist); sie ist deutlich, wenn sie jene Bestandteile und Merkmale an Hand von notae enuntiabiles aufzeigt. Die klar-deutliche Erkenntnis geht über das Sinnliche hinaus und verlangt den Einsatz der intellektuellen Vermögen, während die dunkle und die klar-verworrene Erkenntnis mittels der unteren Erkenntniskräfte gewonnen wird. Dies ist das Gebiet der cognitio sensitiva[19]). Das Organ, das diese sensitiven Vorstellungen erzeugt und ihnen gegenüber dieselbe Rolle zu spielen hat wie die Vernunft gegenüber den deutlichen Vorstellungen, führt bei Baumgarten den Namen analogon rationis[20]). Aufgabe der Logik ist es, die Verknüpfung der klar-deutlichen Begriffe auf ihre Richtigkeit zu prüfen; gegenüber der sensitiven Erkenntnis übernimmt die Ästhetik, scientia cognitionis sensitivae, eine ähnliche Funktion.

---

[19]) Der Gebrauch dieser Bezeichnungen verbreitet sich rasch. Herder z. B. benutzt die Termini klar und deutlich in derselben Bedeutung wie Baumgarten; vgl. *Fragmente*, I, 414 ff.

[20]) Das analogon rationis wird in § 640 der *Metaphysica* beschrieben. Es enthält: 1. ingenium sensitivum (zur Erkenntnis der Ähnlichkeiten), 2. acumen sensitivum (zur Wahrnehmung der Unterschiede), 3. memoria sensitiva (Gedächtnis), 4. facultas fingendi (Dichtungsvermögen, produktive Einbildungskraft), 5. judicium sensitivum et sensuum, 6. expectatio casuum similium, 7. facultas characteristica sensitiva (Darstellungsvermögen). Die ersten beiden Termini heißen bei Meier Witz und Scharfsinn. Wahrscheinlich hat sie Baumgarten von Wolff übernommen, der sie in der *Psychologia empirica* (§§ 332, 476) ähnlich definiert. Auch Gottsched hat seine Unterscheidung zwischen Geist und Beurteilungskraft aus derselben Quelle geschöpft (*Vernünftige Tadlerinnen*, II, 61). Schon vor Wolff waren aber die beiden Begriffe Bacon, Hobbes und Locke bekannt gewesen; diese nannten sie „wit" und „judgment". Vgl. Bäumler, *Kants Kritik der Urteilskraft*, S. 146 f.

Es fällt sofort auf, wie unbestimmt diese Definition der Ästhetik als Wissenschaft der sensitiven Erkenntnis ist. An sich genügt sie nicht, um das eigentliche ästhetische Gebiet abzugrenzen; noch fehlt die Bezeichnung des formalen Objekts. In der Folge wird Baumgarten seine Auffassung ausführlicher darlegen; nicht immer wollte es ihm glücken, vielfältige Elemente in eine synthetische Formel zusammenzubringen. Aber schon die im ersten Paragraphen angegebenen Synonyme des Wortes aesthetica verdeutlichen seine Absicht. Neben der vorhin angeführten Definition (scientia cognitionis sensitivae) findet sich der Ausdruck ars analogi rationis. Von vornherein erscheint die Ästhetik unter dem doppelten Aspekt einer Wissenschaft und einer Kunst. Baumgarten ist sich dieser Doppeldeutigkeit wohl bewußt: er erwähnt sie in den objectiones. Dieses sein Bewußtsein hat ihn übrigens dazu angeregt, sein Buch einzuteilen in eine theoretische Ästhetik, die sich mit der wissenschaftlichen Seite beschäftigt, und eine praktische, die zum Zweck hat, die im ersten Teil erworbenen Erkenntnisse anzuwenden.

Es muß darauf hingewiesen werden, daß diese Zweideutigkeit nichts an sich hatte, was Baumgarten hätte verstimmen können. Im Gegenteil, ihm kam sie wahrscheinlich sogar sehr erwünscht: war sie doch ein Grund mehr, um den Parallelismus zwischen Ästhetik und Logik, auf den er große Stücke hielt, aufrechtzuerhalten und ins Licht zu setzen. Auch die Logik ist zugleich Wissenschaft und Kunst: sie zergliedert die Handlungen des Intellekts, bestimmt die Regeln des Denkens und erhebt Anspruch darauf, unsere Schlüsse und unsere wissenschaftliche Tätigkeit zu leiten. Die Ästhetik ihrerseits untersucht die sensitive Erkenntnis, deckt deren Gesetze auf und macht sie zu Normen für die künstlerische Schöpfung. Um 1750 war dieser Parallelismus genehm. Weder dem mystischen Pietismus noch dem äußersten Rationalismus der Zeit war es willkommen, wenn man die Aufmerksamkeit auf das Gebiet der sinnlichen Erkenntnis lenkte. Einerseits lief man Gefahr, der Eitelkeit und des Leichtsinns geziehen zu werden; anderseits wurde der Gegenstand der Betrachtung abgewertet und als der Wissenschaft und der Philosophie unwürdig betrachtet. Sein kühnes Vorgehen unternimmt Baumgarten deshalb nur mit Entschuldigungen und nicht ganz ruhigem Gewissen. Allzu verständlich ist die Befriedigung, mit welcher er die Ähnlichkeit hervorhebt, die seiner Meinung nach die Tätigkeit der Sinnlichkeit und die der logischen Vernunft aufweisen.

Allerdings war Baumgarten nicht der erste, der die methodische Untersuchung der sinnlichen Erkenntnis forderte. Im Jahre 1725 hatte Bilfinger in § 268 seiner *Dilucidationes philosophicae* den Wunsch nach einer unteren Logik zum Ausdruck gebracht. Bodmer und Breitinger trugen sich mit dem Gedanken, eine vollständige philosophische Poetik zu schreiben. Breitinger hatte nämlich die Idee einer Logik der Phantasie entwickelt[21]), und Bodmer träumte von einer Logik des Schöndenkens, von einem Kodex des Geschmacks[22]). Es sieht so aus, als hätte Baumgarten in seiner Ästhetik die Logik der facultas inferior mit einer Poetik vereinigen wollen. Wiederum entspricht diese doppelte Absicht den beiden großen Teilen seines Hauptwerks.

Die scheinbare Verwirrung in Baumgartens Denken hat manchen späteren Ästhetiker zu abfälligen Urteilen veranlaßt. Schon Herder sträubte sich dagegen, indem er im vierten *Kritischen Wäldchen* behauptete, die Ästhetik sei keine Kunst, sondern eine Wissenschaft. Später noch hat man diese Zweideutigkeit vorgeschoben, um die wirkliche Grundlegung der Ästhetik bis zur Kantischen Kritik des Geschmacks zurückzustellen[23]). Es ist aber ungerecht, Baumgarten vorzuwerfen, er habe das Problem nicht deutlich gesehen und die beiden Gesichtspunkte nicht hinreichend auseinandergehalten. Er weiß ganz genau, daß die Ästhetik zum Zweck hat, alle Künste auf gemeinsame Grundsätze zurückzuführen; er weiß auch, daß die sinnliche Erkenntnis und das wissenschaftliche Studium dieser Erkenntnis zwei grundverschiedene Dinge sind. Seine Absicht ist es, auf der Grundlage der verworrenen Erkenntnis eine Theorie aufzurichten, deren Sätze klar und deutlich sein sollen. Er nimmt zwar die Ambivalenz der neuen Disziplin hin, aber angesichts des geistigen Klimas um 1750 ist bei ihm die Auseinanderhaltung der Blickpunkte bemerkenswert.

Eine weitere Doppelsinnigkeit scheint sich in folgendem kundzutun: die Ästhetik wird einerseits als eine Wissenschaft der sinnlichen Erkenntnis und anderseits als eine Theorie der schönen Künste hingestellt. Man darf sich fragen, was der gemeinsame Nenner dieser zwei Auffassungen ist. Dies wird im zweiten Abschnitt des näheren erörtert. Aus der vorläufigen Definition des § 1 kann man jedoch schon folgern, daß es falsch wäre, die Ästhetik auf eine Wissenschaft der sinnlichen Erkenntnis als einen Teil der Psychologie zu beschränken. Ebensowenig wie man von ihr eine Erforschung des gesamten Gebiets der unteren Vermögen erwarten darf, kann man sie in die Grenzen einer Erkenntnistheorie zwängen. Ihr Objekt erstreckt sich in gleichem Maße auf die künstlerische Schöpfung und auf die schönen Künste. In dieser Beziehung

---

[21]) In seiner *Kritischen Abhandlung von der Natur, den Absichten und dem Gebrauche der Gleichnisse,* Zürich, 1740.

[22]) In seinem Briefwechsel mit Conti Calepio aus dem Jahre 1729, den er 1736 in Zürich unter dem Titel *Briefwechsel von der Natur des poetischen Geschmacks* veröffentlichte.

[23]) Cohen, *Kants Begründung der Ästhetik,* S. 35.

sei darauf hingewiesen, daß der erste Satz der von Poppe heraus-
gegebenen Kolleghandschrift der *Aesthetica* lautet: „Wir sind gesonnen,
die Anfangsgründe aller schönen Wissenschaften systematisch vorzutragen. Die ganze Wissenschaft ist unter dem Namen der Ästhetik
bekannt." Schon auf dieser ersten Stufe wissen wir also, daß die
Ästhetik nicht allein die sensitive Erkenntnis, sondern auch die Prinzipien der Dichtung und der Künste zum Gegenstand hat. Die Annahme
liegt nahe, daß die sensitive Erkenntnis das materiale Objekt der
Ästhetik darstellt und daß sie unter dem Gesichtswinkel der künstlerischen Schöpfung und der Geschmacksbeurteilung betrachtet werden
wird.

Bevor aber Baumgarten zur näheren Bestimmung seines Gegenstandes übergeht, bemüht er sich, die möglichen Einwände gegen seine Wissenschaft zurückzuweisen. Manche dieser Einwürfe verdienen einige
Aufmerksamkeit, denn sie versetzen uns in die Stimmung der Zeit und
ermöglichen uns, die Stellung der Ästhetik etwas genauer zu umgrenzen.

Zuerst lehnt Baumgarten die Gleichsetzung der Ästhetik mit der
Rhetorik und der Poetik einerseits, mit der Kritik anderseits ab. Er
meint, sie sei umfassender als Rhetorik und Poetik, weil sie sich auf Gebiete erstrecke, die von ihnen nicht berücksichtigt würden, namentlich
auf die Musik und die bildende Kunst; sie erkunde die Prinzipien, die
jeder Kritik zugrundeliegen; sie sei die Theorie, auf die sich jedes Geschmacksurteil stütze und die es verhindere, daß eine Auseinandersetzung über die Kunst in einen eitlen Wortstreit de meris gustibus
ausarte (§ 5).

An zweiter Stelle wehrt sich Baumgarten gegen die Beschuldigung,
eine Disziplin zu vertreten, in welcher die Wissenschaft und die
Reflexion der Kunst und der natürlichen Begabung das Feld räumen
müßten. Er betont den wissenschaftlichen Charakter seiner Theorie:
ihr Gegenstand gehöre zwar nicht zur klaren und deutlichen Erkenntnis;
das Nachdenken über diesen Gegenstand führe aber zu Prinzipien und
zu einer Theorie, die sich in vernunftmäßigen und beweisbaren Sätzen
ausdrücken ließen (§ 10). Es sei also falsch, zu glauben, man werde als
Ästhetiker geboren, genau wie man als Dichter auf die Welt komme.
Die Ästhetik lasse sich erlernen[24]).

---

[24]) Der Sinn des Wortes aestheticus bei Baumgarten ist ziemlich unbestimmt
und könnte die Vermutung einer gewissen Verwirrung in seinem Denken nahelegen. Es bezeichnet nl. sowohl den über die Schönheit nachdenkenden Philosophen als den Geschmacksmenschen, der die Kunst beurteilt, und den Künstler,
der sie hervorbringt (gewöhnlich felix aestheticus genannt). Diese ungenaue und
zögernde Terminologie erlaubt aber nicht notwendigerweise den Schluß auf Un-

Schließlich bekämpft Baumgarten die Ansicht, daß die Ästhetik das Interesse des Philosophen nicht verdiene. Man könnte, sagt er, einwenden, die Welt der Bilder, der Erdichtungen, der Affekte stehe unter dem philosophischen Horizont, und die verworrene Erkenntnis sei nur eine Quelle von Irrtümern und in jeder Beziehung der deutlichen unterlegen; die unteren Vermögen müßten eher gezügelt als angeregt werden (§§ 6—9, 12). Hier unterscheidet Baumgarten wieder einmal zwischen dem Gegenstand einer Wissenschaft und dieser Wissenschaft selbst. Die Attribute des einen sind nicht die der anderen. Die ästhetischen Übungen mögen dem Philosophen unnütz sein; die Theorie der ästhetischen Tätigkeit gehört jedoch in sein Forschungsgebiet (§ 6). Baumgarten hätte es bei dieser Erwiderung bewenden lassen können und sollen; nun hat er aber seinen Gegnern auf ihrem eigenen Feld begegnen wollen und sich dabei mancher Inkonsequenz schuldig gemacht, die den heutigen Leser befremdet: unter anderem sei die Ästhetik nicht ohne Nutzen für die rationale Erkenntnis und für die Beherrschung des Fleisches! Diese Irrwege zeugen von den Schwierigkeiten, die der Zeitgeist den Gründern der neuen Wissenschaft bereitet hat.

Damit wäre die Stellung der Ästhetik in der Philosophie des 18. Jahrhunderts umrissen. Sie hat die sinnliche Erkenntnis zum Gegenstand und erfüllt ihr gegenüber dieselbe Funktion wie die Logik gegenüber der rationalen Erkenntnis. Sie untersucht die unteren Vermögen und richtet deren Tätigkeit auf die Beurteilung und die Schöpfung der Kunstschönheit aus. Sie unterscheidet sich sowohl von den einzelnen Kunsttheorien als von der Kritik. Sie ist hauptsächlich eine Wissenschaft, aber sie schließt die Kunst, ihre Entdeckungen anzuwenden, mit ein. Zuletzt stellt sie eine Bereicherung für den Philosophen und den menschlichen Geist überhaupt dar.

2. Die ästhetische Einstellung

Im ersten Kapitel der *Aesthetica* tauchen zwei Begriffe auf, die zusammen mit dem der sensitiven Erkenntnis dem ganzen System zugrundeliegen: die Vollkommenheit und die Schönheit. „Aesthetices finis est p e r f e c t i o cognitionis sensitivae qua talis. Haec autem est p u l c r i t u d o" (§ 14).

---

genauigkeit und Zögern im Denken selbst. Darin liegt eben ein — äußerst interessanter — Wesenszug des 18. Jhs., daß sich entweder neue Anschauungen in einem überholten Wortschatz ausdrücken müssen oder daß die Terminologie zugleich mit den neu heraufkommenden Ideen geschaffen werden muß. Inkonsequenz im Ausdruck ist nicht immer gleich Verwirrung im Denken!

Wie ist in dem Textzusammenhang und in dem Sprachgebrauch der Jahrhundertmitte das Wort Vollkommenheit aufzufassen? Leibniz hat seine Meinung darüber wiederholt zum Ausdruck gebracht. Unter den Formeln, die er vorgeschlagen hat, war ohne Zweifel die von der Einheit in der Vielfalt die erfolgreichste. Diese übernimmt denn auch Baumgarten in § 94 seiner *Metaphysica:* "Si plura simul sumta unius rationem sufficientem constituunt, consentiunt. Consensus ipse est perfectio, et unum in quod consentitur, ratio perfectionis determinans". Das Vollkommene besteht in der Harmonie der Elemente einer Mannigfaltigkeit; sein Bestimmungsgrund ist die Einheit. Die Formel läßt sich auf die sensitive Erkenntnis nur analogisch anwenden, denn die Entdeckung des unum als Bestimmungsgrund ist im eigentlichen Sinn nur durch den Intellekt möglich. Um „vollkommen" zu sein, muß die sensitive Erkenntnis von einem vereinheitlichenden Moment beherrscht sein, aber dieses Moment selbst muß phaenomenon, d. h. durch die unteren Vermögen erkennbar sein. Der Zusammenklang der Teile, der consensus, muß sinnfällig sein. Diese Bedingung wird Baumgarten nicht müde, immer wieder zu betonen.

Was ist nun das Ganze, das durch das unum zusammengefügt wird? Anscheinend ist es die cognitio sensitiva, da die ästhetische Vollkommenheit eben die der sinnlichen Erkenntnis ist. Letztere muß also eine Vielfalt von Bestandteilen enthalten oder, um den Terminus der *Metaphysica* zu benutzen, plura; und diese plura, deren Harmonie zur Erreichung der Vollkommenheit nötig ist, sind nach den §§ 18—20 der *Aesthetica* die cogitationes, der ordo und die significatio, d. h. die Gegenstände der Heuristik, der Methodologie und der Semiotik. Diese plura entsprechen den varia der *Meditationes:* repraesentationes sensitivae, nexus earum und voces . . . earum signa (§ 6).

Eine ästhetisch vollkommene sensitive Erkenntnis zeichnet sich also durch eine Harmonie, einen Einklang, ein glückliches Verhältnis zwischen den Gedanken, ihrer Anordnung und ihrem Ausdruck aus; modern formuliert: zwischen Stoff, Struktur und Darstellung[25]. So aufgefaßt heißt die Vollkommenheit der sinnlichen Erkenntnis Schönheit:

---

[25] Mit dieser Anschauung läßt sich die scholastische Definition der Schönheit vergleichen, die bisweilen Thomas von Aquin zugeschrieben wird: „Ratio pulchri consistit in resplendentia formae super partes materiae proportionatas vel super diversas vires, vel actiones" (Anitchkov, a.a.O., S. 1). Ohne auf eine philosophische Analyse der resplendentia formae einzugehen, kann man sagen, daß sich diese Definition auf die gleiche Ebene stellt wie die Baumgartensche, indem sie sich wesentlich auf einen harmonischen Zusammenhang der Elemente gründet.

haec autem est pulcritudo. Die Schönheit ist das formale Objekt der Ästhetik[26]).

Diese Deutung verlangt einige Erläuterungen, denn sie widerspricht den meisten bisher gegebenen. Sie ist in der Tat nur dann möglich, wenn die cognitio kein bloß subjektiver Erkenntnisakt ist, sondern darüber hinaus der objektive Inhalt der Erkenntnis, eine Reihe ausgedrückter Vorstellungen. Das ist sie aber nun bei Baumgarten, und dies allein kann den Gebrauch des Wortes perfectio in der Mehrzahl rechtfertigen: die Vollkommenheit, von der die Rede ist, ist jeweils die eines bestimmten Ganzen[27]). Solche Bedeutung des Wortes cognitio war ohnehin gang und gäbe in den lateinisch geschriebenen philosophischen Werken, in denen es häufig mit notio gleichgesetzt wurde, namentlich bei Leibniz. Weil man diesen Wortgebrauch nicht beachtet hat, und wohl auch wegen der lakonischen Formel perfectio cognitionis sensitivae hat man weit auseinandergehende Deutungen vorgeschlagen. Um Baumgartens Gedanken wiederzugeben, hat sich Braitmaier in seiner gewissenhaften philologischen Studie gezwungen gefühlt, im gleichen Paragraphen das Wort perfectio auf zwei verschiedene Weisen zu übersetzen. Er schreibt: „Zweck der Ästhetik ist die V e r v o l l k o m m n u n g der sinnlichen Erkenntnis als solche. Die V o l l k o m m e n h e i t nun der sinnlichen Erkenntnis heißt Schönheit." Solch eine Inkonsequenz in wesentlichen Punkten des Systems ist bei einem so streng methodischen Denker wie Baumgarten nicht ohne weiteres hinzunehmen.

Andere, philosophisch geschulte Ausleger wollen die Definition der Vollkommenheit Leibnizens Anschauung angleichen. Dabei übersehen sie die Erklärungen ihres Urhebers selbst. So will z. B. Bäumler, der vermutlich von dem eben erwähnten Leibnizischen Begriff der Vollkommenheit ausgeht, in der cognitio die Einheit, in sensitivus die Vielfalt und den Reichtum und in der perfectio eine Steigerung der beiden miteinander harmonierenden Elemente erblicken[28]). Bäumlers Deutung wird von Riemann übernommen und präzisiert: die perfectio wäre erreicht, wenn man die Denkvorstellungen zum höchstmöglichen Grad der Anschaulichkeit gebracht und zwischen ihnen eine von einem Zweck

---

[26]) Der Begriff des Schönen erscheint in den *Meditationes* nicht. Baumgarten wollte sich wohl vor jeder willkürlichen Verallgemeinerung seiner Ansichten hüten; er spricht nur von poeticum. Es ist aber klar, daß dies eine besondere Anwendung des pulcrum ist und daß sich die beiden Begriffe nur durch ihre Ausdehnung unterscheiden. Vgl. Riemann, a.a.O., S. 34.

[27]) Gewisse allzu dunkle „Vollkommenheiten" liegen unter, andere, allzu deutliche, über dem ästhetischen Horizont: dies ist schon Fechners Idee von der ästhetischen Schwelle.

[28]) Bäumler, a.a.O., S. 227.

bestimmte Harmonie geschaffen hätte[29]). Diese Deutungen sind nicht geradezu falsch; nur lassen sie gewisse wichtige Elemente der Baumgartenschen Definition außer acht. Darüber hinaus taucht bei Riemann der Begriff eines Zweckes auf, der in Baumgartens Definition gar keine Rolle spielt. Es liegt nahe, anzunehmen, daß die beiden Ausleger die Notwendigkeit eines Einklangs der drei Momente des Kunstwerks nicht eingesehen haben.

Die landläufige Deutung, die namentlich von Lotze und Croce vertreten wird, geht von einem Mißverständnis aus. Diese Historiker und ihre zahlreichen Anhänger haben sich durch die im 18. Jahrhundert sehr verbreitete Formel in die Irre führen lassen, nach der die Schönheit in der sinnlich erkannten Vollkommenheit bestehe. Die Formel rührt von Leibnizens Schule her und begegnet schon bei Wolff und Gottsched. Baumgarten selbst hat noch in der *Metaphysica* die Schönheit als eine perfectio phaenomenon definiert[30]). Der häufige Gebrauch dieser beliebt gewordenen Formel und die Ähnlichkeit der von Baumgarten benutzten Wörter haben zu der Ansicht geführt, daß auch er sie übernommen habe und daß seine „Vollkommenheit der sinnlichen Erkenntnis" nichts anderes zu bedeuten habe als die „sensitive Erkenntnis der Vollkommenheit". Der Text der *Aesthetica* schließt jedoch solche Interpretation, die den Gegenstand der Ästhetik mit dem der Logik gleichsetzt, völlig aus. Nach dieser Deutung wäre einzig die Art, wie man den Gegenstand „erkennt", in der Ästhetik und in der Logik verschieden. Die Schönheit würde die Vollkommenheit des Gegenstandes voraussetzen[31]). Dieser Meinung war ein zähes und langes Leben beschieden;

---

[29]) Riemann, a.a.O., S. 37.

[30]) „Perfectio phaenomenon, s. gustui latius dicto observabilis, est pulcritudo, imperfectio phaenomenon, seu gustui latius dicto observabilis, est deformitas", *Metaphysica,* § 662.

[31]) B. Croce ist der Unterschied zwischen Baumgartens Definition und der „populären" Formel nicht aufgefallen. Er glaubt, daß Baumgarten die Schönheit als die sinnliche Erkenntnis der Vollkommenheit auffaßt. Auf Grund dieses Mißverständnisses behauptet er dann, Baumgarten habe nur eine neue Benennung für alte Anschauungen erfunden. Was man weniger gut versteht, ist, warum er ihn im gleichen Zusammenhang als eine maßgebende Gestalt bezeichnet. Vor ein paar Jahren übernahm auch P. Grappin diese Meinung (*La Théorie du génie dans le préclassicisme allemand,* S. 90 u. 154), ähnlich wie früher schon Gilbert und Kuhn (a.a.O., S. 324): „Those who, like Baumgarten, make taste a confused knowledge of perfection, do not stick to the concerns of esthetics". Nach Lotze (*Geschichte der Ästhetik,* S. 11 ff.) sucht Baumgarten die Schönheit in der Unvollkommenheit der Erkenntnis. Mit dem Wort „unvollkommene Erkenntnis" meint Baumgarten jedoch die Sinnlichkeit, das analogon rationis, welches er der „vollkommenen", d. h. der deutlichen Erkenntnis entgegensetzt. Unvollkommen im gewöhnlichen Sinn ist in ästhetischer Hinsicht die rationale Erkenntnis ebenso sehr wie die ästhetische auf rationaler Ebene.

20

sogar Lessing ist noch nicht ganz von ihr befreit: er wird hie und da noch die Ansicht äußern, daß die Schönheit eines Kunstwerks größtenteils von der Schönheit des dargestellten Gegenstandes abhänge. Baumgarten aber hält diese zwei Arten der Schönheit schroff auseinander: „Possunt turpia pulcre cogitari, ut talia, et pulcriora turpiter"[32]). So sind wir berechtigt, den Vorschlag Peters' anzunehmen und die Definition im ersten Paragraphen der *Aesthetica* folgendermaßen zu ergänzen: Die Ästhetik ist nicht die Wissenschaft von der sensitiven Erkenntnis schlechthin, sondern die Wissenschaft von der vollkommenen sensitiven Erkenntnis. Unter Vollkommenheit ist die Harmonie der drei Elemente des Kunstwerks zu verstehen: Stoff, Struktur, Ausdruck. Die vollkommene sensitive Erkenntnis ist die Schönheit; diese ist das eigentliche Objekt der Ästhetik[33]).

Die drei Momente des Kunstwerks sollten in den drei Kapiteln der theoretischen Ästhetik erörtert werden[34]). Nur das erste, der Stoff, der Inhalt, die cogitatio wurde fast vollständig entwickelt. Es ist ohnehin das bedeutendste. Baumgarten bezeichnet es als prima et primaria pars pulcritudinis cognitionis (§ 18). Die wenigen Andeutungen über die zwei weiteren Teile, die uns durch Meiers *Anfangsgründe* und die *Meditationes* vermittelt wurden, erinnern ziemlich getreu an die zwei entsprechenden Kapitel der herkömmlichen Rhetorik, dispositio und elocutio. Darin legt Baumgarten verhältnismäßig wenig Originalität an den Tag. Es soll also besonders auf die cogitatio eingegangen werden.

3. Das System
Der Schöngeist

Bevor er zur Betrachtung des Kunstwerks übergeht, versucht Baumgarten die Merkmale des „schönen Geistes", des felix aestheticus, methodisch herauszuarbeiten.

---

[32]) *Aesthetica*, § 18. Bekannt ist die Stelle aus Aristoteles' Poetik (IV, 3), wo er feststellt, daß gräßliche Tiere und Leichen in der künstlerischen Nachahmung gefallen können. Der angegebene Grund ist hier nebensächlich.

[33]) Peters (*Die Ästhetik A. G. Baumgartens*, S. 14 ff.) hat den Unterschied zwischen der Definition der *Aesthetica* und der herkömmlichen Formel richtig erfaßt; er scheint aber den von Baumgarten in der *Metaphysica* eingenommenen Standpunkt übersehen zu haben. Nur aus einem Vergleich zwischen der *Metaphysica* von 1738 und der *Aesthetica* von 1750 erhellt die ausschlaggebende Bedeutung und gewaltige Neuerung Baumgartens.

[34]) Die drei Kapitel erinnern an die Einteilung der Rhetorik bei Cicero und Quintilian in *inventio, dispositio* und *elocutio*. Hinzu kommen bekanntlich noch *memoria* und *actio* bzw. *pronunciatio*.

An erster Stelle ist eine angeborene Veranlagung, ein ästhetisches Naturell erforderlich. Dieses zeichnet sich durch ein harmonisches Zusammenwirken von Geist, Sinnlichkeit und Herz aus. Maßgebend ist jedoch die zweckmäßige Entwicklung der Sinnlichkeit: Baumgarten richtet denn auch sein Augenmerk besonders auf die sinnlichen Vermögen, die bei der Wahrnehmung und der Schöpfung des Schönen die Hauptrolle spielen. Da ist zunächst die dispositio acute sentiendi, die eigentlich doppelseitig ist: neben einer großen Schärfe der Sinnesorgane muß eine ausreichende Entwicklung des inneren Sinnes der Seele helfen, den ihr von den äußeren Sinnen dargebotenen Rohstoff richtig zu beurteilen und gehörig auszuwerten. Es folgen die dispositio naturalis ad imaginandum, d. h. die reproduktive Einbildungskraft; die dispositio ad perspicaciam, „Scharfsinnigkeit"; das Gedächtnis, dispositio ad recognoscendum et memoria. Ferner kommt die Dichtungskraft, dispositio poetica, „esprit créateur" hinzu, deren Aufgabe darin besteht, die vergangenen Wahrnehmungen nicht nur zu reproduzieren, sondern durch die Phantasie zu verwandeln und mit neuen Vorstellungen zu verknüpfen; es handelt sich um die produktive Einbildungskraft, facultas fingendi. Eine dispositio ad saporem non publicum, immo delicatum, d. h. guter Geschmack, erkennt die Schönheit der Dinge, auch wenn die Vernunft mit rationalen Gründen versagt. Die dispositio ad praevidendum et praesagiendum ist die Fähigkeit, „in die Zukunft zu sehen", um durch die Erregung der „Begierde" nach dieser Zukunft eine Rührung zu bewirken. Schließlich setzt das Darstellungsvermögen, dispositio ad significandas perceptiones suas, den Schöngeist instand, seine eigenen Gedanken anmutig mitzuteilen. Beim wahren Künstler stehen diese natürlichen Anlagen miteinander in Harmonie. Keine hat sich auf Kosten der anderen entwickelt.

Neben diese sinnlichen Vermögen treten der intellectus und die ratio. Obgleich die Vernunft eine Gefahr für die Entdeckung der Schönheit darstellt, erfordert das Kunstwerk ihre Mitwirkung, „damit das Ganze, was man ausarbeitet, nicht zu den Torheiten gehöre" (§ 38, Poppe). Vielfältige Zusammensetzungen sinnlicher Anschauungen haben im menschlichen Geiste fast notwendigerweise deutliche Vorstellungen zur Folge; es liegt aber der Vernunft ob, zuzusehen, daß sich diese neuen Vorstellungen in klar-verworrenen Bildern ausdrücken.

Den oberen und unteren Erkenntnisvermögen soll das Herz, temperamentum aestheticum connatum, an die Seite treten, d. h. eine natürliche Richtung der Neigungen, Wünsche und Begierden auf Schöpfung und Genuß der Schönheit. Diese Veranlagung konkretisiert sich in der virtus amabilis, einer Begleiterscheinung der pulcra cognitio.

Um sich auszuwirken und aufrechtzuerhalten, bedarf das ästhetische Naturell fortwährender Übungen: ἄσκησις et exercitatio aesthetica. Diese Übungen laufen aber Gefahr, fruchtlos zu bleiben, wenn sie von keiner sicheren Kenntnis der Kunsttheorie, μάθησις et disciplina aesthetica, unterstützt werden. Ein unbedingtes Vertrauen in den Nutzen der „Regeln" hat Baumgarten freilich nicht: ohne angeborene Anlage können sie nichts ausrichten; wohl aber können sie gewisse Häßlichkeiten vermeiden und sogar Schönheiten schaffen helfen, die man ohne sie nicht einmal vermutet hätte.

Natürliche Veranlagung, Übung und Theorie reichen jedoch nicht aus, um ein Kunstwerk zustande zu bringen. Es bedarf dazu noch eines erregenden Moments (impetus aestheticus, Begeisterung), das die natürlichen und erworbenen aesthetischen Kräfte aus ihrer Passivität löst und es ermöglicht, die „Gedanken" schnell und leicht zu erfinden, zu ordnen und vorzutragen. Psychologisch läßt sich das Phänomen dadurch erklären, daß der Geist in solchem Zustand nicht nur klare Bilder wahrnimmt, sondern in die Welt der dunklen Vorstellungen hinuntersteigt und somit das Thema unter neuen Aspekten erblickt. Die Entstehung dieses schöpferischen Zustandes kann durch förderliche Anlässe begünstigt werden, wie etwa Körperübungen, Muße, Alkoholgenuß, Liebe, Armut, Zorn, Aufregung usw.

Was im Augenblick des impetus geschaffen wurde, muß das correctionis studium nachher ausfeilen: der erste Wurf, das Rohwerk muß unter Aufsicht der Vernunft und des Intellekts ausgearbeitet werden.

Das Problem des „Schöngeistes" und der Kunstschöpfung wird das Interesse der Ästhetiker durch die ganze Periode, die hier behandelt wird, in Anspruch nehmen. Die Studien über das „Genie" häufen sich, und das Wort „Genie" selbst, das in den Sprachgebrauch nur langsam eingedrungen ist, wird rasch zum Modewort[35]). Baumgarten nimmt an der diesbezüglichen Polemik noch nicht teil; sie setzt erst nach der *Aesthetica* ein. Doch sind seine Anschauungen nicht etwa aus der Luft gegriffen oder bloß der Tradition entlehnt; sie weisen mit den damals geltenden Ansichten manche Verwandtschaft auf. In der Abteilung aesthetica naturalis wird das Genie als ein harmonischer Zusammenklang natürlicher Anlagen sowohl auf der Ebene des Sinnlichen als auf

---

[35]) Es wird gewöhnlich angenommen, daß das Wort Genie 1751 von Joh. Adolf Schlegel in Deutschland eingeführt wurde, und zwar durch dessen Übersetzung des berühmten Werkes von Batteux: *Réduction des beaux-arts à un même principe* (1746). Auffällig ist, daß das Wort genius, das im ersten Band der *Aesthetica* nicht vorkommt, im zweiten dem Begriff ingenium gleichgestellt wird (§ 623).

der des Rationalen und des Gefühlsmäßigen beschrieben[36]). Diese Auffassung entspricht einer Tendenz, die besonders in Frankreich vor-
herrschte und die Meinung der Renaissance bekämpfte, daß das Genie
übernatürlicher, ja göttlicher Herkunft sei. Dubos und Batteux, deren
Ansichten sonst weit auseinandergehen, begreifen beide das Genie als
ein glückliches Gleichgewicht der natürlichen Kräfte, sowohl der körperlichen als auch der seelischen. Diese Anschauung wurde ebenfalls von
Gottsched verfochten. Baumgartens Denken ragt jedoch über den Rahmen dieser Theorie hinaus. Mit dem impetus aestheticus fügt er ihr
den Begriff der Begeisterung hinzu. Im Gegensatz aber zur Antike, zur
Renaissance und zum 17. Jahrhundert, die alle drei einen Kult des
furor poeticus getrieben haben, schreibt er dieses Delirium nicht mehr
einem geheimen Einfluß des Himmels zu, sondern sieht darin eine
wissenschaftlich erklärliche Erscheinung, einen psychischen Vorgang,
der, wenn auch nicht alltäglich, so doch normal ist und von dem
Künstler selbst herbeigeführt werden kann.

Neben diesen mehr oder weniger selbständigen Stellungnahmen enthält das Kapitel eine Menge Ideen, die dem Altertum entlehnt sind.
Die Notwendigkeit der natürlichen Anlagen wurde schon von Horaz,
Cicero, Longin, Quintilian, den bevorzugten Gewährsmännern Baumgartens, anerkannt. Auch die Abteilungen, die von der exercitatio, der
disciplina und dem correctionis studium handeln, verraten keine besonders originale Auffassung. Das klassische Altertum hat diese Begriffe im einzelnen ausgeführt. Baumgarten ist sich aber ihres geringen
Wertes bewußt und nimmt sie offensichtlich nur der Vollständigkeit
halber in sein System auf. Bei ihm erscheinen sie zum letztenmal in
den großen Theorien des Jahrhunderts, und ihr Vorhandensein in der
Aesthetica erweckt einigermaßen den Eindruck des Anachronistischen.
Dies erhellt besonders aus einem Vergleich der Schilderung des Kunstschaffens in den *Meditationes* und in der *Aesthetica*. Zwischen der
Dissertation von 1735 und dem Hauptwerk hat in Baumgartens Geist
eine ziemlich unerwartete Verschiebung des Blickpunkts stattgefunden.
Der rein philosophischen Darstellung der *Meditationes* hat sich ein
normatives, praktisches Denken untergeschoben, das sich mehr auf die
Beschreibung des vollendeten Werkes konzentriert als auf die Bedingungen seiner Erschaffung. In dieser Hinsicht führt die kommende
Epoche — allerdings mit bedeutenden Ausnahmen — eher die Gedanken der *Meditationes* als die der *Aesthetica* weiter.

---

[36]) In § 648 der *Metaphysica* wird das ingenium folgendermaßen definiert:
„determinata facultatum cognoscitivarum proportio inter se in aliquo".

Die Unterschiede zwischen den beiden Auffassungen gehen nicht bis zum ausdrücklichen Widerspruch; beide setzen die Angeborenheit des Genies und die Notwendigkeit des Enthusiasmus voraus. Anstatt aber auf eine psychologische Analyse der Seelenvermögen den Nachdruck zu legen, heben die *Meditationes* die schöpferische Kraft des Künstlers hervor und beschreiben sein Werk als einen gegliederten, harmonischen und richtig proportionierten Organismus, der im Prinzip dem von Gott geschaffenen Weltall ähnlich ist. Diese Anschauung knüpft an die platonische Geistesströmung an, die parallel zu der psychologischen Strömung, die vorhin skizziert wurde, die erste Hälfte des Jahrhunderts durchfließt. Sie wurde bereits von Scaliger, Leibniz und anderen verfochten und hatte einen ersten konkreten Ausdruck in den Schriften Shaftesburys gefunden, ganz besonders in dessen Auffassung des Dichters als einer Art Prometheus, der im Schatten Jupiters sein Schöpfertum verwirklicht.

Die Abweichungen zwischen den *Meditationes* und der *Aesthetica* treten besonders stark hervor bezüglich der Nachahmung der Natur. In den *Meditationes* ist das Prinzip der Nachahmung deutlich formuliert: „Poema est imitamen naturae et actionum inde pendentium" (§ 110). Dabei ist sich Baumgarten klar bewußt, daß dieser Begriff eine Frage aufwirft, deren Lösung er nicht schuldig bleiben darf. Es handelt sich nicht um eine Kopie der individuellen und sinnlichen Wirklichkeit; lassen doch die besten Dichter das Wunderbare mit Recht in ihren Werken auftreten, welches mit der Natur im gewöhnlichen Sinn nichts gemein hat (§ 49). Inwiefern ist also das Kunstwerk eine Nachahmung der Natur? Insofern es wie diese selbst eine von einem Schöpfer ganz abhängige Schöpfung ist. In dieser Beziehung ist das Gedicht dem Weltall ähnlich. Die Gesetze des Weltalls gelten denn auch für die Dichtung (§ 68). Der Eindruck, den die Kunst bewirkt, soll der von der Natur verursachten Wirkung gleichartig sein (§ 109). Natur bedeutet daher nicht nur die existierenden Wirklichkeiten, natura naturata, sondern vorwiegend ein dem Weltall innewohnendes Prinzip, intrinsecum mutationum in universo principium. Die Natur nachahmen heißt soviel wie: diesem inneren Prinzip gemäß handeln. Natura et poeta producunt similia (§ 110). Dieses Prinzip nun ist kein anderes als die Einheit in der Mannigfaltigkeit; daher die Forderung nach einem einzigen Thema im Kunstwerk (§§ 66—67).

In der *Aesthetica* erinnert Baumgarten flüchtig an den Grundsatz von der Nachahmung der Natur in § 104, wendet aber seine ganze Aufmerksamkeit dem „natürlichen Stil" zu. Natürlich schreiben hängt von drei Bedingungen ab, die zugleich erfüllt werden müssen. Sie betreffen den Künstler, das Thema des Werkes und das Publikum[37]). Zunächst soll der Künstler seine eigenen Kräfte und seine angeborenen Veranlagungen prüfen und demgemäß handeln. Dann soll er sich befleißigen, den gewählten Gegenstand gehörig zu erkennen und zu verstehen. Schließlich darf er in der Ausführung des Werkes die gesellschaftliche Umwelt, für die es bestimmt ist, nie aus den Augen verlieren. Die Forderung nach einer gründlichen Erkenntnis der eigenen Fähigkeiten, des darzustellenden Stoffes und des allgemeinen Geschmacks klingt wie eine Mahnung zur Vorsicht und zum Maß und zugleich wie eine Gewähr für den Erfolg.

Diese Ausführungen der *Aesthetica* sind nicht ursprünglich. Alle konnten den gewohnten Quellen entlehnt werden. Man fragt sich nur, wie gewisse Ausleger den Baumgartenschen Begriff der Nachahmung und der Natürlichkeit daraufhin haben deuten können, als hätte der Philosoph die Kopie der stofflichen Wirklichkeit befürwortet und jede Entfernung von dieser Wirklichkeit, jede freie Erfindung, jede Erdichtung für unnatürlich erklärt und daher aus dem Gebiet der Kunst verwiesen[38]). In Baumgartens Theorie ist solches anfängliche Stadium des ästhetischen Denkens schon längst überholt. Die „heterokosmischen" Erdichtungen stellen für ihn den wesentlichen Stoff der Kunst dar (§§ 511—525). Er hat sich von dem engen Lehrsatz von der Kopie des Wirklichen ganz befreit. Die Natur bleibt für ihn das Vorbild, aber dieses Vorbild gilt nur dem Schaffensprinzip, nicht dem Stoff der Kunst und den Einzelheiten der Ausführung. Die Wirkung des richtig angewandten Prinzips im fertigen Kunstwerk ist die „Natürlichkeit", d. h. eine Harmonie zwischen den sich gegenüberstehenden Elementen: Künstler, Stoff, Umwelt.

Das dichterische Kunstwerk

Nach den eben dargelegten allgemeinen Betrachtungen über die Voraussetzungen des Kunstschaffens geht Baumgarten zur Analyse des ersten Bestandteils des Kunstwerks, der res et cogitationes, des Inhalts, über. Er erörtert nacheinander die in § 22 erwähnten Merkmale: ubertas, magnitudo, veritas, claritas (lux), certitudo (persuasio) und vita. Er trifft vielfache Unterscheidungen, die uns heute überflüssig, ja manchmal kindisch erscheinen. Eine muß jedoch von vornherein hervorgehoben werden, denn sie liegt allen Ausführungen zugrunde: die

---

[37]) Wiederholt betont Baumgarten dieselben drei Elemente; vgl. §§ 622—23 und 667—79.

[38]) Vgl. Schasler, *Kritische Geschichte*, S. 350 ff., und auch Lotze, a.a.O.

Trennung von Stoff und Inhalt. Die einzelnen Merkmale werden je von einem doppelten Gesichtspunkt aus betrachtet: sowohl der Stoff, den der Künstler sich als Gegenstand erwählt, als das Verhältnis der „Gedanken" zu diesem Stoff, d. h. die Bearbeitung der wirklichen Gegebenheiten im Kunstwerk, werden einer Prüfung unterzogen. Das ganze Kapitel der Heuristik hält die strenge Unterscheidung des § 18 zwischen der pulcritudo objectorum et materiae — dem eigentlichen Stoff — und der pulcritudo rerum et cogitationum — dem Inhalt — aufrecht.

Das erste Erfordernis des Inhalts ist der R e i c h t u m (ubertas). Bekanntlich schreibt Baumgarten nach Leibnizens Vorgang die deutlichen Vorstellungen dem logischen, die verworrenen dem ästhetischen Sinn zu. Diese beiden Gruppen bilden die „klaren" Vorstellungen. Von den dunklen ist, abgesehen von dem Einfluß, den sie im impetus ausüben, nicht die Rede. Unter den klaren Vorstellungen werden diejenigen, die dem ästhetischen Bereich eigen sind, die verworrenen also, manchmal auch „extensiv klar" genannt. Dieser Ausdruck will die größere Anzahl von Elementen, aus denen sie zusammengesetzt sind, hervorheben. Der Reichtum beruht nun eben auf einer großen extensiven Klarheit. Eigentlich bezeichnet also die ubertas den Bestimmungsgrad der Vorstellungen. Je bestimmter sie sind, desto poetischer erscheinen sie. Über diesen Punkt sind die *Meditationes* wieder einmal ausführlicher als die *Aesthetica*. Das Prinzip geht aus den ersten Paragraphen deutlich hervor: sind die dunklen Vorstellungen weniger poetisch als die klaren, so rührt dies daher, daß sie nicht genug Merkmale umfassen, um eine Unterscheidung zwischen ihnen zu ermöglichen; sind die verworrenen Vorstellungen ästhetisch wertvoller als die deutlichen, so ist das darauf zurückzuführen, daß die Zahl ihrer Merkmale beträchtlicher ist. Am poetischsten unter den verworrenen Vorstellungen sind die extensive clariores, d. h. diejenigen, die mehr Merkmale enthalten, die zusammengesetzteren, die reicheren, die bestimmteren. Nun sind die bestimmtesten Wesen Individuen. Die individuellen Vorstellungen sind also die poetischsten. In künstlerischer Hinsicht ist die Art dem Geschlecht, das Beispiel dem Begriff vorzuziehen. Dies ist in Baumgartens Augen die einzige Rechtfertigung des Leibnizischen Satzes, wonach der Zweck der Dichtung darin bestehe, Weisheit und Tugend an Beispielen zu lehren (§§ 13—23). Die bereits im Jahre 1735 vorgetragene und logisch begründete Forderung nach individuellen Darstellungen in der Kunst ist einer der entscheidenden Schritte, mit denen Baumgarten die moderne Ästhetik von den früheren Anschauungen abhebt.

Die dem menschlichen Geist zugänglichen Stoffe zerfallen in zwei Gattungen: die einen werden durch die Vernunft und den Intellekt erkannt — dies ist der logische Horizont; die anderen richten sich an den Sinn für Schönheit — dies ist der ästhetische Gesichtskreis, die Sphäre des analogon rationis. Viele Gegenstände können aber beiden Sphären angehören: nicht nur Stoffe verschiedener Natur gibt es, sondern auch zwei verschiedene Denkweisen: die wissenschaftliche und die ästhetische. Beide können oft auf denselben Gegenstand angewandt werden und ihn auf eigene Art erfassen: einerseits mit philosophischer und mathematischer Genauigkeit, andererseits „sinnlich und lebhaft". Als Beispiele nennt Baumgarten das Glück, die Gottheit, das Vaterland, die Freundschaft, die Liebe.

Ästhetischer Reichtum ist von logischer Vollständigkeit verschieden. Es gilt nicht, alle möglichen Eigenschaften und Kennzeichen anzuhäufen, um ein erschöpfendes Bild des Gegenstandes zu liefern. Der Inhalt des Kunstwerks ist vollständig, wenn die sensitive Erkenntnis darin keine Lücke bemerkt, die der Schönheit Abbruch tut. Was der Sinnlichkeit aber als überflüssig erscheint, schadet dem Werk gleichermaßen. Dies entspricht dem Grundsatz der brevitas.

Auf den heutigen Leser, dem die ästhetische Fragestellung um 1750 und somit die Hintergründe des Baumgartenschen Systems nicht vertraut sind, macht dieses Kapitel im ganzen den Eindruck naiver Einfalt und zugleich scholastischer Kniffelei. Die Sorgfalt, mit der Baumgarten jeden Begriff zerlegt, seine ständige Bemühung um logischen Zusammenhang, seine peinliche Analyse jeder geringsten Einzelheit reißen ihn zu lästiger Weitschweifigkeit hin. Dies ist die veraltete Seite seines Denkens.

Die meisten Begriffe und Regeln des Kapitels sind der alten Rhetorik entlehnt. Mancher Satz ist von den klassischen Autoren, Aristoteles, Quintilian, Horaz, unverändert übernommen. Dennoch sind ein paar Anschauungen, wenn auch nicht immer ganz ursprünglich, so doch wenigstens beachtenswert und zukunftsträchtig, namentlich die ausschlaggebende Rolle des Individuellen, das immer wieder geäußerte Mißtrauen gegen die Schulregeln und die Verachtung der dogmatischen Vorschriften, die Idee des consensus, die allerdings teilweise schon vorher bekannt war, die aber von Baumgarten auf alle Stufen der künstlerischen Tätigkeit bezogen wird.

Das zweite Erfordernis des Inhalts ist die G r ö ß e (magnitudo). Gleich der ubertas ist sie absolut (jedem Kunstwerk nötig) und relativ (je nach Thema und Gattung verschieden). Es gibt eine natürliche und eine moralische Größe; letztere heißt ästhetische Würde. Größe und Würde sind entweder objektiv (dem Stoff eigen) oder subjektiv (dem Künstler innewohnend).

Die einfache natürliche Größe ist streng und allgemein erforderlich. Lappalien gehören nicht in das Gebiet der Kunst. Ciceros „poetam non audio in nugis" behält seine Gültigkeit.

Die moralische Größe wurzelt in der Übereinstimmung der beschriebenen Tatsachen und Seelenzustände mit den „Sitten", womit sowohl die Bräuche als die guten Sitten gemeint sind. Was dagegen verstößt, ist aus der ästhetischen Würde ausgeschlossen. Sinnfällige moralische Laster können dem Zweck der Kunst nicht dienlich sein. Schnöde und gemeine, niedrige und abgeschmackte Dinge entsprechen dem Prinzip der moralischen Größe nicht[39].

Hinsichtlich der Größe zerfallen die Themata in drei Klassen: die niedere, die mittlere und die erhabene. Die drei Größengrade betreffen den Stoff der Kunst, insofern er rein ästhetisch, d. h. durch die sensitive Erkenntnis betrachtet wird. Wenn eine Größe nicht die Sinne angeht oder sich nicht an die Einbildungskraft wendet, kommt sie für die Kunst nicht in Frage, auch wenn die Vernunft und der Intellekt für ihre Echtheit zeugen. Dagegen kann es vorkommen, daß objektiv falsche Größen, deren Falschheit der sinnlichen Erkenntnis nicht einleuchtet, vom Künstler als echt dargestellt werden; es ist nicht seine Aufgabe, sich um logische und wissenschaftliche Wahrheit zu kümmern, er schildert die Gegenstände nur, insofern sie phaenomena fiunt, d. h. sinnfällig sind. Auf dieser scharfen Scheidung des logischen und des ästhetischen Gesichtspunkts beruht die Forderung, Tugend und Sitten nie im allgemeinen, wie etwa die Philosophie, sondern jeweils an konkreten Fällen zu betrachten.

Der Größe des Themas soll der Stil angemessen sein: es gilt, sowohl das βάθος, den kriechenden Stil, als den tumor, den Schwulst, zu meiden. Den drei Größengraden entsprechen die drei Stile der traditionellen Rhetorik. Der consensus beschränkt sich aber nicht auf eine Übereinstimmung des Stoffes mit dem Stil. Um die Größe des

---

[39] Dies scheint dem oben angeführten Satz aus § 18 der *Aesthetica* zu widersprechen: „possunt turpia pulcre cogitari". Glücklicherweise berichtigen die §§. 203 und 204 das allzu Schroffe dieser Forderung. Dort wird festgestellt, daß das Laster und das Häßliche zum Thema eines Kunstwerkes gewählt werden können, wenn deren Darstellung künstlerisch schön ist. Mit ein paar Rückfällen in den Moralismus der Zeit muß natürlich gerechnet werden.

Gegenstandes zu fassen und wiederzugeben, muß der Künstler den Eigenschaften des Stoffes gleichwertige Geistesveranlagungen entgegenbringen: Seelengröße, gravitas aesthetica. Diese weist wiederum verschiedene Grade auf: einfache Ehrlichkeit, Adel, Erhabenheit, Großmut.

Der Abschnitt von der magnitudo gibt zu ähnlichen Bemerkungen Anlaß wie das vorige Kapitel. Fast alle darin ausgedrückten Ideen lassen sich bei den Theoretikern des Altertums und der Renaissance nachweisen. Wir denken dabei besonders an die Einteilung der Stoffe und der Stile, die diesem Teil der *Aesthetica* zugrunde liegt. Cicero und Quintilian, um nur die üblichen Quellen Baumgartens zu nennen, haben diese Frage ausführlich erörtert. Dieselben Autoren betonen die Notwendigkeit eines harmonischen Verhältnisses zwischen Stil und Inhalt. Auch Longin stellt eine ähnliche Forderung.

Der ganze Wert des Abschnitts liegt in Baumgartens Ansichten über das Verhältnis von Kunst und Moral. Das Problem ihrer wechselseitigen Beziehungen ist für die Ästhetik grundlegend. Jahrhundertelang haben die ständigen Interferenzen der Moral und der Kunst die Entstehung und Entwicklung einer selbständigen ästhetischen Disziplin erschwert bzw. verhindert. Wenn das Sittlich-Gute der Maßstab der Kunst ist, muß jede Theorie des Schönen auf Autonomie verzichten und es sich gefallen lassen, ein bloßer Anbau der Ethik zu sein.

Erst in der *Aesthetica* ringt sich Baumgarten zu einer echt persönlichen Meinung über das Verhältnis der beiden Bereiche zueinander durch. Die Definition der Schönheit in der *Metaphysica* (perfectio phaenomenon) ließ die Selbständigkeit der Kunst und dadurch jeder Disziplin, welche die Kunst und das Schöne zum Gegenstand hat, in größter Gefahr. Dieser Bestimmung nach war das Schöne nur eine Erscheinungsform der moralischen oder der metaphysischen Vollkommenheit. Es war dem Guten und dem Wahren untergeordnet. Gerade diese Formel wurde von den Schülern und Nachfolgern Baumgartens wiederaufgenommen. Sie zeugt von dem wesentlich moralisierenden Zeitgeist des 18. Jahrhunderts, wo alles unter dem Gesichtswinkel des Guten und des Bösen betrachtet wurde. Bezeichnend dafür ist der schon zitierte Satz Leibnizens, wonach der Hauptzweck der Dichtkunst darin liege, Weisheit und Tugend an Beispielen zu lehren. Das Sittlich-Gute war der Maßstab der Schönheit, die Ethik war der Prüfstein der Kunst; diese war nur ein dem zu erreichenden moralischen Ziel zugeordnetes Mittel. Das Ziel lautete: die sittliche Vervollkommnung der Menschheit. So gut wie nie wurde das Schöne als Selbstzweck angesehen.

Die Definition der Schönheit, welche die *Aesthetica* bietet, ist ganz verschieden von der Anschauung der *Metaphysica:* die Schönheit ist

die Vollkommenheit der sinnlichen Erkenntnis a l s s o l c h e r. Es
leuchtet ohne weiteres ein, wie umwälzend diese Formel ist. Sie setzt
eine neue Stellungnahme zum Problem der Beziehungen zwischen Kunst
und Moral voraus. Freilich gelingt es Baumgarten nicht immer, sich vom
umgebenden Moralismus ganz zu befreien; manche praktischen Anweisungen der Kolleghandschrift sind noch sehr konformistisch. Im Prinzip
aber hebt er das Schöne vom Guten deutlich ab: das Sittlich-Böse ist
aus der ästhetischen Vollkommenheit nur insofern ausgeschlossen, als es
phaenomenon ist. Die Kunst darf nämlich weder dem Gewissen noch
der Vernunft Gewalt antun. Ihr Z w e c k aber ist ausschließlich die
Schönheit, und die moralische Güte wird von der Schönheit nicht gefordert: „Ich kann eine Sache natürlich groß denken, ohne auf ihre
Sittlichkeit zu sehen und ohne an ihre Würdigkeit zu denken; und sie
bleibt dennoch ästhetisch groß"[40]). In moralischer Hinsicht darf die
Kunst unbedingt neutral sein.

Die Kunst hat es ohnehin nie zum Zweck, den Grund eines Problems
intellektuell zu erkennen. Sie legt nur Wert auf das, was die Sinnlichkeit trifft. So kommt es, daß der Künstler ohne Bedenken eine Tugend
als echt hinstellen darf, wenn der Schein dieser Tugend in extensiv
klaren Vorstellungen wahrgenommen wird. Ihm liegt nichts daran, das
Verhalten seiner Helden vernunftmäßig abzuschätzen und die wahren
Gründe einer scheinbaren Seelengröße aufzudecken. Niemals beruht
die Schönheit der Kunst auf der Ethik oder der Religion. Auch wenn
es sich um das Erhabene und die moralische Würde handelt, bleibt der
Grund ihrer ästhetischen Vortrefflichkeit jeweils innerhalb des ästhetischen Bereichs. Die Suche nach einem anderen Grund wäre eine unberechtigte Anmaßung und eine Mißachtung der spezifischen Gesetze
der Schönheit, ein widerrechtlicher Einbruch in fremdes Gebiet, eine
μετάβασις εἰς ἄλλο γένος (§ 183).

Aus diesen Ausführungen spricht eine deutliche Ablehnung jedweder
Einmischung der Ethik in die Bestimmung des Schönen. Die moralische
Zweckmäßigkeit der Kunst wird entschieden geleugnet. Die Kunst wird
von sittlichen Forderungen nur noch negativ bedingt. Die guten Sitten
sollen unangetastet bleiben, sie dürfen aus dem Bereich des Schönen
gewisse Themen ausschließen, wie sie im praktischen Leben gewisse
Handlungen mißbilligen. In keiner Weise beugen sich jedoch Wahl und
Darstellung des Stoffes moralischen Vorschriften; sie unterstehen
eigenen Gesetzen, denen der Schönheit.

---

[40]) Kolleghandschrift, § 182.

Die dritte Eigenschaft des Inhalts ist die W a h r h e i t (veritas), „sofern sie sinnlich erkennbar ist" (§ 423). Nicht die logische Wahrheit, die sich in deutlichen Vorstellungen ausdrückt, interessiert den Künstler, sondern nur diejenige, die vom analogon rationis wahrgenommen werden kann. Die beiden Wahrheitsarten schließen sich gegenseitig nicht aus und können sogar manchmal zusammenfallen. Sie streben jedoch nicht zur Vereinigung, denn sie sind auf verschiedene Zwecke ausgerichtet. Es gibt logische Wahrheiten, die nur der Intellekt fassen kann und die sich unter keiner sinnlichen Form darstellen lassen; sie liegen über dem ästhetischen Horizont. Andere gehören dem Bereich des analogon rationis an, sind aber unbedeutend und liegen unter dem ästhetischen Gesichtskreis. Das Gebiet der Kunst erstreckt sich zwischen den beiden Extremen.

Die ästhetische Wahrheit ist nicht allgemein wie etwa die logische, sondern jeweils individuell (veritas singularis seu individui, § 440). Sie setzt zweierlei voraus: die Möglichkeit des Gegenstandes und eine richtige Motivierung. Die Möglichkeit des Gegenstandes gründet sich entweder auf seine tatsächliche Wirklichkeit oder auf seine innere Widerspruchslosigkeit, seine innere Kohärenz und Übereinstimmung, d. h. auf Wahrscheinlichkeit (*probabile* in den *Meditationes* § 57; *verisimile* in der *Aesthetica*). Ein Thema, innerhalb dessen sich gewisse Elemente gegenseitig ausschließen, heißt „Utopie" und ist aus der Kunst zu verbannen. Jede Mißachtung der zur Möglichkeit der Dinge notwendigen Einheit und jede Vergewaltigung der allgemeinen Grundsätze der Vernunft sind ästhetische Irrtümer, sofern sie sinnlich wahrnehmbar sind.

Zur objektiven Wahrheit als solcher ist die Kunst nicht verpflichtet. Nur da muß sie beobachtet werden, wo eine ästhetische Notwendigkeit es erheischt. Im Prinzip reicht die Wahrscheinlichkeit aus[41]. Historische Wahrheit und tatsächliche Wirklichkeit sind als solche also nicht erforderlich. Es kommt nur auf innere Wahrheit an, d. h. auf eine Möglichkeit ohne Widerspruch und ohne offenbare Falschheit. Der Stoff der Kunst und dessen notwendiges Attribut, die ästhetische Wahrheit, bestehen zum größten Teil aus Erdichtungen[42]: „historisch" heißen sie, wenn sie Vorgänge berichten, die sich ereignet haben oder hätten er-

---

[41] „Est ergo veritas aesthetica a potiori dicta verisimilitudo, ille veritatis gradus qui, etiamsi non evectus sit ad completam certitudinem, tamen nihil contineat falsitatis observabilis", *Aesthetica*, § 473.

[42] „Fictiones latius dictae ... longe maximam pulcre cogitandorum partem constituunt", *Aesthetica*, § 505.

eignen können; „heterokosmisch" oder „poetisch", wenn sie sich auf
Gegenstände aus anderen Welten beziehen. Die Gesamtheit der poetischen Erdichtungen bildet den mundus poetarum; zu ihm gehören die
Mythologien, die Fabeln, die Sagen, die Kosmogonien (auch die modernen). Baumgarten erteilt den Dichtern den Rat, nicht geradezu alle
Elemente der heterokosmischen Erdichtungen frei zu erfinden — was
den Leser ermüden würde —, sondern eher analogische Erdichtungen
zu schaffen, d. h. solche, in denen der eine oder andere Zug an eine
bekannte Fabel erinnert. Er betont aber die Legitimität der Erdichtungen überhaupt, des verum poeticum, und gründet sogar deren Notwendigkeit mit dem Zweck der Kunst selbst[43]). Manchmal schadet
die materielle Wirklichkeit der moralischen Wahrheit, d. h. der Einheit
des Charakters. Oft ist es nötig, einen geschichtlichen Charakter zu
retuschieren, um ihn in der Kunst annehmbar zu machen. Anderseits
soll man bei ganz neuen Erdichtungen soviel wie möglich mit den logischen, wissenschaftlichen, moralischen und ästhetischen Gesetzen unserer
Welt in Einklang bleiben.

Seinerseits soll der Künstler ein aufrichtiger Freund der Wahrheit
sein und sie mit ganzem Herzen anstreben. Baumgarten ist nicht weit
davon entfernt, die Meinung Shaftesburys zu teilen, daß Schönheit
nichts als Wahrheit sei. Er ist sich aber der Gefahr bewußt, durch
diesen Satz ein neues außerkünstlerisches Kriterium der Schönheit aufzustellen, nachdem er den moralischen Maßstab ausgeschaltet hat. Er
führt seinen Gedanken näher aus, legt den Nachdruck darauf, daß die
ästhetische Schönheit nicht über die Ebene des Sinnlichen hinausragt,
und betont wieder einmal die Harmonie, die zwischen den Eigenschaften der *cogitationes* walten soll. Die Sorge um die Wahrheit darf
unter keinen Umständen den übrigen Attributen des Schönen schaden.

Gleich den sonstigen Merkmalen des Inhalts weist die Wahrheit
mehrere Grade auf, denen verschiedene Stile entsprechen.

Die vierte Eigenschaft des Inhalts, mit deren Behandlung der zweite,
1758 erschienene Band der *Aesthetica* anfängt, ist die K l a r h e i t
(claritas, lux). Die ästhetische unterscheidet sich gründlich von der logischen Klarheit. Letztere liegt in der Deutlichkeit, der Angemessenheit,
der Tiefe und der Reinheit der Begriffe des Intellekts. Erstere ist vor-

---

[43]) „Der schöne Geist ist nicht verbunden, immer bei der Wahrheit dieser Welt,
bei der eigentlichen historischen Wahrheit stehen zu bleiben. Er muß öfters in eine
mögliche Welt oder in Erdichtungen eingehen, weil er sonst nicht immer seinen
Zweck erhalten würde", Kolleghandschrift, § 585.

handen, wenn das analogon rationis eine zur Erkennbarkeit des Gegenstandes ausreichende Anzahl Merkmale wahrnimmt. Je zahlreicher und
verschiedenartiger diese Merkmale sind, je geschwinder und anschau-
licher sie aufeinander folgen, desto lebhafter ist der Inhalt des Kunstwerks.

Wiederum gibt es verschiedene Stufen von ästhetischem „Licht": die
absolute Klarheit, welche jedem Schönheitsgegenstand notwendig ist,
und die relative, welche die besonders lichtvollen Vorstellungen kennzeichnet.

Die Klarheit soll natürlich sein, d. h. einer dreifachen Forderung genügen, welche derjenigen ähnlich ist, die in bezug auf die Naturnachahmung erwähnt wurde. Der Künstler darf sich nicht in den Vordergrund
drängen, er hat sich vor jeder Willkür und jeder Gewalt gegenüber
seinem Stoff zu hüten, er muß den Eindruck geben, als entwickle sich
sein Werk streng nach Naturgesetzen. Zweitens muß sich der Inhalt
durch inneren Reichtum und nicht durch fremde Zusätze (peregrina
pigmenta) auszeichnen. Schließlich muß der Inhalt dem Gesichtskreis,
dem Geist, dem Charakter des Publikums angemessen sein.

Nicht alles darf in gleich starkem Licht glänzen; ein gewisses ästhetisches Dunkel ist oft wünschenswert, besonders bei den Vorstellungen,
die man schwerlich weglassen kann, obschon sie zur Schönheit des
Werkes nichts Wesentliches beisteuern. Das gelungene Kunstwerk
zeichnet sich durch eine richtige Verteilung von Licht und Schatten
aus, welche die Hauptelemente in die ihnen gebührende Klarheit rückt
und durch den Gegensatz zu dem Dunkel der nebensächlichen Züge
glänzender hervorleuchten läßt.

G e w i ß h e i t und G r ü n d l i c h k e i t heißt in der Kolleghandschrift (§ 22) das fünfte Erfordernis des Stoffes; persuasio und certitudo
in der lateinischen Fassung. Es ist dazu bestimmt, beim Betrachter das
Bewußtsein zu erwecken, daß der Inhalt des Kunstwerks wahr sei, und
es ist die Voraussetzung der letzten Eigenschaft, der vita, des
„Lebens"[44]). Dieses Gefühl mag der objektiven Wahrheit entsprechen
oder illusorisch sein. Der Künstler wird sich aber bemühen, nur vom
Wahren und Wahrscheinlichen zu überzeugen.

Nach diesem etwas zu kurz gekommenen und nicht mit der gewohnten Sorgfalt bearbeiteten Abschnitt bricht die *Aesthetica* plötzlich
ab. Das letzte Merkmal, die vita, ist nicht behandelt worden; ebenso-

---

[44]) „Certitudo sensitiva, analogo rationis etiam obtinenda veritatis et verisimili-
tudinis conscientia et lux", *Aesthetica*, § 829.

wenig sind die zwei übrigen Kapitel der theoretischen Ästhetik (Methodologie und Semiotik) und die ganze praktische Ästhetik ausgeführt.

Baumgartens Theorie ließe sich folgendermaßen zusammenfassen. Der Gegenstand der neuen Wissenschaft liegt im Bereich der sinnlichen Erkenntnis, ihr Zweck ist die Ergründung der Kunstschönheit und die Anleitung zum Kunstschaffen. Kunstschönheit ist eine Vollkommenheit, die wesentlich in einer Harmonie besteht, in einem consensus zwischen drei Grundelementen: Inhalt, Ordnung und Ausdruck. Jedes dieser drei Momente muß eine gewisse Anzahl von Eigenschaften aufweisen, die ebenfalls miteinander im Gleichgewicht zu stehen haben. Die Eigenschaften des Inhalts sind Reichtum, Größe, Wahrheit, Klarheit, Gewißheit und Leben. Alle erscheinen unter zwei Aspekten, die wiederum miteinander harmonieren müssen: sie kennzeichnen erstens den Geist des Künstlers und seinen Stil, zweitens das Thema seines Werkes. Die Merkmale der zwei weiteren Elemente wurden in Baumgartens Schrift nicht erörtert. Die paar Skizzen, die erhalten sind, erinnern ziemlich getreu an die Lehrsätze der Rhetorik[45]).

Unumgängliche Vorbedingung der künstlerischen Schöpfung ist das Genie, d. h. eine angemessene seelische Beschaffenheit. Um ein Werk

---

[45]) Hier folgen ein paar Andeutungen über diese zwei Abschnitte nach den *Meditationes* (§§ 65—107).

Die Methodologie betrifft den nexus, die Verknüpfung der Vorstellungen. Diese Verknüpfung muß zur Schönheit des Werkes beitragen und selbst schön sein. Was den zureichenden Grund der in einem Werke ausgedrückten Vorstellungen enthält und von keinen anderen Vorstellungen abhängig ist, heißt das Thema. Ist die Verknüpfung richtig, so werden alle Vorstellungen vom Thema bestimmt und entwickeln sich in einer Kette von Ursachen und Wirkungen, welche man ordo nennt. Im poetischen Werk ist der ideale ordo eine methodus lucida, welche das Thema allmählich extensiv klarer macht, indem sie die Vorstellungen nach ihrem Bestimmtheitsgrad anordnet.

Die Semiotik bezieht sich auf die vom Künstler gebrauchten Zeichen und besonders auf die Worte des Gedichts. Diese erscheinen unter dem zweifachen Aspekt von Bedeutungsträgern und artikulierten Tönen. In dieser doppelten Beziehung müssen sie zur Schönheit des Gedichtes beitragen. Die poetischsten Bedeutungen sind die uneigentlichen, übertragenen, bildlichen, weil sie anschauliche und komplexe Vorstellungen hervorbringen. Metapher, Synekdoche, Allegorie usw. sind vorzügliche Mittel der Dichtung, sofern deren Zahl begrenzt bleibt und Dunkelheit vermieden wird. Die Laute ihrerseits erregen angenehme oder unangenehme Empfindungen (ideae sensuales): das judicium sensuum (und besonders aurium) hat darüber zu urteilen; es verlangt, angenehm beeindruckt zu werden. Dies ist ein zusätzliches Bestimmungsmoment. Der Vorzug eines Gedichtes in dieser Beziehung heißt sonoritas.

zu einem guten Ende zu führen, muß der Dichter einen angeborenen „ästhetischen Geist" und ein leicht erregbares Gemüt besitzen und diese natürlichen Gaben durch Übung und Studium ausgebildet haben. Bevor er sich an die Arbeit macht, muß er jedoch die Begeisterung abwarten oder — durch günstige Umstände — hervorrufen. Schließlich muß der Künstler durch eine bedächtige und sorgfältige Korrekturarbeit den ersten Wurf vervollkommnen.

Dies sind die Grundzüge von Baumgartens Ästhetik. Sie besteht in einer Reihe meist schon vorher ausgedrückter Anschauungen, die er aber in ein strenges logisches System zusammenschließt. Die Materialien wurden ihm hauptsächlich durch die alte Poetik und Rhetorik geliefert. Die Denkschemata entlehnt er der Leibniz-Wolffschen Philosophie. Seine Ursprünglichkeit und sein Verdienst liegen darin, daß er diese Materialien und diese Schemata in einer Theorie vereinigt hat, die durch ihre Absicht, ihre Grunddefinitionen und viele zukunftsträchtige Aperçus neu ist. Die heutige Forschung wird ihm nicht gerecht, wenn sie behauptet, daß sein Beitrag eher lexikologisch als sachlich gewesen sei und daß er seinen Ruhm lediglich der Benennung der neuen Wissenschaft verdanke. Die Benennung einer neuen Wissenschaft ist an sich ohnehin kein so geringes Verdienst. Dadurch wird nämlich ein Mittelpunkt des Interesses und der Perspektive geschaffen, ein Ordnungsprinzip aufgestellt, ein Problemkomplex abgesondert und herausgehoben. Baumgartens Bedeutung geht jedoch weit über diese Namengebung hinaus. Sie liegt zunächst in einem umfassenden Systematisierungsversuch. Seine Theorie verknüpft Anschauungen, die bis dahin bruchstückhaft, vereinzelt und unzusammenhängend geblieben waren. Sie fügt Elemente zueinander, die den verschiedensten Disziplinen entlehnt sind, und bildet daraus eine neue Lehre. An zweiter Stelle liegt Baumgartens Verdienst in der philosophischen Grundlegung der Poetik und der Rhetorik und in seiner Erkenntnis der Notwendigkeit einer solchen Grundlegung. Erst diese hat es ihm ermöglicht, den Bereich der ästhetischen Empfindung abzustecken und in die Philosophie einzugliedern. Er hat der Ästhetik einen Platz im Leibniz-Wolffschen System erobert; er hat erwiesen, daß das Fehlen einer Reflexion über Kunst und Geschmack eine Lücke im menschlichen Wissen war. Er hat der Ästhetik eine deutlich bestimmte Aufgabe angewiesen und sie zu einer unabhängigen Wissenschaft erhoben. Um dies zu tun — ein drittes Verdienst —, hat er sie von den Disziplinen abgrenzen müssen, denen man sie gewöhnlich unterordnete, wenn man das Schöne und die Kunst zum Gegenstand der philosophischen Betrachtung machte. Diese Disziplinen sind die Ethik, die Logik und die Metaphysik; auf Grund eines einfachen Prinzips und einer klaren Definition hat Baumgarten die Ästhetik ihrem Einflußbereich entzogen. Sein Begriff der Vollkommenheit der sinnlichen Erkenntnis hat ihn instand gesetzt, die Hoheitsgebiete auseinanderzuhalten: die Ästhetik hebt sich von der Logik ab, weil ihr Gegenstand in der sinnlichen Erkenntnis als solcher besteht; sie unterscheidet sich von der Moral dadurch, daß sie nicht den Grund der Probleme, sondern einzig ihre sinnfällige Erscheinung berücksichtigt; sie ist von der Metaphysik unabhängig, weil die ontologische Wahrheit sie nicht angeht.

Solche Unterscheidungen der Methoden und Probleme sind aber nicht die einzigen Folgerungen, die sich aus der Grunddefinition ergeben. Darüber hinaus hat Baumgarten mit einer bis dahin unbekannten Schärfe und Nachdrücklichkeit epochemachende Ideen geäußert. Seine bereits im Jahre 1735 vorgetragene Entdeckung, daß die Kunst sich auf das Individuelle erstreckt im Gegensatz zu der Wissenschaft, die es nur mit dem Allgemeinen zu tun hat, ist eine grundlegende Neuerung in der Kunsttheorie. Besonders aber fällt auf, daß diese Behauptung streng folgerichtig vom ganzen System herbeigeführt, unterbaut und umrahmt wird. Lang ist der Weg, der somit seit Shaftesburys Zeiten zurückgelegt worden ist, da der Kunst die Benutzung des Individuellen noch nicht gestattet war.

Baumgarten ist von dem Nutzen der Regeln nicht fest überzeugt; er setzt kein Vertrauen in die herkömmliche Topik und ist skeptisch gegenüber Vorschriften und Anweisungen aller Art. Jedenfalls ist die Rolle, die sie im Kunstschaffen spielen, sehr begrenzt. Höchstens können sie Irrtümer verhindern und gelegentlich zur Entdeckung einzelner Schönheiten verhelfen. Ihre Beobachtung ist keineswegs verbindlich. Betonung des Individuellen und Befreiung vom Regelzwang deuten beide auf die Kunst und die Anschauungen voraus, die kurz darauf entstehen sollten. Sie könnten den kühnsten und leidenschaftlichsten Streitschriften Lessings als Motto dienen. Ihre scholastische Einkleidung darf ihren maßgebenden Wert nicht übersehen lassen.

Noch weitere Anschauungen werden in den nachfolgenden Theorien gleichfalls wiederauftauchen: die Idee des consensus, die moralische Gleichgültigkeit der Kunst, die strenge Unterscheidung zwischen logischer Wahrheit und ästhetischer Wahrscheinlichkeit usw.

Diese Ansichten sind bedeutsam und in hohem Grade ursprünglich. Gewiß, an sich erlauben sie es nicht, das ganze System als neu zu betrachten: der größere Teil desselben besteht noch aus älteren Auffassungen. Baumgarten eigen sind aber die Grundlegung und eine An-

zahl Folgerungen, die sich daraus ergeben und die auf die Entwicklung
der Kunstanschauungen einen entscheidenden Einfluß ausgeübt haben.
Baumgartens Leistung ist vor allen Dingen eine bahnbrechende. Seine
Nachfolger werden seine Arbeit reichlich ausnützen: ihrem individuellen
Charakter und dem je angestrebten Ziel gemäß werden sie Probleme
herausheben und Lösungen vorschlagen, die sie oft mehr oder weniger
ausgeführt in Baumgartens Werk vorfinden konnten. Die *Aesthetica*
bildet unleugbar die Grundlage und den vielversprechenden Ausgangspunkt der methodischen Ästhetik in Deutschland.

Kapitel II

MEIER

Georg Friedrich Meier studierte bei Baumgarten in Halle und folgte ihm 1746 auf dem Lehrstuhl für Philosophie, als sein Lehrer nach Frankfurt an der Oder übersiedelte. Es fällt gleich auf, wie stark sich beider Geisteshaltungen voneinander abheben. Ein guter Aufklärer, verkündet Meier seinen Glauben an die ewige Weltordnung und an die Notwendigkeit einer strengen Beobachtung der Regeln, um die Vollkommenheit zu erreichen. Es wird in der Welt von Irrtümern wimmeln, meint er, solange die Grundprinzipien nicht erkannt sind. Es gilt, die Menschheit aufzuklären, ihre Kenntnisse zu vervollkommnen, die Seelenvermögen auszubilden, namentlich den Geschmack. Zum Unterschied von Baumgarten bildet dieser Proselytismus den wesentlichen Antrieb Meiers, der nicht müde wird, zu wiederholen, daß seine Absicht darin bestehe, „den Geschmack der Deutschen zu verbessern". In seinen Augen läßt sich die Ästhetik nur durch ihren Nutzen rechtfertigen[1]. Schon aus diesem Blickpunkt erhellt, wie wenig Wert Meier auf reine philosophische Abstraktion legt. „Mich dünkt", schreibt er, „daß ein Schriftsteller verbunden sei, vornehmlich praktische Sachen zu schreiben und wenigstens über Spekulationen keinen weitläufigen Streit zu führen"[2].

Die drei Bände, die Meiers Hauptwerk, die *Anfangsgründe aller schönen Künste und Wissenschaften*, enthalten, wurden zwischen 1748 und 1750 veröffentlicht, d. h. vor der *Aesthetica*. Sie weisen mit Baumgartens Theorie bedeutsame Ähnlichkeiten auf. Bekanntlich hat sich Meier bei der Abfassung seiner Schrift der Notizen bedient, die er sich in den Vorlesungen seines Lehrers gemacht hatte. Im Jahre 1745 hat er sogar das Kollegheft Baumgartens zur Verfügung gehabt. Wir wollen denn auch nicht auf alle Einzelheiten der *Anfangsgründe* eingehen,

---

[1] Vgl. die Vorrede zum 1. und 3. Teil der *Anfangsgründe*.
[2] Vorrede zum 2. Teil der *Anfangsgründe*.

sondern unser Augenmerk vor allen Dingen auf das Eigentümliche von
Meiers Ästhetik richten.

Nach Meier wie nach Baumgarten handelt die Ästhetik von der sinnlichen Erkenntnis und ihrem Ausdruck. Das Wort Ästhetik leite sich
vom griechischen αἰσθω (ich schmecke) her; durch Synekdoche habe es
später alle Vermögen der Sinnlichkeit bezeichnet. Ferner schlägt Meier
eine Reihe von Wechselausdrücken zur Benennung der neuen Wissenschaft vor: Theorie der schönen Erkenntnis überhaupt, Theorie der
schönen Wissenschaften, Anfangsgründe oder erste Gründe der schönen
Wissenschaften, Grundwissenschaft der schönen Erkenntnis, Metaphysik der Rede- und Dichtkunst, Logik der unteren Erkenntniskräfte (§ 2).

Die Zweideutigkeit von Baumgartens Definition, in welcher die
Ästhetik als eine Wissenschaft und eine Kunst zugleich hingestellt
wurde, ist bei Meier aufgehoben: es handelt sich bei ihm ausschließlich
um eine Wissenschaft, eine Theorie. Der Parallelismus zu der Logik wird
aber weiterhin unterstrichen: die Ästhetik ist die Logik der Sinnlichkeit. Diese Formel entspricht Bilfingers oben erwähnter Auffassung und
wird in der Folge mit Baumgartens gnoseologia inferior gleichgesetzt,
nachdem Meier die Beziehungen der Logik und der Ästhetik zu ihren
jeweiligen Gegenständen für identisch erklärt hat (§ 5). Ferner wird
das Verhältnis der Ästhetik zu den Künsten dem der Metaphysik zu
der Erkenntnis angeglichen: daher die Definition der Ästhetik als einer
Metaphysik der schönen Künste und Wissenschaften (§ 4).

Die neue Disziplin stützt sich auf eine doppelte Grundlage, die
Meier für unerschütterlich erklärt. Da sind zunächst die Regeln der
Vollkommenheit, die alle auf die Schönheit anwendbar sind, weil
diese für Meier nur eine Art der Vollkommenheit ist. Da ist zweitens
die „Wissenschaft der Seele", und besonders das Studium der unteren
Erkenntnis, deren Erzeugnis das Kunstwerk ist. Metaphysik und Psychologie bilden also die Grundlage der Ästhetik.

Dem Begriff der sinnlichen Erkenntnis widmet Meier den ganzen
zweiten Teil seines Werkes unter der Überschrift „Von dem sinnlichen
Vermögen". Die Seelenkräfte, die diese Erkenntnis ausmachen und
deren Studium zum Gebiet der Psychologie gehört, sind: die Aufmerksamkeit, die Abstraktion (d. h. Fähigkeit, von einer Vorstellung zu
„abstrahieren", davon abzusehen, sie zu „verdunkeln."), die Sinne, die
reproduktive Einbildungskraft, der Witz (das Baumgartensche ingenium, d. h. die Fähigkeit, Ähnlichkeiten zwischen den Dingen wahrzunehmen), die Scharfsinnigkeit oder acumen (das dem Witz ent-

gegengesetzte Vermögen, das die Unterschiede erspürt), das Gedächtnis, die Dichtungskraft (facultas fingendi oder produktive Einbildungskraft), der Geschmack, das Vorhersehungsvermögen, die Bezeichnungskraft (facultas characteristica). Dazu kommt im ästhetischen Akt das
untere Begehrungsvermögen.

Was ihren Gegenstand betrifft, steht also die Ästhetik wie bei
Baumgarten auf der Ebene der sinnlichen Erkenntnis. Sie umfaßt
einen theoretischen und einen praktischen Teil. Der theoretische zerfällt in drei Kapitel: „Erfindung", „Methode" und „Bezeichnungslehre". Die Erfindung ist wiederum in drei Abschnitte eingeteilt: der
erste handelt von der Erkenntnis des Schönen im allgemeinen, der
zweite von den Vermögen der sinnlichen Erkenntnis, der dritte von
den Arten der ästhetischen Gedanken. Die beiden letzten finden sich
nicht bei Baumgarten und waren im Plan seines Buches nicht ausdrücklich vorgesehen. Bei Meier sind sie übrigens auch von nebensächlicher Bedeutung.

Genau wie Baumgarten legt Meier den Nachdruck darauf, daß die
ganze ästhetische Theorie ohne ästhetisches Naturell nichts ausrichten
kann. Die Theorie kann nur das korrigieren und ergänzen, was die
Natur geschaffen hat (§ 12).

Der erste Teil der *Anfangsgründe* beginnt mit einer Definition der
Schönheit, die das Problem gänzlich verschiebt und gegenüber der
Aesthetica rückständig erscheint: „Die Schönheit ist eine Vollkommenheit, insofern sie undeutlich oder sinnlich erkannt wird" (§ 23). Dies
ist die Formel, die Baumgarten in seiner *Metaphysica* vorschlug und
die er später von Grund aus verwandelt hat. Es wurde gezeigt, wie
groß der Abstand zwischen dieser Auffassung und der Definition der
Aesthetica ist. Bei Meier kann es sich hier nicht um eine Verwechslung
oder eine Ungeschicktheit im Ausdruck handeln: er erläutert selbst
seinen Gedanken mit Hilfe des wohlbekannten Beispiels der schönen
Wangen, die unter dem Mikroskop ihre Schönheit verlieren, obschon
ihre Vollkommenheit weiterbesteht.

Die Vollkommenheit fordert: 1. eine Mannigfaltigkeit von Merkmalen; 2. ein unum als Brennpunkt, Bestimmungsgrund oder „Zweck";
3. daß die mannigfaltigen Merkmale den zureichenden Grund des
Zweckes enthalten. Damit die Vollkommenheit zur Schönheit wird,
müssen die drei Momente undeutlich erkannt und gleichzeitig erfaßt
werden (§ 24). Die Vorstellung der Schönheit ist also die undeutliche
oder sinnliche Erkenntnis der harmonischen Übereinstimmung einer
Vielfältigkeit (§ 28).

Zahl und Wichtigkeit der Merkmale bestimmen den Grad des Reichtums und der Größe einer Vorstellung. Darüber hinaus muß diese wie bei Baumgarten Wahrheit, Klarheit, Gewißheit und Leben aufweisen. Die Abschnitte über Reichtum und Größe decken sich sozusagen Wort für Wort in der *Aesthetica* und in den *Anfangsgründen*. Nur die Ausführungen über die Verhältnisse von Kunst und Moral fallen bei Meier kürzer aus: sie werden in ein paar Zeilen und dazu sehr oberflächlich abgefertigt (§§ 69—70). Die Erörterung der Wahrheit ist gleichfalls in beiden Werken fast identisch, doch zögert Meier, sich von der logischen Wahrheit und der strengen Wahrscheinlichkeit so entschieden zu entfernen wie Baumgarten. Er lehnt es z. B. ab, die aesthetice improbabilia als Gegenstand der Kunst gelten zu lassen (§ 49). Er erklärt die heterokosmischen für weniger wahrscheinlich als die historischen Erdichtungen und verlangt, daß sie der wirklichen Welt so nahe wie möglich stehen (§ 107). Baumgarten dagegen sah darin den wesentlichen Stoff der Kunst. Die Behandlung der Klarheit und der Gewißheit entspricht wiederum dem Text der *Aesthetica*.

Die letzte Eigenschaft, die vita, wurde von Baumgarten nicht besprochen. Sie betrifft nicht mehr direkt den erkenntnismäßigen Teil der sinnlichen Vermögen, sondern hauptsächlich den gefühlsmäßigen. Zweck der vita ist es, Neigung oder Abneigung zu erwecken, die Darstellung rührend zu machen (§ 178). Diese darf den Betrachter nicht gleichgültig lassen; sie muß ihn persönlich interessieren, vergnügen, erschrecken, abstoßen, irgendwie in Beziehung zu ihm gebracht werden, an seine Triebe und Leidenschaften appellieren, einen Affekt bewirken. Der höchste Grad der Rührung ist das Pathetische. Da die vita alle anderen Merkmale des Schönen voraussetzt, erscheint das Pathetische als der Gipfel der Kunst (§§ 198—204).

Mit Recht sieht Böhm in diesem Kapitel den Ausdruck einer subjektiv-psychologischen Geisteshaltung, die dem veröffentlichten Teil der *Aesthetica* fremd ist; alle vorigen Kategorien werden darin wiederaufgenommen und auf das Gefühl des Subjekts bezogen. Nun will Böhm aber in dieser Zusammenkoppelung von objektivem Rationalismus und subjektiver Gefühlstheorie die Eigenart der Meierschen Ästhetik erblicken[3]). Solche Meinung scheint uns nicht hinlänglich belegt. Es besteht kein Grund, eine plötzliche Untreue Meiers gegenüber Baumgartens Denken ohne weiteres anzunehmen. Das entsprechende Kapitel der *Aesthetica* besitzt man allerdings nicht; in § 662 findet sich aber eine Definition der vita, die derjenigen der *Anfangsgründe* sehr

---

[3]) Böhm, *Das Schönheitsproblem bei G. F. Meier*, S. 220, 236 ff., 249 f.

genau entspricht: eine mit vita erfüllte Vorstellung ist „animi commotionem excitatura". Wenn das „Leben" des Kunstwerks bei Baumgarten wie bei seinem Schüler dazu bestimmt ist, eine Gemütsbewegung hervorzurufen, will es nur schwer einleuchten, wie eine logische Entwicklung dieses Begriffes durch Meier eine so grundverschiedene Tendenz verraten könnte, wie Böhm annimmt. Ohne näheren Beweis darf man den Geist, der sich in diesem Kapitel ausdrückt, nicht als Meiers ausschließliches und charakteristisches Eigentum betrachten, und es mutet ziemlich willkürlich an, in ihm die Quelle einer doppelten Strömung zu sehen, welche die Populärphilosophie des Jahrhunderts durchzieht.

Die Fortsetzung von Meiers Abhandlung deckt sich im wesentlichen mit den Ausführungen Baumgartens. Seine Bemerkungen über die „Methode" und die „Bezeichnung" erinnern an die *Meditationes* und nehmen übrigens in den *Anfangsgründen* einen recht bescheidenen Platz ein.

Unter den Ästhetikern des 18. Jahrhunderts erscheint Meier als eine paradoxe Figur. Er ist viel weniger ursprünglich als Baumgarten, hat aber viel mehr Einfluß ausgeübt und viel mehr Ansehen genossen als er. Der größte Teil seines Textes stimmt fast wörtlich mit der *Aesthetica* überein, obschon die Prinzipien, die den beiden Werken zugrunde liegen, weit auseinandergehen.

Meiers Werk wurde fast durchweg als eine deutschsprachige Fassung der Theorie seines Lehrers angesehen. Er selbst hat seine Leser zu dieser Meinung veranlaßt, indem er in der Vorrede Baumgarten als den „Erfinder" der Ästhetik und den eigentlichen Urheber der *Anfangsgründe* bezeichnet. Obendrein mußte die Ähnlichkeit der beiden Texte diese Auffassung bekräftigen und die Annahme nahelegen, Meier habe bloß Baumgartens Ästhetik in einer allgemein zugänglichen Form vorgetragen. Meier las man, um sich mit der neuen Wissenschaft vertraut zu machen, und ohne ihn wäre die ästhetische Fragestellung nicht so schnell ins Publikum eingedrungen. Dabei wurden leider nicht die wertvollsten und fruchtbarsten Ansichten Baumgartens verbreitet. Meiers Quellen sind Kollegnotizen, die mehrere Jahre vor der Veröffentlichung der *Aesthetica* aufgezeichnet wurden. Ob bereits damals die Anschauungen Baumgartens in ihrer endgültigen Form dargelegt wurden und von so festen Grundsätzen umrahmt waren wie in seinem Hauptwerk, ist fraglich. Wie dem auch sei, der Unterschied zwischen den beiden Denkern ist groß, und in seiner tieferen Bedeutung ist Meiers Werk nicht der deutschsprachige Widerschein der lateinischen

Schriften Baumgartens, noch weniger deren Fortsetzung. In Wirklichkeit geben die *Anfangsgründe* ein Bild des ästhetischen Denkens v o r der *Aesthetica*.

Durch seine utilitaristische Absicht verzichtet Meier auf eine spekulative und beschreibende Analyse des „Schöndenkens" zugunsten eines pragmatischen Kodex von Begriffen und Regeln. Seine Definition der Schönheit ist genau diejenige, die durch die *Aesthetica* entthront wurde, und sie ermöglicht es nicht, die Selbstherrlichkeit der Kunst gegenüber der Ethik und der logischen Wahrheit zu behaupten[4]). Das Problem der Beziehungen zwischen Kunst und Moral, das bei Baumgarten einen ansehnlichen Raum einnimmt, wird von Meier fast gänzlich umgangen. Dies ist sehr bezeichnend: entweder verhindert ihn der Zeitgeist, die Unabhängigkeit der Kunst zu verfechten, oder — was wahrscheinlicher ist — er sieht die Bedeutung des Problems nicht ein, weil er den bestimmenden Einfluß der Moral auf die Kunst nicht einmal in Frage stellt. Er ist ebensowenig imstande, die metaphysische und logische Wahrheit von der künstlerischen Wahrscheinlichkeit scharf zu scheiden, und empfiehlt daher immer wieder die Annäherung und den Zusammenklang von beiden. Seine Ausgangsformel macht jeden anderen Schluß unmöglich. Sie bleibt in der Tradition befangen und stellt kein neues Problem, während Baumgartens philosophische Bedeutung gerade in der Neuheit seiner Definition und in den Unterscheidungen, die sich folgerichtig daraus ergaben, liegt.

Diese Verkennung von Baumgartens Grundeinstellung einerseits, und die weitgehende Ähnlichkeit der beiderseitigen Ausführungen anderseits haben Meiers Werk zum Zwitter gemacht. Er übernimmt die Denkschemata, die Baumgarten aus dem logischen aufs ästhetische Gebiet übertragen hatte, ohne ihre Notwendigkeit einzusehen. Der ganze Aufbau seines Buches erweckt den Eindruck des Forcierten und des Unnatürlichen: äußerlich nähert er sich dem Gang der Logik, ohne daß dieser Parallelismus einem inneren, auf Meiers eigene Einstellung begründeten Bedürfnis entspräche. Und wie es in solchen Fällen gewöhnlich geschieht, geht Meier viel weiter als Baumgarten in der Anwendung des ästhetisch-logischen Parallelismus. Ein ganzes Kapitel trägt die Überschrift: „Von den ästhetischen Begriffen, Urteilen und Schlüssen!" Meiers Denken wurde durch diese Schablonen der Logik,

---

[4]) Mit Recht deutet Bäumler (a.a.O., S. 124) Meiers Theorie als eine Rückkehr zur alten Rhetorik; aber er begründet seine Meinung mit Argumenten, die uns fragwürdig erscheinen. Auch Böhm (a.a.O., S. 178) unterscheidet in Meiers Denken neben Baumgartenschen Thesen eine ältere Gedankenschicht.

die sich ihm von außen aufgedrängt haben, beträchtlich gehemmt und belastet. Sein maßloser Drang, um jeden Preis zu „unterscheiden", verführte ihn dazu, die Eigenschaften des Kunstwerks durcheinanderzuwerfen: er definiert die eine durch das Attribut der anderen, zieht unzutreffende Beispiele heran, setzt Vorzüge und Fehler unrichtig entgegen und verwirrt Baumgartens Terminologie. Er war selbst ein „schöner", kein wissenschaftlicher Geist. Wenn es ihm ab und zu geglückt ist, zu vergessen, daß er einen philosophischen Traktat verfaßte, hat er Seiten von bewundernswerter Feinheit und ungewöhnlichem Scharfsinn geschrieben. Er war wohl ein ausgezeichneter Moralist, vielleicht ein noch besserer Psychologe; in der Ästhetik geben ihm jedoch sein gesunder Menschenverstand und seine immer wieder betonte Liebe zum Maßvollen einen kleinbürgerlichen Ton und ein pedantisches Auftreten. Die Regeln sind ihm heilig, jede Abweichung ist zu verurteilen. Sein Sinn für Poesie erstickte manchmal unter dem großen Wert, den er der Norm und auch den Vorurteilen der Zeit beimaß. Letzteren ist wohl der Eindruck von Zimperlichkeit und Preziosität zuzuschreiben, den er macht, wenn er aus dem Gebiet der Kunst Dinge verbannt, an denen wir heute keinen Anstoß mehr nehmen.

Bergmann hat eine Rettung Meiers versucht, und zum Beweis seiner angeblichen Überlegenheit über Baumgarten führt er unter anderem an, Meier habe die Grundlage der Ästhetik erweitert, indem er sie auf alle Künste ausgedehnt habe[5]). Sieht man aber von dem beiläufigen Begriff „Metaphysik der schönen Künste und Wissenschaften" ab, so berechtigt nichts in Meiers Ausführungen und Belegen zu einer solchen Behauptung. Nimmt er doch seine Beispiele allein aus der Dichtkunst und gründet eingestandenermaßen das Studium des Genies einzig auf die poetische Tätigkeit (§§ 19, 244). Ferner soll er nach Bergmann auf dem laufenden der zeitgenössischen Literatur gewesen sein[6]). Es wurde aber darauf hingewiesen, daß Baumgarten ebenso gut im Bilde war; nur wertet er im lateinischen Text der *Aesthetica* diese Art Kenntnisse nicht aus. Übrigens muß betont werden, daß die Anspielungen Meiers auf die zeitgenössische Theorie und Dichtung seinem System nichts Neues beisteuern und daß ihre Rolle sich darauf beschränkt, Baumgartens Anschauungen zu erläutern, ohne sie je zu bereichern oder zu nuancieren.

In Wirklichkeit steht Meiers Ästhetik noch überwiegend in der Tradition, die durch die *Aesthetica* aufgehoben wurde. Alle maßgeb-

---

[5]) Bergmann, *Die Begründung der deutschen Ästhetik,* S. 38 ff.
[6]) a.a.O., S. 144.

lichen Errungenschaften Baumgartens sind ihr noch fremd. Gerade
erst durch einen Vergleich der beiden Texte miteinander kommt das
Ursprüngliche und das Umwälzende von Baumgartens Theorie deutlich heraus. Er stellt Grundsätze auf, schlägt Definitionen vor und
grenzt die Gebiete des Wahren, des Schönen und des Guten voneinander ab mit einer Sicherheit und Klarheit, die seinem Schüler
durchaus fehlen. Dieser hat nur die weniger persönlichen Anschauungen seines Lehrers übernommen, ohne ihre philosophische Bedeutung und Tragweite gehörig einzusehen. Seinen Ruhm verdankt
Meier bloß der sprachlichen Schwierigkeit des Baumgartenschen Textes.

Kapitel III

SULZER

Über Sulzers Werk haben die Zeitgenossen Urteile gefällt, die von Kants „vortrefflichem Sulzer" bis zu Goethes leidenschaftlicher Ablehnung[1]) reichen. Unter den späteren Auslegern fertigt ihn Braitmaier als „ganz unsystematischen Kopf und oberflächlichen Denker" ab, während Sommer an ihm den „durchaus systematischen Geist" lobt[2]).

Sulzers Anschauungen liegen größtenteils in den zahlreichen, alphabetisch angeordneten Artikeln seines Hauptwerks verstreut, und es ist manchmal recht schwierig, auf Grund solcher verzettelten Ausführungen den Zusammenhang seines Denkens klar zu erfassen. Dies erwiese sich sogar als unmöglich, wenn man sich auf die „Leitaufsätze" seiner *Allgemeinen Theorie der schönen Künste* beschränkte, in denen man mit gutem Grund erwarten könnte, die Hauptprinzipien vorzufinden. Wollte man auf den Definitionen gewisser Kernbegriffe, wie Ästhetik, Schönheit, Vollkommenheit, Geschmack usw. ein logisches Gerüst aufrichten, so könnte jeder aufmerksame Leser an Hand von Sulzers eigenen Darlegungen fast alle Verallgemeinerungen widerlegen. Es ist unbedingt notwendig, den Geist des Ganzen auf sich wirken zu lassen, ehe man zur Deutung der einzelnen Fragen übergeht. Es empfiehlt sich eine Art von statistischem Verfahren: es gilt die Definitionen, die Analysen und die Ansichten zu gruppieren und abzuwägen, um dadurch imstande zu sein, die Widersprüche aufzuheben.

Sulzer ist der Enzyklopädiker der Ästhetik. Er versucht allen Tendenzen, die sich bis dahin ausgedrückt haben, gerecht zu werden. Wenn er sie zufällig deutet und beurteilt, so geschieht dies nicht immer auf Grund bestimmter und kohärenter Ideen. Er ist zwar Eklektiker, läßt aber oft ein leitendes Prinzip vermissen. Der Titel verspricht eigentlich mehr, als das Werk gibt. Sulzer urteilt und wählt aus auf Grund seiner Lektüren und seiner augenblicklichen Überzeugungen. Diese

---

[1]) In den *Frankfurter Gelehrten Anzeigen* aus dem Jahre 1772.

[2]) Braitmaier, *Geschichte der poetischen Theorien*, II, 55; Sommer, *Grundzüge einer Geschichte der deutschen Psychologie und Ästhetik*, S. 199.

haben sich im Laufe der langwierigen Ausarbeitung seines Werkes gewandelt. Ein guter Teil seiner Widersprüche ist daraus zu erklären.

Zur gerechten Würdigung von Sulzers Hauptwerk mag ein Einblick
in dessen Entstehungsgeschichte zweckmäßig sein. Der erste Band er-
schien im Jahre 1771, und doch wäre es nicht angebracht, an ihn die
Maßstäbe der siebziger Jahre anzulegen, denn die meisten Teile dieser
Summe liegen zeitlich ziemlich weit zurück. Die Abfassung begann im
Jahre 1753 und hat zwei Jahrzehnte gedauert. Zunächst bearbeitete
Sulzer einzelne Artikel aus dem 1752 in Paris herausgekommenen
Dictionnaire portatif des Beaux-Arts von Lacombe. Er fand Geschmack
an der Sache und nahm die Gelegenheit wahr, um dem Kunstbegriff
der seichten und tändelnden Anakreontik entgegenzuwirken. Er wollte
für das Ernsthafte der Kunst eintreten und ihr einen geeigneten Platz
unter den menschlichen Tätigkeiten und sozusagen im Heilsplan der
Menschheit anweisen. Es ist seinem „aufgeklärten" Gewissen klar-
geworden, daß das wirksamste Mittel, der Kunst ihre wahre Bedeutung
und ein weniger schlaffes Bewußtsein ihrer Verantwortung zurück-
zugewinnen, darin bestehe, sie zur Dienerin der Moral zu machen und
somit unter die Wissenschaften einzureihen, welche für ihn nicht nur
die Wahrheit, sondern vor allem die Glückseligkeit des gesellschaftlichen Lebens anstreben[3]). Sein Wunsch nach einer Reform der zeitgenössischen Literatur und sein Verlangen nach einer inhaltsreicheren
und ernsthafteren Kunst haben ihn dazu angeregt, das Problem der
Ästhetik vorwiegend als Moralist und Soziologe zu betrachten. Er
weigert sich, die Schönheit als Endzweck der Kunst gelten zu lassen:
sie ist ihm nur ein dem Guten und dem Wahren untergeordneter
mittelbarer Zweck. Die Situation der deutschen Dichtung im Jahre 1753
konnte vielleicht noch deren Bevormundung durch die Ethik rechtfertigen. Das Unrecht Sulzers war es, auf seinem Reformerstandpunkt
zu beharren, als die Reform vollzogen war.

Es soll versucht werden, Sulzers willkürlich verstreute Anschauungen
zu sichten, um womöglich die Struktur seines Denkens ans Licht zu
bringen.

1. Die psychologischen Grundlagen

Baumgarten wies die ästhetische Tätigkeit einem Vermögen zu,
das er analogon rationis nannte, ein Begriff, den Meier mit dem Worte
Sinnlichkeit bezeichnete. Welcher Seelenkraft schreibt Sulzer die Wahrnehmung des Schönen zu?

---

[3]) Vgl. Schasler, *Kritische Geschichte der Ästhetik*, S. 360 ff.

In der Vorrede zur ersten Ausgabe der *Allgemeinen Theorie* gibt er die zwei Vermögen an, deren Entwicklung die Glückseligkeit des geselligen Lebens, d. h. den Zweck aller menschlichen Bemühungen, bedingt: Verstand und sittliches Gefühl. Er betrachtet sie als voneinander unabhängig. Von vornherein erscheint die Kunst, „deren eigentliches Geschäft es ist, ein lebhaftes Gefühl für das Schöne und Gute und eine starke Abneigung gegen das Häßliche und Böse" zu erwecken[4]), eher unter die Vormundschaft des sittlichen Gefühls als der Vernunft gestellt, wobei freilich bemerkt werden muß, daß der Begriff „schön" auf dieser Stufe des Sulzerschen Denkens noch keine Erklärung erhalten hat. Diese — allerdings ziemlich nebelhafte und wenig zwingende — Loslösung der Kunst von der Verstandestätigkeit und ihre Verlegung in ein „Gefühl" lassen den Geist der Sulzerschen Ästhetik durchblicken: Schönheit und Kunst gehen von der „Erkenntnis" zur „Empfindung" über.

Die Zweiheit der menschlichen Vermögen wird von Sulzer nicht lange konsequent aufrechterhalten. Schon auf der nächsten Seite begreift er die schönen Künste als Erzeugnisse der göttlichen Kraft des vom Geschmack geleiteten Genies. Es gilt, diese beiden Begriffe zu erklären und in sein Denken einzuordnen.

Manchmal hat Sulzer den G e s c h m a c k in den Einflußbereich des sittlichen Gefühls und des Verstandes verwiesen. So führt er in der Vorrede aus, daß die Entwicklung des sittlichen Gefühls und die des Geschmacks immer parallel gehen, daß die sittlich anstößigen Gegenstände den Geschmack verderben und die Kunst von ihrem wahren Zweck ablenken. Auch in dem Artikel „Geschmack" stellt er diesen als das innere Gefühl hin, wodurch die Seele „die Reizung des Wahren und Guten empfindet". Ein paar Zeilen weiter erhebt er ihn aber zu einem unabhängigen Vermögen, das in dem Gefüge des Geistes auf derselben Stufe steht wie die Vernunft und das sittliche Gefühl. Nach diesen Ausführungen gliedert sich die Seele wie folgt:

1. die Vernunft, die das Wahre, das Vollkommene und das Richtige „erkennt";
2. das sittliche Gefühl, welches das Gute „fühlt";
3. der Geschmack, der das Schöne „empfindet".

Das Bestehen des Geschmacks als eines seelischen Vermögens gründet sich nach Sulzer auf die Wirklichkeit der ästhetischen Empfindung und des Schönen. Er unterscheidet drei Typen von „angenehmen" Eindrücken. Der erste ist eine bloße Sinnesempfindung, die von der Be-

---

[4]) *Allg. Theorie,* Bd. I, S. XIII.

schaffenheit des Gegenstandes nichts wahrnimmt; so spricht man von
einem angenehmen Geruch. Der zweite wird durch die deutliche Erkenntnis des Wesens der Dinge und den Anblick der Vollkommenheit
verursacht. Dazwischen schaltet sich die dritte Gruppe ein, welche durch
die eigentliche Schönheit erweckt wird; verwickelter als die bloße
Empfindung, verschafft sie doch Vergnügen vor jeder Erkenntnis der
Beschaffenheit. Das Schöne gefällt, ohne daß die Vernunft weiß, was
es ist, und ohne daß das sittliche Gefühl seinen Zweck erkennt. Es
muß also ein von Vernunft und sittlichem Gefühl verschiedenes Vermögen geben, das die Schönheit wahrnimmt. Dieses Vermögen ist
eben der Geschmack. Wenn nun die Schönheit wirklich besteht und
nicht nur in der Einbildungskraft steckt, so ist der Geschmack ein
eigenes und unabhängiges Vermögen. Folgerichtig schließt dann Sulzer,
die Ästhetik sei die Wissenschaft, welche die Theorie und die Regeln
der Kunst aus der Natur des Geschmacks herleite[5]).

Wenn Sulzer die Schönheit als die Vollkommenheit, insofern sie der
anschauenden Erkenntnis klar erscheint[6]), definiert, so übernimmt er
nur äußerlich Meiers metaphysische Formel. Denn es handelt sich bei
ihm um keine „Erkenntnis" mehr. Erkennen bedeutet soviel wie
wissen, wozu etwas bestimmt und wie es beschaffen ist. Die Undeut-
lichkeit ändert nichts Wesentliches an diesem Vorgang. Bei der Wahrnehmung des Schönen spielen aber Zweck und Begriff des Gegenstandes gar keine Rolle; nur dessen Wirkung auf unseren Geschmack,
d. h. ohne Vorstellung seines Zweckes und seines Begriffs, ist entscheidend. Die Schönheit ist „die in ihrer Wirkung empfundene Vollkommenheit"[7]). Diese Formel, die der Baumgartenschen cognitio
gegenübersteht, zeigt Sulzers Neigung zur Desintellektualisierung der
Schönheit. Der Geschmack gründet also in der Empfindung, die von
dem Gebiet des „Erkennlichen" scharf getrennt ist. Die Erkenntnis ist
jeweils vom Bewußtsein begleitet, daß der erkannte Gegenstand als
solcher von uns verschieden ist, während die Empfindung nur in dem
Bewußtsein einer Modifizierung besteht, die ohne deutlichen Begriff
ihrer Ursache in uns selbst vorgeht. Der Geschmack kümmert sich nicht
um die Beschaffenheit der Dinge, die auf ihn wirken; er beschränkt
sich auf den Eindruck, den sie machen. Er beachtet nicht ihr Wesen,
ihre Essenz, sondern nur ihre „Gegenwart", ihre Existenz[8]).

[5]) Ebd., Ästhetik.
[6]) Ebd., Geschmack.
[7]) Ebd., Vollkommenheit.
[8]) Ebd., Sinnlich.

Das G e n i e ist eine natürliche Gabe, die dem Künstler notwendig ist. Es wurzelt in der körperlichen Natur des Menschen. Es besteht in einer angeborenen Veranlagung und einer starken Neigung zu bestimmten Beschäftigungen. Je nachdem diese Beschäftigungen allen Vermögen gemeinsam oder einem einzelnen eigen sind, spricht man von Totalgenie oder von Teilgenie. Beide zeichnen sich durch eine große Leichtigkeit aus, Vorstellungen auf einen hohen Grad der Klarheit oder der Deutlichkeit zu erheben. Sie stellen die dynamischen Kräfte unserer Vermögen dar.

Beim Dichter — als Beispiel für das Teilgenie — erscheint eine „ungewöhnlich starke Fühlbarkeit der Seele, die mit einer außerordentlichen Lebhaftigkeit der Einbildungskraft begleitet ist". Wenn es jedoch nicht zur größten Verwirrung führen soll, muß sich das poetische Genie der Bevormundung durch die Vernunft, die Beurteilungskraft und den Intellekt fügen. Ohne deren Führung verläuft es sich ins Fabelhafte, ins „Unanständige", und kann sich in keiner vollkommenen Form ausdrücken[9]).

Die „Fühlbarkeit" ist nichts anderes als der Geschmack. Was die Einbildungskraft betrifft, sie ist doppelt und führt wie bei Baumgarten verschiedene Namen, je nachdem sie reproduktiv oder produktiv ist, nämlich Einbildungskraft schlechthin (dispositio ad imaginandum) und Dichtungskraft (facultas fingendi). Laut Sulzer ist sie das schöpferische Prinzip, die Mutter aller Künste: sie kennzeichnet den Geist des Künstlers, wie die Vernunft den Geist des Philosophen. Ihre Hauptvorzüge sind Leichtigkeit, Lebhaftigkeit, Ausdehnung. Wie das Genie, von dem sie nur ein Teil ist, will sie gelenkt und überwacht sein. Sie läßt sich durch Übung vervollkommnen. Sie ist die Quelle des poetischen Enthusiasmus. Ihre Hauptrolle ist es, sinnliche Bilder auch für abstrakte Vorstellungen zu liefern. Von ihr hängt der Witz ab, d. h. die Fähigkeit, die Verhältnisse zwischen Ideen und Gegenständen schnell zu erfassen[10]).

2. Das Kunstwerk

Zweck der Kunst ist eine Wirkung auf das Gefühl. Nun bedeutet bei Sulzer „Gefühl" zweierlei: es bezeichnet zunächst alle Empfindungen, die nicht in den Bereich der Erkenntnis gehören, und besonders die Affekte des Gefallens und Mißfallens; an zweiter Stelle bezeichnet es die allgemeinen Beweggründe der Handlung: Ehre, Gerechtigkeit,

---

[9]) Ebd., Dichter.
[10]) Ebd., Einbildungskraft.

Dankbarkeit usw. Die besondere Konstellation dieser zweiten Art von Gefühlen bildet den moralischen Charakter[11]).

Aufgabe der Kunst ist es, durch die Erregung der ersten Art von Empfindungen (also durch eine Affektwirkung) die zweite Art von Gefühlen, deren Entfaltung das Gewissen des Menschen veredelt und die Glückseligkeit des gesellschaftlichen Lebens fördert, anzuregen und zu entwickeln.

Die schönen Künste sollen uns also rühren oder „in Empfindung setzen". Je stärker die Kunst auf das Gefühl wirkt, desto größer ist ihre Anregung zum Sittlich-Guten.

Damit das Kunstwerk seinen Zweck erreicht, muß es sowohl in Hinsicht auf seinen Inhalt als auf seine Form gewissen Forderungen genügen.

Um „ästhetischer Gegenstand" zu werden, muß ein Stoff eine Empfindung erregen, die Seele „interessieren" (alle Arten der Empfindung: Gefallen, Ekel usw., sind als Themen der Kunst gleichberechtigt)[12]). Das kann nur erfolgen, wenn der Stoff zwei Haupteigenschaften besitzt: Wahrheit und Einheit, mit ihren Begleiterscheinungen: Wahrscheinlichkeit und Klarheit.

Die Wahrheit, „das einzige Gut des menschlichen Geistes", erstreckt sich auf die Gegenstände der Kunst, und zwar sowohl auf die abstrakten Begriffe, welche Sulzer sich nicht weigert, in den ästhetischen Bereich aufzunehmen, als auf alle frei erfundenen Stoffe. Diese sollen durch ihre Phantasiehülle hindurch die Wirklichkeit der Welt zeigen. Schon das Bewußtsein der Wahrheit eines Stoffes verschafft an sich Vergnügen. Die Wahrheit wird jedoch nicht nur auf Grund des tieferen Wesens der Kunst gefordert, sondern zugleich — dies ist ein Signum der Zeit —, damit das Kunstwerk den Irrtum nicht verbreite. Die Wahrheit in der Kunst ist also auch ein Erfordernis ihrer moralischen Nützlichkeit[13]). Da die Wirklichkeit manchmal nicht wahrscheinlich ist und da es in der Kunst vor allem auf den ersten Eindruck, den das Werk macht, und auf die Gefühle, die es erweckt, ankommt, genügt es nicht, wenn etwas wahr ist: es muß sich als wahrscheinlich oder wenigstens als möglich erweisen[14]).

Andererseits muß der Stoff eine Mannigfaltigkeit haben, die sich ohne Schwierigkeit auf einen Mittelpunkt zurückführen läßt. Deshalb darf einem Kunstwerk nur eine Hauptvorstellung, d. h. ein einziges

[11]) Ebd., Empfindung.
[12]) Ebd., Ästhetik.
[13]) Ebd., Wahrheit.
[14]) Ebd., Wahrscheinlichkeit.

Thema, zugrunde liegen[15]). Die Einheit des Themas verleiht dem Werke Klarheit: sie macht dessen Inhalt leicht faßbar und deckt die Verknüpfung der Hauptteile untereinander und mit dem Ganzen auf.

Die Form soll ebenfalls dazu beitragen, die Seele zu „interessieren". Das tut sie, indem sie dem Stoff ein Höchstmaß an sinnlicher Kraft verleiht und es so ermöglicht, daß sich der Inhalt dem Betrachter mit Lebhaftigkeit einprägt. Ordnung und Klarheit sind ihre Hauptvorzüge: sie soll den Eindruck eines einfachen, unteilbaren, vollständigen, harmonischen Ganzen machen, wobei der Hauptgedanke klar hervortritt. Die Technik soll im fertigen Kunstwerk aber möglichst zurücktreten und nie von dem Inhalt ablenken, der das Wesentliche ist[16]).

Die Grundsätze des Geschmacks sind ewig; nicht aber die Regeln und Gesetze, die angeblich dazu bestimmt sind, den Künstler in den Einzelheiten seines Werkes zu leiten. Diese rein förmliche Seite der Kunst wird durch eine Reihe zufälliger Momente bestimmt: Zeit, Milieu, Mode usw. „Die Schönheit eines persischen Kleides kann nicht nach der europäischen Mode beurteilt werden: man muß dabei die persische Form als die Richtschnur der Beurteilung notwendig vor Augen haben[17])." Die wahren Regeln kann nur das philosophische Studium der Kunst und des ästhetischen Vergnügens erkunden. Sie würden aber nie ausreichen; sie können das Genie und den Geschmack niemals ersetzen. Kein Rezept vermag es, ein tadelloses Gedicht zustande zu bringen: poeta nascitur[18]).

Die Nachahmung der Natur ist für Sulzer nur ein Ausführungsprinzip, keine Wesensbestimmung der Kunst. Nicht der Nachahmung verdanken die Künste ihre Entstehung, sondern der Fülle lebhafter Rührungen und dem Drang, sie auszudrücken; nicht die Natur, sondern der Mensch ist der Ursprung der Kunst. Gewiß kann in den bildenden Künsten eine glückliche Nachahmung manchmal die Quelle eines ästhetischen Genusses sein. Schon die Ähnlichkeit kann angenehm wirken. Im allgemeinen aber wird das Vergnügen durch die dargestellten Dinge selbst verursacht, nicht auf dem Umweg über ihre Ähnlichkeit mit dem Wirklichen.

In doppelter Hinsicht ist die Natur ein Muster. Zunächst ist sie ein Vorrat von Gegenständen, aus dem der Künstler seinen Stoff schöpft. Als solcher verlangt sie keine knechtische Kopie, sondern eine Nachahmung in Übereinstimmung mit dem Zweck der Kunst. Zweitens ist

---

15) Ebd., Einheit, Vollkommenheit.
16) Ebd., Dichtkunst, Werke des Geschmacks, Kunst.
17) Ebd., Die Alten.
18) Ebd., Regeln.

die Natur ein Schöpfungsprinzip. Besonders unter diesem Aspekt ist sie die wirkliche Lehrmeisterin des Künstlers und der Ursprung aller Regeln. Alles, was sie hervorbringt, ist wirksam, einfach, gut. Der Künstler soll also Mittel gebrauchen, die denen der Natur gleichartig sind. Das wichtigste dieser Mittel besteht darin, dem Guten und dem Bösen einen verschiedenen Gefühlscharakter zu verleihen, die moralischen und die ästhetischen Eigenschaften in Einklang zu bringen. Sulzers typisch aufklärerischem Optimismus erscheint nämlich das Gute in einer angenehmen, das Böse in einer häßlichen Hülle[19]).

Am deutlichsten kommt dieser Aspekt der schöpferischen Natur im menschlichen Körper und besonders im menschlichen Antlitz zum Vorschein. Der menschliche Körper ist der schönste aller sichtbaren Gegenstände, ein Vorbild höchster Schönheit, gerade weil dort die Gestalt und die äußeren Züge den Grad der Erhabenheit und Vollkommenheit des Charakters am angemessensten ausdrücken. Eine schöne Seele macht sich immer in den Gesichtszügen und in den Haltungen des Körpers bemerkbar[20]).

Hierin liegt der wahre Sinn des Sulzerschen Grundsatzes von der Verschönerung der Dinge und die wesentliche Regel, die aus dem Prinzip der Nachahmung der Natur fließt. Der Künstler soll dem Sittlich-Guten eine schöne Form geben, um die Seele zu rühren, das Gefühl zu erregen und den Endzweck der Kunst zu erreichen, nämlich den Menschen moralisch und geistig zu heben. So ist die Kunst die Helferin der Weisheit. Diese erkennt die Wahrheit und das Gute und zeigt den Weg, der dorthin führt; die Kunst bestreut ihn mit Blumen und macht ihn angenehm. Laut Sulzer hatten die Griechen eine richtige Auffassung der Künste, als sie sie zu Dienerinnen der Moral und der Philosophie machten. Den Geschmack bessern ist für die Kunst nur eine nebensächliche Aufgabe. Ihr Hauptverdienst ist es, durch besondere und sinnliche Begebenheiten die Begriffe der Moral und der Wissenschaft anschaulich darzustellen, „ein lebhaftes Gefühl für das Wahre und das Gute zu erwecken"[21]).

Ebensowenig wie Meier war Sulzer imstande, die philosophische Tragweite und die wissenschaftstheoretische Erneuerung Baumgartens gehörig zu würdigen, geschweige denn dessen Gesichtspunkte, Defini-

---

[19]) Ebd., Nachahmung, Ähnlichkeit, Natur, Schöne Künste.
[20]) Ebd., Schönheit.
[21]) Ebd., Schöne Künste, Allgemein; vgl. Tumarkin, *J. G. Sulzer,* S. 18.

tionen und Grundsätze weiter auszubauen und somit die methodische Ästhetik als solche einen Schritt voranzubringen. Nicht zufällig fehlt in unserer Darlegung der Abschnitt über die „Anfangsgründe" des Schönen und der Kunst. Im Abstrakten vermochte Sulzer nicht sich zu bewegen. Als Mensch seiner Zeit und echter Aufklärer hat er die praktische Seite seiner Kunsttheorie nie aus den Augen verloren und den ästhetischen Fragenkomplex fast immer auf die Ebene der Glückseligkeit des geselligen Lebens gestellt. Seinem eigenen Zeugnis nach war seine Absicht begrenzt. Gewiß wollte er die Prinzipien aufdecken, auf die sich die Kunst gründet, vor allem aber ein Handbuch für Gebildete schreiben und mithin eine vorwiegend erzieherische Aufgabe erfüllen[22]). Seine Grundeinstellung, soweit das Wort hier am Platze ist, ist eine soziologische und als solche wenig neu und ursprünglich. Auch in bezug auf die Funktion der Moral hat Sulzer seinen Konformismus nicht abschütteln können; die strenge Aufrechterhaltung der Bevormundung der Kunst durch die Ethik stellt sogar alle Versuche Baumgartens, die neue Wissenschaft selbständig zu machen, wieder in Frage.

Das Wertvolle, Gültige und Fortschrittliche von Sulzers Ästhetik findet sich besonders in der psychologischen Erklärung des Kunstgenusses und der künstlerischen Tätigkeit. In dieser Beziehung hat er die Richtung der künftigen Bemühungen instinktsicher erspürt und eine beachtenswerte Kohärenz an den Tag gelegt, und zwar in einer Reihe von Fragen, deren Beantwortung manchmal viel Feingefühl und Scharfsinn verlangte. Die skizzierte Dreiteilung der Seele in Verstand, sittliches Gefühl und Geschmack bricht mit dem psychologischen Dualismus, der bis dahin vorgewaltet hatte, und kündigt — allerdings unvollkommen — die Kantische Darstellung der Vermögen a priori an. Er sondert den Geschmack als Sinn für Schönheit und Kunst von Erkenntnis und Begehrung ab, indem er ihm eine „Empfindung" zugrunde legt, d. h. die Wahrnehmung einer subjektiven Modifikation. Das ästhetische Vergnügen gründet sich also nicht auf die Vorstellung eines Zweckes, auf die Erkenntnis einer Beschaffenheit, sondern auf eine „Gegenwart", d. h. schließlich auf eine Form, in welcher die Mannigfaltigkeit sich zu einer Einheit harmonisch zusammenschließt. So nimmt Sulzer Grundgedanken der Kantischen Ästhetik vorweg.

---

[22]) Vgl. Tumarkin, a.a.O., S. 13; Leo, *Zur Entstehungsgeschichte der Allgemeinen Theorie*, S. 14.

Kapitel IV

MENDELSSOHN

Abgesehen von seinem Briefwechsel mit Nicolai und Lessing über die Tragödie und von seiner Mitarbeit an den *Literaturbriefen* hat Moses Mendelssohn dem Problem des Schönen und der Kunst nur zwei kürzere Schriften gewidmet. Der größte Teil seiner ästhetischen Anschauungen findet sich in psychologischen, metaphysischen und theologischen Abhandlungen. Es ist ihm trotzdem gelungen, in den etwa zwanzig Seiten seiner *Hauptgrundsätze der schönen Künste und Wissenschaften* aus dem Jahre 1757 das Wesentliche seiner Prinzipien darzulegen, und zwar nach einem wohl durchdachten Plan. Er betrachtet zunächst die psychologischen Voraussetzungen des ästhetischen Genusses, versucht dann die Grundsätze der Schönheit herauszustellen und entwirft zuletzt ein System der Künste. Dieser kleine Traktat ist eine Art aesthetica in nuce. Er enthält freilich nicht alle Ideen Mendelssohns, ja nicht einmal seine wertvollsten Ansichten, und es ist oft nötig, zu seinen anderen Werken zu greifen, um sein Denken genauer und vollständiger zu verstehen. Er bietet aber eine methodische Einteilung, die sich für die Darlegung von Mendelssohns Ästhetik vortrefflich eignet.

1. Die Schönheit

Wie für Baumgarten und Meier liegt für Mendelssohn das Gebiet der Schönheit und der Kunst zwischen der deutlichen und der dunklen Erkenntnis, d. h. in der verworrenen Klarheit, der Sinnlichkeit: „Die Wahrheit steht fest: kein deutlicher, auch kein völlig dunkler Begriff verträgt sich mit dem Gefühl der Schönheit[1].“

Eine seiner ersten Bemühungen war es, das Vollkommene von dem Schönen zu unterscheiden. Beide setzen eine Mannigfaltigkeit von Elementen voraus, die sich einer Einheit unterordnen. Die Einheit der Vollkommenheit wird durch die Vernunft wahrgenommen, während es

---

[1] *Briefe über die Empfindungen*, I, 115 f.

nur der Vermittlung unserer sinnlichen Vermögen bedarf, um die Einheit der Schönheit zu entdecken. Die Vollkommenheit wird durch einen den Elementen der Mannigfaltigkeit gemeinschaftlichen Endzweck bestimmt, die Schönheit durch einen Schein von Einheit, durch eine sinnfällige Harmonie, durch eine leicht faßbare Übereinstimmung. Wir bezeichnen einen Baum als schön, wenn seine Form und seine Verhältnisse einen sinnlichen Eindruck von Ebenmaß und Ordnung machen; wir bezeichnen ihn als vollkommen, wenn unser Geist den Zweck entdeckt, der den einzelnen Teilen übergeordnet ist: den Ästen, Blättern, Knospen, Blüten, Früchten. Somit vereinigt Mendelssohn in seiner Definition der Schönheit die beiden herkömmlichen Formeln: die sinnliche Erkenntnis der Vollkommenheit und die Einheit im Mannigfaltigen.

Aus dieser Bestimmung ergeben sich mehrere bemerkenswerte Folgerungen. Zunächst muß der Gegenstand unserer sinnlichen Erkenntnis angemessen sein: ist er zu einförmig, so sind wir nicht imstande, das Mannigfaltige daran wahrzunehmen; ist er zu verwickelt, so entgeht uns seine Einheit.

Ferner ist die sinnliche Schönheit etwas rein Menschliches. Unser Wohlgefallen daran rührt eigentlich aus unserer Ohnmacht her: wir geraten in Verwirrung vor einer Mannigfaltigkeit, die für einen höheren Geist eintönig wäre. Wo uns Unordnung und Zusammenhanglosigkeit betäuben und blenden, würde ein solcher Geist die Einheit bemerken. So ist es um das Weltall bestellt, von dem Gott allein das einigende Moment erblicken kann. Die Schönheit, wie sie vom Menschen aufgefaßt wird, besteht für die Gottheit nicht, denn diese kann unendlich reichere Schauspiele betrachten[2]).

Die Unterscheidung zwischen Vollkommenheit und Schönheit ermöglicht es Mendelssohn, die Welt der Moral von der Welt der Kunst und die Wahrheit von der ästhetischen Illusion scharf zu trennen.

Der Selbstmord, der moralisch eine böse Handlung ist, kann in einer Tragödie etwas Vortreffliches sein. Mit anderen Worten: „Die Schaubühne hat ihre eigene Sittlichkeit", welche nicht auf den moralischen Gesetzen des praktischen Lebens, sondern auf dem Zweck der dramatischen Gattung beruht. Moralisch ist das Laster abgeschmackt, auf der Bühne aber sehr willkommen, wenn es zur dramatischen Spannung beiträgt. Die moralische und die künstlerische Sphäre durchdringen einander nicht. Der Künstler muß nur zusehen, daß die Eigengesetzlich-

---

[2]) Ebd., 123 ff.

keit der Kunst durch einen unangebrachten und unerwünschten Zusammenstoß mit den sittlichen Forderungen des Gewissens nicht zerstört wird[3]).

Wie sich die Moral von der Kunst unterscheidet, so hebt sich die Wahrheit von der Illusion ab. Diese ist eine unumgängliche Voraussetzung der künstlerischen Wirkung. Ohne Täuschung verliert die Kunst ihren „Zauber". Die durch die Einbildungskraft angeregten sinnlichen und Begehrungsvermögen müssen durch ein Kunstwerk wie durch die Wirklichkeit affiziert werden und dabei vergessen, daß sie es mit einer Nachahmung zu tun haben. Es ist die Aufgabe des Künstlers, unsere Aufmerksamkeit von allem abzulenken, was die Illusion hindern könnte, und sie auf das zu richten, was diese Illusion fördert und stärkt[4]).

2. Das ästhetische Wohlgefallen

Bei genauerem Zusehen erweist sich die von Mendelssohn selbst aufgestellte Definition der Schönheit als seiner eigentlichen Anschauung nicht ganz angemessen. Die Wahrnehmung des Schönen fällt aus dem Rahmen einer „Erkenntnis" heraus und erscheint bald affektgeladen, was an Sulzer erinnert. In dieser Beziehung hat sich Mendelssohns Denken von den *Briefen über die Empfindungen* (1755) bis zu den *Morgenstunden* (1785) beträchtlich entwickelt. Von Ahnungen und vagen Andeutungen ausgehend, gelangt er schließlich zu einer klar umrissenen Auffassung der ästhetischen Funktion. In seinen ersten Werken setzt er den deutlichen Vorstellungen der Vernunft sowohl die verworrenen Wahrnehmungen der Sinnlichkeit als auch die Affekte und Empfindungen als undeutlich entgegen. Er unterscheidet nicht immer kategorisch zwischen Empfindung als Erkenntnistätigkeit und Empfindung als Gefühlserfahrung. Er neigt aber schon früh dazu, das Schöne dem Bereich des Gefühls, der „Lust", des „Vergnügens", des „Wohlgefallens" zuzuordnen, und in den *Hauptgrundsätzen* bringt er die Empfindung der Schönheit in den Bereich des Begehrungsvermögens, das er auch als „Grundvermögen zu lieben und zu verabscheuen" bezeichnet. Sogleich erklimmt dann die Schönheit in diesem Bereich der Seele den höchsten Rang: „Die Schönheit ist die eigenmächtige Beherrscherin aller unserer Empfindungen, der Grund von allen unseren natürlichen Trieben und der beseelende Geist, der die spekulative Er-

---

[3]) Ebd., 157.
[4]) *Rhapsodie*, I, 246.

kenntnis der Wahrheit in Empfindungen verwandelt und zu tätiger Entschließung anfeuert"[5]). Die Schönheit beherrscht und bestimmt also nicht nur unser Gefühlsleben, sondern sie ermöglicht den Übergang von den Erkenntnissen der Vernunft zu den sittlichen Handlungen. Sie führt in die geheimsten Winkel der Seele: „In den Regeln der Schönheit, die das Genie des Künstlers empfindet und der Kunstrichter in Vernunftschlüsse auflöst, liegen die tieferen Geheimnisse unserer Seele verborgen. Jede Regel der Schönheit ist zugleich eine Entdeckung in der Seelenlehre"[6]). Weder die rationale Reflexion noch die tägliche Erfahrung, sondern nur die affektdurchdrungensten Gemütszustände verhelfen uns zur Einsicht in die Abgründe der Seele. Solche Gemütszustände sind eben die, in denen die Kunst und die Schönheit auf uns einwirken. Somit wird die ästhetische Empfindung ein vorzügliches Mittel zur Erkenntnis des Menschen. Diese mitten in der Aufklärungszeit vorgetragenen Gedankengänge deuten auf die kühnsten Ausführungen des Irrationalismus und der Romantik voraus.

Der ästhetische Affekt beruht auf Mitleiden. Dieses besteht darin, daß der Betrachter im Gegenstand der Kunst sich selbst fühlt, daß er sich in die Seele des Leidenden hineinversetzt, mit ihm „sympathisiert", seinen Schmerz als den eigenen empfindet. Das Drama, und besonders die Tragödie, muß den Zuschauer die Gefühle der auf der Bühne handelnden Personen mitempfinden lassen: Furcht, Schrecken, Zorn, Eifersucht, Neid, Rachsucht usw.[7]). Um das Vergnügen, das wir an dem in der Kunst dargestellten Leiden empfinden, zu erklären, beruft sich Mendelssohn auf seine Theorie der „vermischten Empfindungen". Das tragische Mitleid ist eine Mischung aus angenehmen und unangenehmen Empfindungen: es wird durch eine Liebe zum Objekt und die schmerzliche Empfindung eines Unglücks, das dieses Objekt trifft, bedingt. Das Leiden, vorwiegend das unverdiente, verstärkt unsere Achtung vor den Vorzügen derer, die wir lieben. In der Wirklichkeit wäre uns sein Anblick unangenehm; in der Tragödie gefällt er uns, denn das trotz der Täuschung im Hintergrund stets verbleibende Bewußtsein, daß wir es auf der Bühne mit einem „künstlichen Betrug" zu tun haben, lindert den Schmerz und mehrt die Liebe[8]).

Durch die gleiche Theorie der vermischten Empfindungen erklärt Mendelssohn die Wirkung des Erhabenen auf unser Gemüt. Das Er-

---

[5]) *Hauptgrundsätze*, I, 282.
[6]) Ebd., 281.
[7]) *Rhapsodie*, I, 243.
[8]) *Briefe über die Empfindungen*, I, 175.

habene besteht aus Freude an dem Anblick der Größe und der Vollkommenheit und aus Erbitterung gegenüber der Schwäche und der
Ohnmacht unserer menschlichen Natur. Diese Eindrücke „vermischen
sich in eine mehr als wollüstige Empfindung, in ein heiliges Schauern"[9]).

Das auf die Wahrnehmung der Schönheit und auf die Empfindung
der ästhetischen Affekte überhaupt gerichtete Seelenvermögen hat Mendelssohn erst spät endgültig zu bestimmen vermocht. An der Richtigkeit eines Anschlusses an das Begehrungsvermögen hat er allerdings
schon in seinen frühen Schriften gezweifelt; er stellt bald die Hypothese eines dritten Vermögens auf, das er manchmal mit dem Worte
Gefühl bezeichnet und als verschieden von Vernunft und Willen aufgefaßt wissen will: „Wir sind bestimmt in diesem Leben nicht nur die
Kräfte des Verstandes und des Willens zu verbessern, sondern auch
das Gefühl durch sinnliche Erkenntnis zu einer höheren Vollkommenheit zu erziehen"[10]). Man muß aber die *Morgenstunden* abwarten, um
sich eine deutliche Vorstellung von der Gliederung der Seele nach Mendelssohns Anschauung machen zu können. Dort lehnt er die herkömmliche Einteilung in Erkenntnis und Begehrungsvermögen entschieden
ab. Die „Empfindung der Lust und Unlust", sagt er, gehört nicht zur
Begehrung, sondern zu einem dritten Vermögen, das von den anderen
unabhängig ist und dessen Objekt in dem Billigen, dem Beifall, dem
Wohlgefallen besteht. Diese dritte Fähigkeit der Seele nennt er „Billigungsvermögen"; es ist die spezifische Gemütskraft zur Erfassung
der Schönheit. „Es scheint ein besonderes Merkmal der Schönheit zu
sein, daß sie mit ruhigem Wohlgefallen betrachtet wird, daß sie gefällt,
wenn wir sie auch nicht besitzen und von dem Verlangen sie zu benutzen auch noch so weit entfernt sind. Erst alsdann, wenn wir das
Schöne in Beziehung auf uns betrachten, und den Besitz desselben als
ein Gut ansehen, alsdann erst erwacht bei uns die Begierde zu haben,
an uns zu bringen, zu besitzen, eine Begierde, die von dem Genusse
der Schönheit sehr weit unterschieden ist"[11]). Die Erkenntnis befähigt
Mendelssohn erst recht dazu, die in den *Hauptgrundsätzen* geahnte
Rolle der Schönheit als Übergang vom Wahren zum Guten fest zu begründen. Außerdem wünscht der Betrachter, daß sein Gemütszustand
weiter andauert, und ist bestrebt, die Aufmerksamkeit, die er dem
Gegenstand seines Wohlgefallens schenkt, möglichst lange festzuhalten.

---

[9]) *Rhapsodie,* I, 252; vgl. auch *Über das Erhabene und Naive,* I, 312.

[10]) *Rhapsodie,* I, 247.

[11]) *Morgenstunden,* II, 294 f.

3. Die Kunst

Gleich der Schönheit gehört die Kunst wesentlich dem Gebiet der Sinnlichkeit an. Zwar spielt auch die Vernunft eine gewisse Rolle. Das Gefühl hängt sich an die Gegenstände, die sie billigt, und wendet sich von denjenigen ab, die sie verwirft. Sie bestimmt die Verhältnisse zwischen den Teilen eines Werkes wie auch zwischen diesen Teilen und dem Ganzen. Ist aber diese Aufgabe einmal erfüllt, so soll sie sich zurückziehen und der Empfindung sowie der Einbildungskraft den Platz räumen.

Die Kunst ist keine bewußte Anwendung von deutlich erkannten Regeln. Diese werden von Mendelssohn allerdings nicht als überflüssig, aber nur als eine Vorbereitung auf das Werk angesehen. Der Künstler darf sich ihrer bedienen, um sich in einen der Schöpfung günstigen Seelenzustand zu versetzen oder um die ganze Schönheit des Gegenstandes ins Licht zu rücken. Sobald aber die eigentliche Arbeit eingesetzt hat, darf er nur noch an das Thema denken und muß seiner Phantasie freien Lauf lassen. Von weitem werden dann die Regeln seine Tätigkeit lenken. Gerade an dieser Freiheit erkennt man das Genie; es setzt sich also der bewußten und „fleißigen" Ausarbeitung, der „Geduld" und der „Übung" entgegen[12]).

Das Wesen der Kunst wurzelt in einer „sinnlich vollkommenen Vorstellung". So lautete die — grammatisch nicht ganz richtige — landläufige Übersetzung der Baumgartenschen Definition des Gedichtes, die Mendelssohn auf das ganze Gebiet der Kunst bezieht. Den Begriff „sinnlich" definiert er wie folgt: „Man nennt eine Erkenntnis sinnlich, nicht bloß wenn sie von den äußeren Sinnen empfunden wird, sondern überhaupt, so oft wir von einem Gegenstande eine große Menge von Merkmalen auf einmal wahrnehmen, ohne sie deutlich auseinandersetzen zu können"[13]). Eine sinnliche Vorstellung ist vollkommen, wenn sie eine möglichst große Mannigfaltigkeit von Merkmalen aufweist, die sich um eine sinnfällige und affektmäßige Einheit scharen. Das Ganze schafft dann die Illusion der Wirklichkeit, und in dem Augenblick ist unsere Erkenntnis „anschauend". Die Illusion wird daher zum Maßstab der Kunst. In der Poesie bestimmt sie sogar die Wahl der Worte. Inwieweit der Künstler der Natur zu folgen hat, darüber entscheidet auch sie.

Die Nachahmung der Natur ist für Mendelssohn vielleicht eine Bedingung der Kunst, niemals aber ihr Prinzip noch ihr Zweck. Um zu

---

[12]) *Briefe über die Empfindungen,* I, 114 ff.
[13]) *Hauptgrundsätze,* I, 284.

entscheiden und auszuwählen, was an der Natur gefällt, muß man zum Grundsatz, welcher der Natur und der Kunst gemeinsam ist, aufsteigen. Kunstwerk und Natur sind Schöpfungen: das erste vom Menschen, die zweite von Gott. Beiden sind Einheit und Mannigfaltigkeit eigen. Der Einheit der Natur würde man jedoch erst dann innewerden, wenn man diese in ihrer Ganzheit betrachten könnte. Da nun die Wahrnehmung der Schönheit die Erfassung einer Einheit voraussetzt, ist die Schönheit der Natur dem Menschen nicht zugänglich. Übrigens hat die sinnliche Schönheit nur einen geringen Anteil an den Absichten des Weltschöpfers gehabt und mußte oft anderen Zwecken geopfert werden. In der Kunst bildet sie dagegen das einzige Ziel des Schöpfers. Die Aufgabe des Künstlers geht also über die Nachahmung der Naturgegenstände hinaus; sie besteht darin, diese Gegenstände darzustellen, wie Gott sie geschaffen hätte, wenn ihre sinnliche Vollkommenheit sein höchster oder einziger Zweck gewesen wäre. Anders gesagt, der Künstler soll die Natur „idealisieren" oder deren „ideale" Schönheit ausdrücken. Am vollkommensten wurde sie in diesem Sinne von der griechischen Bildhauerei wiedergegeben. Somit kann Mendelssohn Gedanken wieder aufnehmen, die Winckelmann 1755 in seiner ersten Schrift entwickelt hatte[14]).

Mendelssohn hat ein System der Künste entworfen. Auf Grund der angewandten Zeichen teilt er das Gebiet der Kunst in zwei Gruppen ein: die schönen Künste und die schönen Wissenschaften (d. h. Dichtung und Redekunst). Die schönen Künste benutzen natürliche, die schönen Wissenschaften künstliche Zeichen. Diese können alles nur Mögliche ausdrücken, während jene einen begrenzteren Anwendungsbereich haben. Das Gebiet der Dichtung ist also ausgedehnter als das der Malerei und der Musik. Diese kann keine Rose schildern, und die Malerei kann die Idee eines musikalischen Akkords nicht hervorrufen; eine gelungene Dichtung dagegen ist fähig, eine „anschauende" Erkenntnis ihres Gegenstandes zu geben, was dieser Gegenstand auch sein mag.

Unter den schönen Künsten unterscheidet Mendelssohn die Musik, die auf das Ohr wirkt, von den anderen Künsten, die sich an den Gesichtssinn richten. Durch die Verbindung von Melodie und Harmonie vereinigt die Musik die Eigenschaften des Nacheinander und des Nebeneinander, während sich die sonstigen Künste nach diesen letzten Kategorien weiter einteilen lassen: der Tanz ist eine sukzessive Kunst; Malerei, Bildhauerei und Baukunst sind gleichzeitige Künste.

---

[14]) Ebd., 283 f.

Da der Maler und der Bildhauer durch die Beschaffenheit ihrer Kunst an die Darstellung eines einzigen Augenblicks gebunden sind, haben sie „den Augenblick zu wählen, der ihrer Absicht am günstigsten ist". Dies ist der Augenblick, in dem die Einbildungskraft am besten erraten kann, was vorangeht, und am deutlichsten ahnen, was darauf folgt. Im „günstigen Augenblick" muß alles einen Sinn haben; jede Einzelheit muß dazu beitragen, die Bedeutung des Ganzen ins Licht zu stellen.

Die Unterscheidung der Künste auf Grund der gebrauchten Zeichen hat an sich nichts absolut Zwingendes. Der Dichter darf sich ausnahmsweise natürlicher Zeichen bedienen: Onomatopöen, Kadenzen usw.; die bildenden Künste verschließen sich nicht immer der Allegorie[15]).

So gliedern sich die Grundgedanken Mendelssohns über die Ästhetik. Ihr Platz in der Entwicklung der neuen Wissenschaft läßt sich genau bestimmen. Mendelssohn geht von einer Auffassung der Schönheit aus, die an Leibniz und Meier anknüpft: schön ist ihm die sinnliche Vollkommenheit, d. h. die undeutlich erkannte Einheit einer Mannigfaltigkeit. Nirgendwo wird die Definition der *Aesthetica* erwähnt, und trotzdem gelangt Mendelssohn zu manchen Schlußfolgerungen, die mit denen Baumgartens übereinstimmen. Er begründet philosophisch die radikale Unterscheidung zwischen Kunst und Moral, zwischen ästhetisch Wahrem (Illusion) und logischer Wahrheit. Er fordert im Kunstwerk einen sinnlich wahrnehmbaren Einklang mannigfaltiger Gegebenheiten, also etwas, das dem von Baumgarten verlangten consensus phaenomenon ähnlich ist. Und indem er seinen Gedankengang folgerichtig weiterführt, kann er die Theorie der idealen Schönheit und gewisse Ansichten über die bildenden Künste übernehmen, die Winckelmann ein paar Jahre vorher verfochten hatte.

Manchmal entfernt sich Mendelssohn aber beträchtlich von den Baumgartenschen Anschauungen. Er zögert, das ästhetische Urteil zu einem Erkenntnisphänomen zu stempeln, sei es auch nur zu einem Phänomen der sinnlichen und verworrenen Erkenntnis. Er schreibt es eher einem Gefühl zu, dessen Funktion und Platz in der Seele er aber erst allmählich hat umreißen können. Das Gefühl erhebt er schließlich zu einem selbständigen Vermögen, das auf die Erfassung der Schönheit ausgerichtet ist. Die Neigung, das Schöne eher zum Gegenstand der Empfindung als der Erkenntnis zu machen, nähert ihn Sulzer.

---

[15]) Ebd., 290 ff.

Mendelssohn ist aber weit mehr als ein Eklektiker, der sich aus einer Auswahl den Zeitgenossen und Vorgängern entlehnter Züge eine Philosophie gebildet hätte. Indem er die Auffassungen der Baumgartenschule vertieft, gelangt er zu Anschauungen, die sich Lessing und Kant manchmal wörtlich zu eigen machen werden.

Manche seiner Thesen bilden Schlüsselgedanken der Lessingschen Theorie. Lessings Begriff des Mitleids, seine Einteilung der Künste auf Grund ihrer Ausdrucksmittel, die Bedeutung, die er der Illusion beimißt, seine Theorie des fruchtbaren Augenblicks in den bildenden Künsten, seine Abgrenzung des Bereichs der Plastik von dem der Dichtung verraten viel mehr als zufällige Ähnlichkeiten.

Noch mehr aber als Lessings Ausführungen nimmt Mendelssohn Grundgedanken Kants vorweg. Der Kantische Begriff der Uninteressiertheit des Schönen, d. h. die Gleichgültigkeit im Laufe der ästhetischen Beurteilung gegenüber dem Bestehen und dem Besitz des Schönheitsgegenstandes, ist in den *Morgenstunden* fast wörtlich formuliert. Weitere Annäherungspunkte sind ebenso offensichtlich. Sie betreffen vor allem die Deutung des Erhabenen, die Unterscheidung zwischen Schönheit und begrifflicher Vollkommenheit, die formale Kausalität des ästhetischen Wohlgefallens, d. h. die Neigung zur Verlängerung der angenehmen Betrachtung. Eine der auffallendsten Ähnlichkeiten ist die Aufteilung der Seele in drei selbständige Vermögen, die von Mendelssohn folgerichtiger begründet wird als von Sulzer. Zwar gebraucht er nicht das Wort Urteilskraft, mit welchem Kant das dritte Vermögen a priori der Seele bezeichnet, aber seine Auffassung des Billigungsvermögens und die Funktion, die er ihm zwischen Erkennen und Wollen zuteilt, stimmen mit dem überein, was einen der Eckpfeiler des Kritizismus ausmacht.

Mithin ist Mendelssohn aus anderen Gründen als Baumgarten unserer Aufmerksamkeit würdig. Seine Bedeutung im 18. Jahrhundert verdankt er nicht etwa einer persönlichen folgenreichen Stellungnahme, einer Festlegung fruchtbarer Grundsätze, sondern vielmehr einer Reihe leuchtender und scharfsinniger Einfälle, durch welche manche Begriffe, die der Begründer der Ästhetik im Schatten gelassen hatte, ans Licht gebracht werden. Diese Einzelanschauungen bilden aufs offenbarste die Verbindung der Baumgartenschule mit den Theorien der Kritiker und mit der Kantischen Ästhetik.

Zweiter Teil

KRITIKER

Kapitel I

WINCKELMANN

Baumgarten legte seiner *Aesthetica* eine allgemeine Definition der Schönheit zugrunde, woraus er ein geschlossenes System herleitete. In einem seiner letzten Werke behauptet Winckelmann dagegen, die Schönheit sei undefinierbar[1]. Dieser Zug läßt den Abstand ermessen, der die beiden Denker voneinander trennt. An die Stelle von Baumgartens deduktiver Methode treten die Induktion und die konkrete Analyse von Tatsächlichkeiten. Die abstrakt philosophischen Schlüsse werden von der persönlichen Erfahrung und von der unmittelbaren Anschauung verdrängt.

Mit Winckelmann fängt eigentlich bereits die Geniezeit an: Dogma und Autorität werden nunmehr verworfen; Prinzipien will man nur noch auf Grund individueller Erlebnisse anerkennen. Die Epoche, in der man sich zuerst und vorwiegend darum bemühte, allgemeine Begriffe festzusetzen und zu bestimmen, scheint vergangen. Der einzige Lehrsatz, den Winckelmann noch aufstellt, ist ein praktischer und a posteriori erworbener: die Nachahmung der Alten.

Man müßte nur zu Fehldeutungen gelangen, dachte schon Goethe, wenn man Winckelmann verstehen wollte, ohne das geistige und künstlerische Klima seiner Zeit in Betracht zu ziehen. Um die Mitte des Jahrhunderts ist ein Überdruß am Spätbarock und am Rokoko zu spüren. Viele Künstler suchen neue Wege, streben auf Grund der Natur und der Logik nach einer Befreiung von dem Komplizierten und Überladenen der herrschenden Kunstrichtung, nach mehr Einfalt und Maß.

Winckelmann war weit davon entfernt, sich etwa wie Baumgarten von den Strömungen und Tendenzen der Zeit abseits zu halten, um in gelassener Objektivität eine Theorie auf sicherer und rationaler Grund-

---

[1] *Trattato preliminare*, VII, 73 ff. (Ausgabe Fernow-Meyer-Schultze).

lage aufzurichten. Mit Recht hat Waetzold seinen parteiischen und leidenschaftlichen Charakter hervorgehoben[2]), und man muß Pater darin völlig beipflichten, daß die Mahnung zum Studium der Antike in seinem ersten Werk vor allen Dingen die erfolgreiche Bekämpfung des künstlichen Modeklassizismus zum Zweck habe[3]).

Mit der Antike hatte sich Winckelmann durch Kupferstiche, Dichtungen, Reisebeschreibungen, Kopien und Originalwerke aus der Dresdener Galerie vertraut gemacht. Ferner hatte er in Halle die Vorlesungen Schülzes gehört, der gleich Christ in Leipzig, Ernesti auf der Thomasschule und J. M. Geßner in Göttingen, die plastischen Kunstwerke des Altertums nach Reproduktionen auf Münzen auslegte. Die Kunsttheorien der Antike und der Renaissance waren Winckelmann bekannt. In seiner preußischen Zeit hatte er alte und neuere Autoren, namentlich Montaigne, Shaftesbury und Bayle, fleißig exzerpiert. Er kannte die französische, englische und italienische Fachliteratur; Félibien, de Piles, Dubos, Richardson, Pope und Addison waren ihm vertraut.

Andererseits erfuhr er den unmittelbaren Einfluß seiner Zeitgenossen. Laut Justi hat der Maler Oeser, bei dem er länger wohnte, an der Entstehung der *Gedanken über die Nachahmung* entscheidend mitgewirkt. Beiden war die Ablehnung des Barock und die Lehre von Ideal, Einfalt und Stille gemeinsam. Außerdem studierte Winckelmann bei Baumgarten und setzte sich in Dresden häufig mit den Auffassungen und Schöpfungen der Künstler auseinander.

Ausschlaggebend war jedoch die Dresdener Galerie. Die Entdeckung einiger antiker Bildhauerwerke und einer Sammlung römischer Kopien griechischer Statuen war ihm der Anlaß zum Ausdruck seiner persönlichen Ansichten. In der griechischen Bildhauerei hat er in erster Linie eine Veranschaulichung seines Ideals gesehen[4]).

---

[2]) Waetzold, *Die Begründung der deutschen Kunstwissenschaft*, S. 173.

[3]) Pater, *The Renaissance*, S. 188.

[4]) Biographisches bei Justi, *Winckelmann und seine Zeitgenossen*. Schon Herder war der Meinung, daß der Anblick der römischen Baudenkmäler und Bildhauerwerke Winckelmanns Anschauungen nicht von Grund aus verwandelt, sondern vielmehr bestätigt und verstärkt habe. Sein Beitrag zur Kunstgeschichte und zur Ästhetik wird übrigens, und zwar schon seit Goethe, zugunsten eines echten Persönlichkeitsmythus — unserer Ansicht nach sehr zu Unrecht — vernachlässigt. Man hat in ihm das große Beispiel der Erziehung eines deutschen und nordischen Menschen durch die antike und mittelmeerische Kultur gesehen (L. Curtius, Einleitung zu Justis *Winckelmann*, I, S. XXIII). Manchmal wurde jedoch nicht das Moment der Erziehung, sondern das Bewußtwerden des Deutschtums durch die

Nach Winckelmann ist die griechische Kunst das vollkommene Vorbild, der historische und ideale Gipfel jeder menschlichen Schöpfung, der Inbegriff dessen, was „Natur, Geist und Kunst" auf dem Gebiet der Schönheit hervorbringen können[5]).

Die Überlegenheit der Griechen leitet er von mehreren Ursachen her, deren wichtigste erwähnt seien. Da ist zunächst die Wirkung des Klimas: der sanfte und reine, klare und heitere Himmel Athens und die milde „gleichgütige" Witterung begünstigten die Entfaltung der körperlichen Schönheit und der geistigen Bildung. Daneben übte die natürliche und harmonische Erziehung einen maßgebenden Einfluß auf die Schönheitsanschauungen aus. Die politische Verfassung und die Freiheit, der öffentliche Geist und die Lebensweise der Athener und nicht zuletzt die Achtung, die den Künstlern gezollt wurde, halfen ebenfalls das „griechische Wunder" zustande bringen[6]).

Erst in Griechenland hat sich der gute Geschmack gebildet. Die Beiträge der anderen Völker waren nur ein erster Samen, der in diesem von den Göttern bevorzugten Land aufgegangen ist. Je weiter man sich von Griechenland entfernt, desto mehr entartet der Geschmack. Den Griechen ist es gelungen, ewige Normen zu schaffen und allgemein verbindliche Muster hervorzubringen. Den römischen Künstlern z. B. war der Laokoon schon das, was er für spätere Zeiten geblieben ist: eine vollkommene Regel der Kunst[7]).

Die den klimatischen und gesellschaftlichen Faktoren zugeschriebene Bedeutung und die von Winckelmann immer wieder betonte natür-

---

Berührung mit einer fremden, „welschen" Welt betont (Vallentin, auch Schultz in *Klassik und Romantik der Deutschen*); dies scheint uns zu Winckelmanns Schriften, Briefen, Leben und Geist in krassem Widerspruch zu stehen. Warum seine Figur zum Mythos werden konnte, hat Justi (a. a. O., II, 446) sehr deutlich und richtig gesagt: seine leidenschaftliche Befürwortung der Nachahmung der Antike war nicht nur die Lösung seines persönlichen Problems, sondern wies zugleich den Ausweg aus dem Dilemma der Zeit. Das antike „Maß" war der Mittelweg zwischen strenger Regel und zügelloser Natur, Vernunft und Leidenschaft, Traditionsgebundenheit und freiheitlicher Erneuerung, Legalität und Genialität.

[5]) Vgl. *Gedanken über die Nachahmung*, I, 21.

[6]) *Geschichte der Kunst*, S. 128 ff. in der von Goldscheider veröffentlichten ersten Ausgabe. Die soziologische Deutung der Kunst durch Winckelmann erscheint manchen heutigen Kritikern als eine seiner wertvollsten Errungenschaften und als der lebendigste Aspekt seiner Theorie (vgl. Olguin, *The Theory of Ideal Beauty*, S. 32). Dazu soll bemerkt werden, daß solche Deutungsweise nicht ganz neu und daß sie u. a. schon dem französischen Klassizismus nicht fremd war (vgl. Soreil, *Introduction à l'histoire de l'esthétique française*, S. 78 f.).

[7]) *Gedanken über die Nachahmung*, I, 6 ff.

liche Entwicklung der Stile und Gattungen deuten auf Herders historischen Sinn voraus und bahnen den Weg für die positivistische Kritik,
welche die Kausalität der äußeren Umstände der Kunst lehren wird.
Der heutige Begriff der Geschichte — der Kunstgeschichte sowohl als
auch der Geschichte schlechthin — rührt größtenteils von Winckelmann
und Herder her. Als erste haben sie in der Zeitfolge der Werke nicht
etwa ein Spiel des Zufalls, sondern einen notwendigen, organischen,
fast biologischen Werdegang erkannt[8]). Allerdings hat dieses frühe Bewußtwerden des Geschichtssinnes nicht immer ohne gewisse Inkonsequenzen erfolgen können. Herder wirft Winckelmann sogar einen
Mangel an historischem Sinn vor[9])! Winckelmann neigt nämlich dazu,
die griechische Kunst absolut, d. h. ohne Verbindung mit dem, was ihr
vorangegangen ist, zu betrachten. Diese Haltung widerspricht dem
Prinzip, dem er in bezug auf die Entwicklung der Künste innerhalb
Griechenlands huldigt. Er ist z. B. der Ansicht, daß die alexandrinische
Zeit ohne die vorhergehenden Perioden nicht möglich gewesen wäre.
Daß die griechische Kunst als Ganzes von der ägyptischen und der
morgenländischen nicht völlig unabhängig sein kann, scheint er aber nie
verstanden, wenigstens nie ausgedrückt zu haben. Überdies beurteilt
er diese anderen Künste nicht auf Grund ihrer eigentümlichen Bedingungen, sondern mit griechischen Augen, ohne auch nur leise zu ahnen,
daß solche Sehweise mit seinen eigenen Grundsätzen in Widerspruch
steht. Erst Herder gelangt zu einem allgemeinen Relativismus. Er ist
es auch, der gerade im Hinblick auf die verschiedenartigen historischen
Voraussetzungen die Grenzen der Verbindlichkeit der Griechen für die
späteren Zeiten andeuten wird.

Von antiken Vorbildern ausgehend, stellt Winckelmann Betrachtungen über die Kunst im allgemeinen und über die Mittel zur Erreichung
der Vollkommenheit an. Hier tritt die historische Bedingtheit seiner
Persönlichkeit wieder einmal zutage.

Seine Auffassung der Kunstschöpfung gründet sich scheinbar auf die
Unterscheidung zwischen Idee und Schönheit. Alle Künste haben einen
doppelten Zweck, schreibt er: unterrichten und vergnügen[10]). Der Wert

---

[8]) Vgl. Aron, *Die deutsche Erweckung des Griechentums*, S. 33. Dies soll natürlich nicht heißen, daß ähnliche Ansichten nicht schon vor Winckelmann vorgetragen
wurden; Goethe weist in dieser Beziehung auf Vellejus Paterculus und Quintilian
(*Winckelmann*, Cotta, XXX, 26 f.), Borinski auf Florus und Scaliger hin (*Die
Antike in Rhetorik und Kunsttheorie*, II, 216).

[9]) *Denkmal Johann Winckelmanns*, VIII, 472 ff.

[10]) *Gedanken über die Nachahmung*, I, 61.

eines Werkes wird aber vorwiegend durch die „Idee" im Sinne eines geistigen Gehalts bestimmt: je erhabener die Idee, desto vollkommener das Werk[11]). Dies ist nach dem Buchstaben von Winckelmanns Schriften die Rangordnung der Werte im Reiche der Kunst. Der Einfluß der Aufklärung ist unleugbar.

Wenn man jedoch mit dem Werk und mit der Atmosphäre der Zeit vertraut ist, kommt man bald zur Feststellung, daß es sich bei diesem allgemeinen Prinzip um eine gelegentliche vordergründige Behauptung handelt. Zwar stellt es mehr als ein bloßes Zugeständnis an den Geschmack der Zeit dar, denn Winckelmann war von dem, was er sagte, völlig überzeugt. Die Vorherrschaft des unterrichtenden Moments war damals eine so landläufige Bedingung der Kunst, daß es ihm nicht einmal in den Sinn kam, sie grundsätzlich abzulehnen: da die Vernunft alle menschlichen Bemühungen zu regieren hat, muß alles in der Welt, was gut und vornehm ist, von ihr abhängen. Der Theoretiker Winckelmann schließt sich — allerdings mit etlichen Vorbehalten — dieser Meinung an. Merkwürdigerweise betont er aber diese Forderung nicht. In den Ausführungen über die „Idee" des Kunstwerks stößt man auf keinen ursprünglichen Beitrag, kein neues Argument, keinen Begründungsversuch, sondern auf reine Behauptungen, auf anscheinend ohne persönliche Überlegung hingenommene Postulate und Axiome[12]).

Ganz anders ist der Eindruck, den man beim Lesen seiner Aufzeichnungen über die Schönheit bekommt. Abgesehen von dem kategorischen Satz, daß die Schönheit der Hauptzweck der Kunst sei[13]), zeigt die Sorgfalt, mit welcher er ihn zu beweisen und — entgegen seiner Gewohnheit — philosophisch zu belegen versucht, daß er sich dabei bewußt ist, unerforschtes Gebiet zu betreten. Merkwürdigerweise macht er sich ohnehin kein Gewissen daraus, in der *Allegorie* seine Definition der Kunst einzuschränken: deren Zweck sei es nur, zu ergötzen und zu belustigen, nicht mehr zu belehren[14]). Der Aufsatz über die Allegorie

---

[11]) *Erläuterung*, I, 169 f.

[12]) Trotz aller Hallenser Ästhetikvorlesungen blieb der „Sinn" des Kunstwerks, als rationale Bedeutung aufgefaßt, das entscheidende Moment der Beurteilung. Die Malerei galt hauptsächlich als Veranschaulichung intellektueller Vorstellungen, als eine Art Hieroglyphenkunst. Fr. Schlegel hat anläßlich der Winckelmannschen Theorie der Allegorie Ähnliches bemerkt (vgl. Justi, a. a. O., I, 446). Auch Lotze schreibt mit Recht, Winckelmann spreche manchmal von der Idee eines Kunstwerks als von einem abstrakten Gedanken, dem die Schönheit der Form nichts Wesentliches hinzufüge (*Geschichte der Ästhetik*, S. 17 ff.).

[13]) *Erinnerung*, I, 242.

[14]) *Versuch einer Allegorie*, II, 485.

stammt aus dem Jahre 1766, die *Gedanken über die Nachahmung* waren elf Jahre vorher erschienen. Inzwischen hatte sich Winckelmann von gewissen Zeitvorstellungen befreit. Dabei muß man aber bedenken, daß seine Forderung nach einer unterrichtenden Idee im Kunstwerk wahrscheinlich niemals mehr als ein Postulat des gesunden Menschenverstands bedeutet hat, wonach die Kunst kein bloß technisches Phantasiegebilde ohne Sinn und Inhalt sein darf.

Um das ideenschaffende Vermögen zu bezeichnen, gebraucht Winckelmann gewöhnlich das Wort „Verstand": „Der Pinsel, den der Künstler führet, soll in Verstand getunkt sein"[15]. Mancher Historiker hat darin eine willkürliche und zeitbedingte rationalistische Einengung des Kunstbegriffs sehen wollen. Der Einwand ist jedoch nicht stichhaltig. Ungeachtet der ungewissen Bedeutung des Wortes vor Kant und besonders im Jahre 1755 gestattet der Textzusammenhang keineswegs, dessen Sinn dermaßen einzuschränken. Aus Winckelmanns Sprachgebrauch erhellt, daß es sich hier einfach um den Geist überhaupt vor jeder Aufspaltung in Einzelvermögen handelt. Genau dasselbe meinte Sulzer, als er die Kunst eine Schöpfung des menschlichen Verstandes nannte[16], und auch Herder, der den französischen Ausdruck „histoire de l'esprit humain" durch Geschichte des menschlichen Verstandes übersetzte[17]. Dies geht aus Winckelmanns Begriff der idealen Schönheit deutlich hervor, die auch eine Schöpfung des „Verstandes" ist; schon in den ersten Schriften setzt er ohnehin den Verstand mit Raffaels „Imagination" gleich und schließt sogar das Talent mit ein. Der Verstand ist die Gesamtheit der geistigen Kräfte, das Schaffensprinzip der Kunst sowohl als das höchste Organ des Kritikers. Das Wort ist viel umfassender gemeint, als seine heutige Bedeutung nahelegt[18].

In ihrer Entwicklung durchläuft die Kunst drei Hauptstufen. Am Anfang bestrebt sie sich bloß, das „Notwendige" auszudrücken. Das war in den ersten Zeiten der griechischen Kunst der Fall. Damals hat man sich eher befleißigt, den Ausdruck getreu wiederzugeben als schöne Formen zu schaffen; es kam nur auf die Genauigkeit der Wiedergabe an[19]. Die zweite Entwicklungsstufe ist gekennzeichnet durch die Vor-

---

[15]) *Gedanken über die Nachahmung*, I, 61.

[16]) *Allgemeine Theorie*, Art. Schöne Künste.

[17]) *Fragmente*, I, 363.

[18]) In der *Erinnerung* wird der Verstand dem „Fleiß", der „Arbeit", der „mechanischen Art" entgegengesetzt und der „Fähigkeit zu denken" und dem „Talent" angeglichen. Er bezeichnet offenbar die geistigen Fähigkeiten überhaupt, das Genie (I, 241 ff.).

[19]) *Geschichte der Kunst*, S. 25; *Versuch einer Allegorie*, II, 450.

herrschaft der Schönheit: nur diese verleiht einem Werk seine Zugehörigkeit zum Bereich der Kunst. Auf diese volle Entfaltung folgt die dritte Stufe, der Verfall, der sich durch Überschwang und Überladung kenntlich macht. Somit wird beiläufig die Auffassung des Barock als einer Verfallserscheinung entwicklungsgeschichtlich begründet!

Von der Schönheit sagt Winckelmann, sie sei „eins von den großen Geheimnissen der Natur, deren Wirkung wir sehen und alle empfinden, von deren Wesen aber ein allgemeiner deutlicher Begriff unter die unerfundenen Wahrheiten gehöre"[20]. Die beste Definition wird uns keineswegs helfen, wenn uns das Gefühl für Schönheit, d. h. guter Geschmack, vom Schicksal vorenthalten wurde[21]. Die Leibnizianer sagen, die Schönheit beruhe auf der Wahrnehmung der Einheit im Mannigfaltigen; diese Formel belehrt uns aber nicht, solange wir alle Erfahrungen, aus denen sie sich ergibt, nicht selbst gemacht haben. Es kommt einzig auf die erlebte Wirklichkeit an, und ihr ist keine abstrakte Formel angemessen: die schöne Linie ist in den Statuen und Vasen der Alten vorhanden, aber die Algebra wird sie niemals definieren können[22]. Die metaphysische Definition, die das Schöne als eine Übereinstimmung des Bestehenden mit seinem Zweck auffaßt, ist eigentlich eine Definition der Vollkommenheit und daher viel zu ungenau, als daß man sie auf die Schönheit fruchtbar anwenden könnte. Die Idee der Schönheit sub specie aeterni ist und bleibt unbestimmt[23]. Keine Erklärung kann ihr Wesen erschöpfend umschreiben, weil dieses über unser Auffassungsvermögen hinausgeht[24]. Unsere Unfähigkeit, das Wesen der Schönheit verstandesmäßig zu erfassen, bringt es mit sich, daß wir eine sichere Regel, einen verläßlichen Maßstab entbehren müssen. Daher die große Verschiedenheit der Schönheitsurteile, eine Verschiedenheit, die in bezug auf das Kunstschöne noch beträchtlicher ist als in bezug auf die Naturschönheit.

Und doch ist die Schönheit „eins und nicht vielfältig"; was nicht schön ist, kann nirgendwo und unter keinen Umständen schön sein. Es gibt einen Schönheitstypus (des menschlichen Körpers z. B.); sobald man sich davon entfernt, verfällt man in die Häßlichkeit. Wie ist nun diese Schönheit zu erkennen? Worauf kann man sich bei der Beurteilung stützen? Nicht auf eine Deduktion des Besonderen aus dem All-

---

[20]) *Geschichte der Kunst*, S. 139.
[21]) *Empfindung*, II, 383.
[22]) *Erinnerung*, I, 246 f.
[23]) *Geschichte der Kunst*, S. 140.
[24]) *Trattato preliminare*, VII, 73 f.

gemeinen, der Eigenschaften aus dem Wesen, sondern lediglich auf die Induktion: „Wir müssen uns begnügen, aus lauter einzelnen Stücken wahrscheinliche Schlüsse zu ziehen"[25]).

Wie ist nun der Schönheitsgrad eines beobachteten Gegenstandes zu bewerten, wenn man über kein allgemeines objektives Prinzip verfügt? Der Maßstab kann dann nur in uns liegen, und zwar in unserem Geschmack. Um sichere und feste Beurteilungskriterien aufzustellen, müßte man also aus einer Untersuchung des Geschmacksvermögens auf allgemeingültige Gesetze schließen können. Solches geht jedoch über Winckelmanns Kräfte hinaus, und das Problem setzt ihn in große Verlegenheit[26]). Er gesteht aber seine Unfähigkeit, die Allgemeingültigkeit des Schönen psychologisch zu untergründen, nicht. Als Schüler der Aufklärung kann er es nicht über sich bringen, reinen Empirismus als Fundament seines Gedankenbaus hinzunehmen, und hält an der Absicht fest, objektive Kriterien der Schönheit zu finden. Er holt aber keine Argumente aus der Psychologie oder aus der Erkenntnistheorie, sondern greift zu einem metaphysischen Schluß, was bei ihm unnatürlich anmutet und tatsächlich nur eine Ausflucht darstellt. Trotz seiner wiederholt betonten Verabscheuung jeder Metaphysik stützt er aus Verlegenheit seine Anschauung der Schönheit auf eine — in der philosophischen Tradition übrigens landläufige — metaphysische Ansicht. „Die höchste Schönheit ist in Gott," schreibt er, „und der Begriff der menschlichen Schönheit wird vollkommen, je gemäßer und je übereinstimmender derselbe mit dem höchsten Wesen kann gedacht werden, welches uns der Begriff der Einheit und der Unteilbarkeit von der Materie unterscheidet. Dieser Begriff der Schönheit ist wie ein aus der Materie durchs Feuer gezogener Geist, welcher sich sucht ein Geschöpf zu zeugen nach dem Ebenbilde der in dem Verstand der Gottheit ent-

---

[25]) *Geschichte der Kunst*, S. 148. Daß Winckelmann jeweils von dem unmittelbaren sinnlichen Eindruck der Werke und nicht von Ideen a priori ausgeht, wurde auch von Vallentin nachgewiesen (*Winckelmann*, S. 53 f.) und erhellt übrigens aus manchen Stellen, an denen Winckelmann seine Vorliebe für die konkrete Erfahrung und seine Verachtung für die „Metaphysiker der Kunst" ausdrückt (z. B. *Trattato preliminare*, VII, 72).

[26]) Über den Geschmack finden sich in Winckelmanns Schriften doch ein paar interessante Bemerkungen. Er wird als das Gefühl für Schönheit definiert und sehr oft mit dem Genie gleichgesetzt. Er ist angeboren, läßt sich aber durch Lehre, Übung, Umgang, Erziehung ausbilden und verfeinern. Er setzt eine Empfindlichkeit der äußeren Sinne voraus, deren Eindrücke er vereinigt und auswertet; er ist also der Empfänger und der Deuter der sinnlichen Eindrücke. Er soll rein sein, d. h. frei von jedem Einfluß des Instinkts, der Leidenschaft, der Absicht. Vgl. insbesondere *Empfindung*, II, 383 ff.

worfenen ersten vernünftigen Kreatur. Die Formen eines solchen Bildes sind einfach und ununterbrochen und in dieser Einheit mannigfaltig, und dadurch sind sie harmonisch"[27]). Da stellen sich Einheit und Einfalt, die Merkmale der wahren Schönheit nach Winckelmanns Auffassung, als auf Gott gegründet heraus. Die in der stofflichen Welt notwendige Unvollkommenheit des Schönen geht in der absoluten Vollkommenheit der Gottheit auf. Es gibt nichts Geistigeres als Einheit und Einfalt und auch nichts Unmöglicheres in der Kontingenz und der Materie. Im Prinzip ist die Schönheit also eine Vergeistigung, eine Sublimierung der Materie. So ruft Winckelmanns polemisches Antirokokoideal Gott zu Hilfe!

Die Versuchung ist groß, in solchen Gedankengängen den Ausdruck eines gewissen Platonismus zu sehen, und tatsächlich haben diese wenigen, aber programmatisch anmutenden Äußerungen manchen Kritiker dazu verleitet, Winckelmann der platonischen Ästhetik anzuschließen. Die Annahme ist unberechtigt. Man darf nicht aus den Augen verlieren, daß solche Betrachtungen in seinen Schriften nur einen winzigen Raum einnehmen und keineswegs die echte Grundlage seiner Theorie bilden. Es wäre falsch, einen allzu großen Wert auf Nebenbemerkungen zu legen, die einzig und allein aus seiner Unfähigkeit entstanden sind, die Schönheit auf der Ebene der empirischen Beobachtung zu definieren. An sich ist die Idee einer geistigen und vergöttlichten Schönheit allerdings interessant, und sie hebt sich auffällig von der Baumgartenschen Definition ab, die in dem Sinnlichen eine unumgängliche Voraussetzung aller Schönheit sah (perfectio cognitionis sensitivae). In seiner Vergeistigung des Schönen läßt sich Winckelmann jedoch durch die Worte in die Irre führen: die auf Gott angewandten Begriffe der Einheit und der Einfalt haben mit der Einheit und der Einfalt des Kunstwerks nur den Namen gemein. Letzteres ist differenziert und „teilbar", weil sich die Kunst notwendigerweise im Bereich der Materie vollzieht. Die Einheit der Kunst ist ein Beschreibungsbegriff, ein sinnlicher Eindruck, auch wenn sie nachher durch den Geist erfaßt und gebilligt wird. Ähnlich bedeutet Einfalt nichts als Schlichtheit, Maß, Mangel an Überladung usw. Sie besteht darin, den Gegenstand „mit so wenig Zeichen als möglich" auszudrücken[28]), „viel mit wenigem anzuzeigen"[29]), den „mühsamen Fleiß" zu verstecken und „dasjenige, was sehr ausgearbeitet worden, nicht ausgearbeitet

---

[27]) *Geschichte der Kunst*, S. 149.

[28]) *Versuch einer Allegorie*, II, 484.

[29]) *Erinnerung*, I, 243 f.

scheinen" zu lassen[30]). Keiner der beiden Begriffe hat in der Kunsttheorie die ontologische Bedeutung, die ihm in der Anwendung auf das Göttliche eigen ist. Höchstens darf man sagen, daß Winckelmann den Künstlern das Ideal der Einheit und der Einfalt empfiehlt, und zwar auf Grund dessen, was er als die abstrakte Idee der Schönheit betrachtet. Diese ist wesentlich undeterminiert, sie ist „weder dieser oder jener bestimmten Person eigen, noch drückt sie irgendeinen Zustand des Gemüts oder eine Empfindung der Leidenschaft aus, als welche fremde Züge in die Schönheit mischen und die Einheit unterbrechen. Nach diesem Begriff soll die Schönheit sein, wie das vollkommenste Wasser aus dem Schoße der Quelle geschöpft, welches je weniger Geschmack es hat, desto gesunder geachtet wird, weil es von allen fremden Teilen geläutert ist ... — so scheint auch die Idee der höchsten Schönheit am einfältigsten und am leichtesten, und es ist zu derselben keine philosophische Kenntnis des Menschen, keine Untersuchung der Leidenschaften der Seele und deren Ausdruck nötig"[31]).

Der wahre Winckelmann findet sich aber nicht in der metaphysischen Grundlegung seines Systems. Diese entspringt einem uralten Bedürfnis nach Zurückführung der kontingenten Erfahrung auf absolute Wahrheit. Vielleicht läßt sich die metaphysische Idee der Schönheit bei Winckelmann folgendermaßen erklären: in der griechischen Kunst hat er eine ideale, sich über die Natur erhebende Schönheit entdeckt; er setzt dann die Linie Natur-Ideal weiter bis ins Göttliche hinein fort, indem er die ideale Schönheit alles dessen entkleidet, was noch individuell und „ausdrucksmäßig" ist. Somit glaubt er die reine, unteilbare, unbestimmte Schönheit zu erreichen. An sich aber ist der Wert dieses Begriffes nebensächlich und bloß pragmatischer Art: er vollendet das System Winckelmanns, der sonst für solche Spekulationen gar kein Interesse hatte.

Reine Schönheit besteht nur als Idee. Im Kunstwerk wird sie notwendigerweise in einen „Stand der Handlung oder der Leidenschaft gesetzt". Sie ist also immer mit „Ausdruck" gepaart[32]). Daher soll der Künstler neben der Technik und den Regeln der Schönheit die des

---

[30]) *Erläuterung*, I, 162.

[31]) *Geschichte der Kunst*, S. 150. Das Bild vom „vollkommensten Wasser" findet sich schon bei Bouhours (*Entretiens d'Ariste et d'Eugène*): „le beau langage ressemble à une eau pure et nette qui n'a point de goût, qui coule de source". Vgl. Justi, a. a. O., I, 275.

[32]) *Geschichte der Kunst*, S. 150.

Ausdrucks beherrschen; zu der Lehre der schönen Form kommt die Beachtung des Anstands in Gebärden, Haltungen und Gesichtszügen hinzu. Ohne Ausdruck wäre die Schönheit bedeutungsleer, ohne Schönheit wäre der Ausdruck unangenehm. Erst aus ihrer Vereinigung entsteht die rührende Schönheit.

An sich ist der Ausdruck jedoch ein Übel. In den antiken Kunstwerken war die Schönheit die Hauptsorge der Künstler. Im Ausdruck „verändern sich die Züge des Gesichts und die Haltung des Körpers, folglich die Formen, welche die Schönheit bilden, und je größer diese Veränderung ist, desto nachteiliger ist dieselbe der Schönheit"[33].

Aus diesem Grundsatz lassen sich die wichtigsten Regeln des Ausdrucks herleiten. Zweck dieser Regeln ist es, ihn mit der reinen Schönheit in weitgehendstem Maße in Übereinstimmung zu bringen. Die wichtigsten unter ihnen sind: Ruhe und Stille, Selbstbeherrschung und Anstand, weise Zurückhaltung und Verbannung der heftigen Leidenschaften. Nur in der Ruhe, sagt Winckelmann, kann der Künstler das Wesen der Kunst verwirklichen. Die Schönheit einer sich im Wasser widerspiegelnden Gestalt erscheint nur, wenn die Oberfläche klar und ruhig ist. Stille und Ruhe sind der Zustand, welcher der Schönheit am angemessensten ist. In einer Gestalt ist die Schönheit nur dann vollkommen, wenn die Seele heiter und frei von jeder heftigen Bewegung ist. Schöne Form und ruhiger Ausdruck ergeben „Grazie". Das haben die alten Bildhauer gut verstanden, und sie haben recht daran getan, die Natur manchmal zu korrigieren. Bei ihren Statuen liegen z. B. die Augen tiefer als in der Natur. Nun sind tiefliegende Augen nicht schön; durch das Spiel von Licht und Schatten verleihen sie aber dem Gesicht Lebhaftigkeit und Relief, und das erhöht die Schönheit der Form[34]. Schon Plato bemerkte im *Sophisten*, daß man den Göttern mit Recht nicht ihre wahren Verhältnisse gegeben habe, sondern diejenigen, welche die Einbildungskraft für die schönsten gehalten habe[35].

In welchem Verhältnis steht nun diese Naturverschönerung zum alten Grundsatz der Naturnachahmung? Hier treten wir wieder in die Polemik ein. Dem Problem der Nachahmung der Natur hat Winckelmann keine zusammenhängenden Studien gewidmet ebensowenig wie theoretischen Fragen überhaupt. Sein Interesse beschränkte sich gewöhnlich auf die Analyse der einzelnen Kunstschöpfungen, ohne daraus immer die logischen und abstrakten Folgerungen zu ziehen. Dies liegt seinen

---

[33]) Ebd., S. 164 f.
[34]) Ebd., S. 176.
[35]) Ebd., S. 161.

Auslegern ob. Wenn man sein ganzes Werk berücksichtigt, leuchtet ein, daß die Nachahmung der Natur, soweit sie überhaupt einen Wert behält, bei Winckelmann eine ganz andere Bedeutung annimmt als bei den bisher betrachteten Denkern, Mendelssohn ausgenommen.

In der Kunst, die sich nach der Renaissance entwickelt hat, sieht Winckelmann eine Tendenz zur knechtischen Wiedergabe der Natur. Caravaggio, Stella, Bernini, Jordaens und die holländische Malerei im allgemeinen kennzeichnen sich für ihn durch eine getreue Kopie der Wirklichkeit, durch die „individuelle" Darstellung einzelner Gegenstände der Natur. Das ist keine große Kunst, meint er; denn eine solche geht nicht auf die Nachahmung der Natur, sondern auf Schöpfung von Schönheit aus. Das eine ist nicht dem anderen gleich. Gewiß darf die Natur nicht vergewaltigt werden; nur genügt ihre bloße Wiedergabe nicht. Sie hätte sogar in Griechenland nicht genügt, wo die Natur durch ungemeine Schönheit glänzte[36]).

Die Kunst fügt der Natur etwas hinzu, sie deutet und idealisiert sie. Die Schönheit der großen Kunst ist eine „ideale". Die Schwäche des Barock ist der Verkennung dieses Prinzips zuzuschreiben. Trotz seiner Fehler ist Rubens z. B. Jordaens überlegen, weil er die Natur nicht wie dieser treu geschildert, sondern verklärt hat, indem er den Massen mehr Licht, dem Fleisch eine rosafarbene Durchsichtigkeit verlieh, die er in der Wirklichkeit nicht hat vorfinden können. Mag Jordaens auch wahrer sein als Rubens, er ist weniger groß, weniger schön[37]).

Die ideale Schönheit ist keine metaphysische Idee. Sie entspringt nicht einer übernatürlichen Eingebung. Um sie zu bilden und auszuarbeiten, geht der menschliche Geist von Beobachtungstatsachen aus. Von hier aus macht er sich gewisse Vorstellungen von den Proportionen des Körpers, scheidet die Unvollkommenheiten aus, behält nur, was ihm harmonisch erscheint. Wenn einzelne Naturgegebenheiten manchmal auch so schön sind wie die entsprechenden Teile dieser Bilder, so ist ihnen die Naturerscheinung als Ganzes immer an Schönheit unterlegen. So erheben sich diese idealen Kombinationen, die eigentlich nur Aneinanderreihungen von Teilschönheiten sind, auf Grund von Naturbeobachtungen über die Natur hinaus. Zu der sinnlichen Schönheit, zur schönen Natur kommt also ein Idealbild hinzu, das sie berichtigt und für die Kunst geeignet macht. Dieses Idealbild

---

[36]) *Gedanken über die Nachahmung*, I, 21.

[37]) *Erläuterung*, I, 155 f. Die Ansicht, daß Rubens der Natur seine Idee „hinzugefügt" habe, wurde schon 1681 von R. de Piles vertreten: „(Rubens) a ajouté (à la nature) ce que son idée lui fournissait de grand et de noble" (*Dissertation sur les ouvrages*, S. 268).

entspricht der „Idee" Raffaels, der beim Malen seiner Galatea sagte: „Da die Schönheiten unter dem Frauenzimmer so selten sind, so bediene ich mich einer gewissen Idee in meiner Einbildung"[38]). Nur in dem Maße bleibt die Naturnachahmung also ein Grundsatz der Kunst: die Natur ist eine Fundgrube von Einzelschönheiten, das Entscheidende aber ist die Zusammensetzungstätigkeit des Geistes.

Nun war trotz weniger Ausnahmen die Kunst zu Winckelmanns Zeit eine Kunst des Ausdrucks, und dieser erschien ihm von keinerlei Sorge um Schönheit gemildert und geregelt, wie es in der antiken Grazie der Fall war. Im Gegenteil, er entwickelte sich zügellos auf Kosten der Schönheit, und manchmal wurden dem Schönen sogar Häßlichkeitseffekte vorgezogen. Als Beispiel sei nur das Grobe und Grausige des Barocktheaters erwähnt. Während das antike Drama den Tod nur indirekterweise darstellte, gefällt sich der Barock im Schauspiel der Massenmorde. Winckelmann verwirft dessen Heftigkeit und Übertreibung. Er rügt die Trivialität, das Zurschaustellen des Lasters, den Schwulst, die Überladung. Wider den bewegten und verwickelten Realismus, das Pathetische, die malerische Übersteigerung verficht er die Sache einer Kunst, deren höchstes Gesetz nicht der Ausdruck, sondern die Schönheit ist. Eine solche Kunst wäre edel, ruhig, einfach; sie brächte eine große und heitere, im Schmerz sich beherrschende Seele zum Ausdruck. Sie würde sich durch Klarheit und Maß auszeichnen und sich vom Schauderhaften fernhalten. Sie wäre ernst ohne Grausen und heiter ohne Frivolität.

Nun hatte die Kunst, die Winckelmann herbeisehnte, schon bestanden, nämlich im Altertum und in der italienischen Renaissance. „Der einzige Weg für uns, groß, ja, wenn es möglich ist, unnachahmlich zu werden, ist die Nachahmung der Alten". Sie sind die Regel, der Kanon, das Muster, die Quelle aller Schönheit. Sogar ihre Fehler sind Belehrungen für uns. Erst das Studium der griechischen Kunst gibt uns den richtigen Maßstab an die Hand, sowohl um zu urteilen als auch um zu schaffen[39]). Die griechische Skulptur stellt nur schöne Körper und glatte, regelmäßige Flächen dar. Sie besitzt das Geheimnis des schönen Umrisses, und dies ist ihr bemerkenswertester und am schwersten nachahmbarer Vorzug. Rubens gelingt dieser Umriß nie, Michel-Angelo ab und zu in seinen Heldengestalten. In Griechenland dagegen ließ sich der Umriß des Nackten sogar unter den Gewändern erraten[40]).

[38]) *Gedanken über die Nachahmung*, I, 16.
[39]) Ebd., I, 7 und 18; *Geschichte der Kunst*, S. 128.
[40]) *Gedanken über die Nachahmung*, I, 19 f.

Die Draperie selbst ist bei den Griechen so harmonisch, daß sie als ein wesentliches Merkmal ihrer Kunst zu gelten hat. Deren Vollendung kann nur mit der Schönheit der griechischen Sprache verglichen werden. Die Falten der Gewänder wie die Vokale der Wörter wurden von den Griechen ihrer Schönheit wegen gewählt[41]).

Die griechischen Kunstwerke kennzeichnen sich durch „edle Einfalt und stille Größe". Die furchtbarsten Schmerzen drücken sie ohne Verzerrung der Gesichtszüge aus, die Seele bleibt ruhig im Leiden wie die Tiefen des Meeres unter der noch so stürmischen Oberfläche. Die beste Veranschaulichung dessen ist der Laokoon. Das Leiden des Körpers und die Größe der Seele erscheinen dort gleichmäßig verteilt. Das Gesetzte, das Ruhige, das Tiefe zeichnen die Meister der Kunst aus; das Gewaltige, das Flüchtige, das Transitorische verraten eine Kunst im Jugendalter. Darum ist Ruhe in den bildenden Künsten die beste Haltung des Körpers. Nur in der Stille und Selbstbeherrschung ist die Seele groß; die Leidenschaft läßt sie charakteristischer hervortreten, zugleich aber an Adel einbüßen[42]).

Die Einfalt bringt Genauigkeit und „Anständigkeit" mit sich und drückt mit begrenzten Mitteln vieles aus. Die Neueren verstoßen immer wieder gegen diese Regel, welche außerdem die Entfernung des Zeichens vom Bezeichneten fordert. Die Kunst der Antike wendet sich an ein Publikum, das fähig ist, sie zu verstehen, dem es überflüssig ist, alles zu erklären, und zu dem man in Anspielungen reden kann[43]).

Die Kunst soll offen und heiter sein. In Griechenland wollte die ohnehin spärliche Darstellung des Todes nur zum Lebensgenuß anregen. Darstellungen der Häßlichkeit finden sich nicht. Nur die Dichtung weist Ausnahmen auf; die bildenden Künste aber verwandeln häßliche Themen in Gegenstände, die ihrem Zweck angemessener sind[44]).

Nach Winckelmann besteht kein Wertunterschied zwischen der Wortkunst und der Plastik. Die eine ist nicht edler als die andere. Auch in der Ausdehnung sind sie einander gleich: die Malerei hat keine engeren Grenzen als die Dichtung und die Musik; ihre Wirkung ist

---

[41]) Ebd., I, 29 f.; *Erläuterung*, I, 136 f. Winckelmanns Auffassung der Schönheit der griechischen Sprache wurde von Norden übernommen (*Antike Kunstprosa*, S. 1—12).

[42]) *Gedanken über die Nachahmung*, I, 31 ff.

[43]) *Erläuterung*, I, 186 f.

[44]) Ebd., I, 172 f.; *Versuch einer Allegorie*, II, 462 und 486.

in keiner Weise der Wirkung der Tragödie und des Epos unterlegen, die hergebrachtermaßen als die Gipfel der Kunst gelten[45]). Das eigentliche Gebiet und das „höchste Glück" der wahren Malerei liegt in der Darstellung unsichtbarer Gegenstände. Dazu macht sie mit Recht von der Allegorie Gebrauch[46]).

Der einzige Unterschied zwischen Poesie und Plastik liegt in den Ausdrucksmitteln. Allerdings ist dies ein sehr wichtiges Moment, welches in beiden Künsten bedeutsame Bestimmungen für die Stoffwahl und die Stoffbearbeitung mit sich bringt. Auf Grund der besonderen Ausdrucksmittel der Plastik sind z. B. das Häßliche und das Entsetzliche aus den bildenden Künsten ausgeschlossen. In dieser Beziehung ist die Malerei nicht so frei wie die Dichtung: „In Vorstellung der Helden ist dem Künstler weniger als dem Dichter erlaubt. Dieser kann sie malen nach ihren Zeiten, wo die Leidenschaften nicht durch die Regierung oder den gekünstelten Wohlstand des Lebens geschwächt waren... Jener aber, da er das Schönste in den schönsten Bildungen wählen muß, ist auf einen gewissen Grad des Ausdrucks der Leidenschaften eingeschränkt, die der Bildung nicht nachteilig werden soll" (Bildung heißt bei Winckelmann soviel wie Schönheit, insbesondere Schönheit des Gesichts)[47]). Als Beweise für diese Behauptung zieht er den Laokoon und die Niobe heran.

Diese Stelle aus der *Kunstgeschichte* drückt Gedanken aus, die den Anschauungen Lessings vollkommen entsprechen. Der ganze polemische Teil des *Laokoon*, der gegen das erste Werk Winckelmanns gerichtet ist, wäre überflüssig gewesen, wenn Lessing die *Kunstgeschichte* gekannt hätte, bevor er sich an die Arbeit machte. Dann hätte er Winckelmanns Ideen nur zu übernehmen und zu entwickeln brauchen.

Man hat Winckelmann das Recht streitig gemacht, die griechische Kunst auf Grund der erbärmlichen Unterlagen, über die er verfügte, zu beschreiben und ihre Vorzüge aufzuzählen. Die heutige Kenntnis jener Kunst ist freilich unvergleichlich reicher und genauer als die damalige, und Winckelmanns verhältnismäßig karges Material mag ihn ab und zu gehemmt und in seinen Ansichten beschränkt haben. Des Bruchstückhaften seiner Information war er sich jedoch bewußt. Ihm blieb nicht verborgen, daß er in der Regel mit Werken zu tun

---

[45]) *Erläuterung*, I, 167.
[46]) *Gedanken über die Nachahmung*, I, 60; *Erläuterung*, I, 194.
[47]) *Geschichte der Kunst*, S. 166.

hatte, die den Originalschöpfungen an Wert und Vollkommenheit unterlegen waren. Er wußte, daß die Römer das künstlerische Niveau der Griechen nicht erreicht haben und daß eine römische Statue zu ihrem griechischen Modell wie Virgils Dido zu Homers Nausikaa steht[48]).

Dieses klare Bewußtsein hat ihn ohnehin dazu bewogen, aus seiner Beurteilung sorgfältig das auszuscheiden, was einen allzu besonderen Charakter trug, um mit Sicherheit analysiert zu werden. Abgesehen von spärlichen Einzelheiten hat er sein Interesse den „allgemeinen Charakteren" der griechischen Kunst zugewandt. Nun boten Gemmen, Münzen und römische Kopien eine ausreichende Grundlage, um sich die Umrisse, Verhältnisse, Haltungen und allgemeinen Eigenschaften der betrachteten Werke vorzustellen. In seiner Beurteilung der antiken Kunst ist Winckelmann über diese Voraussetzungen nicht hinausgegangen. Freilich mag er in seiner Auffassung der Malerei durch die mangelhafte Dokumentation, in welcher z. B. das Kolorit nicht wiedergegeben war, beeinflußt worden sein: im Gemälde interessiert ihn vor allem die Zeichnung. Man darf jedoch nicht aus den Augen verlieren, daß der Barock gerade die Zeichnung und den Umriß dem Spiel der Farben und des Lichtes zu opfern geneigt war und daß dies sogar einen der auffälligsten Unterschiede zwischen der linearen Kunst der Renaissance und der „malerischen" des Barock bildet[49]). Der große Wert, der dem Umriß zugemessen wurde, ist ein Signum der Zeit und bezeichnet nicht nur Winckelmanns Geisteshaltung, sondern die ganze Reaktion gegen den Barock.

Die von Winckelmann vertretenen Anschauungen verleihen seiner geistigen Persönlichkeit eine Bedeutung und eine Dichte, die sich in keiner mythischen Interpretation erschöpfen lassen. Der Einfluß, den er auf die Entwicklung der ästhetischen Theorien, auf die Kunst, die Literatur und den Geschmack des 18. Jahrhunderts ausgeübt hat, macht ihn zu einem entscheidenden Faktor der neueren Kunstauffassung.

Im theoretischen Bereich ist es Lessing gewesen, der für Winckelmanns Botschaft am empfänglichsten war. Beider Anliegen war von vornherein ähnlich: sie wollten gegen die Vorherrschaft des Barock reagieren und auf den Geschmack ihrer Zeit erzieherisch und bildend wirken. Lessing hat im großen und ganzen dieselben „Vorzüge" befürwortet wie Winckelmann. Seine stillschweigenden Voraussetzungen und Postulate, seine Blickrichtung und sein Ideal erinnern immer

---

[48]) *Gedanken über die Nachahmung*, I, 7.
[49]) Vgl. Wölfflin, *Kunstgeschichtliche Grundbegriffe*, S. 20 ff.

wieder an Winckelmanns Theorie. Auch Lessing ordnet die bildenden Künste der Kategorie der Schönheit zu; auch er verpönt — wenn auch nicht immer aus denselben Gründen — das Gewaltige, das Transitorische, den Paroxysmus und die Häßlichkeit, und überläßt der Literatur das Gebiet des Ausdrucks. Es ist für Lessing eine unumstößliche Gewißheit, daß ein schreiender Laokoon häßlich wäre; er nimmt dies als eine erwiesene Tatsache, und es würde ihm nicht einmal in den Sinn kommen, sie in Frage zu stellen.

Freilich ist Lessing der Antike gegenüber wählerischer und kritischer als Winckelmann, er stellt sie nicht mehr so radikal als das einzig verbindliche Muster hin, er erkennt manche zeitbedingten Schwächen der alten Kunst und Theorie und setzt ihrer Nachahmung Grenzen. Die Autoritäten, die er — mit nur geringen Vorbehalten — gelten läßt, stammen aber größtenteils aus der Antike: in der Theorie Aristoteles, den er für ebenso unfehlbar wie Euklides hält, und in der Dichtung Homer, der ihm ein unübertreffliches Muster ist. Winckelmanns Schriften sind der Ausgangspunkt der Lessingschen Ästhetik. Nicht in jeder Hinsicht sind sich die beiden Kritiker einig. Lessing widerspricht Winckelmann nicht selten — manchmal allerdings, wie gesagt, infolge eines Mißverständnisses — und gelangt hin und wieder zu entgegengesetzten Schlußfolgerungen (über den Gebrauch der Allegorie z. B.); im Grunde aber hat er die Ansichten seines Vorgängers weiter ausgebaut und verallgemeinert. Auf jeden Fall verdankt er ihm den Aufschwung und die Geschmacksbildung, die ihn dazu befähigt und bewogen haben, gegen die Literatur und besonders das Drama seiner Zeit unerbittlich vorzugehen.

Auch auf Herder hat Winckelmann eingewirkt; allerdings nicht so sehr auf seine Kunst- als auf seine Geschichtsauffassung und allgemeine Geisteshaltung. Herders historischer Sinn ist — trotz seiner scharfen Kritik — im Keime schon in Winckelmanns Anschauungsweise mitenthalten. Friedrich Schlegel hat seinerseits Winckelmanns Ansichten und Methode auf das Gebiet der Literaturforschung übertragen, besonders in seiner *Geschichte der Poesie der Griechen und Römer* aus dem Jahre 1798.

Noch wertvoller und vielleicht nachhaltiger als auf die ästhetischen Theorien hat sich Winckelmanns Einfluß auf den Geschmack, die Kunst und die Dichtung ausgewirkt. Seine Deutung des Altertums und die neue Begeisterung für die antiken Meisterwerke, die sie entfachte, haben die Praxis und das Ideal der Kunst nachdrücklich geprägt. Sein Bild vom Griechentum hat — in individuell abgewandelter Form — die deutsche Klassik und teilweise auch die deutsche Romantik beherrscht. Sofort haben seine Ideen die Grenzen der Kunsttheorie überschritten. Schon im Jahre 1760 schrieb Hamann, daß sich alle Bemerkungen Winckelmanns ebensogut auf die Dichtung wie auf die bildenden Künste anwenden ließen. Seine Wirkung erstreckte sich auf den ganzen Bereich der Kunstausübung und der Kunstwertung. Im Geiste der Zeit galt seine Polemik sowohl der Barockliteratur und den empfindsamen Herzensergießungen eines Klopstock als der Kunst Berninis. Diesen Einfluß auf den Geschmack und die werkimmanente Ästhetik zu untersuchen, fällt natürlich aus dem Rahmen der vorliegenden Studie.

Kapitel II

LESSING

Neben einem gewaltigen und abgerundeten Denkmal wie Winckelmanns *Geschichte der Kunst des Altertums* wirkt Lessings Werk recht
fragmentarisch. Abgesehen vom *Laokoon,* den er ohnehin nie zu Ende
geführt, hat Lessing keine längere systematische Arbeit verfaßt. Viele
seiner Grundanschauungen finden sich im Briefwechsel mit Nicolai
und Mendelssohn, in den *Literaturbriefen,* in der *Hamburgischen
Dramaturgie,* d. h. in scheinbar von Tag zu Tag niedergelegten Äußerungen und durch die Umstände veranlaßten Rezensionen und Aufsätzen. Der Mittelpunkt und der Zusammenhang seines Denkens, worauf es hier ankommen soll, lassen sich also hauptsächlich aus Einzel-
untersuchungen erschließen.

Das Gelegentliche und Polemische seiner meisten Schriften, die
Mannigfaltigkeit der behandelten Themen, der regelmäßige Gebrauch
von Witz und Pointe haben dazu beigetragen, ihn als den Typus des
Feuilletonisten gelten zu lassen. Nun erweisen sich jedoch, genau
betrachtet und auf ihre Grundsätze zurückgeführt, seine verstreuten
Ideen als Elemente eines echten Systems. Wir sind der Ansicht, daß
kein einziges seiner Urteile dem Zufall und der Laune zuzuschreiben
ist, ja daß vielleicht kaum eine Stichelei seiner angriffslustigen Feder
in Widerspruch mit den abstrakten und klar formulierten Prinzipien
des *Laokoon* steht. Die streng durchdachten Sätze dieses methodischen
Traktats hat Lessing nie verleugnet noch vergessen. Vielmehr, er wiederholt, erläutert, veranschaulicht sie in seinen weiteren Arbeiten. Ähnlich ist er bis zum Schluß der *Dramaturgie* den Ideen treu geblieben,
die er zehn Jahre früher — im siebzehnten *Literaturbrief* — zum Ausdruck gebracht hatte.

Es ist Aufgabe des Auslegers, die Grundsätze herauszuheben und
ihren Zusammenhang aufzuzeigen. Diese Grundsätze bilden, richtig an-
geordnet, eine einheitliche Theorie. Der einzige Vorwurf, der Lessing
in dieser Hinsicht gemacht werden kann, ist folgender: man vermißt

bei ihm ab und zu eine ausreichende Begründung seiner Ansichten, er schlägt Definitionen vor und vertritt Anschauungen, die er nicht immer philosophisch und kritisch erweist. Von der Aufstellung dieser Ansichten an ist sein Denken aber streng folgerichtig und fest gegliedert.

Wie dem auch sei, der Verfasser will seine Deutung auf die systematischen Darstellungen des *Laokoon* gründen. Somit hofft er dem Vorwurf zu entgehen, ein System auf gelegentlichen Einfällen und Witzen aufgebaut -oder für eine einzige Gattung geltende Gesetze willkürlich verallgemeinert zu haben.

1. Der Funktionalismus

Lessings ästhetische Bemühungen kreisen um den Begriff der A b - s i c h t. Das deutet schon auf die Tendenz und die Grenzen seiner Einstellung. Des Künstlers Absicht zielt auf eine Gefühlswirkung, die den Daseinsgrund aller Elemente des Werkes enthält: die „Rührung" bedingt die Wahl der Form und des Stoffes und erlegt Regeln und Ausdrucksweisen auf. Jedes Element des Kunstwerkes erfüllt auf den verfolgten Zweck hin eine Funktion.

Ein Passus aus dem *Laokoon* bietet ein treffendes Beispiel. „Der Meister arbeitete auf die höchste Schönheit unter den angenommenen Umständen des körperlichen Schmerzes. Dieser, in aller seiner entstellenden Heftigkeit, war mit jener nicht zu verbinden. Er mußte ihn also herabsetzen, er mußte Schreien in Seufzen mildern; nicht weil das Schreien eine unedle Seele verrät, sondern weil es das Gesicht auf eine ekelhafte Weise verstellet"[1]). Im Gegensatz zu Winckelmann, welcher in seiner ersten Schrift die Milderung des Leidens von der Absicht des Bildhauers, Laokoons edle Seele zu zeigen, abhängen ließ, glaubt Lessing, daß sie um der Schönheit willen erfolgt sei. Die Schönheit ist aber keine letzte Instanz und keine unbedingte Forderung der Kunst, sondern eine unerläßliche Bedingung der erstrebten Affektwirkung. Diese Wirkung ist das „Mitleid". Die Statue erzielt sie nur dann, wenn sie gleichzeitig Schönheit und Schmerz darstellt. Ein schreiender Laokoon wäre häßlich, und sein Anblick würde ein Mißvergnügen erzeugen, das jedes „Mitleid" verhindert. Durch ein häßliches Aussehen müßte das Werk also seinen ästhetischen Zweck verfehlen. Die körperliche Schönheit ist funktionell, und zwar in bezug auf eine Konstante, nämlich auf die Affektwirkung. Diese fordert die Schönheit der Gestalt, welche ihrerseits zur Milderung des Leidens, d. h. zur Abänderung des Inhalts, be-

---

[1]) *Laokoon*, Kap. II.

wegt. Inhalt, Form und Zweck sind also funktionell aufeinander abgestimmt.

Der Primat der Form

Gleich Winckelmann stößt Lessing in seiner Erforschung der Gesetze der Kunst auf die beiden Begriffe, die sein Vorgänger mit den Wörtern „Schönheit" und „Ausdruck" bezeichnet hatte. Lessing empfindet sie ebenfalls als gegensätzlich und entscheidet sich für einen von beiden. Am besten und reinsten waren sie für den Geschmack der Zeit einerseits durch die griechische Bildhauerei, andererseits, wie schon ausgeführt, durch das deutsche und spanische Barockdrama veranschaulicht. In der antiken Skulptur wollten Lessings Zeitgenossen — Winckelmanns Auslegung entsprechend — die unbedingte Herrschaft der Schönheit sehen, während in ihren Augen die Bühne der Barockzeit dem Ausdruck die Zügel schießen ließ.

Winckelmann trat für den Primat der Schönheit ein, wenigstens in seiner *Geschichte der Kunst,* die Lessing vor der Abfassung des *Laokoon* nicht gelesen hat. Er schränkte aber deren Gebiet beträchtlich ein und erkannte ihr bei weitem nicht alle Vorrechte zu, die Lessing ihr zuschreibt. Für diesen wird die Kunst nicht etwa durch philosophische, moralische oder intellektuelle Gründe bestimmt, d. h. durch Ansprüche des Ausdrucks; ihre Eigengesetzlichkeit beruht auf der Affektwirkung, welche durch die Schönheit ermöglicht wird. Außerdem sprach Winckelmann nur von den bildenden Künsten, während Lessing alle Künste seinen Erwägungen unterwirft. Dadurch verwickelt sich das Problem und tauchen terminologische Schwierigkeiten auf. Bestanden nämlich in der Plastik schon Bezeichnungen, über die man sich einigen und die man den Diskussionen zugrunde legen konnte, so war es im Bereich der Wortkunst anders bestellt. Das antinomische Begriffspaar Ausdruck–Schönheit läßt sich auf die Plastik vollkommen anwenden, aber im Bereich der Dichtkunst erschweren schon die Termini einen fruchtbaren Gebrauch der Begriffe erheblich. Die Frage ist, ob Lessings Kritik auf literarischem Gebiet eine ähnliche Unterscheidung vornimmt wie in den bildenden Künsten.

Worin besteht eigentlich dieser Gegensatz und welches sind die entsprechenden dichtungstheoretischen Begriffe? In der Laokoongruppe umfaßt der „Ausdruck" die Situation, den Schmerz, die Verzweiflung, die Gefühle. Die „Schönheit" ist die Harmonie, das Ebenmaß, das Gleichgewicht, die Proportion, die sich dem Ausdruck aufprägen, zugleich aber das Ergebnis einer ganzen Reihe strenger Erfordernisse, die einerseits mit den besonderen Gesetzen der bildenden Künste und anderseits mit der zu erzielenden Wirkung zusammenhängen. Die Dichtungstheorie bietet keine Termini, welche diese Begriffe genau decken. Was im Wortkunstwerk dem plastischen Ausdruck entspricht, ist der behandelte Stoff, das Thema, der Komplex des Inhalts und des Gehalts, mit einem Wort: das Ausgedrückte. Und die auf die Poesie übertragene Schönheit ist die Vortrefflichkeit der dichterischen Form, die ganz besonders in der „sinnlichen Kraft", in der „Lebhaftigkeit" der Darstellung besteht.

Es erübrigt sich wohl, daran zu erinnern, daß eine auf Ausdruck gerichtete Kunst nicht notwendigerweise formlos ist. Realismus ist nicht gleich Verzerrung und Chaos. Aber der Begriff und das Gesetz der Form spielen darin als solche keine bestimmende Rolle. Im Bewußtsein des Künstlers sind sie nicht der Zweck und die Berechtigung der Kunst. Diese strebt nach Wahrheit und opfert ihr im Notfall die Schönheit, die nur geduldet wird, insoweit sie mit dem Ausdruck vereinbar ist.

Hier erhebt sich eben das Problem des Primats. Wenn die beiden Pole in einem Kunstwerk nicht zugleich bestehen können, entsteht die Frage, ob die Schönheit dem Ausdruck oder der Ausdruck der Schönheit weichen soll. Heute wissen wir, daß die Polarität zum Wesen der Kunst gehört. Der Begriff wurde von Walzel deutlich herausgearbeitet und von Strich auf die Analyse der Klassik und Romantik angewendet. Schon vor ihnen hatte Worringer — allerdings ohne das Prinzip abstrakt zu formulieren — auf Grund dieser Polarität die Merkmale des germanischen gegenüber dem lateinischen und romanischen Stil feststellen können. Es kann kein ästhetischer Begriff aufgestellt werden, ohne daß der entgegengesetzte sich unmittelbar und notwendig dem Geiste bietet. Auf einer ähnlichen Polarität beruhen die berühmten Unterscheidungen Wölfflins zwischen der Kunst der Renaissance und des Barock. Von vornherein setzt der Begriff der Polarität voraus, daß ein charakteristischer Zug der Kunst und dessen Gegensatz einen gleich legitimen Anspruch auf das Dasein erheben können und daß jede objektive Betrachtung diesen Anspruch als im Wesen des Kunstphänomens begründet anerkennen muß.

Bei dem vorliegenden Problem würden ein Walzel und ein Wölfflin den beiden Tendenzen Rechnung tragen und sie als zwei gleichberechtigte Pole auffassen. Lessing aber ist kein gelassen meditierender Historiker und kein objektiver Darsteller der Kunstentwicklung. Er ist Polemiker: er befindet sich in ständigem Kampf mit Ansichten und Situationen, die ihm mißfallen. Gleich Winckelmann reagiert er gegen den

Schlendrian, die Voreingenommenheit und den Geschmack der Zeit. Er bleibt nicht unparteiisch, er nimmt Stellung. Schönheit, Form, Gestalt einerseits; Ausdruck, Inhalt, Stoff, Gehalt andererseits: dies sind die beiden Pole, zwischen denen Lessing wählen muß, und er entscheidet sich für den ersten. Die Form zwingt dem Inhalt ihre Gesetze auf.

Was die bildenden Künste betrifft, so ist Lessings Meinung eindeutig. Nicht eine sittliche, philosophische oder sonstige Haltung hat die Bildhauer dazu bewogen, den Ausdruck des Leidens in den Zügen Laokoons zu dämpfen, wie Winckelmann anfangs glaubte, sondern die Gesetze der Form, die Erfordernisse der Schönheit.

In der Dichtung ist das Problem komplexer. Trotzdem bleibt Lessings Standpunkt derselbe. Er will zwar von einer konventionellen, festen, willkürlichen, äußerlichen Form nichts wissen. Er verspottet die dramatischen Einheiten von Zeit und Ort und macht sich über den Unsinn und die unwahrscheinlichen Notlösungen lustig, zu welchen der Dichter durch Regeln, die nicht im Wesen der Kunst wurzeln, gezwungen wird. Solche Regeln sind für Lessing null und nichtig. Wer den Inhalt des Werkes durch sie bestimmen läßt, ist ein Stümper. Es kommt für den Lessingschen Begriff der Form nicht auf oberflächliche Gesetze, auf allgemeine Schemata an, die fast unterscheidungslos auf verschiedene Inhalte angewendet werden können, sondern auf die wesentlichen Gesetze, die auf den Zweck der Kunst und der Gattung gerichtet sind. Diese Gesetze fußen auf den spezifischen Ausdrucksmitteln der Dichtung und erwachsen zugleich aus der zu erzielenden Affektwirkung. Form und Inhalt bedingen sich gegenseitig. Ein gegebenes Thema läßt sich keine beliebige Form aufzwingen, eine gegebene Form paßt nicht zu irgendwelchem Thema. Das wissen Dichter und Genie; dem Versemacher und dem Literaten bleibt es verborgen.

Wie wirkt sich der Primat der Form auf den Stoff aus? Nach Winckelmann verfolgte die Kunst zwei Hauptzwecke: vergnügen und unterrichten, delectare und prodesse, um mit Horaz zu reden. Leibniz ordnete das Vergnügen dem prodesse unter und sah in der Kunst nur ein Hilfsmittel der Moral und der Philosophie. Die deutsche Aufklärung, Gottsched voran, war ihm auf diesem Wege gefolgt. Im Gegensatz dazu scheint Winckelmann das Unterrichten dem Vergnügen unterzuordnen. Die Behauptung des belehrenden Moments in der Kunst mutet bei ihm wie verjährter Konformismus an.

Bei Lessing besteht die Doppelheit der Zwecke weiter; das Problem stellt sich jedoch ganz anders. Es gibt für ihn kein Unterordnungsverhältnis zwischen den beiden Begriffen mehr. Zweck der Kunst ist nicht zu belehren oder zu erbauen; der Stoff, den sie ausdrückt, hat keinen Anteil an ihrer Zweckmäßigkeit. Freilich wird sie nicht plötzlich von jedem didaktischen Charakter entblößt: „unterrichtend“ bleibt ein für gewisse Gattungen und sogar für die Absichten des Genies wesentliches Prädikat, aber abgesehen von der Fabel erwirbt die Kunst einen Charakter von Nützlichkeit und Erbauung nur durch die ästhetische Rührung, keineswegs durch die Mitteilung ihres Inhalts. Sowohl in der Plastik als in der Dichtung ist der Stoff absolut gleichgültig. Der Künstler kann sogar leichter interessieren, wenn der Inhalt dem Betrachter nicht fremd ist, und er tut gut daran, wenn er sich darauf beschränkt, ein bekanntes Thema abzuwandeln, nur Einzelmotive und -situationen frei zu erfinden[2]). Die echte Originalität liegt also nicht in der Neuheit des Gegenstandes, sondern in der Art und Weise, wie er behandelt wird. Je weniger die Kunst unterrichten will, desto mehr Aussicht hat sie zu interessieren[3]). Bekanntlich machte sich schon Luzian über die Pedanten lustig, die ein Werk einzig nach der Neuheit der Idee, nach dem intellektuellen Gehalt beurteilen. Nun sind diese Momente freilich nicht ausgeschlossen, sie tragen aber zu den ästhetischen Vorzügen eines Werkes nicht im geringsten bei. Die Neuheit des Themas ist „bei weitem nicht das Vornehmste, was wir von dem Maler verlangen“[4]). Und vom Dichter erwarten wir nicht, daß er unsere Begriffe aufklärt oder uns in unseren Überzeugungen bestärkt, sondern nur, daß er uns angenehm unterhält und an seinem Enthusiasmus teilhaben läßt. „Muß uns denn alles etwas zu denken geben?“[5])

In solchen Aussagen ist Lessings Reaktion gegen den Barock, welcher Wahrheit und sittliche Wirksamkeit im Kunstwerk forderte, aufs neue zu spüren. Es nimmt daher nicht wunder, wenn er gewisse charakteristische Anschauungen der Renaissance wieder aufnimmt, z. B. die Theorie der Erfindung. Da die wahre Originalität sich nicht im „Vorwurf“, sondern in der Ausführung offenbart, ist es nicht tadelnswerter, das Thema einem anderen Künstler zu entnehmen, als es aus Tradi-

---

[2]) *Laokoon*, Kap. XI.

[3]) Schon dadurch wird im Gegensatz zu Winckelmann die Allegorie aus der Malerei verbannt. Entscheidend ist der erste Eindruck, der allerdings vertieft zu werden verlangt, die eigentliche Bedeutung des Werkes aber nicht verraten darf. Der „Schein“ darf kein bloßes „Zeichen“ sein, dessen Sinn erst nachträglich durch die Reflexion zu ergründen wäre, sondern er muß dem wahren Inhalt entsprechen.

[4]) *Laokoon*, Kap. XI.

[5]) 51. *Literaturbrief*.

tion und Natur zu schöpfen. Übernimmt man aber nicht oder nicht nur den Stoff, sondern die Ausdrucksmittel, die ästhetischen Modalitäten des Themas, so macht man sich des Plagiats schuldig. Es ist also zulässig, einen Stoff zu entlehnen; es ist verboten, eine Form nachzuahmen. Ein besseres Zeugnis für den Primat der Form kann es kaum geben.

Die Frage der Nachahmung stellt sich für Lessing besonders anläßlich der Übertragung eines Themas aus einer Kunst in eine andere. Inwieweit dürfen Dichtung und Malerei einander nachahmen? Insofern sie den Stoff und nicht die Art und Weise der Darstellung voneinander übernehmen. Sonst legen Dichter und Maler eine völlige Unkenntnis des Wesens der Kunst an den Tag. Die Entlehnung eines Themas ist „ein Teil der allgemeinen Nachahmung, welche das Wesen der Kunst ausmacht". Man kann ein Thema übernehmen und trotzdem ein originales, ja sogar geniales Werk schaffen. Das entlehnte Thema verlangt aber, nach den eigenen Gesetzen der jeweiligen Kunst behandelt zu werden. Die Malerei darf sich daher die Einschränkungen und die Modalitäten, denen der Dichter unterworfen ist, nicht aufzwingen lassen. Sie muß den poetischen in einen malerischen Ausdruck verwandeln. Diese Notwendigkeit haben die Urheber der Laokoongruppe verstanden, wenn sie, wie Lessing fälschlich annimmt, Vergils Text zum Muster gehabt haben. Um den Erfordernissen ihrer Kunst zu genügen, haben sie das Thema erheblich abgeändert und sich dadurch als ebenso groß und ursprünglich wie Vergil selbst erwiesen[6]).

Form geht vor Inhalt. Alles, was diesen Primat beeinträchtigt, jeder Stoff, der die freie Entfaltung der Form hindert, ist im Prinzip unästhetisch und verringert den Wert des Werkes. So ist die Porträtmalerei eine Kunst zweiten Ranges, die übrigens von den Griechen nicht besonders hochgeschätzt wurde. Wenn sie auch ein gewisses Ideal, eine gewisse Freiheit der Form zuläßt, so ist ihr Hauptzweck doch die Ähnlichkeit. Ein Porträt kann das Ideal eines Menschen sein, nicht des Menschen überhaupt. Nun erstrebt die Kunst nichts Geringeres als diese absolute Allgemeinheit. Weil sie von dem Begriff des Ideals in der Kunst durchdrungen waren, befahlen die Thebaner die Nachahmung ins Schönere und verboten die Karikatur. Diese Nachahmung ins Schönere ist die „wahre Sphäre" des Künstlers: bei den Alten war die Schönheit „das höchste Gesetz der bildenden Künste". Alles übrige mußte vor ihr zurücktreten[7]).

---

[6]) Vgl. *Laokoon*, Kap. VII; 1. und 5. *Brief antiquarischen Inhalts.*
[7]) *Laokoon*, Kap. II.

Die Form unterwirft sich das ganze Gebiet des Stoffes, des Ausdrucks. Kultische Bilder, in denen die Bedeutung die Hauptrolle spielt, verdienen es nicht, als Kunstwerke angesehen zu werden. In allen Künsten besteht das Zeichen vor dem Bezeichneten. Da nun eine Übereinstimmung zwischen beiden notwendig ist, muß das Bezeichnete (der Stoff) die Bestimmungen des Zeichens (der Form) erfahren. Der Ausdruck im Lessingschen Sinn wird nur zugelassen, sofern er mit der Schönheit vereinbar ist.

Die Form bedingt also Wahl und Ausführung des Stoffes; sie zügelt den Ausdruck und fordert eine Anpassung des Themas an ihre Eigenart. In seinem *Opfer Iphigeniens* hat Timanthes das Gesicht Agamemnons verschleiert. Aus welchem Grund? Nichts ist leichter, als das äußerste Leiden auszudrücken. Timanthes aber „kannte die Grenzen, welche die Grazien seiner Kunst setzen". Da es nicht möglich war, die Heftigkeit des Schmerzes zu mildern, mußte er sie erraten lassen; er hat den Ausdruck zugunsten der Schönheit geopfert, welche durch die Darstellung des äußersten Leidens zerstört worden wäre. Ähnlichen Gesetzen haben sich die Urheber der Laokoongruppe unterworfen, indem sie den Ausdruck des Schmerzes herabsetzten. Die gewaltsame Verzerrung der Gesichtszüge hätte ein häßliches Schauspiel geboten. Die Schönheit hat den Bildhauern Maß und Zurückhaltung diktiert und sie dazu bewogen, die ursprüngliche Idee des Themas, das traditionelle und bekannte Bild des Gegenstandes zu wandeln. Eben deswegen verunzieren Wut und Verzweiflung kein Werk der griechischen Bildhauerkunst: die Furien fehlen durchweg in den Darstellungen des klassischen Altertums. Wenn man von der Dichtung zu den bildenden Künsten übergeht, wird die Wut zum Ernst und die Verzweiflung zur Trauer. Ein Beweis dafür sind die Gestalten von Herkules und Philoktet: nie verleiht ihnen der Bildhauer das übersteigerte Leiden, das der Dichter ihnen aufbürdet. Schon R. de Piles hatte bemerkt — und Lessing pflichtet ihm bei —, daß gewisse Modalitäten des Stoffes manchmal der Schönheit geopfert werden müssen, sobald sie mit ihr in Konflikt treten.

Ähnlich wird das Thema eines Musikwerkes durch die spezifische musikalische Form bestimmt. Jeder plötzliche Wechsel des Gefühls und der Stimmung ist daraus verbannt, weil er nicht genügend motiviert werden kann[8]. Die Einheit des Themas ist also ein Gesetz der musikalischen Form.

---

[8] *Hamburgische Dramaturgie*, 27. Stück.

Die Bestimmungen der Form sind nicht als Hemmungen und Einschränkungen zu verstehen, mit denen sich der Künstler mühselig abfinden müßte. Im Gegenteil, sie weisen ihm den Weg zu größeren Schönheiten und stärkeren Wirkungen. Daran erkennt man gerade den echten Künstler, daß er instinktiv in Übereinstimmung mit den Erfordernissen der Form schafft. Richtig aufgefaßte Gesetze können einem Werke nur zuträglich sein; dagegen führen falsch verstandene und oberflächlich angewendete Regeln zu ästhetischen Irrtümern. Das gilt u. a. für die französische Tragödie.

Die Form, welche den Inhalt bestimmt, ist die spezifische, wesentliche Gestalt einer Gattung, und jede andere Formwirkung, z. B. die „überstandene Schwierigkeit", kann nur einen „sehr elenden Wert" haben[9]. Gleichgültig ist es, ob eine Tragödie die drei Einheiten peinlich beachtet oder nicht, ob sie in Versen oder in Prosa abgefaßt ist. Es ist belanglos, ob ein Material härter ist als ein anderes; das Bewußtsein dieser Härte und der damit verbundenen größeren Hindernisse trägt zur Schönheit des Werkes nichts bei. Den Alten „kam es nie ein, sich mutwillig Schwierigkeiten zu schaffen, um sie überwinden zu können"[10].

Der Primat der Form ist nur eine erste Stufe in Lessings Denken. Nicht kraft eines absoluten Prinzips oder einer allmächtigen Konvention drängt die Form ihre Bestimmungen auf, sondern weil sie selbst ein Werkzeug in den Händen der Kunst, ein Mittel zu deren Zweck ist. Die Formel für diesen Gedanken findet man ungefähr fünfundzwanzig Jahre später in Schillers Versuch über die tragische Kunst: „Der letzte Grund, auf den sich alle Regeln für eine bestimmte Dichtungsart beziehen, heißt der Zweck dieser Dichtungsart. Die Verbindung der Mittel, wodurch eine Dichtungsart ihren Zweck erreicht, heißt ihre Form. Zweck und Form stehen also miteinander in dem genauesten Verhältnis. Diese wird durch jenen bestimmt und als notwendig vorgeschrieben, und der erfüllte Zweck wird das Resultat der glücklich beobachteten Form sein." Diese Gedanken werden von Lessing nicht so deutlich ausgedrückt. Sie ergeben sich aber aus den verschiedenen Aspekten und Phasen seiner Theorie. Die Form ist nur ein Mittel zur Verwirklichung der spezifischen Wirkung jeder Kunst. Die Schönheit der Gestalt wird vom Zweck der Bildhauerei, die dramatische Vorstellung vom Zweck der Tragödie verlangt. Lessings Formbegriff ist funktionell und zweckbedingt.

---

[9]) Ebd., 19. Stück.
[10]) 21. *Brief antiquarischen Inhalts.*

Die Illusion

Die Form bestimmt den Inhalt und wird selbst durch die zu erzielende Wirkung determiniert. Dieser Grundsatz, den Lessing für alle Künste gelten läßt, ist ein erstes einheitliches Moment. Wegen der strengen Spezifizität von Wirkung, Form und Stoff drohte die Kunst auseinanderzufallen, und es war zu befürchten, daß es so viel Theorien geben würde, wie es Künste und sogar Gattungen gibt.

Ein zweites Einheitsmoment ist die Illusion. Das Wort will aber richtig verstanden sein. Die Quelle des Vergnügens ist in allen Künsten identisch. Zwar herrschen gewisse Regeln in der Malerei, d. h. in den bildenden Künsten, andere in der Dichtung, d. h. in den sukzessiven Künsten, vor; Dichtung und Malerei erzielen jedoch ähnliche Wirkungen: sie „stellen uns abwesende Dinge als gegenwärtig, den Schein als Wirklichkeit vor; beide täuschen, und beider Täuschung gefällt"[11]). Die Illusion im Lessingschen Sinn entsteht nicht aus der Ähnlichkeit oder der Verwechslung des Themas mit der Wirklichkeit, aus der Identität des Musters mit seiner künstlerischen Replik, d. h. aus einem wenn auch nur unausgesprochenen und unbewußten Vergleich; sie ist der Glaube an die Wirklichkeit dessen, was man im Kunstwerk sieht. Auf Grund eines irrationalen psychischen Erlebnisses nimmt der Betrachter das künstlerische Phänomen als wirklich an und reagiert darauf wie auf eine Begebenheit des praktischen Lebens; er hat nicht das Gefühl, vor etwas Künstlichem zu stehen. Das Kunstwerk erreicht nur dann seinen Zweck, wenn Technik und Kunstfertigkeit unbemerkt bleiben. Dem wahren Dichter gelingt es, „Ideen, die er in uns erwecket, so lebhaft zu machen, daß wir in der Geschwindigkeit die wahren sinnlichen Eindrücke ihrer Gegenstände zu empfinden glauben und in diesem Augenblick der Täuschung uns der Mittel, die er dazu anwendet, seiner Worte, bewußt zu sein aufhören"[12]).

Die künstlerische Wirkung eines Werkes ist verfehlt, wenn wir an der Handlung nicht teilnehmen und nicht das Gefühl haben, daß sie wirklich und gegenwärtig sei. In der ästhetischen Erfahrung treten die Fragen des Stils, des Autors, der Form zurück, um der Illusion Platz zu machen. Gewiß kann die Reflexion auf diese Probleme eingehen; sie wird es aber besonders dann tun, wenn das Werk nicht vollkommen ist und etwas darin die Illusion hindert oder aufhebt. Das wahre Meisterwerk läßt uns seinen Urheber vergessen, es erscheint wie eine Naturschöpfung. Wenn wir über Homer und sein Leben so wenig wissen, so

---

[11]) *Laokoon*, Vorrede.
[12]) *Laokoon*, Kap. XVII.

rührt es nicht zuletzt von der Vortrefflichkeit seiner Kunst her. „Wir stehen voller Erstaunen an dem breiten rauschenden Flusse, ohne an seine Quelle im Gebirge zu denken." Das vollkommene Werk erfüllt uns mit sich selbst und befriedigt unsere Erwartungen vollauf. „Die Täuschung muß sehr schwach sein, man muß wenig Natur, aber desto mehr Künstelei empfinden, wenn man so neugierig nach dem Künstler ist[13])."

Nur dem Meisterwerk gelingt das Wunder, den Betrachter unablässig zu täuschen, ihm den Eindruck zu geben, daß er den dargestellten Ereignissen wirklich beiwohne. Die Kunst erstrebt keine andere „Wahrheit" als diese Illusion. Sobald sie sich zu unterrichten vornimmt und die Aufmerksamkeit auf die moralische, philosophische, wissenschaftliche Bedeutung ihrer Bilder zu lenken versucht, fällt sie aus ihrer Funktion heraus. Der didaktische Dichter ist ein falscher Dichter; die religiöse Kunst ist eigentlich keine Kunst, weil sie dem Sinn ihrer Vorstellungen den Vorrang gewährt. Dies erinnert an Baumgartens Unterscheidung zwischen den deutlichen Vorstellungen, welche Gegenstand der Vernunft, der Philosophie und der didaktischen Poesie sind, und den verworrenen, welche den Gegenstand der Kunst darstellen. Durch seinen Begriff der Illusion geht Lessing aber in der Deutung des künstlerischen Phänomens weiter als Baumgarten. Die Täuschung setzt zwei Bedingungen voraus. Erstens muß jede Unnatürlichkeit vermieden werden, was nur dann möglich ist, wenn die gebrauchten Mittel dem erstrebten Zweck angemessen sind, wenn ein „bequemes Verhältnis" zwischen Darstellungsmitteln und dargestellten Gegenständen besteht. Da die Beschreibung mit dem Sukzessiven der Sprache unvereinbar ist, tut der Dichter gut daran, sie zu meiden; er soll vielmehr Handlungen darstellen, weil diese mit dem Nacheinander besser harmonieren und jede illusionzerstörende Dissonanz aus dem Wege räumen. Zweitens darf die Kunst nicht unserer täglichen Erfahrung offenbar widersprechen. Freilich läßt uns das Genie ungefähr alles glauben, was es für gut hält, aber ein gewisser Grad an Konvention und hergebrachter Denkweise fördert die Illusion[14]).

Die durch den Zweck der Kunst bedingte Täuschung wirft notwendigerweise die Frage nach der Wahrheit auf. Können nämlich Erdichtungen, freie Vorstellungen der Phantasie die Illusion der Wirklichkeit schaffen? Lessing erwähnt zwei Arten der Wahrheit: die historische und die psychologische. Erstere ist überflüssig und auf jeden Fall unzureichend; letztere ist unbedingt erforderlich.

[13]) *Hamb. Dram.*, 36. Stück.
[14]) Vgl. *Hamb. Dram.*, 11. Stück.

Eine Tragödie ist kein dialogisiertes Geschichtskapitel. Selbstverständlich darf der Dichter zur Veranschaulichung eines Themas historische Gegebenheiten benutzen. Das kann ihm aber ebensowenig als Verdienst wie das Gegenteil als Fehler angerechnet werden. Jeder historische Maßstab ist zur Beurteilung eines Kunstwerkes unangemessen. Daß, wie Voltaire nachgewiesen haben will, Elisabeth von England achtundsechzig Jahre alt gewesen sein soll, als sie sich in den Grafen von Essex verliebte, wäre eine Tatsache, die vielleicht in ein Handbuch der Weltgeschichte gehört, die aber mit der Wertung einer Tragödie nichts zu tun hat. Es kann sogar vorkommen, daß ein wahrer historischer Zug der Täuschung Abbruch tut[15]). Nicht Wirklichkeit, sondern Wahrscheinlichkeit fordert die Illusion.

Dem Dichter ist die Geschichte ein bloßes Verzeichnis von Namen und Tatsachen. Er berücksichtigt sie nur, insofern sie einer gut erdichteten Fabel ähnlich sieht und seinen Absichten besser entspricht als eine frei erfundene Fiktion. Es wird ihm nicht zugemutet, durch Gelehrsamkeit zu glänzen. Sein Zweck übertrifft an Allgemeinheit den des Historikers. Schon Aristoteles hatte eine ähnliche Meinung vertreten, als er sagte, die Tragödie sei philosophischer als die Geschichte. Auf der Bühne wollen wir nicht erfahren, was dieses oder jenes Individuum wirklich getan hat, sondern wie sich jeder Mensch von bestimmtem Charakter in den gegebenen Umständen verhalten würde. Dies ist eine neue Bekräftigung der Allgemeinheit der Kunst. Was an der Person der verliebten, eifersüchtigen und rachsüchtigen Elisabeth interessiert, ist nicht, ob sie tatsächlich so gehandelt hat, sondern ob die vom Dramatiker geschaffene Gestalt auf konsequente und wahrscheinliche Weise vor unseren Augen agiert. Zwar könnte ihr schwerlich ein mit ihrer historischen Persönlichkeit in krassem Widerspruch stehender Charakter verliehen werden; unser Gedächtnis und unsere Gewohnheit würden sich dagegen sträuben und die Illusion darunter leiden. In solchem Falle wäre es besser, den Namen zu erdichten; denn wesentlich ist doch nur der Charakter und dessen Wahrscheinlichkeit[16]). „Der Dichter ist Herr über die Geschichte": er darf die Ereignisse abändern, zusammensetzen, einander näher- und auseinanderrücken, so oft er es für zweckmäßig hält[17]). Bildhauer und Maler haben dieselben Rechte wie er: sie entfernen sich von der historischen Wahrheit, sobald dies dem

[15]) Vgl. 63. *Literaturbrief.*

[16]) „Die Charaktere müssen dem Dichter weit heiliger sein als die Fakta", *Hamb. Dram.*, 33. Stück.

[17]) 63. *Literaturbrief.*

Zweck ihrer Kunst dienlich sein kann[18]). Freilich soll das nicht aus reiner Willkür geschehen: freie Erdichtungen sind nur dann willkommen, wenn sie dem Thema zu größerer Wahrscheinlichkeit verhelfen. An sich haben sie nichts Ästhetisches. „Nicht das bloße Erdichten, sondern das zweckmäßige Erdichten beweist einen schöpferischen Geist"[19]).

Die Wahrscheinlichkeit setzt eine absolute psychologische Wahrheit und eine strikte Motivierung voraus. „Nichts ist anstößiger als wovon wir uns keine Ursache geben können." Die ausgedrückten Gefühle müssen mit dem Charakter des Helden übereinstimmen. Sie müssen poetisch wahr sein, d. h. den Eindruck erwecken, daß ein gegebener Charakter in gegebenen Umständen unter der Herrschaft einer gegebenen Leidenschaft nicht anders hätte handeln und denken können. Die historische Wahrheit ist also an sich unzureichend, sie muß in ein zusammenhängendes und strikt motiviertes Ganzes eingeflochten sein[20]).

Ebensowenig ist die Echtheit der persönlichen Erlebnisse des Dichters von Belang. Nur die erbärmlichen Gelegenheitsdichter, sagt Lessing, nehmen eigene Erlebnisse zum Thema ihrer Werke; die andern wissen, daß sie alles — auch sich selbst — zu verschönern haben. Je größer der Dichter, um so größer der Abstand zwischen seinen Gedichten und seinem Leben[21]).

Die ästhetische Wahrheit ist allgemein und allgemeingültig. In dieser Beziehung teilt Lessing die Ansicht des englischen Platonikers Hurd, wonach die Wahrheit in der Dichtung eine mit der universalen Natur der Dinge übereinstimmende Darstellung bedeute. Dagegen ist eine Darstellung Irrtum, die vielleicht zu einem besonderen Fall, nicht aber zu der allgemeinen Natur paßt. Es mag also vorkommen, daß, wie Boileau schon ausgeführt hatte, die Wirklichkeit künstlerisch falsch ist und daß der Dichter, indem er sich von der individuellen und besonderen Wahrheit entfernt, desto getreuer die allgemeine Wahrheit ausdrückt[22]). Weil Corneille gegen diese allgemeine Wahrheit verstößt, kann er nach Lessing nicht als groß gelten: „Den Ungeheuren, den Gigantischen hätte man ihn nennen sollen, nicht aber den Großen. Denn nichts ist groß, was nicht wahr ist"[23]).

Jeder Widerspruch zu der psychologischen Wahrheit hebt die ästhetische Illusion auf und zerstört dadurch die Wirkung. Wahrscheinlich-

---

[18]) 38. *Brief antiquarischen Inhalts.*
[19]) *Hamb. Dram.,* 32. Stück.
[20]) Vgl. *Hamb. Dram.,* 2. und 79. Stück.
[21]) Vgl. *Rettungen des Horaz.*
[22]) Vgl. *Hamb. Dram.,* 94. Stück.
[23]) *Hamb. Dram.,* 30. Stück.

keit und Natürlichkeit unterscheiden das Genie vom Stümper. Dieser schwelgt im „Romanenhaften", Wunderbaren und Komplizierten im Gegensatz zum Genie, das sich durch eine zwingende Motivierung und die Einheit der Charaktere auszeichnet. Jede Entscheidung, jede Modifikation, jedes Verhalten muß begründet sein und notwendig anmuten. Wunder sind aus der Kunst ausgeschlossen. Alles muß sich natürlich und zwingend aus den Voraussetzungen ergeben. Die Verknüpfung der inneren und äußeren Ereignisse muß sichtbar und offenbar sein. Das Genie wählt ohnehin nur solche Themen, die eine natürliche Entwicklung aufweisen, deren Züge eine Kette von Ursachen und Wirkungen bilden. Es schaltet so oft wie nur möglich den Zufall aus und versucht den Eindruck zu erwecken, daß alles, was geschieht, unabweislich in der dargestellten Weise geschehen mußte. Dagegen kümmert sich der „Witz", das „Talent" keineswegs um die Verknüpfung der Episoden; er sucht nur aufzufallen und zu überraschen.

So ist für Lessing die Welt des Genies nicht mehr wie für Bodmer und Breitinger das Wunderbare, sondern in Anlehnung an Baumgarten das Notwendige. Lessings Grundsätze lassen sich an einem Beispiel veranschaulichen: Die Geschichte bietet die kaum wahrscheinliche, unmenschlich grausame Tatsache eines Mordes, den eine Frau an ihrem Mann und ihren Kindern verübt hat. Was macht das Genie daraus? Die Unwahrscheinlichkeit des Themas muß es stören. Es wird sich bemühen, Situationen und Entwicklungen zu erdichten, die den Mord als zwingend notwendige Folge haben müssen, so daß jeder Zuschauer zugestehen wird, daß auch er in ähnlichen Umständen und unter dem Einfluß derselben Leidenschaft nicht anders gehandelt hätte. Was macht der Stümper? Er wird in der Unwahrscheinlichkeit des Themas das Merkmal des Wunderbaren erblicken und sich hüten, ihr zu steuern. Im Gegenteil, er wird die unerwartetsten und seltsamsten Ereignisse anhäufen, die ungewöhnlichsten Unglücksfälle und Greuel erdichten und diese Tatsachen, so gut es geht, in einen „fein schwer zu fassenden Roman zusammenkneten"[24]). Daraus erklärt sich, daß derselbe Charakter, dieselbe Episode, je nach den Werken, in denen sie erscheinen, gefallen oder mißfallen, ja daß sie in gewissen Fällen möglich und in anderen unmöglich wirken. Es darf keine Mühe erspart bleiben, damit alles natürlich und notwendig aussieht und jede Inkonsequenz im Charakter vermieden wird. „Nichts muß sich in den Charakteren widersprechen; sie müssen immer einförmig, immer sich selbst ähnlich bleiben; sie dürfen sich itzt stärker, itzt schwächer äußern, nachdem die Umstände auf sie wirken, aber keine von diesen Umständen müssen

---

[24]) *Hamb. Dram.*, 32. Stück.

mächtig genug sein können, sie von schwarz auf weiß zu ändern. Ein Türk' und Despot muß, auch wenn er verliebt ist, noch Türk' und Despot sein"[25]). Jede „Mißhelligkeit" ist fehlerhaft; innerlich widerspruchsvolle Charaktere können nie zum Gegenstand der poetischen Nachahmung werden, auch wenn sie im wirklichen Leben tatsächlich vorkommen, es sei denn, daß man gerade ihre inneren Widersprüche zum Thema nimmt, um deren Lächerlichkeit oder unglückliche Folgen aufzuzeigen.

Mit diesen Grundsätzen bezieht Lessing keine extreme Stellung, sondern bleibt auf einem Mittelweg: wie Winckelmann reagiert er heftig gegen Barock und Rokoko, zugleich lehnt er aber jeden Formalismus radikal ab. Er empört sich gegen das Verwickelte, Romanhafte, Wunderbare, Übertriebene, Gesuchte, Künstliche, Pedantische und Affektierte des Barock. Er verwirft alles, was flach, kalt, schal, verworren, rätselhaft, schnöde, ekelhaft, eintönig, schwülstig und grob ist. Dem setzt er das Natürliche, Wahre, Menschliche entgegen. Er mahnt zur Klarheit, zum Maß, zur Verständlichkeit, zur Übereinstimmung, die er als „die ersten, wesentlichsten Regeln" ansieht[26]). Er bricht jedoch eine Lanze für die Werte des Inhalts, so oft sie von einem oberflächlichen Formalismus und von willkürlichen Regeln bedroht werden. Ihm ist Lebendigkeit lieber als schaler Anstand, Menschlichkeit besser als „Lebensart", Unregelmäßigkeit willkommener als Frostigkeit. Keine Wirkung ist ohne Interesse möglich; nun kann ein Werk nur dann interessieren, wenn es wahr ist, d. h. gleich entfernt von der barocken Übertreibung und Formlosigkeit und von der übermäßigen Bemühung um eine starre und leblose Form.

Diese Anschauungen setzen eine Lösung des Problems der Naturnachahmung voraus. Nachahmung als treue Wiedergabe der Wirklichkeit würde jedes plan-, zusammenhang- und vernunftlose Ungeheuer rechtfertigen. Wildheit stünde dann über menschlicher Arbeit, und das Ergebnis wäre nach Benno von Wieses Ausdruck naturalistische Barbarei[27]). Anderseits droht die Nachahmung als Sichtung und Auswahl der schönen Natur zum Unnatürlichen des Rokoko zu führen. Die Verhältnisse zwischen Kunst und Natur sieht Lessing unter einem anderen Gesichtswinkel, der an Mendelssohn erinnert. Nur ein unendlicher Geist könnte die Natur in ihrer endlosen Mannigfaltigkeit, im Durcheinander und in der Verwicklung ihrer Erscheinungen erkennen. Um sie zu genießen, müssen wir, endliche Geister, ihr Grenzen setzen, die sie

---

[25]) *Hamb. Dram.*, 34. Stück.

[26]) *Hamb. Dram.*, 24. Stück.

[27]) *Lessing*, S. 106 ff.

nicht hat, und unsere Aufmerksamkeit auf eine beschränkte Anzahl ihrer Erscheinungsformen lenken. Jederzeit ist uns solche Verengung der Perspektive eine Lebensnotwendigkeit; sonst stünden wir unablässig unter der Herrschaft des gegenwärtigen Eindrucks und somit in einer endlosen Verwirrung. „Die Bestimmung der Kunst ist, uns in dem Reiche des Schönen dieser Absonderung zu überheben, uns die Fixierung unserer Aufmerksamkeit zu erleichtern"[28]. Der Künstler stellt uns eine vom Unerwünschten und Überflüssigen befreite Welt vor, in der nichts von seinem Zweck ablenkt und sich alles in ursächlicher Verknüpfung abwickelt. Davon auch nur den geringsten Teil abzusondern, soll nicht möglich sein. Die Kunst entwirrt die Wirklichkeit, bringt Ordnung in die Erscheinungen und bietet eine gereinigte Natur dar. Mendelssohns Definition der Schönheit beruhte auf demselben Schluß.

Naturnachahmung bedeutet aber ganz besonders Natürlichkeit, und in diesem Sinne ist sie ein unbedingtes Gesetz der Kunst. Ein einziger unnatürlicher Zug kann ein Werk zum Scheitern bringen, ähnlich wie ein häßlicher Zug in der Bildhauerkunst und ein psychologischer Fehler auf der Bühne. So tötet z. B. Corneilles Kleopatra ihren Gemahl nicht aus Eifersucht, was vielleicht gemein, aber natürlich und wahr wäre; sie handelt aus Stolz und Ehrgeiz, was erhabener, jedoch bei einer Frau viel unnatürlicher anmutet. Diese Unnatürlichkeit macht Kleopatra zur Ausnahme, zum Ungeheuer, zu einem für die Bühne ungeeigneten Wesen, zum ästhetischen Irrtum. So vereitelt auch der allzu zweckmäßig berechnete Zufall, wie in Voltaires *Mérope,* jede echte Wirkung. Ein scheinbar improvisierter, wenn auch durch Stil- und Sprachnachlässigkeiten verunstalteter Dialog ist der französischen Vornehmheit vorzuziehen. „Wenn Pomp und Etikette aus Menschen Maschinen macht, so ist es das Werk des Dichters, aus diesen Maschinen wieder Menschen zu machen. Die wahren Königinnen mögen so gesucht und affektiert sprechen, als sie wollen; seine Königinnen müssen natürlich sprechen"[29]. Der Gottschedin, die in einem französischen Drama das Wort „mère" durch Frau Mutter und „mon père" durch Gnädiger Herr Vater übersetzte, entgegnete Lessing, an Stelle dieses Vaters hätte er sein Kind „ebenso gern gar nicht wiedergefunden als mit dieser Anrede". „Ich habe mich mehr vor dem Schwülstigen gehütet als vor dem Platten." Schlimmstenfalls ist ein häßlicher und abgeschmackter Charakter, worin die grobe und primitive Natur herrscht, immer noch annehmlicher, als einer, der in Widerspruch mit aller Natur steht. Auf Grund dieser Alter-

[28]) *Hamb. Dram.,* 70. Stück.
[29]) *Hamb. Dram.,* 59. Stück; vgl. auch 30. und 43. Stück.

native wird Lessing gewisse Schöpfungen des Barock nicht rundweg ablehnen[30]).

Sitten und Gepflogenheiten sollen sich im Leben und in der Kunst entsprechen: dramatische Dialoge sollen natürlich anmuten, Kostüme dürfen nicht durch ihre Fremdheit auffallen, und „wenn die Ohrfeigen in der Welt im Gange sind, warum nicht auch auf dem Theater?" Falsch angebrachte Feierlichkeiten und unnatürliche Übertreibungen sollen verbannt sein; der freie Vers ist der Natur näher und daher besser als der klassische; die spanische Natürlichkeit ist trotz ihrer gelegentlichen Ausschweifungen immerhin besser als die mechanische Regelmäßigkeit und die „korrekte Manier" der Franzosen[31]). Auch in der Sprache fordert Lessing Natürlichkeit. Er tadelt Wielands übertriebenen Gebrauch von Fremdwörtern. Diese mögen hingehen, sagt er, wenn sie mehr bedeuten als die entsprechenden deutschen Ausdrücke oder wenn letztere fehlen. Die Mundarten bieten jedoch Möglichkeiten, die ausgenützt werden sollten. Schon vor Herder betont Lessing die literarische Legitimität der Umgangssprache und macht seine Zeitgenossen auf den Wert der Volksdichtung aufmerksam. Er bewundert ihre reizende Naivität und lebhafte Empfindung[32]).

Mit dem Problem der Wahrheit und der Natürlichkeit ist die Frage nach der Relativität des Geschmacks verbunden. Die Schönheit ist eine von Gott gewollte Grundeigenschaft der Welt. Kunst und Religion der Antike waren auf dieser Überzeugung aufgebaut: Freude, Helle, Heiterkeit kommen darin immer wieder zum Ausdruck[33]). Ob solche Deutung einem Überbleibsel des Leibnizischen Optimismus, einem Postulat der Aufklärung oder der Einfühlung in ein winckelmannisch rekonstruiertes Altertum zuzuschreiben ist, mag dahingestellt bleiben. Lessing kümmerte sich nicht sehr um die philosophische Untergründung seiner Anschauungen. Die konkrete Verwirklichung dieser allgemeinen Schönheit im Kunstwerk erfolgt aber, wie schon dargestellt, innerhalb der Bestimmungen der spezifischen Form und auch unter Berücksichtigung des jeweiligen Geschmacks. Zu der erforderlichen Harmonie zwischen Stoff und Form muß der Einklang zwischen der Kunst und dem Geschmack des Volkes, an welches die Kunst sich richtet und aus dem sie entspringt, hinzukommen. Nur wenige außerordentliche Meisterwerke sind übernational und überleben das Volk, das sie geschaffen hat. Diderots

---

[30]) *Hamb. Dram.*, 20. und 59. Stück.
[31]) *Hamb. Dram.*, 16., 42., 56., 62. Stück.
[32]) Vgl. 14. und 33. *Literaturbrief.*
[33]) Vgl. u. a. *Wie die Alten den Tod gebildet.*

Familienvater z. B. erscheint Lessing als weder französisch, noch deutsch, sondern einfach menschlich[34]).

Die Harmonie des Werkes mit dem Nationalgeschmack ist besonders vonnöten in den Gattungen, welche die Wirklichkeit wiedergeben wollen, vor allem in der Komödie. Eine gute dänische Komödie ist nicht notwendigerweise zugleich ein gutes deutsches Lustspiel[35]). Die beste Übersetzung erzielt nicht immer dieselbe Wirkung wie das Original: der ganze Inhalt kann mißverstanden werden und dazu beitragen, ein übersetztes Werk zum Scheitern zu bringen. Auch in der Form spielt die nationale Relativität eine Rolle: schon durch seine Form ist das englische Drama dem deutschen Geschmack näher als das französische und Gottschedische. „Gottsched wollte nicht sowohl unser altes Theater verbessern als der Schöpfer eines ganz neuen sein. Und was für eines neuen? Eines französierenden, ohne zu untersuchen, ob dieses französierende Theater der deutschen Denkungsart angemessen sei oder nicht. Er hätte aus unseren eigenen dramatischen Stücken, welche er vertrieb, hinlänglich abmerken können, daß wir mehr in den Geschmack der Engländer als der Franzosen einschlagen, daß wir in unseren Trauerspielen mehr sehen und denken wollen, als uns das furchtsame französische Trauerspiel zu sehen und zu denken gibt, daß das Große, das Schreckliche, das Melancholische besser auf uns wirkt als das Artige, das Zärtliche, das Verliebte, daß die zu große Einfalt mehr ermüdet als die zu große Verwicklung, usw. Er hätte also auf dieser Spur bleiben sollen, und sie würde ihn geradenwegs auf das englische Theater geführet haben"[36]).

Das Mitleid

Nach Lessing wird also der Stoff von der Form und die Form selbst von der Illusion bestimmt. Letztere ist aber auch nur eine Etappe auf dem Weg zum Endzweck der Kunst, dem „Mitleid". Was Lessing darunter versteht, ist nicht sehr einfach herauszufinden und läßt sich nicht ohne einen Überblick über sein gesamtes Werk deutlich formulieren. Der kritische Wortschatz der Zeit bot ihm keine ganz angemessenen Begriffe für seine Gedanken. Deshalb ist seine Theorie in ihren kühnsten und ursprünglichsten Vorstößen weniger eindeutig und faßbar. Lessing hat sich um eine endgültige und klare ästhetische Terminologie nicht gekümmert; die Art und Weise, wie er die meisten seiner kritischen Werke abfaßte, hat es ihm nicht vergönnt, sich derartigen Spekulationen

---

[34]) Vorrede zum *Theater des Herrn Diderot*.
[35]) *Hamb. Dram.*, 53. Stück.
[36]) 17. *Literaturbrief*.

hinzugeben. Überdies begünstigte die polemische Stellung, die er in vielen Fragen einnahm, solche Bemühungen nicht. Daraus erklärt sich, daß weit auseinandergehende Deutungen des Mitleidbegriffs vorgeschlagen werden konnten.

Die von Lessing gebrauchten Termini sind „Mitleid", „Sympathie", „sympathisieren", „den Schmerz mitteilen", „gleichmäßige Leidenschaften" erwecken, „identische Gefühle" hervorrufen, usw. Ohne Illusion können wir nicht „sympathisieren"; und wenn wir nicht sympathisieren können, ist die ganze Mühe, die sich der Künstler gegeben hat, verloren[37]). Aus diesem Gedankengang geht deutlich hervor, daß die „Sympathie" eine unumstößliche Forderung und unumgängliche Voraussetzung der Kunst ist. Ihr Intensitätsgrad mag je nach den Gattungen verschieden sein; durchaus fehlen darf sie aber nicht. In der Tragödie ist sie größer als etwa im Lustspiel, und ihre stärkere Intensität fordert eine um so vollständigere Illusion: wir müssen aufhören, uns der eigenen Wirklichkeit bewußt zu sein, um uns mit den Helden, ihren Befürchtungen, Leiden, Affekten, Gefühlen ganz zu identifizieren. Vor der Laokoongruppe glaubte Winckelmann das Leiden des trojanischen Priesters beinahe selbst zu empfinden, so meisterhaft war der Schmerz wiedergegeben. Für Lessing ist diese Sympathie, die Winckelmann als einen Ausnahmefall und einen Gipfel hinzustellen scheint, eine unerläßliche Bedingung des ästhetischen Affekts überhaupt. Der Betrachter muß die Illusion haben, daß er den Schmerz selbst fühle, sonst hat die Kunst ihren Zweck verfehlt. Ein wirkliches Mit-Gefühl, eine Sym-Pathie gehört zum Wesen der künstlerischen Wirkung[38]).

Das Wort „Sympathie", das er manchmal gebraucht, um solche Identifizierung zu bezeichnen, hat Lessing von Adam Smith, der den Schmerz, den man selbst zu empfinden glaubt, wenn man einen anderen körperlich leiden sieht, mit diesem Terminus benannte. Die Psychologie der Zeit bot ihm ein weiteres Wort, das er in den meisten Fällen zu gebrauchen pflegt: „Mitleid". Besonders Mendelssohn hatte diesen Begriff analysiert. Er betrachtete das Mitleid, wie oben dargelegt, als eine „vermischte Empfindung", welche aus Liebe zu einer Person und zugleich aus Mißvergnügen beim Anblick ihres Unglücks zusammengesetzt ist. Von dieser Grunddefinition ausgehend, spricht Mendelssohn von drei Arten des Mitleids, die er auf dasselbe Prinzip zurückzuführen versucht. Es ist sehr zweifelhaft, ob er in diesen drei Arten, die er ohnehin nicht immer deutlich unterscheidet, drei verschiedene Affekte erblickt hat.

---

[37]) Vgl. *Hamb. Dram.*, 11. Stück.
[38]) Vgl. *Hamb. Dram.*, 42. Stück; *Laokoon*, Kap. I.

Auch Lessing macht keine Bemerkung, die auf eine strenge Scheidung schließen ließe. Er übernimmt Mendelssohns Erklärungen wörtlich und findet sie „richtig, klar und einleuchtend".

Was sagt nun Mendelssohn? Zuerst erwähnt er das Gefühl, das wir heute schlechthin Mitleid nennen würden. Fraglich bleibt allerdings, ob für das Erwecken dieses Gefühls die Liebe zum Gegenstand unerläßlich ist. Diese Liebe müßte jedenfalls definiert werden. An zweiter Stelle spricht Mendelssohn von einer Kommunion mit den Gefühlen anderer Personen: wir teilen diese Gefühle, sie erwachen wirklich in uns. Wir empfinden in uns selbst Elektras Trauer, wenn wir sie über der Urne ihres Bruders, den sie gestorben glaubt, weinen sehen; wir entsetzen uns mit Oedipus bei der Offenbarung seines furchtbaren Geheimnisses; wir erschrecken mit Monima vor Mithridates' Tod; wir fürchten uns mit der tugendhaften Desdemona vor dem plötzlich drohend gewordenen Othello. In jedem Fall versetzen wir uns an die Stelle der Person und teilen ihre Affekte: Angst, Zorn, Schrecken, Eifersucht, Rachsucht, Neid entstehen in uns durch „Mitleiden" im wörtlichen Sinn. Wir identifizieren uns mit den anderen. An dritter Stelle wendet sich Mendelssohn gegen die Auseinanderhaltung des Mitleids und des für eine vom Unglück bedrohte Person empfundenen Schreckens. Wenn Mérope den Dolch auf ihren eigenen Sohn richtet, fürchten wir für ihn, und diese Furcht ist Mitleid, weil sie auf dem Prinzip beruht, das in der Definition aufgestellt wurde. Wenn wir sie von dem allgemeinen Mitleid unterscheiden wollten, müßten wir ebenfalls alle sonstigen Leidenschaften davon unterscheiden, so meint Mendelssohn. Diese Angleichung ist vielleicht psychologisch berechtigt; es muß aber bemerkt werden, daß, wenn es sich hier noch um Mitleid handelt, ein ganz anderes Gefühl als das an zweiter Stelle beschriebene gemeint ist. Denn wir können für jemand fürchten, ohne daß dieser für sich selbst fürchtet, ohne daß er auch nur weiß, daß er in Gefahr ist. Dieses Gefühl hat ohne Zweifel auch in der Kunst seine volle Daseinsberechtigung; es überschreitet aber den Rahmen der zweiten Bedeutung. Nicht mehr das wirklich empfundene Gefühl des Helden teilen wir dabei; wir können nur deswegen für ihn fürchten, weil wir ihn von außen sehen und über ihn mehr wissen als er selbst. Es wird unten auf diesen Begriff der Furcht eingegangen. Hier soll nur betont werden, daß Lessings Mitleid Mendelssohns zweiter Darlegung entspricht: der Kommunion, der Übertragung der Gefühle[39]).

Das Wort Mitleid erweckt von vornherein einen ausgesprochen moralischen Eindruck. Der Ästhetiker Lessing gebraucht das Wort jedoch

---

[39]) Vgl. Mendelssohn, *Rhapsodie*, I, S. 248 ff.

in einem rein ästhetischen Sinn. Selbstverständlich kennt er es auch in
der sittlichen Bedeutung: er spricht von Achilles' Mitleid mit Penthesilea,
vom Mitleid des Zuschauers mit Don Diego im *Cid*, vom Mitleid mit
einer unglücklichen Mutter und der unruhigen Semiramis[40]). Es handelt
sich dabei aber um etwas ganz anderes als die ästhetische Sympathie,
und Lessing ist sich dessen genau bewußt. Es ist ein Irrtum, zu glauben,
der Begriff des ästhetischen Mitleids wurzle in Lessings Moralismus.
Freilich hat er nicht mit der ganzen wünschenswerten Klarheit alle notwendigen Unterscheidungen ausgedrückt. Offenbar faßt er jedoch das
ästhetische in einer viel engeren und prägnanteren Bedeutung als das
„allgemeine" Mitleid. Diesem fehlt die Affektintensität, die das ästhetische kennzeichnet und die darin besteht, daß der Betrachter für sich
selbst fürchtet[41]).

Die zweite Eigentümlichkeit des ästhetischen Mitleids ist dessen be-
grenztere Ausdehnung. Hieraus geht noch deutlicher hervor, daß es mit
dem Mitleid im gewöhnlichen Sinn nicht verwechselt werden darf. Um
die Milderung des Leidens in der Figur des Laokoon zu erklären, beruft sich Lessing auf Werke der Bildhauerkunst, in denen der schmerzliche Ausdruck ebenfalls herabgesetzt wurde, während er sich in Literar-
erzeugnissen, in denen dasselbe Thema behandelt wird, zügellos entfaltet. Dabei erwähnt er einen Philoktet des Bildhauers Pythagoras
Leontinus, dessen Bestehen er aus Texten des Plinius ermittelt hat, und
setzt ihn Sophokles' Philoktet entgegen. Die Statue, schreibt er, „scheint
dem Betrachter ihren Schmerz mitzuteilen, welche Wirkung der geringste gräßliche Zug verhindert hätte". Im Textzusammenhang ist diese
„Mitteilung des Schmerzes" offensichtlich bloß eine erklärende Um-
schreibung des anderweitig, namentlich in bezug auf den Laokoon gebrauchten Begriffs Mitleid. Lessing fordert seinen Leser auf, sich einen
schreienden Laokoon mit weit offenem Munde vorzustellen: er flößte
Mitleid ein, da er in seiner Gestalt Schönheit und Schmerz vereinigte;
ohne Schönheit erregt er nur noch Mißvergnügen beim Anblick der häßlichen Verzerrung der Züge. Nur die Schönheit kann die Unlust „in das
schöne Gefühl des Mitleids" verwandeln. Ihr Fehlen vereitelt die Affektwirkung: statt an die Wirklichkeit des Themas zu glauben, wendet sich
der Betrachter vom Werke ab[42]).

Ein drittes Merkmal ist, daß das physische Leiden zur Erregung des
ästhetischen Mitleids nicht hinreicht. Im körperlichen Schmerz allein

---

[40]) Vgl. *Laokoon*, Kap. XXIII; *Hamb. Dram.*, 27., 38., 56. Stück.
[41]) Vgl. *Hamb. Dram.*, 37. und 76. Stück.
[42]) *Laokoon*, Kap. II.

kann sich die Einbildungskraft zu wenig Elemente vorstellen, als daß „etwas von einem gleichmäßigen Gefühl" in uns entstehen könnte. Darum hat Sophokles Philoktets Leiden „mit anderen Übeln", vornehmlich psychischer Art, verbunden[43]).

Schließlich hängt die Intensität des ästhetischen Mitleids in der Dichtung nicht von der Heftigkeit des Leidens, sondern von der Stärke des Ausdrucks ab. Ein Held, der stoisch leidet und seinen Schmerz nicht ausdrückt, erregt vielleicht Bewunderung; diese ist aber ein „kalter Affekt", der jede wärmere Leidenschaft ausschließt und der ästhetischen Wirkung entgegengesetzt ist. „Alles Stoische ist untheatralisch"[44]).

Die eben erwähnten Merkmale des ästhetischen Mitleids führen auf eine positive Definition hin. Aus der Notwendigkeit eines stärkeren Affekts und einer schönen Darstellung, aus der Unzulänglichkeit des körperlichen Schmerzes und des echten, aber unausgedrückten Leidens ergibt sich unzweideutig, daß Lessing etwas anderes meint als das moralische Erbarmen. Das sittliche Mitleid bedarf keiner Schönheit; man kann sogar mit der Häßlichkeit Mitleid haben. Der Anblick des physischen Schmerzes erregt es ohne Umweg über die Einbildungskraft. Und der Unglückliche, der in der Stille leidet, rührt uns ebenso stark wie derjenige, dessen Klagen „die Lokrischen Felsen und die Eubäischen Vorgebirge" ertönen lassen.

Die von Lessing hervorgehobenen Eigenschaften passen also nicht zum landläufigen Begriff des Mitleids. Der gemeinte Affekt ist eine rein ästhetische Erfahrung und liegt außerhalb des praktischen Lebens. Lessings Mitleid ist ein kunsttheoretisches Fachwort. Es entsteht durch Vermittlung der Sinnlichkeit (wir haben nur Mitleid mit dem, was wir hören und sehen, und sogar, insoweit wir sehen und hören), der Einbildungskraft (erst durch sie läßt sich der Schmerz eines anderen auf uns übertragen), des ästhetischen Sinnes (Schönheit ist für das Erwachen des Mitleids notwendig). Darüber hinaus hat es einen ausgesprochen affektmäßigen Charakter, und ihm ist jede sittliche Absicht, jede Anwandlung von karitativer Betätigung fremd. Es gehört nicht zur Gattung des Wahren und des Guten, sondern zu der des Schönen.

Es kann sich also nur um ein Mit-Leid in der etymologischen Bedeutung des Wortes handeln, d. h. um eine Übertragung des Affekts vom Gegenstand auf das Subjekt. Zugleich mit der Illusion, welche uns den Gegenstand als wirklich annehmen läßt, erfolgt im Akte der ästhetischen

---

[43]) *Laokoon*, Kap. IV.
[44]) *Laokoon*, Kap. I.

Erkenntnis eine Identifizierung mit ihm, die unser Selbstbewußtsein aufhebt. Wir leben dann mit und in den dargestellten Personen und vergessen darüber die eigene Individualität. Es steht uns natürlich jederzeit frei, diesen Zustand der Illusion aufzuheben; das vollkommene Kunstwerk fesselt uns aber dermaßen, daß wir während der ganzen Betrachtung darin verharren.

Die Bedeutung des Mitleids hat Lessing besonders anläßlich der Tragödie hervorgehoben. Am ausführlichsten erörtert er diesen Begriff in der *Hamburgischen Dramaturgie*, und fast ausschließlich hat man ihn in seiner Anwendung auf die Tragödie untersucht. Als erster hat Dilthey mit bedauerlichem Lakonismus, aber treffsicherem Scharfblick das tragische Mitleid gedeutet und in der Formel umschrieben: „eine zweite Saite tönt mit einer zuerst angeschlagenen mit"[45]). Walzel hat Diltheys Deutung übernommen[46]).

Diese Auslegungen, sowie die von O. Mann[47]), stimmen prinzipiell mit unserer Auffassung überein, werden aber dem gesamten Denken Lessings nicht gerecht. Sie erblicken in dem Mitleid die spezifische Wirkung einer dramatischen Gattung, während Lessing es als den Endzweck jeder Kunst ansieht, und zwar nicht erst in der *Dramaturgie*, sondern schon im *Laokoon*. Freilich ist besonders anläßlich der Tragödie davon die Rede aus dem einfachen Grunde, daß Lessings Geschmack hauptsächlich dem Drama zugekehrt war und er demgemäß die dramatische Gattung mehr als jede andere behandelt hat. Aber das tragische Mitleid ist nur eine Art des ästhetischen Mitleids, die sich durch eine innige Verbindung mit der Furcht auszeichnet.

Ist das Mitleid nun einmal empfunden worden, so ist der ganze Inhalt des Kunstwerks intensiv erlebt und die eigentliche ästhetische Betrachtung abgeschlossen. Erst danach kann der Gehalt mit seinen geistigen und moralischen Werten zur vollen Geltung gelangen. So stellt sich die Kunst nachträglich auf die Ebene der Vernunft und des Willens.

Die Begegnung der Kunst mit der Vernunft wirft das Problem der Wahrheit auf, das oben erörtert wurde. An der Kreuzung der Kunst und des Willens erhebt sich die Frage nach den Beziehungen zur Ethik. Dies ist bekanntlich ein Kernproblem der Ästhetik und im 18. Jahrhundert eine Quelle vielfacher Mißverständnisse. Lessing zweifelt nicht daran, daß die Kunst als gesellschaftliches Phänomen mit zum Bereich der prak-

---

[45]) Dilthey, *Das Erlebnis und die Dichtung*, S. 58.

[46]) Walzel, *Vom Geistesleben*, S. 21 ff. Koch (*Lessing und der Irrationalismus*, S. 123 f.) schließt sich der Meinung Walzels an.

[47]) O. Mann, *Lessing*, S. 138 ff.

tischen Ethik gehört. Er hält es für berechtigt, daß sich der Staat um sie
kümmert und ihr sogar Richtlinien gibt, was auf dem Gebiet der Wissenschaft und der Wahrheit undenkbar wäre. Durch ihre Wirkung auf das
Gefühl übt die Kunst notwendigerweise einen Einfluß auf die Sitten
aus. Dies ist für Lessing eine unleugbare, im Grunde aber sekundäre
Tatsache: daß das Kunstwerk durch seine Veröffentlichung zu einem
Faktor des gesellschaftlichen und also des moralischen Lebens wird,
schließt nicht ein, daß es nach moralischen Grundsätzen konzipiert und
ausgearbeitet werden soll. Die Kunst ist der Ethik nicht untergeordnet;
sie nimmt sich nie vor, einen sittlichen Ausspruch zu veranschaulichen,
wie Gottsched wünschte, noch allgemeine Prinzipien durch Beispiele zu
erläutern, wie Leibniz forderte. Ihre Rechtfertigung nimmt sie nicht aus
einem fremden Wertsystem; insofern ist sie autonom. Sie macht sich
nicht zur Dienerin einer abstrakten Moral, sie weigert sich, ihre Bedeutung auf eine angenehme Darstellung rationaler oder sittlicher Ideale
beschränken zu lassen. Daß sie es aber vorzieht, auf dem Gebiet der
praktischen Moral unbeschadet ihres ästhetischen Zweckes glückliche
eher als zersetzende Folgen zu haben, ist ohne weiteres klar.

Der Künstler ist also in keiner Hinsicht verpflichtet, die Moral seines
Werkes ausdrücklich hervorzuheben. Die Tragödie wendet sich zunächst
und vor allem an das Herz und nicht an den Verstand; sie ist nicht die
Erläuterung einer Lehre oder einer Maxime. Sie wirkt auf die Leidenschaften durch die Leidenschaften, ohne dabei den Imperativen der
Vernunft und der Ethik bewußt zu gehorchen. Die Moral wird sich von
selbst aus dem ästhetischen Affekt ergeben; nie darf sie aber den Mittelpunkt und die Daseinsberechtigung des Werkes ausmachen, ausgenommen in der Fabel, einer gemischten Gattung[48]).

So erscheint Lessings Haltung, wenn man seine Gesamttheorie überblickt und auf die Grundsätze hin untersucht. Das wird ohnehin durch
seine Bühnenpraxis sowohl als durch die Einzelanalysen weitgehend bestätigt. Dabei ist aber nicht zu leugnen, daß sich aus mancher Stelle und
mancher Bemerkung eine etwas herkömmlichere Vorstellung ergibt.

Seiner Meinung nach ist die „Absicht" der Unterscheidungsgrund zwischen dem Genie und den kleinen Künstlern, „die nur dichten, um zu
dichten, die nur nachahmen, um nachzuahmen". Nun gehört es mit zu
den Absichten des Genies: „uns zu unterrichten, was wir zu tun und zu
lassen haben"; „uns mit den eigentlichen Merkmalen des Guten und des
Bösen bekannt zu machen"; das Gute, etwa wie Sulzer, als schön und
glücklich, das Böse als häßlich und unglücklich darzustellen; unsere

---

[48]) Vgl. *Hamb. Dram.*, 3., 12., 33. Stück.

Lust- und Unlustempfindungen auf passende Gegenstände zu richten[49]). Der gute Dichter bemüht sich immer, für die Besten seiner Zeit zu schreiben, und er schildert nur das, was ihnen gefallen oder sie rühren kann. Wenn er sich an das Volk richtet, so geschieht es, um es aufzuklären, nicht um es in seinen Vorurteilen und gemeinen Vorstellungen zu bestärken[50]). Die Kunst, und besonders das Drama, ist sittenbildend und sittenbessernd. Sie regt zum Erbarmen, zur Nächstenliebe, zum Edelmut an. Sie lehrt die Tugend, besänftigt die Barbaren, erbaut die Gewissen, brandmarkt das Laster. Sie ist das „Supplement der Gesetze": Habsucht, Hochmut und ähnliche Laster werden vom Gesetz nicht bestraft; die Kunst aber zeigt das Schädliche bzw. das Lächerliche daran auf und trägt also dazu bei, sie zu zügeln, wie das Gesetz Mord und Diebstahl züchtigt und abschreckt. In der gesellschaftlichen und sogar politischen Zweckgebundenheit der Kunst tritt die Zeitbedingtheit des Aufklärers Lessing zutage. Die Kunst ist ein Werkzeug der Freiheit, sie trotzt den Mächtigen, entlarvt ihre Frevel, entmummt die gekrönten Mörder, entpuppt den Ehrgeiz, züchtigt die Heuchelei, macht die Toren weise und erzieht die Menschen zu guten Bürgern[51]). An eine Wunderkraft der Kunst glaubt Lessing allerdings nicht; er weiß, daß die Komödie die verzweifelten Fälle nicht zu heilen vermag, daß sie aber die Gesunden schützen kann[52]).

Das 18. Jahrhundert hat keine streng amoralische Ästhetik gekannt. Es war die Zeit der „Ideale", wie Kommerell sagt[53]), in der die erzieherisch-didaktischen Kräfte sich der Bühne bemächtigten, um sie nach Schillers Ausdruck zu einer „moralischen Anstalt" zu machen. Liest man doch im französischen *Journal encyclopédique* vom 1. Juli 1762 und vom 15. Mai 1765, daß es der einzige Zweck der Tragödie sei, „die Taten der großen Männer den Bürgern zur Bewunderung und zur Nachahmung vor Augen zu führen". Überall wird der praktische — moralische und gesellschaftliche — Nutzen der Tragödie hervorgehoben. Ihr Hauptverdienst wird durchweg in der Mahnung zum Patriotismus, in dem Beitrag zur nationalen Größe gesehen. Voltaire, Marmontel, Diderot betonen den moralischen Aspekt des Trauerspiels. Voltaire schreibt in der Vorrede zu *Semiramis:* „Die wahre Tragödie ist die Schule der Tugend." Ähnlich Marmontel in seiner *Poétique française:* „Unserer Meinung

---

[49]) Vgl. *Hamb. Dram.*, 35. Stück.
[50]) Vgl. *Hamb. Dram.*, 1. Stück.
[51]) Vgl. *Hamb. Dram.*, 6. und 7. Stück.
[52]) Vgl. *Hamb. Dram.*, 29. Stück.
[53]) *Lessing und Aristoteles*, S. 34.

nach ist es der Zweck der Tragödie, durch die Nachahmung einer vorbildlichen Handlung die Sitten zu bessern." Derartiges hatte auch Leibniz gedacht[54]).

Daraus kann man leicht ersehen, was für Anstrengungen Lessing hat machen müssen, um sich vom Zeitgeist auch nur teilweise zu befreien. Sein „Moralismus" — nach Erich Schmidts Wort — ist eher eine Forderung des gesunden Menschenverstandes als eine prinzipielle Einstellung. Sein Begriff der Kunst ist dadurch nicht im geringsten getrübt: der ganze Vorgang des Schaffens und des Genießens vollzieht sich ohne jede bestimmende Zwischenkunft der Ethik. Sollte ein weiterer Beweis dafür nötig sein, so wäre seine kategorische Ablehnung der poetischen Gerechtigkeit zu erwähnen. Wenn der Böse bestraft wird oder sich bessert, ist die Wirkung des Stückes — ob Tragödie oder Komödie — geschwächt und der Ausgang „schielend, kalt und einförmig"[55]. Seine enthusiastische Befürwortung Shakespeares kommt übrigens einer Zurückweisung jedes Anspruchs der Moral auf die Kunst gleich.

2. Die Kunstformen

Lessing unterscheidet bekanntlich zwei Kunstarten: die Malerei und die Poesie. Unter Malerei versteht er die bildenden Künste überhaupt, d. h. die Künste des Nebeneinander (Malerei, Bildhauerkunst, Graphik, usw.); mit „Poesie" bezeichnet er diejenigen, deren Nachahmung progressiv vorgeht, die sukzessiven Künste (Dichtung, Musik, Tanz, usw.). Die vorgenommene Unterscheidung gründet sich einzig auf die Form, auf die Ausdrucksmittel der Künste; und nach den dargestellten Grundsätzen bringt ein Unterschied in der Form eine Verschiedenheit der Themen, der Stoffe, der behandelten Gegenstände mit sich.

Der Ausgangspunkt von Lessings Reflexionen über die Grenzen der Künste ist Winckelmanns Text über die edle Einfalt und die stille Größe der griechischen Plastik und dessen Vergleich zwischen der Laokoongruppe und den entsprechenden dichterischen Stellen bei Vergil und Sophokles. Beide Kritiker sind sich darüber einig, daß sich der Schmerz in der Statue nicht heftig ausdrückt und daß der Künstler richtig daran getan hat, ihn zu mildern. Lessing verwirft aber den von Winckelmann angegebenen Grund, wonach diese Milderung aus der Weltanschauung, der Moral, der Lebensweise der Griechen zu erklären sei, und er weigert sich, das Milderungsprinzip auf alle Künste angewandt zu sehen. Homers und Sophokles' Helden schreien und fluchen; ihnen ist das nordische und

---

[54] Vgl. Robertson, *Lessing's Dramatic Theory*, S. 371 f. und 439.
[55] *Hamb. Dram.*, 99. Stück.

barbarische Gesetz der Ataraxie, der Unempfindlichkeit unbekannt, und nichtsdestoweniger ist ihre Seele groß. Die Griechen sträubten sich nicht gegen den heftigen Ausdruck der Gefühle: wenn Laokoons Leiden gedämpft ist, so rührt es nicht aus der griechischen Lebensauffassung her, sondern aus dem Wesen und den Gesetzen der bildenden Künste. Die Auffassung des Simonides — und der meisten Theoretiker aus dem 18. Jahrhundert —, daß die Malerei eine stumme Poesie und die Poesie eine redende Malerei sei, erscheint Lessing falsch. Der Berührungspunkt der beiden Künste liegt einzig und allein in der Ähnlichkeit ihrer Wirkungen (Täuschung und Vergnügen): durch „die Gegenstände und die Art ihrer Nachahmung" gehen sie auseinander. Die Angleichung der beiden Künste hat viel Verwirrung hervorgerufen. Die Malerei ist in die Allegorie verfallen, und die Poesie hat malen wollen. Dadurch mußten die Gesetze beider Künste Gewalt leiden. Eine Kunst läßt sich einer anderen nicht ohne Verkennung ihres Wesens angleichen. Das beste „poetische Gemälde", d. h. eine Stelle aus einem Dichtwerk, die den Gegenstand anschaulich macht und Täuschung hervorruft, ergibt oft nur ein mittelmäßiges Thema für den Maler, während relieflose Stellen manchmal zu Meisterwerken der Malerei Anlaß geben. Es wäre also Unsinn, den Dichter nach der Anzahl von Gemälden, die der Maler aus seinen Werken schöpfen kann, zu bewerten[56]).

Die Poesie

Die Merkmale der poetischen Form lassen sich wie folgt zusammenfassen: die poetischen Zeichen sind artikulierte Töne, die in der Zeit aufeinanderfolgen. Die Poesie ist ihrem Wesen nach transitorisch, progressiv, beweglich, dynamisch. Zugleich aber wohnt den benutzten Zeichen ein symbolischer Wert inne: durch Vermittlung des Ohres wenden sie sich an die Einbildungskraft und die Vernunft. Dank ihrem sukzessiven und symbolischen Charakter sowie der sich daraus ergebenden Mannigfaltigkeit und Geistigkeit ihrer Bilder erstreckt sich die Poesie über ein viel weiteres Gebiet als die bildenden Künste. Nicht nur die körperliche Schönheit, sondern „das ganze unermeßliche Reich der Vollkommenheit" steht dem Dichter offen. Die Poesie erreicht Schönheiten, die dem Maler nicht zu Gebote stehen und die manchmal ganz anderer Art sind als die malerischen. Innerhalb dieses ausgedehnten Bereiches gibt es aber Gegenstände, die sich vorzüglich als Stoff der Poesie eignen. Die sukzessiven Zeichen der Dichtung können am besten Objekte, die aufeinanderfolgen, adäquat darstellen. Diese sind Hand-

---

[56]) Vgl. *Laokoon*, Kap. I, XIII, XIV.

lungen. Unter diesem Wort versteht Lessing nicht nur Fabel und Intrige, sondern auch jede Entwicklung der Charaktere, der Situationen, der Gefühle, usw. Dementsprechend sind Handlungen das eigentliche Thema der Poesie. Wenn die Dichtung Körper schildern will, so muß sie es auf dem Umwege über Handlungen tun. Die Zeichen der Dichtung eignen sich nämlich schlecht zur Wiedergabe des Gleichzeitigen und des im Raume Nebeneinanderbestehenden. Themen, welche diese Eigenschaften aufweisen, soll die Poesie also ihrer besonderen Form anpassen, d. h. das Nebeneinander in ein Nacheinander verwandeln. Dies läuft auf eine Verurteilung der Beschreibung zugunsten der Erzählung hinaus. Dabei stützt sich Lessing vor allem auf Homer: statt einer langen Beschreibung von Achilles' Schild erzählt uns Homer dessen Entstehung, während Vergil die Handlung unterbricht, um Aeneas' Schild zu beschreiben; letzteres ist ein ästhetischer Fehler[57]).

In Lessings Zeiten waren die schlecht verstandenen „poetischen Gemälde" Mode. Haller, Ewald von Kleist und viele andere befleißigten sich dieser Dichtungsart, die es inspirationslosen Poetlein ermöglichte, sich seitenlang in peinlichen, prosaischen und leeren Beschreibungen zu verbreiten. Solche poetischen Gemälde veranschaulichen nichts; höchstens rufen sie Bilder hervor, deren Original man selbst in der Natur gesehen hat. Die Sprache ist darin kraftlos und „die Poesie stammelt". Die Malerei muß als Dolmetscherin dienen. Lessing widersetzt sich dieser Poesie energisch. Er stützt sich auf Homer, Horaz, Pope und selbst auf Kleist, der sich am Ende seines Lebens vorgenommen haben soll, sein berühmtes Gedicht *Der Frühling* umzuarbeiten, um — ganz im Sinne Lessings — mehr Handlung hineinzubringen. Ein weiser Dichter, der die Grenzen seiner Kunst einsieht, enthält sich der Beschreibung der körperlichen Schönheit. Die sukzessive Aufzählung der Teile eines Körpers verhilft nie zu einer einheitlichen und vollständigen Anschauung. Deshalb soll der Dichter jedoch nicht auf die Darstellung der Schönheit verzichten; er verfügt sogar über wirksamere Mittel als der Maler: er kann sie zunächst durch ihren Reiz, d. h. in Bewegung, schildern oder durch ihre Affektwirkung evozieren: „Malet uns, Dichter, das Wohlgefallen, die Zuneigung, die Liebe, das Entzücken, welches die Schönheit verursachet, und ihr habt die Schönheit selbst gemalet"; „wer glaubt nicht die schönste, die vollkommenste Gestalt zu sehen, sobald er mit dem Gefühle sympathisiert, welches nur eine schöne Gestalt erregen kann?" Es kommt einzig auf das Anschauliche, das Täuschende und das Rührende des Bildes an, auf das, was

---

[57]) Vgl. *Laokoon,* Kap. IV, VI, VIII, XVI, XVIII, XXV.

Plutarch „Enargie" nannte. Der Dichter hat sein Ziel erreicht, wenn er uns „ebendes Anblickes genießen läßt, den er genoß"[58]).

Der progressive Charakter des Wortkunstwerks gestattet dem Dichter gewisse Freiheiten, gewisse Ausnahmen von der allgemeinen Regel der Kunst, welche die Schönheit fordert. Auch in dieser Hinsicht umfaßt die Poesie ein weiteres Gebiet als die Plastik. Da der Dichter nicht an einen Augenblick gebunden ist, sondern nach Belieben über die ganze Dauer der Handlung verfügt, steht es ihm frei, sein Thema unter mehreren aufeinanderfolgenden Gesichtswinkeln darzustellen. In einem epischen Gedicht, in dem wir schon vorher mit Laokoons Charakter vertraut geworden wären, dürfte dieser heftige Schreie ausstoßen: sie würden bloß sein momentanes, transitorisches Leiden ausdrücken und seinen Adel, seine Größe in keiner Weise beeinträchtigen. Das gleiche gilt für die wütende Venus: mit Recht haben die Dichter sie unter diesem Aspekt dargestellt; daß die antike Plastik ähnliche Bilder nicht aufweist, liegt an dem Unterschied der Künste. Aus demselben Grund ist die Häßlichkeit aus der Dichtung nicht gänzlich auszuschließen. In der Malerei ist sie wegen deren permanenten und gleichzeitigen Charakters verpönt; in der Dichtung stellt sie sich als transitorisch und sukzessiv vor und hebt sich selbst auf, indem sie mit dem Ganzen verschmilzt. Der Dichter benutzt sie also mit Recht als Ingrediens im Ausdruck der vermischten Gefühle, besonders des Lächerlichen und des Schrecklichen[59]).

Die bildenden Künste

Die Zeichen der bildenden Künste sind Figuren und Formen, die nebeneinander im Raume existieren. Die plastischen Darstellungen sind beharrlich und unveränderlich; sie wirken auf die Einbildungskraft durch Vermittlung des Gesichts.

Wie die Zeitfolge das Element des Dichters, ist der Raum (das Sichtbare, das Körperliche) und darin besonders das Simultane das Gebiet des bildenden Künstlers. Progressive Vorstellungen sind aus seiner Kunst verbannt: wenn sie Handlungen schildern will, so tut sie es indirekt durch Körper. „Kleine Eingriffe" der Malerei in den Bereich der Poesie und umgekehrt sind gestattet. Wegen ihres dauernden Charakters müssen sich die plastischen Darstellungen noch eine weitere Begrenzung gefallen lassen: innerhalb des sichtbaren Nebeneinanders

---

[58]) Vgl. *Laokoon*, Kap. XIV, XVII, XX, XXI.
[59]) Vgl. *Laokoon*, Kap. IV, VIII, XXIII; 51. *Brief antiquarischen Inhalts*.

ist ihr eigentliches Gebiet die körperliche Schönheit. Nur die Körper, welche angenehme Eindrücke erwecken, sind legitime Gegenstände der bildenden Künste. Zwar müssen das Talent des Malers und die Ähnlichkeit mit dem Muster Vergnügen verursachen; was aber vor allem nottut, ist, daß das Thema an sich entzückt. Die Malerei ist nicht die Fähigkeit, irgendwelche Körper wiederzugeben; richtiger sahen sie die Griechen als die Nachahmung schöner Körper. „Körperliche Schönheit entspringt aus der übereinstimmenden Wirkung mannigfaltiger Teile, die sich auf einmal übersehen lassen". Die Form der Plastik duldet keine Darstellung unsichtbarer Wesen, wie sie ab und zu bei Homer erscheinen. Dafür müßte die Kunst zu symbolischen und konventionellen Zeichen greifen oder Ungeheuerlichkeiten und Mißverhältnisse schaffen, die den Forderungen der Schönheit widersprächen. Wie soll man etwa eine Gottheit malen, die einer Person erscheint und von den anderen nicht gesehen wird? Wollte ein Künstler überirdische Wesen malen, so müßte er sie mit Hilfe von Attributen erkennbar machen, deren der Dichter entraten kann[60]).

Die Form der Plastik läßt auch keine Darstellung der Häßlichkeit zu: diese „beleidigt unser Gesichte, widerstehet unserem Geschmacke an Ordnung und Übereinstimmung, und erwecket Abscheu", denn alle Elemente bleiben dauernd nebeneinander und verschmelzen nicht mit anderen Vorstellungen in der Sukzession. Auch als Ingrediens ist die Häßlichkeit aus der Plastik verbannt. Weder das Vergnügen an der Ähnlichkeit der Darstellung, noch die Befriedigung der Neugierde — die von Aristoteles angegebenen Gründe — rechtfertigen den Gebrauch der Häßlichkeit in der Kunst. Ist die Ähnlichkeit erkannt und die Neugierde befriedigt, so bleibt nur die Häßlichkeit übrig, die dann das Gesicht dauernd beleidigt. In der ganzen Plastik des Altertums sieht Lessing eine ständige Bemühung um die schönste Form. Dionysos erscheint in der Dichtung oft mit Hörnern, in der Kunst aber so gut wie nie, weil die Alten wußten, daß diese Attribute jede Schönheitswirkung verhindert hätten[61]). Auch die Theorie des fruchtbaren Augenblicks erwächst dem Streben nach Schönheit. Durch ihre materiellen Bedingungen sind die bildenden Künste an einen einzigen Augenblick gebunden, die Malerei sogar an einen „Gesichtspunkt". Es gilt, diesen Augenblick und diesen Gesichtspunkt so fruchtbar wie möglich zu wählen. Fruchtbar ist, was der Einbildungskraft freien Spielraum läßt. „Je mehr wir sehen, desto mehr müssen wir hinzudenken können. Je

---

[60]) Vgl. *Laokoon,* Kap. II, VIII, X, XII, XVI, XVIII, XX, XXIV.

[61]) Vgl. *Laokoon,* Kap. VIII, XXIV.

mehr wir dazudenken, desto mehr müssen wir zu sehen glauben."
Also ist der Paroxysmus einer Leidenschaft der am wenigsten fruchtbare Moment, denn die Einbildungskraft kann sich darüber hinaus
nichts vorstellen und muß sich mit schwächeren Bildern begnügen. Der
prägnanteste Augenblick ist derjenige, welcher das, was vorhergeht
und was daraufkommt, am besten erraten läßt. Da dieser Augenblick
durch die Erstarrung im Kunstwerk eine unendliche Dauer und einen
permanenten Aspekt bekommt, darf er keine wesentlich transitorische
Szene ausdrücken, sonst würde er bald unnatürlich wirken. Man stelle
sich einen Laokoon vor, der, so oft man ihn ansähe, zu schreien schiene.'
Nun sind alle Paroxysmen transitorisch; schon daher eignen sie sich
nicht zur bildenden Nachahmung[62]).

Lessings großzügige und grundlegende Dichotomie der Kunst ist
die streng methodische und folgerichtig unterbaute Antwort auf ein
Kernproblem der Ästhetik, mit dem man sich seit dem Altertum
fast ununterbrochen befaßt hatte. Oft hat die — ohnehin ziemlich
karge — Theorie des klassischen Altertums Dichtung und Malerei einander gleichgesetzt. Kunstsinn und Weisheit der Alten ließen
sie aber in der Praxis richtig handeln, auch wenn die Theorie
nicht entsprechend richtig war. Übrigens beinhaltet die berüch-
tigte Horazische Formel *ut pictura poesis* bei weitem nicht das
beschränkte und absolute Prinzip, das ihr später untergeschoben wurde.
Der Textzusammenhang betont einfach die Ähnlichkeit der Wirkung
von Malerei und Dichtung und den Parallelismus zwischen den verschiedenen Arten der Dichtkunst und der Plastik. Es hat im Altertum
nicht an Denkern gefehlt, die einen Unterschied zwischen den beiden
Künsten wahrgenommen und dargelegt haben. Blümner erwähnt eine
Anekdote über Sophokles, in welcher berichtet wird, daß der Tragiker
in der Poesie den Gebrauch stärkerer Züge als in der Malerei befürwortet (Purpurwangen z. B.). Auch Plutarch unterscheidet beide, und
Aristoteles hat eine prinzipielle Einteilung der Künste auf Grund der
Mittel, der Gegenstände und der Art und Weise der Nachahmung versucht. Die tiefgehendste Darlegung ist aber wohl die des Dio Chrysostomus im 1. Jahrhundert unserer Zeitrechnung, welcher der Dichtung ein weiteres Gebiet als der Malerei zuerkennt, weil die Sprache
sich zum Ausdruck sowohl unsinnlicher als sinnlicher Gegenstände
eignet, während der Maler im Sinnlichen befangen bleibt und dazu an
einen einzigen Augenblick gebunden ist. Trotz dieser interessanten

---

[62]) Vgl. *Laokoon*, Kap. III, XVI.

Ansichten haben späterhin und besonders im Mittelalter der von Lessing angeführte Ausspruch des Simonides und Horaz' willkürlich gedeutete und aus ihrem Zusammenhang herausgelöste Formel vorgeherrscht. Alkuin und Rabanus Maurus kannten z. B. beide die *Rhetorica ad Herennium,* die Simonides' Meinung wieder aufnimmt: poema loquens pictura, pictura tacitum poema[63]).

Im Frühmittelalter war es ein Anliegen der Kirche, den Figuren der Plastik eine didaktische Bedeutung zu geben, damit sie der Erbauung des Volkes dienten. Somit bestrebten sich die Künstler, religiöse und moralische Ideen allegorisch darzustellen. Alkuin riet sogar dazu, jeder Statue eine Aufschrift beizufügen, um deren Sinn unzweideutig bekanntzumachen. Das lief fast auf eine Umkehrung des Horazischen Ausspruches aus: *ut poesis pictura.* Demgemäß wurde die Dichtung in der Rangordnung der Künste auf eine weit höhere Stufe gestellt als die Plastik. Erst in der romanischen, noch mehr aber in der gotischen Zeit erlangte die Bildhauerkunst wieder einen autonomen Schönheitswert. Einzelne Geister waren allerdings bei einer ausgeglichenen Auffassung geblieben; Alanus von Lille vertrat sogar die auch von Lessing verfochtene Meinung, daß Dichtung und Malerei beide auf den Eindruck (die Illusion?) des Lebens und der Wirklichkeit gerichtet seien. Diese sämtlichen Ansichten gehen aber auf wenig zusammenhängende und ziemlich unergiebige Anschauungen zurück.

Mit der Renaissance vollzieht sich ein Umschwung in der Hierarchie: die Plastik erringt wieder den obersten Rang. Im 15. Jahrhundert sind ihr fast alle theoretischen Untersuchungen gewidmet. Erst um 1500 entdeckt man Aristoteles' *Poetik,* und damit wird das Interesse für die Dichtungstheorie wieder wach. Im großen und ganzen bleibt aber die Renaissance der theoretischen Gleichsetzung der beiden Künste treu und übernimmt gleichfalls Horaz' und Simonides' Formeln. Ein einschlägiges Zeugnis sind Armeninis *Precetti* aus dem Jahre 1587, in denen die Erfindung des Dichters und des Malers unter demselben Gesetz steht. Poesie und Malerei unterscheiden sich nur durch ihre Ausdrucksmittel, nicht durch ihre Themen, denn alles kann den beiden Künsten gleichermaßen als Vorwurf dienen.

Am Ende des 17. und im Laufe des 18. Jahrhunderts steht die Frage nach den Grenzen von Poesie und Malerei so gut wie ununterbrochen

---

[63]) Über die Vorgeschichte der Lessingschen Dichotomie der Kunst vgl. insbesondere Blümner, *Laokoon;* De Bruyne, *L'Esthétique au Moyen Age* und *Renaissance;* Grucker, *Lessing;* R. Hamann, *Geschichte der Kunst;* E. Schmidt, *Lessing;* Folkierski, *Entre le Classicisme et le Romantisme;* Keller, *Goethe und das Laokoon-Problem;* A. M. Wagner, *Lessing.*

auf der Tagesordnung. Lösungen werden von den verschiedensten Denkern vorgeschlagen: Addison, Spence, Shaftesbury, Richardson, Webb, Harris in England, du Fresnoy, de Piles, de Marsy, Watelet, Dubos, Diderot in Frankreich, Quadrio, Algarotti in Italien, Breitinger, Bodmer und ihre Nachfolger in Deutschland. Die Gleichsetzung der beiden Künste und die alten Formeln finden allerdings noch zahlreiche Anhänger; kein Geringerer als Batteux ist ein typisches Beispiel dafür.

Shaftesburys Hervorhebung des „critical moment" führt schon auf Lessing hin. Er betont die Ähnlichkeiten zwischen Poesie und Malerei, namentlich das Gesetz der Wahrscheinlichkeit und die Einheit der Handlung, und die Unterschiede, namentlich die Freiheit des Dichters, mit der Zeit zu schalten und walten, und des Malers Gebundenheit an den Augenblick — den er allerdings durch Andeutung des unmittelbar Vorhergehenden und Darauffolgenden in gewissem Grade überschreiten kann. Shaftesburys Originalität besteht aber nicht so sehr in der bloßen Feststellung dieser Gebundenheit, sondern vor allem in deren Analyse und den Schlußfolgerungen bezüglich der Wahl des kritischen Augenblicks. Ähnlich wie Lessing rät er von der Allegorie in den bildenden Künsten ab.

Auch Richardson begreift 1715 in seiner *Theorie der Malerei* den einzigen Augenblick als eine Bedingung der Plastik und betont ebenfalls die Notwendigkeit einer richtigen Wahl. Den Vorzug der Malerei vor der Dichtung erblickt er besonders in der Universalität ihrer „Sprache" (in den natürlichen Zeichen also) und in ihrem gleichzeitigen Charakter, der es dem Betrachter ermöglicht, das ganze Bild auf einmal zu genießen, während die Dichtung ihre Wirkung nur langsam erzielen kann.

In seinem *Discourse on Music, Painting and Poetry* aus dem Jahre 1744 faßt Harris die Poesie als eine sich in der Zeit entwickelnde Energie auf und erkennt ihr bei weitem zahlreichere Themen zu als der Malerei. Die Theorie des fruchtbaren Augenblicks ist auch ihm bekannt.

Dubos' *Réflexions critiques sur la poésie et la peinture* (1719) vertreten die Überlegenheit der Malerei in bezug auf die Affektwirkung. Das Sukzessive der Dichtung tut der Schilderung und der Mitteilung der Leidenschaften Abbruch. Dazu kommt noch der Unterschied zwischen natürlichen und willkürlichen Zeichen. Dubos gibt allerdings zu, daß die Poesie gewisse Gefühle, unsichtbare Dinge, inneres Leben besser ausdrücken kann als die Malerei, und er warnt vor der Gefahr einer Vermischung der beiden Künste: die beschreibende Dichtung verursacht Langeweile, die Allegorie schadet der Wirkung der Malerei.

117

So dringen wir in die Nähe der Lessingschen Unterscheidungen vor. In Deutschland nimmt sie besonders Mendelssohn teilweise vorweg durch seine Analyse des „günstigen Augenblicks" und durch seine Entgegensetzung der natürlichen und willkürlichen Zeichen. In Klopstocks Aufsatz *Von dem Range der schönen Künste und Wissenschaften* wird die Frage ebenfalls angeschnitten. Am auffälligsten ist jedoch die Verwandtschaft zwischen Lessing und Diderot. In der *Lettre sur les sourds et les muets* (1751) entwirft Diderot das Problem; im *Salon* von 1767, d. h. nach der Veröffentlichung des *Laokoon*, erweitert und systematisiert er es: der gewählte Augenblick soll bedeutsam („frappant") und nicht transitorisch sein; die Allegorie gehört nicht in die Malerei, ebensowenig wie die Beschreibung in die Dichtung. Die Einzelheiten in den Ausführungen weisen auch so viele Berührungspunkte auf, daß diese mehr als zufällig sein müssen. Ohne jeden Zweifel hat sich Diderot trotz seiner Behauptung, er sei des Deutschen nicht mächtig, Lessings Gedanken skrupellos angeeignet, ähnlich wie er Winckelmann geplündert hat.

Gegen Lessings Unterscheidungen wurden vielfache Einwendungen vorgebracht. Die Kunstgeschichte hat deutlich nachgewiesen, daß seine Zerlegungen hin und wieder nicht ganz unanfechtbar und daß nicht alle seine Induktionen stichhaltig sind. Die Laokoongruppe selbst wurde, seitdem Winckelmann auf sie aufmerksam machte, sehr unterschiedlich beurteilt. Man hat sich über Chronologie, Urheber, Ausdruck und Schönheit der Figur gestritten. Nach Lessings Meinung stammt das Werk aus der römischen Kaiserzeit, während Winckelmann es im dritten Jahrhundert v. Chr. ansetzte, einer Zeit, die damals als die klassische Epoche des Altertums galt. Die archäologische Forschung hat seither festgestellt, daß keiner von beiden im Recht war: das Werk entstand vermutlich im Laufe des 1. Jahrhunderts vor unserer Zeitrechnung. So hätte sich Winckelmann um zwei Jahrhunderte und Lessing um sieben bis acht Jahrzehnte geirrt.

Beide sind der Meinung, daß der Schrei niedergedrückt und der Paroxysmus herabgesetzt ist. Diese Ansicht hängt aber mehr mit der Atmosphäre und dem Ideal des 18. Jahrhunderts als mit einer objektiven Betrachtung des Werkes zusammen. Auch Goethe übernimmt sie ohne weiteres. Seitdem haben sich die Anschauungen stark geändert, und Laokoons Gesicht erscheint jetzt durch heftige Schmerzen verzerrt! Weit entfernt, ein Muster der klassischen Kunst zu sein, gilt das Werk heutzutage als ein typisches Beispiel des hellenistischen Barock.

Die Lessingsche Begründung der angeblichen Milderung des Schmerzes fand auch keine allgemeine Anerkennung. Sie richtete sich

118

bekanntlich gegen Winckelmanns Deutung, welche die griechische „Denkungsart" dafür verantwortlich macht, und wollte sich auf rein formgesetzliche und der Bildhauerkunst inhärente Rücksichten beschränken. Aber schon Goethe gab eine andere, physiologische Erklärung: Laokoon könne einfach nicht schreien, weil die Bauchmuskeln sich zur Bekämpfung des Schmerzes kontrahierten und dadurch den Schrei unmöglich machten. In der Folge sind noch andere Deutungen vorgeschlagen worden, deren Erörterung im Rahmen dieser Studie wenig Zweck hätte.

Es ist weiterhin der Einwand erhoben worden, daß Lessing die Bildhauerkunst von der Malerei kaum unterschieden habe. Was er im Gemälde besonders bewundert, ist tatsächlich das, was es mit der Statue gemein hat: die schöne Form, die Haltung, die Zeichnung. Seine Auffassung der Malerei ist ziemlich begrenzt. So betrachtet er die Landschaftsmalerei als eine Kunst, an der das Genie keinen Anteil hat, weil sie Gegenstände darstellt, von denen man sich kein Ideal bilden kann[64]). Im Gegensatz zu Goethe, der das Poetische daran zu schätzen weiß, sieht Lessing nicht sehr deutlich ein, was das Werk des Landschaftsmalers von der Vedute unterscheidet. Sein Begriff der Malerei steht im Zeichen der körperlichen Schönheit, und diese „existiert nur in dem Menschen" Unleugbar ist in dieser Beziehung der Einfluß Winckelmanns, der übrigens auch dieselben Gesetze für beide Künste voraussetzte.

Lessing ist außerdem auf Widerspruch gestoßen, weil er die Bewegung aus den bildenden Künsten verbannte. Man hat nachzuweisen versucht, daß die Kunst in ihrer ganzen Geschichte Figuren in Bewegung dargestellt hat und daß die Ruhe nur eine Ausnahme ist. Es hat jedoch nicht viel Sinn, Lessing archäologische Irrtümer und Fehlschlüsse vorzuwerfen. Weder die Kunstgeschichte noch die Theorie der bildenden Künste stand im Mittelpunkt seines Interesses; beide nahmen seine Aufmerksamkeit besonders in ihrem Verhältnis zur Dichtung in Anspruch. Alle Einwände, die auf diesem Gebiet vorgebracht werden können, berühren den Grund des Problems nicht.

Die Literarhistoriker wundern sich darüber, daß die beschreibende Poesie so abfällig beurteilt wird. Sie erblicken in Lessings grundsätzlicher Ablehnung dieser Dichtungsart eine unberechtigte Verallgemeinerung. Es gibt, wie Schrempf meint, eine Kunst der Beschreibung, die von der Kunst der Erzählung verschieden ist[65]). Was Lessing — allerdings mit gutem Grunde — bekämpft, ist vor allem die aufzählende

---

[64]) Blümner, *Laokoon*, S. 440 f.
[65]) *Lessing*, S. 86 f.

Beschreibung, die damals wucherte und jedem Dichterling als Ersatz für poetischen Hauch diente. Er läßt die Beschreibung gelten, wenn sie affektdurchdrungen ist und so eine Rührung hervorbringt; er verbannt sie, wenn sie kalt und frostig ist. Es kommt vor allem auf die Rührung an: er verpönt die beschreibende Aneinanderreihung, weil sie ihm weniger geeignet erscheint, den Zweck der Kunst, die Affektwirkung zu erreichen.

Die literarischen Gattungen

Zur Darlegung der Merkmale der Poesie stützt sich Lessing hauptsächlich auf die Analyse der epischen Dichtung und ganz besonders Homers, der für ihn als unbestrittener Meister gilt. Die ermittelten Grundsätze lassen sich ohne Schwierigkeit auf alle Gattungen anwenden, und Lessing selbst hat es nicht unterlassen, aus vielfachen Anlässen darauf hinzuweisen.

Die L y r i k hat er allerdings nicht so ausführlich behandelt wie Epos und Drama. Das erklärt sich wohl zum Teil aus dem Zustand der deutschen Lyrik seiner Zeit, die noch keine hervorragenden Gipfel erreicht hatte; und mit der ausländischen Lyrik — abgesehen vom Altertum — scheint er nicht sehr vertraut gewesen zu sein. Das Gesetz der Handlung gilt auch für die lyrische Dichtung. In seinen *Abhandlungen über die Fabel* hatte er den Begriff der poetischen Handlung weit genug gefaßt, um darin jede seelische Bewegung einzuschließen und also den Forderungen der Gattung gerecht zu werden: „Eine Handlung nenne ich eine Folge von Veränderungen, die zusammen ein Ganzes ausmachen." Seine abwehrende Einstellung gegenüber Klopstock, wohl dem einzigen neueren Lyriker, mit dem er sich des längeren auseinandergesetzt hat, hängt mit diesem Grundsatz nur lose zusammen, desto enger aber mit dem allgemeinen Gesetz der Kunst, das die Rührung des Betrachters verlangt. Er wirft Klopstock vor, seine Empfindungen nicht ausreichend begründet und nachfühlbar gemacht zu haben[66]). Auf die Analyse der Lyrik ist er nicht näher eingegangen. Er hat wohl vergeblich nach dem Genie gesucht, das ihm für die lyrische Poesie ein ebenso verbindliches Muster gewesen wäre wie Homer für die epische und Shakespeare für die dramatische; von rein theoretischen und dogmatischen Bemühungen ohne greifbare Vorlage hat er stets Abstand genommen.

Besonders das D r a m a hat sowohl in der Theorie als in der Praxis Lessings Aufmerksamkeit in Anspruch genommen. An Hand der im

[66]) Vgl. den 111. *Literaturbrief.*

Laokoon dargelegten Unterscheidungen zwischen Dichtung und Malerei betrachtet Lessing das Drama als eine hybride Gattung, die mit dem Epos und der Poesie überhaupt das Sukzessive und Transitorische gemein hat und zugleich wie die bildenden Künste auf das Gesicht wirkt. Diese Eigenart macht es zu einer zusammengesetzteren Kunst, zu einer transitorischen Plastik und verleiht ihm so das Recht auf die höchste Rangstufe innerhalb der literarischen Gattungen.

Die dramatische Handlung schafft eine weit stärkere Illusion und eine vollständigere Identifizierung des Zuschauers mit dem Helden als die epische Erzählung. Dazu bedarf es aber nicht nur einer Anwendung der allgemeinen Gesetze der Dichtung, wie z. B. der Natürlichkeit des Dialogs und der Verbannung der Beschreibung, sondern auch der spezifischen Gesetze der Bühne. Da das Drama handelnde Personen vorführt, wäre ein häufiger und unberechneter Gebrauch der Erzählung fehlerhaft. Die Handlung fordert feste Kohäsion und nahe aufeinanderfolgende Situationen; daher läßt sich nicht jeder Stoff für die Bühne bearbeiten. Das Drama verlangt eine strengere und augenfälligere Motivation als die Erzählung, denn es gilt nicht „die Leidenschaften zu beschreiben, sondern sie vor den Augen des Zuschauers entstehen und ohne Sprung in einer so illusorischen Stetigkeit wachsen zu lassen, daß dieser sympathisieren muß, er mag wollen oder nicht"[67].

Auch aus den Gesetzen der Malerei fließen Bestimmungen für das Drama. Die permanente, d. h. dem Werke oder einer Person wesentliche Häßlichkeit ist ausgeschlossen, während das zufällige, transitorische Häßliche in gemischten Gefühlen als Ingrediens statthaft ist. Mithin stehen dem Drama gewisse Themen der epischen Dichtung nicht offen. Die Matrone von Ephesus z. B. gefällt in jeder Erzählung, erweckt auf der Bühne aber nur Ekel. Durch die konkrete Anschauung zerstört die Bühne den humoristischen Aspekt der Handlung und läßt nur eine abscheuliche Gebärde übrig; sie verwandelt das intellektuell Angenehme in ein sinnlich Anstößiges. So erklärt sich auch die entscheidende Bedeutung der schauspielerischen Darstellung für die Form und den Stoff der dramatischen Kunst[68].

Um die T r a g ö d i e zu definieren, stützt sich Lessing auf Aristoteles, den er folgendermaßen übersetzt: „Die Tragödie ist die Nachahmung einer Handlung — die nicht vermittelst der Erzählung, sondern vermittelst des Mitleides und der Furcht die Reinigung dieser

---

[67] *Hamb. Dram.*, 1. Stück; vgl. 8. und 14. Stück.
[68] Vgl. *Hamb. Dram.*, 5., 9., 16., 25., 35. und 36. Stück.

und dergleichen Leidenschaften bewirkt"[69]). In bezug auf die Tragödie betrachtet Lessing Aristoteles' *Poetik* als unfehlbar. Er ist davon überzeugt, daß die tragischen Meisterwerke, die Aristoteles in seiner Heimat hat sehen können, ihn instand gesetzt haben, das Wesen der Tragödie richtig zu erfassen.

Trotz wiederholter Zeugnisse seiner Unabhängigkeit[70]) dürfte Lessing den Eindruck erwecken, als gäbe er hier seinen kritischen Standpunkt auf und unterwürfe sich einer Autorität, ohne sich auf deutlich eingesehene Gründe zu stützen. Das trifft aber keineswegs zu. In diesem Problem ist sein Gedankengang der Gesamttendenz seiner Ästhetik peinlich getreu und erläutert den Funktionalismus, auf dem sein ganzes Denken aufgebaut ist. Die Form der Tragödie wird von ihrer spezifischen Wirkung, von der Art der Täuschung und des Mitleids, die sie verursacht, bestimmt. Es ist durchaus möglich, daß Lessing sich in der Auffassung der spezifischen Wirkung selbst von Aristoteles hat beeinflussen lassen, nicht aber in der Entwicklung seines Gedankenganges, der sich selbst treu bleibt und dem er nie Gewalt antut.

Aus seiner Theorie des Mitleids geht hervor, daß dieses kein ausschließlich tragisches Gefühl ist, sondern der Zweck jeder Kunst. Die Eigentümlichkeit der Affektwirkung der Tragödie, ihr spezifisches Unterscheidungsmerkmal ist die Furcht.

Was bedeutet nun φόβος im Aristotelischen Text? In seiner Übersetzung aus dem Jahre 1692 gebraucht Dacier ohne Unterschied die Termini crainte und terreur. 1753 bedient sich Curtius einzig des Wortes Schrecken. Lessing übernimmt ohne jeden Kommentar dieses letzte Wort, und zwar bis zu dem Augenblick, in dem seine Reflexionen

---

[69]) *Hamb. Dram.*, 77. Stück. Der griechische Text, den die Ausgaben von Aristoteles' Werken im 18. Jahrhundert boten, war folgender: „Ἔστιν οὖν τραγῳδία μίμησις πράξεως σπουδαίας καὶ τελείας μέγεθος ἐχούσης, ἡδυσμένῳ λόγῳ χωρὶς ἑκάστῳ τῶν εἰδῶν ἐν τοῖς μορίοις, δρώντων ἀλλὰ οὐ δι' ἀπαγγελίας, δι' ἐλέου καὶ φόβου περαίνουσα τὴν τῶν τοιούτων παθημάτων κάθαρσιν." Daciers Übersetzung lautete: „La tragédie est donc une imitation d'une action grave, entière, et qui a une juste grandeur; dont le style est agréablement assaisonné, mais différemment dans toutes ses parties et qui, sans le secours de la narration, par le moyen de la compassion et de la terreur, achève de purger en nous ces sortes de passions et toutes les autres semblables". Curtius schrieb: „Das Trauerspiel ist nämlich die Nachahmung einer ernsthaften, vollständigen, und eine Größe habenden Handlung, durch einen mit fremdem Schmucke versehenen Ausdruck, dessen sämtliche Teile aber besonders wirken; welche ferner, nicht durch die Erzählung des Dichters, sondern (durch Vorstellung der Handlungen selber) uns vermittelst des Schreckens und Mitleidens, von den Fehlern der vorgestellten Leidenschaften reiniget". Vgl. Robertson, a.a.O., S. 351 f.

[70]) Vgl. *Hamb. Dram.*, 38. und 74. Stück.

über Aristoteles einsetzen. Von da an gibt er das Wort Schrecken auf und spricht nur noch von „Furcht"; darunter versteht er einen Schrecken ohne das Plötzliche und Entsetzliche, die in dem Begriff enthalten sind. Nur die Furcht gehört zum Wesen der Tragödie; der Schrecken entsteht bloß aus der Überraschung, und diese ist kein tragisches Element; sie wurde sogar von den Alten verachtet, die sich immer bemüht haben, die Verantwortung für einen allzu abscheulichen Frevel, für einen allzu entsetzlichen Fluch einer Rachegottheit zuzuschreiben.

Außerdem ist der Schrecken, der uns beim plötzlichen Anblick eines Übels ergreift, ein mitleidiger Schrecken und als solcher in dem Mitleid schon inbegriffen. Dagegen läßt uns die Furcht in keiner Weise für einen anderen, sondern für uns selbst zittern. Schon Batteux hatte Ähnliches bemerkt: wir fürchten uns davor, selbst zum Gegenstand des tragischen Mitleids zu werden. Die Furcht ist nichts anderes als das auf uns selbst bezogene Mitleid. Ihren Zweck erreicht die Tragödie nur, wenn sie uns beides empfinden läßt, wenn das, was unser Mitleid erregt, zugleich auch unsere Furcht erweckt[71]).

Jede Dichtung muß „interessieren", d. h. nicht nur den Geist beschäftigen, sondern das Herz rühren. Es genügt aber nicht, wenn ein Werk irgendeine Affektwirkung erzielt; diese muß der Gattung eigen sein. Alle sonstigen „Schönheiten" können das Fehlen der spezifischen Wirkung nicht aufwiegen. Eine Tragödie, die nicht Furcht und Mitleid erweckt, ist eine verfehlte Tragödie. Dies gilt für die meisten französischen Trauerspiele. Alle Verzierungen, mit denen sie geschmückt sein mögen, betreffen nichts Wesentliches und stehen sogar im Widerspruch zu der einfachen Größe der Alten. Eine der verächtlichsten „Schönheiten", mit der die schlechten Dramatiker ihre Stücke zu bereichern glauben, ist eben die Überraschung. In der Hinsicht teilt Lessing die Meinung Diderots: die Personen auf der Bühne können überrascht werden, die Zuschauer dagegen werden das Stück um so intensiver erleben, als sie die Überraschung länger im voraus erwartet haben. Das ist der Zweck von Euripides' Prologen, worin das zukünftige Schicksal seiner Personen enthüllt wird. Eine weitere angebliche Schönheit gleicher Art ist die Beobachtung willkürlicher und oft mißverstandener Regeln, wie z. B. der berüchtigten drei Einheiten. In seiner Reaktion gegen diese Tyrannei nimmt Lessing gewisse Argumente wieder auf, die von Corneilles französischen Gegnern, namentlich von Chapelain, schon vorgebracht wurden[72]).

[71]) *Hamb. Dram.*, 74.—77. Stück.
[72]) *Hamb. Dram.*, 10., 48., 49., 79. Stück.

Die tragische Wirkung wird besser erzielt, die Identifizierung wird erleichtert, wenn die Situation der handelnden Personen den Umständen des Zuschauers nahesteht. Die Könige und Fürsten der klassischen Tragödie interessieren nur, insofern sie Menschen sind. Die Bedeutung, die Pracht und die Feierlichkeit, die sie dem Inhalt verleihen, macht sie als Helden eines Trauerspiels nicht interessanter. Dem Zweck der Tragödie ist die gesellschaftliche Stellung der Personen in keiner Weise dienlich. Um diese Anschauungen in die Praxis umzusetzen, hat Lessing im Jahre 1754 das erste deutsche bürgerliche Trauerspiel geschrieben, *Miß Sara Sampson*[73]). In Frankreich ist Diderot bald gefolgt, und zwar 1757 mit dem *Natürlichen Sohn* und im Jahre darauf mit dem *Familienvater*.

Diese soziale Reaktion ist mit einer nationalen verknüpft. Warum soll man in der Tragödie nur fremde Personen auftreten lassen, während in der Komödie die Illusion durch nationale Helden erleichtert wird? Die Griechen haben ihre eigenen Sitten auf der Bühne behandelt, in der Tragödie sowohl als in der Komödie. Das sollten die Neueren nachahmen[74]).

Im Grunde sind solche Forderungen nur Formen des Bedürfnisses nach Natürlichkeit, Wahrheit und Klarheit. Alles, was dem spezifischen Zweck nicht streng untergeordnet ist, trübt die Reinheit der Kunst; das Überflüssige ist schädlich. Winckelmanns Einfalt erstreckt sich somit über den ganzen ästhetischen Bereich. Auf demselben Grundsatz beruht die Forderung allgemeinmenschlicher Gefühle bei den tragischen Helden. Ein Irrtum ist es, sie zu absoluten Helden oder rücksichtslosen Bösewichtern zu machen. Dabei nimmt Lessing Corneilles Charaktere aufs Korn: er schließt die von Corneille befürwortete Bewunderung aus dem eigentlichen Zweck der Tragödie aus[75]). Daraus ist ersichtlich, wie gewaltig sich das Aussehen der neueren Tragödie wandeln müßte, um dem Zweck der Gattung, wie er von Aristoteles bestimmt wurde, zu entsprechen.

Wie steht Lessing nun zum letzten Schlüsselbegriff des Aristotelischen Textes, zur Katharsis? Was der Grieche darüber schreibt, ist sehr

---

[73]) Von der vereinzelten, außerhalb der fortlaufenden Tradition stehenden Erscheinung *Cardenio und Celinde* wird hier abgesehen. Über die soziologischen Hintergründe der von Lessing befürworteten Reform der tragischen Charaktere vgl. Wolff, *Die Weltanschauung der deutschen Aufklärung*, S. 17 ff.

[74]) *Hamb. Dram.*, 97. Stück.

[75]) Vgl. den Briefwechsel mit Nicolai und Mendelssohn ab Januar 1757; *Laokoon*, Kap. I; *Hamb. Dram.*, 75. Stück.

undeutlich und berechtigt zu auseinandergehenden Interpretationen. Die Stellen, in denen er seine Ansicht entwickelt, sind vermutlich verlorengegangen, denn im Kapitel über die Wirkung der Musik aus dem achten Buch der *Politik* verweist er für die Erklärung des Wortes auf die *Poetik*. Leider fehlt im erhaltenen Teil dieses Werkes die Ausführung des Begriffes. Lessing übersetzt den Terminus mit dem Wort Reinigung. Abgesehen von den Übersetzern Dacier und Curtius war Corneille die damalige Autorität für die Auslegung des Aristotelischen Textes. Dieser glaubte nicht ganz an die Wirklichkeit dessen, was er „purgation" nannte. Darin erblickte er den vierten Nutzen der Tragödie, nämlich nach der moralischen Erbauung, der wahren Darstellung der Laster und Tugenden und der poetischen Gerechtigkeit. Corneille verstand die Katharsis wie folgt: das Mitleid, das wir mit den Helden empfinden, ist für uns eine Mahnung; es läßt uns das Unglück für uns selbst befürchten, und solche Furcht bewegt uns dazu, uns von den Leidenschaften zu reinigen, die das Unglück der anderen herbeigeführt haben. Auf Grund dieser Deutung zweifelte Corneille an der Möglichkeit der Katharsis. Er war der Ansicht, daß der Zuschauer weder besser noch schlechter nach Hause gehe. Diese teilweise von Horaz beeinflußte Interpretation der Katharsis[76]) wurde von Gottsched übernommen, der aber von der Wirksamkeit der Reinigung überzeugt war. Seiner Meinung nach besteht der moralische Nutzen der Tragödie in der beispielhaften Lehre, die sie gibt. Sie regt dazu an, Laster und heftige Leidenschaften zu meiden, weil diese den Menschen zugrunde richten. Das gleiche tut die Komödie, indem sie von den kleinen Fehlern, die lächerlich machen, heilt[77]).

Lessing geht den Mittelweg zwischen Gottscheds Moralismus und Corneilles Skepsis. Er glaubt, daß die Tragödie keine anderen Leidenschaften reinige als Mitleid und Furcht. Nicht die auf der Bühne dargestellten Leidenschaften werden geläutert, sondern nur die Furcht und das Mitleid des Zuschauers. Dies war schon Batteux' Ansicht[78]). Ferner besteht die Reinigung ausschließlich in der Verwandlung der beiden Leidenschaften in tugendhafte „Fertigkeiten". Das Drama führt diese Rührungen auf ihr rechtes Maß zurück: es befreit denjenigen, der zuviel davon empfindet und macht den Abgestumpften empfindlich. Die Katharsis ist für Lessing, wie übrigens auch für Batteux, die je nach dem Individuum besänftigende oder aufpeitschende Wirkung des

---

[76]) Vgl. Kommerell, a. a. O., S. 67 ff.

[77]) Vgl. O. Mann, a. a. O., S. 132 f.

[78]) *Principes de Littérature*, S. 96 ff.

Dramas[79]). Solche Meinung, die im Grunde schon von Tinctoris vertreten wurde[80]), gründet sich laut Robertson[81]) auf die Definition der Tugend in der *Nikomachischen Ethik,* nach der die Tugend in der Meidung eines Übermaßes der Leidenschaft besteht. Auch Rapin legte in seinen *Réflexions sur la Poétique d'Aristote* aus dem Jahre 1674 den Begriff auf diese Weise aus. Lessing glaubt also an den sittlichen Einfluß der Tragödie: entweder sie entwickelt unser Furcht- und Mitleidsvermögen oder sie mäßigt es.

Die K o m ö d i e wirkt, indem sie durch die Schilderung der Sitten und der Charaktere zum Lachen bringt. Lachen heißt aber nicht verlachen. Man kann über unverbesserliche Fehler ohne Schadenfreude und über ehrliche Leute ohne Verachtung der Ehrlichkeit lachen. Molières Menschenfeind und Regnards Zerstreuter büßen durch das Lachen, das sie verursachen, nichts an Ehrbarkeit ein. Diese ist sogar eine notwendige Bedingung ihrer besonderen Art von Lächerlichkeit. So will es Lessings allgemeine Theorie: über einen unehrlichen Zerstreuten würde man nicht lachen, weil das Lächerliche dem Häßlichen und Ekelhaften das Feld räumen würde[82]). Das Lächerliche ist ein gemischtes Gefühl, in dem der lachhafte Einschlag nur als Ingrediens auftritt, ohne die allgemeine Schönheit des Gegenstandes aufzuheben, ähnlich wie der Ausdruck in den bildenden Künsten und das Schreckliche in der Tragödie. Der Unterschied von Lachen und Verlachen entspricht Batteux' Unterscheidung zwischen risible und ridicule. Bekanntlich erwiderte d'Alembert Rousseaus Angriffe gegen Molières *Menschenfeind* mit der Behauptung, Alcest sei nicht „ridicule"[83]).

In der Komödie sind nach Lessing die Charaktere wichtiger als die Situationen: diese sind nur der Anlaß zur Darstellung der ersteren. In der Tragödie gilt das Gegenteil. Die Ähnlichkeit der Situation macht zwei Tragödien, die Analogie der Charaktere zwei Komödien miteinander verwandt. Die auf Mißverständnissen und Verkennungen beruhende Situationskomik ist „aus dem allergemeinsten Fache". Nicht viel besser ist diejenige, die aus Wortspielen und Witzen entspringt[84]).

---

[79]) Vgl. *Hamb. Dram.,* 79. Stück.

[80]) Vgl. De Bruyne, *Renaissance,* S. 198.

[81]) A. a. O., S. 372 ff.

[82]) *Hamb. Dram.,* 28. Stück.

[83]) Rousseau, *Lettre à d'Alembert* vom 20. 3. 58; d'Alembert, *Mélanges de littérature, d'histoire et de philosophie,* II, S. 242. Vgl. Robertson, a. a. O., S. 390 f.

[84]) Vgl. *Hamb. Dram.,* 14., 51., 83. Stück.

Gleich den tragischen Charakteren sollen die komischen täuschen und interessieren und auch allgemein und typisch sein. Am besten erwählt man sie sich in der eigenen Nation, damit sie dem Zuschauer näherstehen. Sie brauchen aber keine knechtischen Kopien der Wirklichkeit zu sein; im Gegenteil, der Dichter darf sie retuschieren, damit die verächtliche Seite ihrer Torheit nicht allzu sinnfällig wird. Die schon in der Tragödie unerwünschte poetische Gerechtigkeit ist aus der Komödie verbannt[85]).

Auf der Suche nach Mustern für die Tragödie wandte sich Lessing nach England. Er stritt den Franzosen jeden Sinn für Tragik ab. In der Komödie dagegen findet er die englische Art kompliziert und ermüdend und meint, die Deutschen stünden auf diesem Gebiet den Franzosen näher als den Engländern. Damit eine englische Komödie die deutsche Bühne bereichert, muß sie von ihrem Episodenballast befreit werden. Das Muster bleibt die französische Komödie. Ein treffender Beweis dafür, daß Lessing an keiner Idiosynkrasie gegen Frankreich krankte und daß seine leidenschaftliche Polemik gegen die französische Tragödie nicht auf parteiische Voreingenommenheit, sondern auf wohldurchdachte Einsichten zurückzuführen ist. Die Katharsis der Komödie besteht, wie die der Tragödie, in einer moralischen Wirkung: sie bessert, indem sie die Fähigkeit, das Lächerliche leicht und geschwind zu bemerken, ausbildet[86]).

Die T r a g i k o m ö d i e , eine Mischung von Tragik und Komik, von Gemeinem und Erhabenem, von Lustigem und Traurigem in demselben Stück war sehr bezeichnend für das Barockdrama. Obschon Lessing im Grunde geneigt ist, diesen Stil dem forcierten Anstand und der frostigen Vornehmheit der französischen Tragödie vorzuziehen und obwohl er ihm gewisse Vorteile einräumt (Originalität der Fabel, Mannigfaltigkeit der Wirkungen, Klarheit der Situationen, Konsequenz der Charaktere, Kraft des Ausdrucks), kann er seine Übertreibungen und „Romanenhaftes" schließlich doch kaum billigen. Die Verquickung von Posse und Ernst läßt er höchstens als eine treue Wiedergabe des Lebens gelten, in welcher Unwahrheit und Unnatürlichkeit keinen Platz haben. Das Barockdrama hat aber nur die äußeren Erscheinungen wiedergegeben, ohne der menschlichen Psychologie Rechnung zu tragen. Daher mußte es notwendig in das Fabelhafte, das Lügenhafte, das Unmögliche verfallen. Überdies hat es sich ständig an einem Prinzip versündigt: Aufgabe der Kunst ist es nicht, die Natur einfach wieder-

[85]) Vgl. *Hamb. Dram.*, 22., 87.—88., 99. Stück.
[86]) Vgl. *Hamb. Dram.*, 12. und 29. Stück.

zugeben, sondern, wie oben gesagt, zu entwirren, abzusondern und zu motivieren. Im Barockdrama wird diese Bedingung nicht erfüllt; die dramatischen Ereignisse werden dort ohne jede Notwendigkeit unterbrochen und durcheinandergeworfen.

Es kommt im Leben jedoch vor, daß die Freude unmittelbar und notwendig aus dem Leid hervorgeht, daß der Ernst unausweichlich Lachen verursacht. In diesem Fall dürfen sie auch in der Kunst nicht voneinander getrennt, es muß vielmehr gerade ihre Unzertrennlichkeit gezeigt werden. Dies erfordert aber eine tiefe Kenntnis des menschlichen Herzens, und die Tragikomödie, welche diesen Problemen hätte gerecht werden können, ging über die Kräfte der barocken Dramatiker hinaus. Nur einem Shakespeare konnte der kühne Wurf gelingen[87].

Auf die gleichen Grundsätze der Wahrheit und Natürlichkeit stützt sich Lessing in seiner Verteidigung des rührenden Lustspiels und der ernsten Komödie, wie sie in Diderots *Familienvater* vorliegt[88]. Ausschlaggebend waren jedoch sowohl für die Tragikomödie als für das ernste Lustspiel keine allgemeinen Prinzipien, die ihn eher zur Ablehnung bewogen hätten, sondern das tatsächliche Vorhandensein solcher Werke, die er für gelungen hielt. So bot sich ihm Gelegenheit, einen seiner Lieblingsgedanken über den Primat des Genies zum Ausdruck zu bringen: „Vieles muß das Genie erst wirklich machen, wenn wir es für möglich erkennen sollen"; oder auch „Wie manches würde in der Theorie unwidersprechlich scheinen, wenn es dem Genie nicht gelungen wäre, das Widerspiel durch die Tat zu erweisen"[89].

3. Kritik und Genie

Kritik und Genie sind keine gegensätzlichen und unvereinbaren Erscheinungen. Beide gründen sich auf Werte, die unabhängig von ihnen existieren, nämlich das Wesen und den Zweck der Kunst: der Kritiker sucht darin einen objektiven Maßstab, das Genie richtet sich in seiner Schöpfung spontan danach. Nur die Erkenntnis dieser Werte setzt den Kritiker instand, Gesetze zu entdecken. Diese beziehen sich nie auf Äußerlichkeiten, sondern jeweils auf das Wesentliche, d. h. auf die Mittel zur Erreichung des deutlich eingesehenen Zweckes. Sie streben keine strenge Regelmäßigkeit der äußeren Form im Sinn der französischen Tragödie an; solche Regelmäßigkeit deutet öfters auf eine Verkennung der tieferen Gesetze. Shakespeare, dem alle förmlichen Vorschriften unbekannt waren, der aber den Zweck der Tragödie erreicht,

---

[87]) Vgl. *Hamb. Dram.*, 68.—70. Stück.

[88]) Vgl. *Hamb. Dram.*, 21. Stück.

[89]) *Hamb. Dram.*, 21. Stück; *Laokoon*, Kap. IV.

ist im Grunde regelmäßiger als Corneille, welcher durch alle Mittel versucht, sich mit rein äußerlichen Regeln abzufinden, und dabei den Zweck verfehlt. Dies ist das Thema des berühmten 17. *Literaturbriefes.* Wer die wesentlichen, spezifischen Gesetze der Kunst und der Gattung verletzt oder durch andere, oberflächliche, mechanische, willkürliche ersetzt, vereitelt die Wirkung des Werkes und verzichtet auf höhere Schönheiten. So ist es um die Regelmäßigkeit der Franzosen bestellt. Entweder sind ihre Regeln so locker, daß sie kaum noch als solche betrachtet werden können, oder sie werden so linkisch und steif befolgt, daß es mehr beleidigt als ein völliger Mangel an Regelmäßigkeit. Nebensächliche Bemerkungen des Aristoteles über die äußere Gestaltung des Dramas haben die Franzosen für wesentliche Gesetze gehalten, und das Wesentliche haben sie durch willkürliche Einschränkungen und Auslegungen aller Art geschwächt und verleugnet. Es war daher unausbleiblich, daß ihre Stücke die von Aristoteles analysierte tragische Wirkung bei weitem nicht erzielten. Richtig aufgefaßte Regeln können das Genie weder ersticken noch hemmen, da sie sich auf das Wesen der Kunst selbst gründen und nicht willkürlich von außen auferlegt sind. Sie sind nicht von einer selbständig bestehenden Form, sondern von der Wirkung her determiniert. Zwischen genialen Schöpfungen und echten Gesetzen herrscht eine notwendige Übereinstimmung: „Jedes Genie ist ein geborener Kunstrichter, es hat die Probe aller Regeln in sich." Wird ein angebliches Gesetz durch das Werk eines Genies widerlegt, so war es ein falsches Gesetz. Lessing hat mehr Vertrauen in das schöpferische Genie und in die konkrete Erfahrung als in die Logik und ihre Schlüsse. „Das Genie lacht über alle die Grenzscheidungen der Kritik"; es „trotzet aller unserer Philosophie." Es kommt einzig darauf an, ob ein Werk seinen Zweck erreicht; wenn dies der Fall ist, soll der Kritiker daraus zu lernen bestrebt sein und „sein Lehrbuch vergessen"[90]). Das Genie ist eben die Kraft, die den Künstler dazu befähigt, den Zweck der Kunst zu erreichen, die Gefühlswirkung zu erzielen. Es ist die intuitive Erkenntnis der tieferen Gesetze der Kunst — nicht der oberflächlichen, mechanischen Regeln — und die instinktsichere Anwendung dieser Gesetze auf die einzelnen Kunstformen. Instinktiv meidet das Genie die Beschreibung in der Poesie und die Häßlichkeit in den bildenden Künsten. Es bringt keine Erzählung auf die Bühne, wo man auf Handlung gefaßt ist, es gefällt sich nicht im Unwahrscheinlichen, sondern weiß, daß die Wirkung erst

---

[90]) Vgl. *Hamb. Dram.*, 7., 11., 19., 44., 48., 81., 96., 101.—104. Stück.

durch eine strikte Motivierung und psychologische Wahrheit möglich wird.

Es muß jedoch bemerkt werden, daß diese Auffassung am Ende einer Entwicklung steht. Lessings Sprache klang in seiner Jugend anders. Lange hat er gezögert, ehe er das Wort Genie gebrauchte. In seinen ersten Schriften sprach er von Kopf, Geist usw. Erst später hat er das Wort zu gebrauchen gewagt. Aber auch dann blieb er noch eine Zeitlang in den Vorstellungen der Aufklärung befangen. In den *Abhandlungen über die Fabel* schreibt er: „Gott gibt die Seele, aber das Genie müssen wir durch Erziehung bekommen. Ein Knabe, dessen gesamte Seelenkräfte man soviel als möglich beständig in einerlei Verhältnissen ausbildet und erweitert, wird ein Genie werden, oder man kann nichts in der Welt werden." Hinter solchen Ausführungen erscheint der rationalistische Hintergrund deutlich genug: das Genie läßt sich erlernen, die Kenntnis der Regeln und Muster ist eine Vorschule der dichterischen Schöpfung, das persönliche Erlebnis ist überflüssig, die Einbildungskraft reicht zur Hervorbringung aller Leidenschaften aus[91].

Später, namentlich im *Laokoon* und besonders in der *Hamburgischen Dramaturgie,* ist der Ton sehr anders. Nicht nur ist das Studium der Regeln dem Genie nicht unentbehrlich, sondern die Regeln selbst können erst aus seinem Werke mit Sicherheit erkannt werden. Das Genie wird das Primäre, die Theorie hat sich nach ihm zu richten, nicht es nach der Theorie. „Dem Genie ist es vergönnt, tausend Dinge nicht zu wissen, die jeder Schulknabe weiß; nicht der erworbene Vorrat seines Gedächtnisses, sondern das, was es aus sich selbst, aus seinem eigenen Gefühl hervorzubringen vermag, macht seinen Reichtum aus[92]."

Das große Erlebnis, das zwischen der Meinung seiner Jugend und der späteren Ansicht liegt, ist Shakespeare. Ein volles Vertrauen in das freie Schaffen des Genies hat Lessing erst nach der Begegnung und eingehenden Beschäftigung mit Shakespeare gefaßt. „Was man von dem Homer gesagt hat, es lasse sich dem Herkules eher seine Keule als ihm einen Vers abringen, das läßt sich vollkommen auch vom Shakespeare sagen. Auf die geringste von seinen Schönheiten ist ein Stempel gedrückt, welcher gleich der ganzen Welt zuruft: „Ich bin Shakespeares!"[93]. Shakespeare läßt uns alles glauben, was er will: „Vor seinem Gespenst im Hamlet richten sich die Haare zu Berge, sie mögen ein gläubiges

---

[91]) Vgl. *Rettungen des Horaz.*

[92]) *Hamb. Dram.,* 34. Stück.

[93]) *Hamb. Dram.,* 73. Stück.

oder ungläubiges Gehirn bedecken". „So ein Dichter ist Shakespeare, und Shakespeare fast einzig und allein"[94]). Die letzten Seiten der Dramaturgie fließen von derartigen Vertrauenserklärungen über. Warum hat Aristoteles das Wesen der Tragödie ergründen können? Nicht nur weil er richtig gedacht, sondern weil er dieses Wesen aus den genialen Werken des Altertums herausgearbeitet hat: „Was mich also versichert, daß ich das Wesen der dramatischen Dichtkunst nicht verkenne, ist dieses, daß ich es vollkommen so erkenne, wie es Aristoteles aus den unzähligen Meisterstücken der griechischen Bühne abstrahiert hat"[95]).

Es herrscht für Lessing also notwendigerweise eine vollkommene Übereinstimmung zwischen Gesetz und Genie, da das richtig verstandene Gesetz sich nur aus den Werken des Genies erschließen läßt. Um so größer ist aber der Abstand zwischen Genie und mechanischen Regeln. Wenn eine Tragödie ihren Zweck erreicht, ist es völlig belanglos, ob sie in Versen oder in Prosa abgefaßt ist, ob sie die hergebrachten drei Einheiten von Ort, Zeit und Handlung beachtet oder nicht. Ja, die Beachtung dieser von außen aufgezwungenen Einheiten kann zu Unwahrscheinlichkeiten und Absurditäten führen, die jede Wirkung vereiteln[96]). Es ist gleichgültig, ob ein Drama die Regeln der Gattung treu befolgt oder nicht, wenn es seinen Zweck erreicht: „In den Lehrbüchern sondere man die Gattungen so genau voneinander ab als möglich; aber wenn ein Genie höherer Absichten wegen mehrere derselben in einem und ebendemselben Werke zusammenfließen läßt, so vergesse man das Lehrbuch und untersuche bloß, ob es diese höhere Absicht erreicht hat"[97]).

Die Darstellung des Genies als des Primären, das die Regeln verschmäht und verwirft, wenn sie seiner Absicht nicht angemessen sind, führt Lessing in die unmittelbare Nähe des Sturmes und Dranges und ermöglicht uns, seine Stellung in der Theorie des 18. Jahrhunderts zwischen Rationalismus und Irrationalismus genauer zu bestimmen. Er polemisiert heftig gegen die ersten Stürmer und Dränger, die sich mit der Parole „Genie" über alle Gesetze hinwegzusetzen meinen. „Wir haben, dem Himmel sei Dank, jetzt ein Geschlecht von Kritikern, deren beste Kritik darin besteht — alle Kritik verdächtig zu machen. Genie! Genie! schreien sie. Das Genie setzt sich über alle Regeln hinweg! Was das Genie macht, ist Regel! So schmeicheln sie dem Genie; ich glaube,

[94]) *Hamb. Dram.*, 11. Stück.
[95]) *Hamb. Dram.*, 101.—104. Stück.
[96]) *Hamb. Dram.*, 46. Stück.
[97]) *Hamb. Dram.*, 48. Stück.

damit wir sie auch für Genies halten sollen. Doch sie verraten zu sehr, daß sie nicht einen Funken davon in sich spüren, wenn sie in einem und ebendemselben Atem hinzusetzen: die Regeln unterdrücken das Genie! Als ob sich Genie durch etwas in der Welt unterdrücken ließe! Und noch dazu durch etwas, das, wie sie selbst gestehen, aus ihm hergeleitet ist"[98]). Im Prinzip sind die Auffassungen Lessings und der Stürmer und Dränger jedoch viel verwandter, als es nach der heftigen Polemik den Anschein hat. Lessing formuliert die Ansicht der Stürmer zugespitzt mit den Worten: „Was das Genie macht, ist Regel". Er selbst aber schreibt: „Das Genie hat die Probe aller Regeln in sich". Was er dem Sturm und Drang vorwirft, ist erstens eine falsche Anschauung der Regeln und Gesetze, zweitens eine willkürliche Einschränkung des Genies auf den ersten Versuch.

Die Regeln, welche die jungen Stürmer und Dränger bekämpfen, sind eben die, die er in seinem ganzen theoretischen Werk als oberflächlich und unangemessen gebrandmarkt und daher abgelehnt hat. Entgegen dem Sturm und Drang hat ihn diese Ansicht jedoch nicht zur groben Verleugnung der Gesetze überhaupt, sondern zu einer Vertiefung ihres Studiums geführt. Lessing glaubt, daß es eine Konstante der Kunst gibt, die sich in grundlegenden, wesentlichen Gesetzen ausdrücken läßt. Und mit diesen tieferen Gesetzen der Kunst muß das Genie im Einklang sein, denn sie sind eigentlich nur abstrakte Formulierungen seiner konkreten Leistungen.

Nicht die Spontaneität des ersten Wurfes ist das Unterscheidungsmerkmal des wahren Genies: „Ich bin mißtrauischer gegen alle ersten Gedanken als De La Casa und der alte Shandy nur immer gewesen sind ... denke ich doch, daß die ersten Gedanken die ersten sind, und daß das Beste auch nicht einmal in allen Suppen obenauf zu schwimmen pflegt"[99]). Das Genie verachtet die nüchterne Arbeit der Reflexion und der Ausführung nicht. Seine Eigentümlichkeit ist die Absicht. Sie bezeichnet die Welt des Genies, „das — (es sei mir erlaubt, den Schöpfer ohne Namen durch sein edelstes Geschöpf zu bezeichnen!) das, sage ich, um das höchste Genie im kleinen nachzuahmen, die Teile der gegenwärtigen Welt versetzt, vertauscht, verringert, vermehrt, um sich ein e i g e n e s G a n z e daraus zu machen, mit dem es seine e i g e n e n A b s i c h t e n verbindet"[100]). Das Genie schafft die Welt um, reorganisiert sie gleichsam nach seinen eigenen

---

[98]) *Hamb. Dram.*, 96. Stück.

[99]) *Hamb. Dram.*, 101.—104. Stück.

[100]) *Hamb. Dram.*, 34. Stück.

Zwecken. In dem Bild, das es liefert, sind alle Elemente zu einem Ganzen verknüpft, das durch eine strenge kausale Verbindung zusammenhält. „Das Genie können nur Begebenheiten beschäftigen, die ineinander gegründet sind, nur Ketten von Ursachen und Wirkungen. Diese auf jene zurückzuführen, jene gegen diese abzuwägen, überall das Ungefähr auszuschließen, alles, was geschieht, so geschehen zu lassen, daß es nicht anders geschehen könne: das, das ist seine Sache"[101]). Dadurch hebt sich das Genie vom „Witz" ab: dieser sieht nur das Äußere der Dinge, er erfaßt nicht das spezifische Wesen der Kunst. Er gefällt sich im Komplizierten, das Genie im Einfachen.

Geniale Schöpfung erfolgt nicht aus einer sich unbewußt ergießenden Kraft heraus, sondern hauptsächlich auf Grund eines auf einen deutlich gefaßten Zweck abgestimmten Wissens. Ohne Absicht gibt es keine wahre Kunst: sie macht die gestalterische, schöpferische Energie des Menschen aus. Im vollendeten Werk offenbart sie sich durch eine angemessene Form, und die greifbarste Tätigkeit des Genies ist die Formgebung. Besonders hier ist es schöpferisch und gesetzgebend: „Veränderungen und Verbesserungen, die ein Dichter ... in seinen Werken macht, verdienen nicht allein angemerkt, sondern mit allem Fleiße studiert zu werden. Man studiert in ihnen die feinsten Regeln der Kunst, denn was die wahren Meister der Kunst zu beobachten für gut befinden, das sind Regeln"[102]).

Lessings Theorie des Genies ist die Wende der ästhetischen Anschauungen im 18. Jahrhundert. Sie ist der Übergang von der rationalen Auffassung zur irrationalen Ansicht des Sturms und Drangs. Lessing behält die klare und deutliche Analyse bei; er versucht, die konkreten Erscheinungen auf ihre Gesetze und ihre Prinzipien zurückzuführen, und dabei bedient er sich seines Verstandes. Andererseits aber weiß er, daß das Genie das Primäre und ein verstandesmäßig schwer zu ergründendes Phänomen ist. Man kann höchstens seine Erscheinung im Kunstwerk beschreiben, und diese Erscheinung zeichnet sich durch die Absicht aus. Im Grunde ist aber das Genie eine irrationale Naturgegebenheit, eine instinktive Veranlagung des Gemüts. Doch darf sich der Kritiker deshalb nicht schon mit einem bloßen Erlebnis des Kunstwerks begnügen, seine Aufgabe besteht im Aufdecken der tieferen Gesetze. Der Wert, den Lessing auf das Genie und auf das Bewußtsein des Irrationalen im Kunstwerk legt, trennt ihn von der Aufklärung; die Beibehaltung der rationalen Analyse trennt ihn

---

[101]) *Hamb. Dram.*, 30. Stück.
[102]) 19. *Literaturbrief.*

vom Sturm und Drang. Lessing ist der rationale Analytiker der irrationalen Kunsttätigkeit.

Hiermit schließt unsere Darstellung von Lessings System. Lessing ist kein Philosoph, wenigstens nicht in dem Sinn, den das Wort im ersten Teil dieses Buches hat. Er stellt sich nicht auf die Ebene der reinen Deduktion, er geht nicht von allgemeinen Begriffen und Definitionen aus. Ebensowenig bemüht er sich um eine philosophische und psychologische Erforschung des Schöpfungsprozesses, wie Herder sie unternehmen wird. Er überschreitet nicht den Rahmen der Kritik, er stützt sich auf die Betrachtung der Tatsachen und versucht induktiv Gesetze herauszuheben, die sich zu einer Theorie, deren Kohärenz wir gezeigt zu haben hoffen, zusammenschließen. Darauf kehrt er zu den Tatsachen zurück, um sie im Lichte der entdeckten Gesetze zu prüfen. So vereinigt er die induktive Zergliederung und die logische Deduktion und bietet eine Synthese der beiden großen Strömungen, die in der vorhergehenden Ästhetik zur Geltung gelangt sind und am reinsten von Winckelmann und Baumgarten vertreten wurden. Dadurch steht Lessing im Mittelpunkt der Entwicklung der Ästhetik im 18. Jahrhundert. Herder konnte schon schreiben: „Kein neuerer Schriftsteller hat, dünkt mich, in Sachen des Geschmacks und des feineren, gründlichen Urteils über literarische Gegenstände auf Deutschland mehr gewirkt als Lessing"[103]). Diese Wirkung ist nicht nur die Frucht des Zufalls; Lessing beabsichtigte, den Geist seiner Zeit zu beeinflussen. Seine Theorie will vor allen Dingen praktisch und wirksam sein; er läßt jedes Interesse für rein spekulative Analysen vermissen.

Was ihm besonders am Herzen liegt, ist das Theater. Geschmack und Praxis ziehen ihn immer wieder dorthin. Er will die deutsche Bühne erneuern, sie von der Abhängigkeit vom Ausland befreien und ihr angemessene Vorbilder, Daseinsmöglichkeiten und Aussicht auf Gedeihen verschaffen. Von seinem Briefwechsel mit Mendelssohn und Nicolai an bis zum Schluß der *Dramaturgie* bleibt das Drama und besonders die Tragödie seine Hauptsorge. Er wendet sich nicht an Genies; er weiß, daß seine Regeln für sie unnütz sind. Er will auf den Durchschnitt der Schriftsteller und des Publikums wirken. Wenn er die Beschreibung aus der Dichtung verbannt, so vielleicht nicht zuletzt, weil eine überdurchschnittliche Begabung nottut, um sie mit Erfolg durchzuführen. Um der Gefahr der Absonderung und der Verwirrung zu entrinnen, muß er von den Vorstellungen und dem Wort-

---

[103]) *Zerstreute Blätter*, XV, S. 486 (1786).

schatz, die seinen Lesern vertraut sind, ausgehen. Er muß die Erzählung aus der dramatischen Handlung ausschließen, weil es auf der Bühne schwieriger ist, durch die Erzählung als durch eine unmittelbar vorgeführte Handlung zu täuschen, und weil er sich vergeblich nach dichterischen Kräften umsieht, die den Gipfel der tragischen Kunst erklimmen könnten. Wie bei Winckelmann setzt man sich vielen Mißverständnissen aus, wenn man diese historischen Gegebenheiten nicht berücksichtigt.

Lessing reagiert gegenüber der Literatur der Zeit genau wie Winckelmann gegenüber der Kunst des Barock. Wenn Winckelmanns Reaktion deutlicher und entschiedener anmutet, so hängt das mehr mit dem Wesen der respektiven Künste als mit der Geistesrichtung der beiden Kritiker zusammen. In den bildenden Künsten waren die meisten Erscheinungen schon bezeichnet; es gab deutlich erkennbare Schulen und Tendenzen. Die äußere Form ist dort faßbarer und sinnfälliger als in der Dichtung; es ist leichter, ein Werk und einen Stil der Plastik nachzuahmen als ein dichterisches Erzeugnis, in dem doch immer ein schwer definierbarer Grundzug individueller Menschlichkeit bestehen bleibt. Gegen den Literaturbarock als Ganzes konnte Lessing nicht reagieren, denn schon der Begriff Barock war nicht eindeutig, ja im modernen Sinn nicht einmal geläufig. Zur Bezeichnung der barocken Theaterstücke gebrauchte man gewöhnlich das Wort „gotisch"! Übrigens boten sich die Tatsachen damals in einer lebendigen Mannigfaltigkeit dar, von der wir leichter als die Zeitgenossen absehen können. Anläßlich jedes Dramas mußte Lessing seine Meinung äußern und einzelne Probleme lösen. Sein tieferes Denken und der Sinn seiner Wirkung ergeben sich erst aus den Konstanten und den Tendenzen, die seinen Ansichten zugrunde liegen und die es herauszuarbeiten gilt.

Lessings Wirkung war sehr mannigfaltig. Von ihm ausgehend, hat Goethe sein Ideal von Weisheit, Ausgleich und Maß gebildet; auf derselben Grundlage hat Herder die Idee einer germanischen und shakespearehaften Dichtung aufgebaut. Paradoxerweise hat der Rationalist Lessing dazu beigetragen, ästhetische Kräfte, die er der Vernunft unterordnen wollte, von ihr zu befreien. Seine Verehrung Shakespeares, sein historischer Sinn, der jede Autorität relativierte, sein Kampf mit den herkömmlichen Regeln führten unmittelbar auf den Sturm und Drang hin, mochte er sich auch noch so heftig dagegen wehren. Freilich hat diese Bewegung nur kurze Zeit geblüht, und es hat nicht lange gedauert, bis die deutsche Literatur zu ausgeglicheneren Auffassungen gelangte. Goethe, Schiller, Kleist, Grillparzer, Hebbel schließen sich bald einer Anschauung der dramatischen Dichtung an, die der französischen Tragödie näher steht als dem Shakespeareschen Dramentyp. Lessings Ideen wirken dennoch weiter, denn die deutsche Literatur ist seitdem von der französischen Herrschaft befreit. Sie empfindet nicht einmal das Bedürfnis, jeden Kontakt mit Frankreich abzubrechen, um ihre eben errungene Autonomie aufrechtzuerhalten: Goethe wird Voltaires *Mahomet* auf die Bühne bringen und Schiller Racines *Phädra* übertragen; das Verhältnis hat sich aber von Grund auf gewandelt: jetzt spricht der Gleiche zum Gleichen.

Indem er gewisse Züge des griechischen Dramas aus der Beschaffenheit der antiken Bühne erklärt und in der Tragödie sowohl als im Lustspiel nationale Charaktere empfiehlt, indem er betont, daß Shakespeare dem deutschen Geschmack mehr entspricht als die Werke der Franzosen, und indem er eine Übereinstimmung zwischen poetischer Schöpfung und nationalem Geschmack verlangt, vertritt Lessing eine relativistische Kunstanschauung, die bald darauf jede Dogmatik zu Falle bringen wird. Freilich steht diese Anschauung nicht im Mittelpunkt seiner Theorie; im großen und ganzen gründet sich diese immer noch auf allgemeine und absolute Werte. Um diese Idee zum Kern und zum Angelpunkt eines ganzen Systems zu machen, bedarf es aber nur noch eines Schrittes. Herder wird ihn tun.

Kapitel III

HERDER

Ähnlich wie Lessing von einem scheinbar unversöhnlichen Gegensatz zu Winckelmann ausging und schließlich doch zu auffällig parallelen Schlußfolgerungen gelangte, wendet sich Herder zunächst gegen Lessing und führt in Wirklichkeit seine Anschauungen weiter, klärt seinen Wortschatz, systematisiert seine Ideen und untergründet durch eine von vornherein eindringlichere Einsicht und Einfühlung in den genialen Schöpfungsvorgang seine vernünftig gesetzgebenden Zergliederungen. Beide zielen darauf, die Absurdität der dogmatischen und willkürlichen Regeln nachzuweisen und die Kunst davon zu befreien, indem sie die Zulässigkeit unregelmäßiger Formen — wie etwa des Shakespeareschen Dramas — auf das tiefere Wesen der Kunst gründen.

Freilich darf über der Ähnlichkeit der theoretischen Ergebnisse ihrer Forschung der Gegensatz ihrer Charaktere und ihrer Hauptanliegen nicht übersehen werden. Herders leidenschaftliches Interesse gilt der bunten Mannigfaltigkeit der konkreten Erscheinungen, die er nicht von vornherein auf ein oberstes einheitliches Prinzip und einen allgemeinen Plan zurückführen will. Er trachtet danach, das Individuelle zu charakterisieren, nachdem er es in seinem Werden und Wirken gefühlsmäßig erlebt hat, während Lessings Denken Zweck und Absicht aufzudecken bemüht ist und sich spontan auf die Erkundung der Gesetze und der Grundsätze hin bewegt.

Herders Ästhetik ist in einer Menge von Traktaten, Kritiken, Rezensionen, Aufsätzen und polemischen Schriften verstreut, und die Probleme, denen er sich widmet, sind zahlreicher und mannigfaltiger als diejenigen, die Lessing in Angriff nahm. Genau wie bei diesem muß der Zusammenhang seiner Gedanken aus den einzelnen Untersuchungen herausgeschält werden. In keinem seiner Werke liefert uns Herder ein vollständiges Bild seiner Ansichten; er definiert nicht einmal seine Grundposition, von der aus sich seine Urteile erklären könnten. Diese seine grundsätzliche Einstellung muß ebenfalls aus dem Ganzen seines Werkes ermittelt werden. Er verfährt intuitiv, er reagiert unmittelbar auf das jeweilige einzelne Problem, ohne eine Methode, ein Beurteilungsprinzip ausdrücklich anzuführen. Dennoch zeichnet sich in seinen Schriften eine Gesamttendenz ab, die es ans Licht zu fördern gilt; denn sie vielmehr als das Resultat seines Nachdenkens verleiht Herder das Recht auf die höchste Rangstufe in der Geistesgeschichte und macht ihn zu einem modernen Geist.

1. Der Relativismus

Der Angelpunkt des Herderschen Denkens ist die Relativität von Kunst und Dichtung. Dieser Begriff wird von ihm niemals ausdrücklich als die Grundlage seiner Anschauungen bezeichnet; der Terminus ist ihm sogar unbekannt. Und dennoch beruht seine ganze Theorie auf dieser Idee. Sie war, wie schon gesagt, Lessing nicht fremd, stand aber nicht in der Mitte seines Systems. Indem er Shakespeare zu rechtfertigen versuchte und die Form des griechischen Dramas aus den Umständen seiner Entstehung und seiner Aufführung erklärte, hatte er die Verbindlichkeit der antiken Kunst für die neuere Zeit in Frage gestellt und sich von Winckelmanns Lehrsatz distanziert, wonach die Nachahmung der Alten der einzige Weg zur Größe und zur Schönheit sei. Er hatte die herkömmlichen Normen einer kritischen Überprüfung unterzogen und die Gattungen — mit deren Gesetzen — individualisiert. Herder führt diese Gedankengänge bis zu ihren letzten Konsequenzen.

Der Kern von Herders Denken ist in dem Satze enthalten: „In gewissem Betracht ist ... jede menschliche Vollkommenheit national, säkular und, am genauesten betrachtet, individuell"[1]).

In bezug auf die Beurteilung der Kunst befindet sich der Mensch in einem Dilemma. Ein bloßer Ring in der Kette des Daseins, kann er sich von seinen örtlichen und zeitlichen Bestimmungen niemals ganz befreien. Um sichere und allgemeingültige Urteile zu fällen, müßte er sich ü b e r das zu Beurteilende oder außerhalb desselben stellen können. Beides ist dem in Zeit und Raum eingemauerten Menschen unmöglich; nur ein übermenschliches Wesen bzw. eine Gottheit wäre dazu imstande. Wenn nun diese Sicht von außen dem Menschen je gelingen sollte, wäre er dadurch in Umstände versetzt, die sein Urteil völlig wertlos machen würden, denn die Voraussetzung für die Triftigkeit des menschlichen Urteils ist eine unmittelbare persönliche Anteilnahme an dem beurteilten Phänomen. So steht der Mensch zwischen einem Wunsch, ja einem anscheinenden Bedürfnis nach Abstraktion

---

[1]) *Auch eine Philosophie der Geschichte,* V, 505, in der Suphan-Ausgabe.

und der historischen Unmöglichkeit solcher Abstraktion. Und wenn sie sich — rein hypothetisch — vollziehen ließe, würde sie sich doch als illusorisch und nutzlos erweisen.

Dies ist der Fragenkomplex, dessen sich schon der junge Herder in seinen *Fragmenten* aus dem Jahre 1767 scharf bewußt ist: jedes ästhetische Urteil ist nur „Erscheinung". Den Ansichten des Kritikers sowohl als den Werken des Genies haften unabweislich die Merkmale der Zeit, des Volkes und des Individuums an. Allgemeine und unbedingte Gesetze für den künstlerischen Ausdruck gibt es nicht[2]).

Auf Grund dieser Erkenntnis wäre es aussichtslos, das Individuelle und Besondere ausscheiden zu wollen, um das Wesentliche und Bleibende zu behalten. Der einzig mögliche Weg zur Ergründung des Wesens der Kunst führt über die Beobachtung und das gefühlsmäßige Erlebnis dieser individuellen Eigenschaften; denn die Kunst verflüchtigt sich, sobald sie ihrer konkreten Attribute beraubt wird.

Der Künstler „trägt die Fesseln seines Zeitalters"[3]). Er wurzelt in seiner Zeit wie der Baum im Erdreich. Ähnlich wie die Erde den Baum ernährt, verleihen Zeit und Volk dem Werke des Künstlers Leben, Form, Charakter. Deshalb verstehen wir jeweils besser, angemessener und vollständiger, was uns nahe steht. Die richtige Wertung wird durch die zeitliche und räumliche Entfernung beträchtlich erschwert. Das unmittelbare Urteil ist immer das beste, weil es sich auf tatsächliche und überschaubare Gegebenheiten gründet. Das Werk eines Dichters kann nur angesichts der Geistesverfassung seiner Zeit richtig eingeschätzt werden. Dichtung wird für e i n e Zeit und e i n Volk geschrieben. Wenn wir diese Zeit und dieses Volk kennen, dürfen wir vom Dichter sagen, daß er in diesen zeitlichen und räumlichen Grenzen groß oder unbedeutend gewesen ist. Mehr zu behaupten liegt nicht in der menschlichen Kraft. Es wäre reine Willkür und Unwissenheit, Homer als den Maßstab des menschlichen Geistes zu betrachten[4]).

So haben wir uns ein gutes Stück von Winckelmann entfernt! In diesem Verzicht auf absolute Urteile und in der scheinbar übertriebenen Relativierung von Kritik und Kunst zeichnet sich deutlich die Tendenz ab, eine größere Anzahl von Kunstepochen und -stilen als ästhetisch gültig anzunehmen und Erklärung und Erlebnis höher als Beurteilung und rationale Erkenntnis zu stellen. Es ist ungerecht, dem Künstler Fehler vorzuwerfen, die durch sein Milieu, seine Sprache,

---

[2]) Vgl. *Fragmente*, I, 361.

[3]) *Über Thomas Abbts Schriften*, II, 265.

[4]) *2. Kritisches Wäldchen*, III, 197 ff.

seine Denk- und Empfindungsgewohnheiten gerechtfertigt oder doch erklärt sein wollen. Ohne Kenntnis der äußeren Umstände eines Werkes ist es unmöglich, dessen Geist zu fassen, die Gefühle seines Urhebers und die Seelenzustände des Publikums, für welches es geschrieben wurde, zu teilen. Die „Wachtparole" jeder Kritik ist die Verpflichtung, „sich in den Sinn des Schriftstellers zu setzen"[5]). Vor allen Dingen kommt es auf einen adäquaten Maßstab an: die Erzeugnisse einer Epoche lassen sich nicht mit Kriterien werten, die anderen Zeiten entlehnt sind. Herder mißtraut den abstrakten Grundsätzen der Aufklärung und verwirft sie zugunsten einer individuelleren Anschauung der Wirklichkeit. Jeder abstrakte Begriff soll durch Tatsachen erhärtet und in seinen konkreten Zusammenhang zurückverwiesen werden. Geschichte und Anschauung gehen vor Universalphilosophie. „Man bildet nichts aus, als wozu Zeit, Klima, Bedürfnis, Welt, Schicksal Anlaß gibt". Es gibt keinen absoluten und unveränderlichen Begriff und daher auch keinen zeitlosen Maßstab. „Alles muß innerhalb seiner Grenzen, aus seinen Mitteln und seinem Zwecke beurteilt werden". Dies gilt auch für die verschiedenen Künste und innerhalb jeder Kunst für jede einzelne Gattung[6]).

Angesichts der allgemeinen Relativität der Kunst stellt sich das Problem der Nachahmung und der Muster wieder einmal anders als in den oben dargelegten Theorien. Da die Kunst an Zeit und Milieu gebunden ist, kann ein Werk, das in der Epoche und in dem Lande seiner Entstehung mit Recht für vollkommen gehalten wurde, für eine spätere Zeit bzw. ein anderes Milieu diese seine Vollkommenheit einbüßen. Auch Lessing wußte schon, daß eine gute dänische Komödie nicht unbedingt ein gutes deutsches Lustspiel ist. Jede knechtische, äußerliche Nachahmung („Nachbildung") ist wertlos und bekundet nur Mangel an Genie und Kunstsinn. Zulässig und manchmal notwendig ist die „Nacheiferung", d. h. eine intelligente Nachahmung, die das Muster den anderen Zeit- und Ortsumständen anpaßt. Auch die Kunst der Griechen wurde von Zeit und Umwelt bestimmt. Das Gesetz duldet keine Ausnahme. Wenn man also ein griechisches Werk in seiner historischen und historisch berechtigten Gestalt ohne Anpassung an die heutige Welt nachahmt, verkennt man das Wesen der Kunst. Die Alten ahmen wir nur dann richtig und gehörig nach, wenn wir unseren konkreten Bestimmungen Rechnung tragen, wenn wir Themen

---

[5]) 2. *Kritisches Wäldchen*, III, 232; Rezension von Klopstocks *David*, V, 363.

[6]) *Auch eine Philosophie der Geschichte*, V, 486 ff. und 505; *Vom Geist der ebräischen Poesie*, XI, 226; 1. *Kritisches Wäldchen*, III, 154.

aus unserer Welt erfinden und vortragen, wie die Alten selbst getan haben. Dazu bedarf es aber weniger konkreter Muster als poetischen Geistes. Erst dieser macht alles lebendig. Eben weil die Alten ihn besaßen, sind sie in der Kunst so hoch gestiegen. Herkules war ein Bauernknecht und der Olymp ein banaler Hügel wie tausend andere, ehe der poetische Geist sie in den Nimbus der Kunst gehüllt hat. Durch ihren Geist und nicht durch ihre äußeren, besonderen und historischen Merkmale können die Alten Vorbilder sein. Es wäre z. B. willkürlich, die zufälligen Modalitäten der griechischen Bühne zu Gesetzen für alle Orte und alle Zeiten erheben zu wollen. Die Auffassung der antiken Kunst als einer verbindlichen Regel und eines vollkommenen Musters ist für Herder völlig entwertet. Die Nachahmung des Altertums sichert in keiner Weise die Größe der modernen Kunst, was Winckelmann davon auch halten mochte. Seit dem Altertum sind übrigens Genies ersten Ranges erschienen, die es nur kümmerlich gekannt haben: Dante und Shakespeare z. B. Die größten menschlichen Erfindungen stammen aus angeblich barbarischen Zeiten. Die antiken Vorbilder müssen vor dem Nationalgeist und dem Geschmack des jeweiligen Volkes zurückweichen[7]).

A. Das Nationale

„Jede menschliche Vollkommenheit ist national". Die Gemeinschaft legt dem Künstler ihre Sprache, ihre Geistesform und zahlreiche weitere Bestimmungen auf. Nur in seiner Nation ist ein Dichter vollkommen verständlich. Schon in seiner Jugend forderte Herder die Kritiker auf, der Herkunft und der Heimat der Künstler, den verschiedenen Landschaften Deutschlands Rechnung zu tragen[8]). Später hat er selbst versucht, die Nationalcharaktere der europäischen Völker zu definieren.

„Jede Nation hat ihren Mittelpunkt der Glückseligkeit in sich wie jede Kugel ihren Schwerpunkt." Es ist sinnlos, sich zu fragen, welches Volk am glücklichsten gewesen sei, und genau so eitel ist es, die verschiedenen Nationen oder die Alten und die Neueren in künstlerischer Hinsicht miteinander vergleichen zu wollen, wenn man an alle den-

---

[7]) *Fragmente*, I, 382 f., 441 ff.; *Zerstreute Blätter*, XVI, 92 ff.; *Briefe zur Beförderung der Humanität*, XVIII, 77 ff.

[8]) Vgl. die Rezension der *Bibliothek der schönen Künste und Wissenschaften*, I, 100, worin sich wohl das erste Programm der Sauer-Nadlerschen Literaturbetrachtung findet.

selben Maßstab legt[9]). Hier wie überall kann die Wertung nur relativ sein. Die Frage, die man sich vorzulegen hat, ist: inwiefern haben die Dichtung und die Kunst einer Nation für diese Nation Wert? Das läßt sich nur auf Grund einer Kenntnis des Nationalcharakters beantworten. Jedes abstrakte und allgemeine Kriterium, das dieser Relativität nicht Rechnung trüge, wäre falsch. „Die Poesie ist ein Proteus unter den Völkern, sie verwandelt ihre Gestalt nach Sprache, Sitten, Gewohnheiten, nach dem Temperament und Klima, sogar nach dem Akzent der Völker"[10]). Der ganze Komplex der nationalen Situation (Rasse, Sprache, Sitten, Klima, Regierungsform, gesellschaftliches Leben) bestimmt den Stil und die Kunstform jedes Volkes sowie seine Vorstellung von Vollkommenheit. Es ist immer ein Irrtum, einer Nation Formen aufzwingen zu wollen, welche ihr auf Grund dieses Komplexes fremd sind. Darin liegt für Herder die große Schwäche von Winckelmanns System. Obschon dieser sich auf historische und nationale Gegebenheiten beruft, weist sein Denken einen Mangel an Geschmeidigkeit und echtem historischen Sinn auf. Er mißt alles mit einem griechischen Maß. Die ägyptische Kunst hat er z. B. nicht ihrer eigenen Natur gemäß aufgefaßt; jeder Satz, den er ihr widmet, ist parteilich und verständnislos. Er hätte die ägyptische Kunst gefühlsmäßig erleben, ihre Absicht nachempfinden, durch die Einbildungskraft an ihrem Wesen und ihrem Geiste teilhaben müssen; er hätte ihr dann den Mangel an Reiz, an Bewegung und Handlung nicht vorgeworfen, denn diese Kunst hatte sich zum Ziel gesetzt, den ewigen Tod auszudrücken. Winckelmanns Kunstgeschichte ist dogmatisch und gehört als solche einer vergangenen Epoche an[11]).

Dasselbe gilt für die Beurteilung Shakespeares. Herder wendet sich gegen alles, was bis dahin über diesen Dichter geschrieben wurde. Die einen rügen ihn wegen seiner barbarischen Unordnung und seiner Unkenntnis der klassischen Regeln; die anderen versuchen ihn zu entschuldigen und zu retten, indem sie die Vorzüge hervorheben, welche seine Verachtung der Regeln aufwiegen könnten. Sowohl die einen als die anderen halten ihn für mehr oder weniger schuldig. Nun ist dies eine irrtümliche Ansicht, die auf einem Vorurteil beruht. Shakespeare

---

[9]) Vgl. *Auch eine Philosophie der Geschichte*, V, 509; *Briefe zur Beförderung der Humanität*, XVIII, 135.

[10]) *Briefe zur Beförderung der Humanität*, XVIII, 134. Der Begriff der historischen und nationalen Relativität war damals bereits verbreitet: Montesquieu wendet ihn auf die Freiheits-, Rousseau auf die Regierungsform an. Auch Pope und andere Engländer hatten ähnliche Anschauungen zum Ausdruck gebracht.

[11]) *Auch eine Philosophie der Geschichte*, V, 491 f.

verlangt nachempfunden und erklärt zu werden, „wie er ist". Es ist
ebenso falsch, ihn auf Grund von Sophokles' Kunst und Aristoteles'
Gesetzen zu verurteilen als Sophokles auf Grund von Shakespeares Art
und Weise zu verwerfen. Sie sind zwei inkommensurable Erscheinungen. Beide sind ihrer „Natur", ihrer „Wahrheit" treu. Das Individuelle, das Äußere, die Form ihres Werkes trennt sie voneinander;
aber eben weil sie der Oberfläche nach so unähnlich sind, können sie
in ihrem Genie und in ihrer Kunst einander so nahe stehen. Wären sie
in der Form ähnlicher, so würden sie in ihrem Wesen ganz verschieden sein[12]).

Um ihre aus Spanien und Italien übernommenen Themen bei sich
einzuführen, haben die Franzosen des 17. Jahrhunderts sie nach ihrem
eigenen Geschmack behandeln und ihrer gesellschaftlichen Umwelt anpassen müssen. Erstaunlicherweise betrachtet Herder diese französische Gesellschaftsform und ihre Bestimmungen nicht als so berechtigt
wie die Charaktere der sonstigen Völker. Den Franzosen wirft er vor,
das Natürliche, Geniale, Schöpferische auf ein Mindestmaß zurückgeführt zu haben, um alles frostig und vernünftig zu machen[13]). Man
könnte sich tatsächlich darüber wundern, wenn das Nationale das einzige Bestimmungsmoment der Kunst wäre. Hier wird es aber durch
das Gebot der Natürlichkeit, den Hang zur primitiven und volkstüm-
lichen Dichtung, die Ablehnung der willkürlichen Konvention und der
von der Gesellschaft aufgedrängten künstlichen Regeln gemildert.
Diese subjektiven Elemente relativieren wiederum die nationale Relativität! Hier verläßt Herder den strengen Gesichtspunkt, auf den er
sich gestellt zu haben schien, um seinen persönlichen Vorlieben die
Zügel schießen zu lassen. Später kommt er allerdings zu seinem Ausgangspunkt zurück, aber dann hat der nationale Relativismus die Form
des deutschen Nationalismus angenommen.

Die Poesie ist ebenso urtümlich und natürlich wie die menschliche
Sprache selbst; die Ursprache war dichterisch[14]). Hier klingt offenbar
Hamanns berühmter Ausspruch an: „Poesie ist die Muttersprache des
menschlichen Geschlechts." Je mehr man sich der Quelle der Sprache,
der Natur, nähert, desto wahrer und spontaner wird die Dichtung. Die
Gesänge eines angeblich „wilden" Volkes sind lebendig, frei, voll
lyrischer Bewegung, nie pedantisch oder blutlos. Dieser ursprünglichen

---

[12]) Vgl. *Shakespeare*, V, 208 f.; *Fragment über die beste Leitung eines jungen Genies*, IX, 543 f.

[13]) *Journal meiner Reise*, IV, 413 ff. und 445.

[14]) *Über den Ursprung der Sprache*, V, 57.

Lebendigkeit verdanken die Lieder Ossians, der nordamerikanischen Völker und der Skandinavier ihre Zauberkraft, die vor allem in der starken Melodie, den kräftigen Alliterationen und dem festen Rhythmus liegt. Wie in der primitiven Sprache, die er bei Kindern und einfachen Menschen zu finden glaubt, bewundert Herder in diesen Gesängen den starken und rauhen Ausdruck, das Anschauliche, Sinnliche, Klare, Lebhafte, die unmittelbare zwanglose Aussage ohne rednerische Schnörkel. Darin spürt er den Geist der Natur, und er setzt ihn der Künstlichkeit der modernen Dichtung entgegen, die nicht mehr aus dem Feuer der Leidenschaft, sondern aus frostigen Überlegungen erwächst. Damit verläßt sie ihr eigenes Gebiet, das Sinnliche, und verläuft sich in Reflexion, Spekulation und Grübelei. Die primitive Dichtung redet die natürliche Sprache der Einbildungskraft; sie ist mit Gedankenbrüchen und unerwarteten Wendungen durchsetzt, ihr Ausdruck ist „ursprünglich, unentnervt, rein und männlich". So sind auch Luthers und Klopstocks Gesänge. Diese Poesie ist äußerst dramatisch; sie bietet „eine fortgehende, handelnde, lebendige Szene" im Gegensatz zu „den toten momentarischen Gemälden" nach dem Geschmack der Zeit. Freilich sieht Herder in diesen barbarischen Liedern ebensowenig wie in den antiken Meisterwerken vollkommene und allgemeine Muster, und er ist weit davon entfernt, ihre knechtische Nachahmung zu befürworten. Was er an ihnen bewundert, ist ihr Geist, der zwar rauh und einfach ist, aber zugleich auch von magischer Kraft und Größe, von einzigartiger Erhabenheit, Tiefe und Freiheit zeugt[15]).

Aus der Analyse der primitiven Dichtung ergibt sich ein bemerkenswerter Gegensatz: die Kunst tötet die Dichtung! Sobald der Dichter sich um den mechanischen Aspekt seines Werkes übermäßig kümmert und die Sorge um den Ausdruck die Oberhand gewinnt, verflüchtigt sich die Poesie, wie etwa in der späten hebräischen Dichtung und auch in der deutschen Literatur der Aufklärungszeit. Um einen passenden Begriff der Dichtung zu gewinnen, muß man zu den Ursprüngen hinaufsteigen: zur ersten hebräischen Poesie, voll kräftiger und suggestiver Bilder; zur natürlichen, instinktiven, regellosen Dichtung von Nordamerika; zur nordischen Literatur, die der deutschen verwandt ist; zur keltischen Poesie, deren Erschließung Herder als die größte literarische Entdeckung des Jahrhunderts betrachtet, weil sie das Erlebnis der Natur am besten vermittelt; zu Homer, Pindar, Sophokles und Shake-

---

[15]) *Briefwechsel über Ossian,* V, 164 ff.

144

speare[16]). Dies sind die bedeutendsten Stufen der „reinen" Poesie, d. h. der Dichtung, die sich frei von jedem Zwang der Kunst ausdrückt. Pindar und Sophokles haben dort ihren Platz wie die Skalden und Shakespeare. Bisher war man geneigt, das Natürliche nur insoweit hinzunehmen, als es nach dem antiken Kanon gestaltet wurde; Herder aber läßt die Griechen gelten, insofern sie natürlich sind, d. h. die Natur ausdrücken, wie sie ihnen erscheint.

Wenn auch diese Dichtungsformen dazu imstande sind, eine Idee vom reinen poetischen Phänomen zu verschaffen, so sind sie doch nicht alle gleich fähig, im zeitgenössischen Deutschland poetische Berufungen zu erwecken. „Ich bin Shakespeare näher als dem Griechen" (d. h. Sophokles), schreibt Herder. Warum? Vor allen Dingen, weil Shakespeare nordische Menschen darstellt und zu rühren weiß und weil die Illusion, die er schafft, und die Rührung, die er verursacht, für nordische Gemüter stärker und lebhafter sind als alles, was Sophokles bieten kann[17]). Diese Stellungnahme enthält kein Werturteil über das Altertum, sondern nur eine pragmatische Beurteilung auf Grund der damaligen Umstände in Deutschland. Das gleiche gilt für Herders Meinung, die skandinavische Dichtung sei für Deutschland fruchtbarer als die der Griechen und Römer. Aber nicht allein auf die Rasse stützt sich Herder, um sein Urteil zu fällen; nicht nur weil Shakespeare und die Skalden rassisch verwandt sind, empfiehlt er ihre Lektüre. Er spricht sogar von der skandinavischen Mythologie, wie sie in der Edda erscheint, als von einer „keltischen" Mythologie, und er hofft, daß das „deutsche Genie sich auf den Flügeln der keltischen Einbildungskraft in neue Wolken erheben" werde[18]). Dies wurde allerdings im Jahre 1766, d. h. ganz am Anfang seiner Laufbahn als Literaturkritiker, geschrieben. Später und besonders nach der Entdeckung Ossians wird er die germanischen und keltischen Elemente auseinanderhalten.

Stoffe, die unseren Lebensumständen allzu fremd sind, sollten wir besser meiden. Wir können sie weder voll verstehen noch genießen. Traditionen, Sitten, Reaktionen, die zu weit von uns abliegen, schaden der Dichtung. Trotz seiner Begeisterung für die hebräische Poesie rät Herder davon ab, ihre Themen zu übernehmen. Schöpfen wir aus eigenen Quellen, sagt er; wir tun falsch daran, sie außer acht zu lassen. Die deutsche Literatur ist eine Dichtung a priori, wie aus dem Himmel ge-

---

[16]) *Fragment über die beste Leitung eines jungen Genies*, IX, 541 ff.; *Über die Wirkung der Dichtkunst*, VIII, 344 ff.

[17]) *Shakespeare*, V, 219 f.

[18]) Rezension von Mallets Geschichte Dänemarks, I, 73 ff.

fallen, ohne tiefere nationale Wurzeln. Nun bieten sich ihr aber zwei vorzügliche Quellen: das deutsche Mittelalter — Herder bedauert, daß die alten nationalen Dichter nicht besser bekannt sind — und die Volkspoesie, die Märchen und Lieder, worin sich die Seele der Völker so klar widerspiegelt und woraus die Griechen so mancherlei geschöpft haben[19]).

Ähnlich wie er vorschlägt, das Gebiet der Dichtung aller nicht akklimatisierten Elemente zu entledigen, befürwortet er eine Rückkehr zur echten deutschen Sprache, von der lateinischen Herrschaft befreit und an das Mittelalter wieder anknüpfend. Die deutsche Sprache erwartet einen neuen Luther, der sie von der Überladung mit fremden Ornamenten erlöst und ihr die echte Größe zurückgewinnt. „Kein größerer Schaden kann einer Nation zugefügt werden, als wenn man ihr den Nationalcharakter, die Eigenheit ihres Geistes und ihrer Sprache raubt." Nun hat die lateinische Sprache die Ursprünglichkeit des deutschen Nationalcharakters beeinträchtigt. Luthers größtes Verdienst ist es eben, den deutschen Geist und die deutsche Sprache vom lateinischen Joch befreit zu haben. Seither haben sich aber andere schädliche Einflüsse geltend gemacht, namentlich der französische. Es gilt dieses neue Joch ebenfalls abzuschütteln, denn für die Dichtung hat das Deutsche vom Französischen nichts zu lernen, welches eine Sprache des Verstandes und eine Hemmung für das poetische Genie ist. Mit seiner größeren syntaktischen Freiheit, seinen Inversionen, seinem Rhythmus ist das Deutsche beugsamer als das Französische und schmiegt sich den Gefühlen, den Leidenschaften, der Einbildungskraft enger an[20]).

Wenn es seine Eigenart einmal wiedergefunden hat, wird das Deutsche eine Eigenschaft zurückerobert haben, die Herder als wesentlich hinstellt: die Einfachheit. Dadurch wird es dem Volke, „dem größten, nutzbarsten und ehrwürdigsten Teile der Menschen", wieder verständlich werden. So wird sich das innigste Verhältnis zwischen der Nation und ihrer Literatur herstellen, eine unumgängliche Voraussetzung der Lebendigkeit und der Fruchtbarkeit der Dichtung. Die Renaissance und ihre Fortsetzung haben gerade dies Verhältnis gesprengt. Durch den Gebrauch der lateinischen Sprache ist die Grundeinheit der Idee mit dem Ausdruck zerbrochen. Nun kann der Ausdruck nur dann völlig angemessen sein, wenn man dessen affektmäßige aura,

---

[19]) *Fragmente*, I, 258 ff.; *Von Ähnlichkeit der mittleren englischen und deutschen Dichtkunst*, IX, 522 ff.

[20]) *Fragmente*, I, 194, 236, 366 ff.

entferntere Resonanzen und Evozierungen kennt, was in einer fremden Sprache nie in demselben Grade wie in der nationalen möglich ist[21]).

B. Das Historische

„Jede menschliche Vollkommenheit ist säkular." Wie es keine für alle Völker gültigen Muster gibt, ist auch keine Vollkommenheit, keine Kunst für alle Zeiten verbindlich.

Die wesentliche Eigenheit des Menschen besteht nicht nur in seiner Eigenschaft als politisches Wesen, wie Aristoteles meinte; sie hängt auch mit der in der ganzen Schöpfung einzigartigen Tatsache zusammen, daß der Mensch ein historisches Wesen ist. Eben dies unterscheidet ihn vom Tier: die Biene war schon ganz Biene, als sie ihre erste Zelle baute; der Mensch aber ist in einem ewigen Werden begriffen. Sein Leben ist ein ständiges Fortschreiten, und es gelingt ihm nicht, sein volles Menschtum vor dem Ende seines Lebens zu verwirklichen. Wenn die Menschheit zur Vollkommenheit bestimmt ist, so kann diese nur am Tage ihres Untergangs erreicht sein. Alles Menschliche ist historisch bedingt. Der Mensch ist in der Geschichte befangen, nichts Menschliches läßt sich durch Ideen a priori erklären[22]).

In der Ästhetik ist Herders Stellung eindeutig. „Es ist schlechthin unmöglich, daß eine philosophische Theorie des Schönen in allen Künsten und Wissenschaften sein kann ohne Geschichte"[23]). Eine neuere Literatur läßt sich nur dann wirklich verstehen, wenn man alle ihre Komponenten und historischen Bestimmungen, alle griechischen, römischen, nordischen, orientalischen, hellenistischen Elemente, die ihr zugrunde liegen und aus denen sie erwachsen ist, genau erfaßt hat; für den Einzelnen ist dies eine fast unlösbare Aufgabe. Dazu bedürfte es einer Kenntnis der ganzen Geschichte des menschlichen Geistes[24]). Eigentlich sollte aber diese Geschichte unserem Geiste gegenwärtig sein, sobald es sich darum handelt, ein Urteil über ein Kunstwerk zu fällen; sonst läuft unsere Beurteilung Gefahr, nicht gerecht zu sein. In der *Kalligone* widersetzt sich Herder Kants logischer Definition des Geschmacks, indem er die historischen Bestimmungen des Geschmacks und seinen gesellschaftlichen Entstehungsprozeß aufzeigt[25]).

---

[21]) *Fragmente*, I, 386 ff., 392, 402 ff.; *Über die Wirkung der Dichtkunst*, VIII, 344 ff., 406 ff.

[22]) *Über den Ursprung der Sprache*, V, 98.

[23]) Rezension von Sulzers *Allgemeiner Theorie*, V, 380.

[24]) *Fragmente*, I, 363.

[25]) *Kalligone*, XXII, 207 ff.

Alles, dessen Werden wir nicht fassen, bleibt uns verschlossen. Herder schätzt ein Unvollkommenes im Werden höher als eine Vollkommenheit, die er historisch nicht versteht. Die Vorliebe für das Unvollendete, das die Romantik so charakteristisch bezeichnet, taucht hier schon auf. „Wir lieben immer mehr das Halbe als das Ganze, den versprechenden Morgen als den Mittag in höchster Sonnenhöhe. Wir wollen lieber empfinden als wissen, lieber selbst und vielleicht zu viel erraten, als langsam hergezählt erhalten"[26].

Solche Haltung setzt einen Sinn und einen Begriff der Geschichte voraus, die ziemlich neu sind. Winckelmann faßte diese allerdings schon als eine ursächliche und biologische Folge von Ereignissen auf und unterschied sie dadurch von der Chronik oder der Polyhistorie, die bis dahin in Ehren gestanden hatten. Herder hebt die gleichen Merkmale hervor. Er fordert einen Winckelmann der Literatur, eine Geschichte der griechischen Poesie und Philosophie, die keine bloße Aufzählung chronologischer Daten und keine Schilderung ihrer einzelnen Aspekte wäre, sondern die „den Ursprung, das Wachstum, die Veränderungen und den Zerfall derselben nebst dem verschiedenen Stil der Gegenden, Zeiten und Dichter, und dieses durch Proben und Zeugnisse beweisen sollte"[27].

Herder fördert alles, was imstande ist, die tiefere und methodischere Kenntnis der Kunst zu ermöglichen. Freilich erwartet er nicht von einem Winckelmann der Dichtung das Heil der modernen Poesie, wie Winckelmann selbst von der Entdeckung des Altertums das Heil der Kunst erwartete. Trotzdem bleibt bei ihm ein stark ausgeprägter historischer Pragmatismus bestehen. Er schätzt die *Literaturbriefe* hoch, möchte aber, daß sich auf Grund dieser „Memoirs", wie er sie nennt, eine Literaturgeschichte bilde, die der deutschen Dichtung den Weg zeigen und vor den zu meidenden Klippen warnen sollte. Eine solche Literaturgeschichte würde nicht rein spekulative Absichten verfolgen: indem sie die Gesetze und den Charakter des deutschen Geistes herausstellte, könnte sie den Bemühungen der Künstler als Leitfaden dienen[28].

Im Prinzip überschreiten die historischen Gesetze den nationalen Rahmen. Alles ist dem Gesetz der Entwicklung unterworfen: jede Tätigkeit, jedes Volk, jede Zeit. Die Welt ist in einem zyklischen Werden begriffen, die Wissenschaft wie die Kunst, die Sprachen wie die menschlichen Werke. Dieses Gesetz soll unseren Urteilen stets zugrunde liegen. Es läßt sich im großen und ganzen wie folgt formulieren: der Zyklus

---

[26] *Vom Erkennen und Empfinden*, VIII, 209.

[27] *Fragmente*, I, 294.

[28] *Fragmente*, I, 140 f.

geht vom Schlechten zum Guten, dann zum Vortrefflichen, kommt zum Mittelmäßigen und schließlich zum Schlechten zurück. Auf die Sprache angewandt, bezeichnet die Kurve eine Entwicklung vom rohen Anfang zur dichterischen Schönheit, dann zur schönen Prosa, ferner zur rationalen Genauigkeit und zum Verfall. Ähnlich steht es mit den bildenden Künsten[29]).

Entsprechend ist es auch um den Geschmack bestellt. Er ist eine natürliche Schöpfung wie etwa das Klima, die Lebensweise, der Volksgeist. „Er existiert wie alles zu seiner Zeit und an seinem Orte, zwanglos aus den simpelsten Veranlassungen, durch Zeitmittel, zu Zeitzwecken. Und da diese schöne Zeitverbindung auseinanderging, schwindet auch das Resultat derselben, der Geschmack"[30]). Durch die Analyse der Elemente dieser Zeitverbindung, dieser Konjunktur, hat Herder feststellen können, daß die Epoche Alexanders des Großen den griechischen Geschmack in seinen Quellen verdorben hat, weil sie die gesellschaftlichen Voraussetzungen seiner Entstehung vernichtete: die Freiheit, den öffentlichen Geist, die günstige Atmosphäre, usw. „Da der schönen Blume Boden, Saft, Nahrung, Äther fehlte und verpestende Winde wehten, starb sie"[31]). Bekanntlich stempelte Winckelmann diese alexandrinische Epoche zum klassischen Zeitalter Griechenlands.

Entfaltung und Untergang des Geschmacks erklären sich also nicht durch rationale oder psychologische Begriffe, sondern durch die Geschichte. Wenn man jede Einzelform des Geschmacks betrachtet, kommt man zu der Feststellung, daß er zugrunde geht, wenn seine historischen Voraussetzungen verschwinden. So ist es verständlich, daß er nie mit sich selbst identisch wieder erscheint. Jede Kunstepoche ist einzigartig. Das begründet die Eitelkeit jeder knechtischen Nachahmung. Keine Geschmacksform besteht unabhängig von ihren historischen Bestimmungen. Ein künstlicher, durch die Geschichte nicht begründeter Geschmack könnte nicht dauern. „Nichts in der Welt kann ohne Anlässe, Triebe, Wahrheit und rufendes Bedürfnis werden, was es werden soll, am wenigsten die edelste Gottesgabe: Geschmack und Genie"[32]). Um sich frei zu entfalten, muß der Geschmack in angemessenem Verhältnis zu der Zeit und ihren tieferen Bestrebungen stehen.

Auf Grund dieser Feststellungen kommt Herder zu dem Schluß, daß die Renaissance keine dauernde Erscheinung sein konnte, ebensowenig

---

[29]) *Fragmente*, I, 151 ff. Die entworfene Entwicklung erinnert an Vico; vgl. Spranger, *J. G. Herder*, S. 39.

[30])ᐧ *Ursachen des gesunknen Geschmacks*, V, 613.

[31]) Ebd., V, 622.

[32]) Ebd., V, 629.

wie der französische Geschmack des 17. Jahrhunderts, der von echten
Genies vorbereitet wurde, sich aber in einen Gesellschafts- und Hof-
geschmack verwandelte, der keine Wurzeln in den Bedürfnissen und
Sitten des Volkes hatte. Auch der römische Geschmack, der sich ohnehin nur in der Geschichtsschreibung und in der Redekunst offenbarte,
verdarb mit der Einsetzung der Monarchie, die beide Künste hemmte.
Er wurde etwas Künstliches, ein Treibhausprodukt, und erlosch. Um
den Geschmack zu fördern, muß man also der besonderen Lage des
Volkes und den Bedürfnissen der Zeit Rechnung tragen. Alles, was von
der Forderung des Tages abgeschnitten ist, ist unnatürlich und unfruchtbar[33]).

Auch die Beurteilung der Kunst untersteht dem Entwicklungsgesetz.
Der Geist ändert sich nach den Zeitaltern; manche Typen von tragischen
Helden, die das Mitleid der Alten erregten, ärgern uns heute. Manche
Regeln, die einmal historisch gerechtfertigt waren, sind heute nicht
mehr verbindlich; es wäre sogar falsch, sie anzuwenden. Darin liegt
ein schwerer Fehler der französischen Tragödie: sie hat die Regeln des
antiken Dramas beachten wollen, obschon diese den Umständen der
französischen Bühne nicht entsprachen[34]).

Das griechische Drama hat sich vom Chor aus entwickelt, und eine
richtige Auffassung seiner Geschichte wirft seine landläufige Wertung
um. Die ihm gewöhnlich zugeschriebenen Vorzüge (Einfachheit der
Fabel, Maß der Sitten, theatermäßiger Ausdruck, Einheit von Zeit und
Ort usw.) waren integrierende Bestandteile der ursprünglichen griechischen Tragödie, und zwar wurden sie nicht als der Gipfel der Kunst
erstrebt, sondern einfach von den Umständen erzwungen. Dies war die
Schale um den Kern. Von den anfänglichen Dithyramben bis zu
Euripides hat sich das Drama unaufhörlich kompliziert. Um seine Gesetze aufzustellen, hat Aristoteles Sophokles' Tragödien zum Vorbild
genommen, die schon verwickelter waren als die erste griechische
Dramenform. Mit welchem Recht soll man dabei bleiben und heute
noch Aristoteles' Regeln anwenden wollen? Sie galten nur für eine Zeit,
sie wurden von dem griechischen Drama selbst überholt, sie sind eine
historische Erscheinung, keine ewigen Gesetze. Alles verändert sich in
der Welt: Natur, Sitten, öffentlicher Geist, Überlieferung, Religion,
Musik, Ausdrucksmittel, die in der Blütezeit des griechischen Dramas
walteten, haben sich gewandelt. Alles, was man heute noch jener grie-

---

[33]) Ebd., V, 622 ff., 634 ff., 640 ff.

[34]) *Haben wir noch jetzt das Publikum und das Vaterland der Alten?*, I, 18;
Rezension von Sulzers *Allgemeiner Theorie*, V, 391.

chischen Bühne entlehnt, ist seelen- und leblose Gliederpuppe, Nachahmung, Pfuscherei. Das beste Beispiel dafür ist wieder einmal das
französische Theater.

Die Engländer haben verstanden, daß sie von ihren eigenen Umständen ausgehen mußten, um ihr Theater zu schaffen. Es ist sinnlos,
zu wünschen, das englische möge dem antiken Drama ähnlich sein: das
Wesen, der Vorzug, die Vollkommenheit der beiden beruhen eben auf
der Tatsache, daß sie unähnlich sind, daß verschiedene Erdreiche verschiedene Pflanzen hervorgebracht haben. Mit anderen Gegebenheiten,
Themen, Ausdrucksmitteln erzielt Shakespeare dieselbe Wirkung wie
Sophokles. Darauf kommt es an. Dieser „mit göttlicher Kraft begabte
Sterbliche" hat das Wunder vollbracht, von der eigenen Umwelt aus,
die weniger günstig als die antike war, den echten Zweck der Tragödie
wiederzufinden[35]).

C. Das Individuelle

„Jede menschliche Vollkommenheit ist, am genauesten betrachtet,
individuell." Hier finden der Nationalismus und der Historismus ihre
letzte Bestimmung und zugleich ihre Berichtigung. „Der tiefste Grund
unseres Daseins ist individuell, sowohl in Empfindungen als in Gedanken"[36]).

Die ganze Kunsttätigkeit — Erlebnis, Schöpfung, Beurteilung — ist
von Individualismus durchdrungen, und innerhalb der allgemeinen
Bestimmungen, die dargelegt wurden, läßt sie sich nur als individuelle
Erscheinung voll verstehen. „Keine zwei Dichter haben je ein Silben-
maß gleich gebraucht und wahrscheinlich auch gleich gefühlt"[37]).

Das dichterische Erlebnis ist, wie das ganze Gefühlsleben, tief persönlich. Von seinem Reichtum und seiner Intensität hängt die echte
Lebendigkeit des Werkes ab. Jedes andere „Leben" ist künstlich und
oberflächlich und höchstens der Technik zuzuschreiben. Echte Kunst ist
Ausdruck der Welt auf Grund einer persönlichen Anschauung. Für unser
Gefühl ist die Welt jeweils neu und verschieden von dem, was sie
jedem anderen ist. In der Kunst hat jeder seine Wahrheit. Deshalb verrät der Wille zur Nachahmung irgendeines Vorbilds eine Unwissenheit
über das Wesen der Kunst. „Schildere (die Bilder) nach deiner Art, wie
du solche wahrnahmst, wie der Geist deiner Poesie sie fordert"[38]). Nicht

---

[35]) *Shakespeare*, V, 209 ff., 217 ff.

[36]) *Vom Erkennen und Empfinden*, VIII, 207.

[37]) Ebd., VIII, 188 f.

[38]) *Zerstreute Blätter*, XV, 530.

die objektive Wirklichkeit soll man wiedergeben, sondern eine durch unser Erlebnis verwandelte und verklärte Wirklichkeit, das Ergebnis einer Begegnung des Ich mit der Welt. Als solche, d. h. bevor sie von unserem Ich durchdrungen wird, ist die Welt apoetisch, anästhetisch, mit Charles Lalo zu reden. Die Rolle des Künstlers ist also eine aktive: er bringt in das Erlebnis der Welt eine Subjektivität hinein, die sich notwendig auch in dem künstlerischen Ausdruck kundtut: „Ich habe nicht nach akademischen Regeln, sondern nach meiner Art schreiben wollen"[39]).

Was für Erlebnis und Ausdruck gilt, gilt auch für Kritik und Beurteilung. Nicht in allgemeinen Betrachtungen soll die Kritik sich ergehen. Solche wären auf jeden Fall nutzlos: für den Mann von Geschmack überflüssig, für den Stumpfsinnigen unzureichend. Alles kommt auf individuelle Psychologie an. Gerade das Individuelle muß der Kritiker in einem Kunstwerk erfassen. Er muß „die Besonderheiten einzelner Subjekte" entdecken, das Einzigartige ans Licht fördern[40]). Auch hier kommt die Subjektivität zu ihrem Recht; die Auffassung eines Werkes ist von Mensch zu Mensch verschieden: „Sich selbst ist die Sache, was sie ist, vollkommen in ihrem Wesen oder unvollkommen. Mir ist sie schön oder häßlich, nachdem ich dies Vollkommene oder Unvollkommene in ihr erkenne und fühle. Einem anderen sei sie, was sie ihm sein kann"[41]). Für Herder ist das Schönheitsurteil notwendig individuell und kann keinen allgemeingültigen Wert haben, weil es sich auf die je nach den Individuen mehr oder weniger vollkommene und angemessene Erkenntnis einer ontologischen „Vollkommenheit" gründet. Die Schönheit ist bloß eine Erscheinungsweise der Vollkommenheit. Nur die Betonung der individuellen Unterschiede und des Gefühlsmoments hebt diese Auffassung von Meiers Definition ab.

Die Hervorhebung des Individuellen in der Kunstschöpfung und in der Kritik ist bei Herder mit einer bestimmten Auffassung des Genies, d. h. der höchsten individuellen Konzentration der künstlerischen und kritischen Fähigkeiten, verbunden. Vom Genie gibt Herder keine Definition. „Es geht mit dem Wort Genie so, wie mit allen dergleichen feinen, komplexen Begriffen; sie werden als Phänomene hier und da mit Intuition erkannt, aber nirgends eigentlich deutlich abgesondert". Angesichts der Schwierigkeit einer „deutlichen Absonderung", d. h. einer rationalen Erkenntnis, weist Herder auf die Baumgarten-Sulzersche

---

[39]) *Über Thomas Abbts Schriften*, II, 267.

[40]) Ebd., II., 257 f.

[41]) *Kalligone*, XXII, 104.

Definition als die richtigste Anschauung hin[42]). Dieser Hinweis ist verwirrend, aber zugleich symptomatisch. Herder würde also nicht anstehen, die Definition eines Kernbegriffs seiner Theorie von „rationalistischen" Denkern zu übernehmen, und zwar im Jahre 1772, mitten
im Sturm und Drang, als er seinen *Shakespeare* schrieb. Herders Anschauungen über das Genie sind weit davon entfernt, immer eindeutig
und umwälzend zu sein. Vieles daran ist neu und zukunftsträchtig; er
wagt aber nicht immer, sich von der Tradition loszureißen, er zögert
zwischen widersprüchlichen Definitionen, er traut sich nicht, endgültig
Stellung zu nehmen. So paradox es klingen mag, man findet in Herders
Werk keine eingehende und methodische Zergliederung des Wesens des
Genies, sondern nur Darlegungen seiner Seinsweise.

Genie ist „der erste unerklärliche Scharfsinn, der nie durch Geduld
und Fleiß ersetzt wird, das große innerliche Gefühl eines Bewußtseins,
daß man das Ganze habe, das Hausherrn- und Eigentumsrecht, mit den
Begriffen schalten und walten zu können". Es zeichnet sich durch „einen
ersten Adlersblick" aus, der die Begriffe und die Gegenstände der Anschauung „im gehörigen Lichte" sieht, „mit der gehörigen Macht" empfindet, „mit dem wahren Feuer" denkt und „im ganzen Umfange"
überblickt[43]). Das einschlägige Beispiel ist wie gewöhnlich Shakespeare,
der „einem Engel der Vorsehung" gleich aus großer Höhe tief in das
verworrene Spiel der menschlichen Leidenschaften hineinsieht und sie
zu einem überschaubaren Ganzen zu verknüpfen versteht[44]).

Dieser scharfe Blick verleiht dem ersten Wurf einen einmaligen, unersetzlichen Wert. Nur er sichert dem Werk einen festen Umriß; nichts
kann über dessen Schwäche bzw. dessen Fehlen hinwegtäuschen[45]). Im
Gegensatz zu Lessing, der sein Mißtrauen gegen die „ersten Gedanken"
verkündete und für den sich das Genie vor allen Dingen in der Ausarbeitung des ersten Konzepts bewährte, steht Herder deutlich auf der
Seite des Sturmes und Dranges. Weil er im Zustand der Inspiration —
des Baumgartenschen *impetus* — entstanden ist, entspricht der erste
Wurf in Gehalt und Form genau der Vorstellung des Künstlers. Darin
hat die Idee ihren passenden Ausdruck spontan gefunden und ist mit
der Form unzertrennlich verschmolzen. Die späteren Korrekturen und
Abänderungen dürfen diesen ersten Wurf nicht von Grund auf verwandeln; sonst droht die Gefahr, daß die beiden darin verquickten Ele-

---

[42]) Rezension von Batteux' *Réduction des Beaux-Arts,* V, 285.
[43]) *Fragmente,* I, 380.
[44]) *Shakespeare,* V, 222.
[45]) *Briefwechsel über Ossian,* V, 181 ff.

mente auseinanderfallen. Das Genie faßt die Idee in ihrem Ganzen auf, setzt jeden Teil davon an den richtigen Platz, in das passende Licht, und weist ihm seine Funktion in der Harmonie des Ganzen zu. So entsteht in seinem Geiste ein vollständiges, kräftiges und gegliedertes Bild, das zum Ausdruck drängt. Dieser ist nur die sichtbare Hülle, in welche sich die Idee mit Gewalt hineinzwängt, die sie ganz erfüllt, belebt und ordnet. Verändert man den Ausdruck, verflüchtigt sich die Idee; hat man die Idee gefaßt, so ruft man sich zugleich den passenden Ausdruck ins Gedächtnis zurück[46]).

Das Genie ist schöpferisch. In der Kunst, im Gesellschaftsleben, in der Wissenschaft, in jeder geistigen Tätigkeit, „erweckt es Geist" und „belebt Kräfte"[47]). Das menschliche Leben überhaupt ist für Herder eine unablässige Schöpfung, eine Poetik im etymologischen Sinn des Wortes: jedes Bild, das wir zu „sehen" glauben, wird von uns eigentlich nicht nur wahrgenommen, sondern geschaffen, abgesondert, von unserem inneren Sinn geprägt. Das gilt in noch viel höherem Grade für die Kunst. Der Dichter deutet und schafft die Welt neu nach seiner Idee[48]).

Ist das Genie eine angeborene höhere Kraft, ein himmlischer Funke, und sein Träger ein Organ der Gottheit, wie mancher Stürmer und Dränger es behauptet? Oder besteht es einfach in einem glücklichen Verhältnis der Seelenvermögen, wie Baumgarten und seine Schule gewöhnlich dachten? An diesem Punkte ist Herders Denken besonders uneinheitlich. Das landläufige Bild seiner Theorie betont ohne jede Nuance seinen Glauben an die Angeborenheit und die göttliche Herkunft des Genies. Solcher Glaube wird freilich von gewissen Texten aus den ersten Jahren des Sturmes und Dranges, namentlich vom Versuch über Shakespeare, und vielleicht auch von der späteren *Kalligone*, in der Herder sich Kants Ideen so linkisch widersetzt, nahegelegt. In diesen Schriften wird das Genie als „ein höherer himmlischer Geist, wirkend unter Gesetzen der Natur, gemäß seiner Natur zum Dienste der Menschen", als eine angeborene, übermenschliche Kraft beschrieben[49]). Aber ähnlich wie Lessing, nachdem er den Primat des Genies über Regeln und Kritik verkündet hatte, sich etwas davon distanzierte, als die ersten „Schreihälse" des Sturmes und Dranges ihn übernommen

---

[46]) *Fragmente*, I, 402 f.

[47]) *Kalligone*, XXII, 206; vgl. auch *Briefe zur Beförderung der Humanität*, XVIII, 131.

[48]) *Zerstreute Blätter*, XV, 525 f.; *Shakespeare*, V, 226 ff.

[49]) *Kalligone*, XXII, 197 ff., 205.

und durch Übertreibung entstellt hatten, hat Herder ebenfalls, von dieser Entfesselung der Leidenschaften und der Triebe, die er zunächst gebilligt und teilweise sogar heraufbeschworen hatte, angeekelt, seine Meinung geändert, und zwar besonders in der dritten Fassung seines Versuchs *Vom Erkennen und Empfinden der menschlichen Seele* aus dem Jahre 1778. Dort verficht er eine These, die zu dem hergebrachten Bild seines Denkens in krassem Widerspruch steht. Das Genie ist hier keine angeborene Kraft, die von den sonstigen Eigenschaften des Geistes wesentlich verschieden wäre und ihren Besitzer zu einem Menschen ohne gemeinsamen Maßstab mit seinen Nächsten machte. Sarkastisch weist Herder das „Knabengeschrei" ab, das den angeborenen Enthusiasmus als „heitere, immer strömende und sich selbst belohnende Quelle" des Genies verherrlicht. Er wendet sich gegen diejenigen, die dem Genie Frühreife oder „übertriebenen Wuchs" eines Einzelvermögens zuschreiben. Beim wahren Genie befinden sich alle Seelenkräfte miteinander im Gleichgewicht. Nur „feindselige Genies des Menschengeschlechts" verdienen die Attribute der Begeisterung, der Schöpferkraft, der Originalität, der himmelaufstrebenden und sich aus sich selbst entwickelnden Urmacht, usw. Das wahre Genie ist viel bescheidener. Es fühlt seine Schwächen und Grenzen stärker als seine schöpferische Allmacht, es unterscheidet sich mehr durch seine Demut als durch seinen Stolz. Eigentlich besteht es in der Vereinigung und „edlen" Entwicklung von Erkenntnis und Empfindung und weist also nur Gradunterschiede gegenüber den übrigen Menschen auf[50]).

Es mag sein, daß diese Aussagen eine augenblickliche Palinodie eher als einen endgültigen Verzicht darstellen. Bedeutsam ist aber, daß Herder, nachdem er das Gegenteil behauptet hatte und ehe er es ein paar Jahre später wieder behaupten sollte, solche Gedanken ausdrücken konnte. Er fühlt die grundlegende Bedeutung des Geniebegriffs und kommt immer wieder darauf zurück, aber die Zeit ist noch nicht weit genug vorgeschritten, um ihm eine deutliche und endgültige Stellungnahme zu ermöglichen. Solches Schwanken und solche Widersprüche sind das Merkmal des 18. Jahrhunderts.

Wie dem auch sei, die landläufige Meinung über die Herdersche Auffassung des Genies darf nicht ohne weiteres hingenommen werden. Entgegen Hamanns Anschauung spricht z. B. bei ihm nichts zugunsten des Unbewußtseins des Schöpfungsvorgangs. Für Herder hat Shakespeare nichts von einem nebelhaften Genie, das unmittelbar aus den unergründlichen Tiefen der Seele schafft. Er ist ein inspirierter Dichter,

---

[50]) *Vom Erkennen und Empfinden*, VIII, 222 ff.

bleibt sich aber seiner Ideen und ihres Ausdrucks vollkommen bewußt. Auch in anderen Punkten als der Angeborenheit und der göttlichen Herkunft haben sich Herders Ansichten über das Genie stark verändert. In seiner Jugend glaubte er an einen sokratischen Dämon, einen Engel, einen *genius,* einen Geist, der den Künstler begleitet. Dann wendet er das Wort Genie auf die dichterische Persönlichkeit selbst an, die in mystischer Kommunion mit Gott steht und deren Aufgabe darin liegt, das Göttliche im Sinnlichen auszudrücken. Parallel zu diesen Anschauungen entwickelt sich die eines *ingenium,* d. h. eines ursprünglichen Naturells, einer glücklichen Proportion der Seelenvermögen, eine Ansicht, die in der Behauptung gipfelt, das Genie sei keine seltene Ausnahme, sondern nur eine gesteigerte allgemeinmenschliche Eigenschaft[51]).

Die Auffassung des Genies als eines unabhängigen, selbstherrlichen und individuellen schöpferischen Geistes mußte das Problem seiner Begegnung mit den herkömmlichen Normen, den Regeln, dem Geschmack, der Moral aufwerfen. Lessing wollte den Wert der — allerdings als Gesetze begriffenen — Regeln gelten lassen, solange nicht ein Genie ihre Falschheit erwiesen habe: „Wie manches würde in der Theorie unwidersprechlich scheinen, wenn es dem Genie nicht gelungen wäre, das Widerspiel durch die Tat zu erweisen"[52]). Herder leugnet die Möglichkeit jedes Mißverhältnisses zwischen Genie und Theorie; für ihn waltet eine absolute Harmonie zwischen den Schöpfungen des Genies und den rationalen Entdeckungen des Theoretikers. Dazu muß die Reflexion jedoch den Grund der Probleme berühren: „Was in der Theorie wahrhaftig unwidersprechlich ist, ... wird nie von einem Genie widerlegt werden, zumal wenn die Theorie in unseren unerkünstelten Empfindungen liegt"[53]). Das Genie arbeitet und erfindet nach Gesetzen[54]). Diese sind allerdings nicht die hergebrachten Normen einer Gattung, denen sich sein „edler Eigensinn" mit Recht nicht beugen will[55]). Wahre Regeln sind nicht willkürlich und von außen diktiert, sie ergeben sich gerade aus dem Studium der Werke des Genies. Dem Theoretiker liegt es ob, aus eben diesen Werken die Gesetze herauszulesen, die der Künstler instinktiv befolgt hat. Dies drückt eine Anschauung aus, die der Lessingschen eng verwandt ist. „Genies, ihr müßt die Regeln durch

---

[51]) Vgl. Isaacsen, *Der junge Herder und Shakespeare,* S. 31 f.; H. Wolf, *Die Genielehre des jungen Herder,* S. 429 f.

[52]) *Laokoon,* Kap. IV.

[53]) *1. Kritisches Wäldchen,* III, 48.

[54]) Vgl. *Kalligone,* XXII, 197.

[55]) Rezension der *Bibliothek der schönen Künste und Wissenschaften,* I, 98.

euer Exempel gültig machen!"[56]). „Je größer der Dichter war, desto
weniger verarbeitete' er sich mit deutlichen schwächenden ermattenden
Regeln, und der größte Geist war's, der, da ihn die Muse begeisterte,
von keinem Gesetz wußte. Ein Sophokles dachte an keine Regel des
Aristoteles; liegt aber nicht mehr als der ganze Aristoteles in ihm?"[57]).
Es kommt für das Genie also nicht darauf an, seinen Fleiß bewußt
darauf zu verwenden, gegebene Normen verbindlich zu machen. Seine
Schöpfung ist nicht die gewollte Veranschaulichung eines konventionellen Systems von Vorschriften. Die Regeln sind keine Normen für
Genies, sondern Beobachtungen für Philosophen. Schöpfung und Analyse der Schöpfung, Tatsache und Beschreibung bzw. Erklärung der
Tatsache haben miteinander nichts gemein. Herder wirft Baumgarten
vor, diese beiden Gesichtspunkte immer wieder miteinander zu verwechseln und zu behaupten, die dogmatische setze die natürliche Ästhetik voraus und führe sie weiter. In Wirklichkeit sind das zwei ganz
verschiedene Dinge: die eine gehört dem Künstler, die andere dem
Philosophen. Aber beide sind gleich legitim: Aristoteles ist ebenso berechtigt wie Sophokles. Unfruchtbar sind die Regeln nur für den
Künstler; für den Philosophen stellen sie eine Bereicherung seiner
Kenntnisse dar. Der Irrtum besteht darin, sie für Rezepte der Kunstschöpfung zu nehmen. „Wie, weil es unmöglich ist, daß zergliederte
Tiere sich vermehren können, soll deswegen der Anatom keins zer-
gliedern?" Das Ziel des Anatomen ist nicht die Vermehrung, ebensowenig wie das Ziel des Philosophen in der Förderung und Erleichte-
rung der Kunstschöpfung liegt. Das Genie ist ein Erzeugnis der Natur,
die Regeln ein Produkt der rationalen Erkenntnis. Die Erkenntnis gibt
der Natur keine Gesetze[58]).

Geschmack ist Ordnung und Gleichgewicht unter den Seelenkräften,
die das Genie ausmachen. „Wie sich Geschmack und Genie feiner
brechen mögen, so weiß jeder, daß Genie im allgemeinen eine Menge
in- oder extensiv strebender Seelenkräfte sei. Geschmack ist Ordnung
in dieser Menge, Proportion und also schöne Qualität jener strebenden
Größen." Das Genie ist also das Primäre; es geht dem Geschmack voran,
genau wie die Kunstschöpfung den ausdrücklichen Regeln der Kunst
vorangeht. Historisch ist das Genie übrigens vor dem Geschmack erschienen: die morgenländische ist älter als die griechische Kultur. Der

---

[56]) *Fragmente*, I, 211.
[57]) *4. Kritisches Wäldchen*, IV, 19.
[58]) Ebd., IV, 19 ff.

Geschmack kann ohne Genie nicht existieren, ähnlich wie die Regeln unabhängig von dem sie enthaltenden Kunstwerk nichts sind[59]).

Weil nun der Geschmack seine Existenz dem schöpferischen Genie verdankt, bietet er ihm gleichsam aus Dankbarkeit und Treue seine Hilfe an: er schafft Ausgleich, Ordnung, Gestalt, Gliederung; und sein Beitrag ist um so nützlicher, als das Genie reicher und lebendiger ist, denn er hindert dessen mannigfaltige Kräfte, sich gegenseitig zu bekämpfen und zu zerstören. Mitten im Sturm und Drang wagt Herder zu behaupten, der Geschmack sei die Ergänzung und die Emanation des Genies[60]). Irrtümlich ist nur die Annahme, er sei das Primäre. Diesen Irrtum begeht der dogmatische und normative Akademismus, aber auch der Sturm und Drang! Indem dieser der Meinung Ausdruck gibt, daß Geschmack und Regeln das Genie unterdrücken könnten, macht er sich falsche Vorstellungen sowohl vom Genie als auch vom Geschmack und von den Regeln.

Daß ein Genie vom Geschmack erstickt werden könne, ist „die häßlichste Lüge, ein von einem bösen Dämon erfundener Grundsatz". Es ist sinnlos, sich auf Shakespeare zu berufen, um eine derartige Absurdität zu verteidigen. Shakespeare hatte mehr Geschmack und unterwarf sich mehr Regeln als irgendein anderer Dichter; es war aber der Geschmack seiner Zeit, die Regeln seines Werkes. Denn der Geschmack ist wie jede andere Erscheinung den Bestimmungen des Raumes und der Zeit unterworfen. Mit dem gleichen Genie begabt, hätte Shakespeare, wenn er in Sophokles' Zeiten gelebt hätte, den damaligen Geschmack nicht verachtet, und er wäre nichtsdestoweniger groß gewesen[61]).

Ähnlich wie es mit dem Geschmack in Harmonie steht, bleibt das Genie im Einklang mit der Moral. Das beruht auf dem gleichen Schluß: ebensowenig wie die Regeln dem Künstler von außen diktierte Normen sind, ist die sittliche Wirkung der obligate Zweck der Kunst. Im ästhetischen Bereich geht Schönheit vor Sittlichkeit, wie dem auch in der Rangordnung der Werte überhaupt sei. Wenn der Künstler aber sein Werk unter ästhetischem Impuls konzipiert hat, so wird es notwendigerweise mit den Gesetzen der Sittlichkeit übereinstimmen. Nur wenn er außerkünstlerischen Imperativen gehorcht, wie etwa dem Ehrgeiz oder der Habsucht, entsteht eine Dissonanz zwischen Moral und Kunst[62]). Wir kommen unten auf diese Frage zurück.

---

[59]) *Ursachen des gesunknen Geschmacks*, V, 600 f.

[60]) Ebd., V, 648.

[61]) Ebd., V, 653.

[62]) *Über die Wirkung der Dichtkunst*, VIII, 434.

2. Die absoluten Werte

Durch den allgemeinen Relativismus wird nicht das Wesen, sondern nur die Form der Kunst aufgespalten. Trotz der jeweils verschiedenen konkreten Bestimmungen bleibt die Kunst eine einheitliche spezifische Tätigkeit des menschlichen Geistes. Die Frage, die sich in dieser Beziehung ergibt, ist folgende: da nun jedes Urteil über die Kunst, jedes Erlebnis und jede Schöpfung relativ sind und außerhalb der räumlichen und zeitlichen Umstände keinen Wert haben können, droht die Gefahr, daß die Substanz der Kunst gar nicht mehr erkannt und die Beurteilung aus Mangel an festen Maßstäben unmöglich gemacht wird. Sollen wir alle Stile und alle Formen, alle Sonderbarkeiten und Flachheiten unter dem Vorwand des Determinismus, auch des individuellen, hinnehmen, oder gibt es ein Bleibendes in der Kunst, das den geschichtlichen Veränderungen trotzt, und worauf beruht es?

Nachdem Lessing die Künste und Gattungen auf Grund der spezifischen Form auseinandergehalten hatte, stellte er die Einheit der Kunst wieder her, indem er das auf der Illusion beruhende Mitleid zum gemeinsamen Moment und zum Zweck aller Kunstformen erhob. So wurde das Reich der Kunst auf einen einzigen Grundsatz zurückgeführt, und die spezifischen Unterschiede fanden ihre Berechtigung in der Anwendung dieses allgemeinen Grundsatzes auf verschiedene Materialien. Auch Herder empfindet das Bedürfnis, seine Urteile auf eine stabile und allgemeine Grundlage zu stützen. Wenn es aber darauf ankommt, sie zu definieren, ist er von bedauernswertem Lakonismus. Die meisten Aussprüche, die in seinem Werk begegnen, sind nur Postulate, die er ohne allzu viel Überzeugung von oft widersprüchigen Traditionen oder von den Gegebenheiten des gesunden Menschenverstandes übernimmt.

Am Anfang seiner theoretischen Bemühungen, im Jahre 1767, stellt er den Grundsatz auf, das Wesentliche in allen literarischen Gattungen sei der Zweck, den man sich vornehme. Alles soll auf diesen Zweck abgestimmt sein: ein regelmäßiges Theaterstück ist ein erbärmliches Werk, wenn es ihn verfehlt; ein unregelmäßiges ist gelungen, wenn es ihn erreicht[63]. Das Thema des 17. Literaturbriefes von Lessing aus dem Jahre 1759 klingt hier unmißverständlich an! Der Zweck, der allen Gattungen gemeinsam ist, in jeder von ihnen aber verschiedene Erscheinungsformen und Intensitätsgrade aufweist, ist die poetische Illusion[64]. Die Herkunft dieses Begriffes ist ebenfalls klar. Noch weitere

---

[63] *Fragmente,* I, 436 f.
[64] *1. Kritisches Wäldchen,* III, 152 ff.

Aussprüche bestätigen diese vereinheitlichende Tendenz. „Die ewigen Gesetze der menschlichen Schönheit sind metaphysisch und physisch, moralisch und plastisch, völlig dieselben"[65]). Geschmacksrichtungen und Zeiten sind voneinander verschieden, „obgleich immer einerlei Regeln wirken"[66]). Es ist gewiß, „daß das eigentliche Wesen der Kunst und Wissenschaft nie erstirbt und sich nie ändert. Desto sterblicher aber sind ihre Formen"[67]).

Erst am Ende seines Lebens unternimmt Herder eine etwas gründlichere Analyse des Bleibenden in der Kunst. In der *Kalligone* aus dem Jahre 1800 wird die Schönheit als die Harmonie des Wesens mit seinem Lebenselement begriffen, wobei diese Harmonie von der schöpferischen Natur gewollt ist. Die Kunst soll sie beachten; alles ist ihr untergeordnet, auch die Einbildungskraft. Durch diese Formel sichert sich Herder eine volle Bewegungsfreiheit, denn das „Element", von dem die Rede ist, ist gerade das Unterscheidungsmoment der Kunst. Auf Grund der Verschiedenheit dieses Elements bleibt das Werk Sophokles' ebenso gültig wie Shakespeares Dramen[68]).

A. Der ästhetische Unitarismus

Parallel zur Begründung und Rechtfertigung der Mannigfaltigkeit der Kunstformen und des Geschmacks läuft durch Herders Werk eine unitaristische Strömung. Immer wieder versucht er, die Gegensätze zu überbrücken und in einer tieferen Einheit aufzulösen. Im Genie stehen Schöpfung und Regeln, Kunst und Moral miteinander in Übereinstimmung. Auch Schönheit und Erhabenheit widersprechen sich nicht: letztere ist nur der höchste Ausdruck der ersteren. Kunst und Natur sind weder in ihren Mitteln, noch vielleicht in ihrer Zweckmäßigkeit voneinander getrennt; nur die Schranken unseres Menschseins zwingen uns, Unterscheidungen vorzunehmen, die unberechtigt sind. Trotz der Vielfalt der Epochen und der Geschmacksrichtungen, der Materialien und der Zwecke wirken immer dieselben Gesetze[69]).

Herder begnügt sich jedoch nicht damit, Widersprüche gelegentlich auszusöhnen und scheinbare Inkohärenzen aufzuheben. Dieses Streben entspricht einer Grundtendenz seines Denkens. Shakespeare mag von

---

[65]) *Plastik*, VIII, 66.

[66]) *Ursachen des gesunknen Geschmacks*, V, 645.

[67]) *Zerstreute Blätter*, XVI, 114.

[68]) *Kalligone*, XXII, 115—122.

[69]) *Kalligone*, XXII, 125 ff., 227 ff.; *Zerstreute Blätter*, XV, 527 ff.; *Ursachen des gesunknen Geschmacks*, V, 645.

Sophokles äußerlich verschieden sein; innerlich ist er ihm ähnlich. Worin besteht denn über die berechtigte Verschiedenheit der Formen hinweg diese Ähnlichkeit? Auf solche Frage kann der Relativismus keine befriedigende Antwort geben. In der Kunst liegt mehr als der Ausdruck des Volkes, der Zeit und des Individuums, nämlich ewige Werte, denen Herder gerecht werden will. Was hier als ästhetischer Unitarismus bezeichnet wird, erscheint in der Gestalt zweier Postulate: Einheit der menschlichen Seele und Einheit des Kunstwerks. Sie lassen sich etwa folgendermaßen formulieren:

1. Alle menschlichen Vermögen fließen aus einer einzigen Quelle; erst ihre Grundeinheit befähigt den Menschen zur poetischen Erkenntnis der Welt;

2. Alle Elemente des Kunstwerks müssen, um den Zweck der Kunst, d. h. ihre Wirkung auf das Gemüt, zu erreichen, zu einer unzertrennlichen Einheit verknüpft sein.

Herder ist ein radikaler und sarkastischer Gegner der prästabilierten Harmonie, weil sie eine Zweiheit von Seele und Körper voraussetzt. Er glaubt an ein einziges Lebensprinzip in der ganzen Schöpfung. Dieses Prinzip ist eine Kraft.

Innerhalb der menschlichen Seele hat jede Teilung und Zerlegung nur einen methodologischen und pragmatischen Wert. Nur weil wir unfähig sind, unsere Vermögen in ihrer Grundeinheit zu betrachten, sondern wir sie voneinander ab, um sie besser verstehen zu können. Ob sie nun aber sinnlich oder geistig sind, sie entstammen alle einer einzigen „Energie", einer einzigen „Elastizität" der Seele. Das Ausdrucksmittel dieser Energie ist die Sprache. In der Sprache sind die sonst willkürlich zersplitterten Elemente vereint.

Erkennen und Wollen sind nur e i n e Kraft der Seele; Sinne und Vernunft, Einbildungskraft und Wille nur e i n e Energie. Unsere drei Vermögen — der sensus communis, dessen Zweck das Wahre; das Gewissen, dessen Gegenstand das Gute; der Geschmack, dessen Gebiet die Schönheit ist — sind unzertrennlich miteinander verbunden. Man kann sich keinen Menschen von Geschmack vorstellen, dem der sensus communis fehlte. In der Wahrnehmung des Schönen und der Kunst ist die Seele eins; in den Reflexionen über die nämlichen Gegenstände bleibt sie eins. In der Ästhetik gibt es nicht drei verschiedene Methoden, die einander ausschließen, wie Riedel behauptet: die aristotelische, welche von den Werken ausgeht, die baumgartensche, die sich auf allgemeine

Definitionen stützt, und die von Home vertretene, die auf Gefühle zurückgreift. Dies alles ist „nur Eine Arbeit Einer Seele"[70]).

Die Schönheit ist vom Wahren und Guten nicht wesentlich verschieden; sie ist ihr Ausdruck oder, um mit Plato zu reden, die innere Gestalt der Dinge. Und Herder gefällt sich in der Hervorhebung dieser platonischen Strömung, die durch das Mittelalter hindurch der italienischen Renaissance die Auffassung vermittelt hat, daß die drei Grundwerte nur „ein dreifarbiger Strahl" seien[71]).

Geschmack ist nichts anderes als Vernunft und Tugend in einer sinnlichen Hülle. Alle Vermögen sind, genau wie alle Werte, voneinander abhängig. Will man ihnen gerecht werden, so muß man sie geschlossen behandeln und ihre Verhältnisse untereinander berücksichtigen. So wie Genie und Geschmack einander nicht widersprechen, so sind Geschmack und Verstand nicht unvereinbar. Vielmehr wirkt der Geschmack nur durch den Verstand und die Reflexion. Die erste Aufgabe des Verstandes besteht darin, seine eigenen Grenzen zu erkennen und zu beachten. „Verstand ist die Seele; Genie der Körper; und die Erscheinung beider ineinander heißt: guter Geschmack. Wie sollen sich die nun einander widerstreiten?"[72]).

Herder bedauert, daß die antike Bezeichnung δαίμων bzw. genius für die Gesamtheit der menschlichen Vermögen in Vergessenheit geraten ist[73]). Die Glückseligkeit unseres Daseins beruht eben auf der Einheit unserer Vermögen[74]). „Was es mit unserer Sprache und unserem Leben, kurz mit unserer Menschheit hier für ein armseliges Ding ist. Wir zerteilen und müssen zerteilen, was eins ist." Diese Zerteilung fälscht unser Weltbild und die Erkenntnis der eigenen Seele[75]).

Wenn Herder von dem individuellen Charakter der Kunst und jeder menschlichen Vollkommenheit spricht, betont er also nicht nur den Unterschied von Mensch zu Mensch; im Einklang mit der Etymologie setzt er immer voraus, daß das Individuum indivisibel, unteilbar ist, und daß jeweils unser ganzes Wesen auf jeden Anreiz reagiert. Dieser Idee schließt sich die des menschlichen Mikrokosmos und der analogischen Erkenntnis ganz natürlich an. Wir können die Welt nur verstehen, inso-

---

[70]) *Vom Erkennen und Empfinden*, VIII, 176 ff., 197 ff., 233 f.; *Über den Einfluß der schönen auf die höhern Wissenschaften*, IX, 291 f.; *4. Kritisches Wäldchen*, IV, 11, 17 f.

[71]) *Kalligone*, XXII, 93 f.

[72]) *Ursachen des gesunknen Geschmacks*, V, 606 ff., 653 f.

[73]) *Kalligone*, XXII, 202.

[74]) *Iduna*, XVIII, 485.

[75]) *Verstand und Herz*, XV, 145 f.

162

fern sie in uns analogische Entsprechungen hat[76]). Bekanntlich wird die Romantik diese Ansicht auswerten und sie ihrer Auffassung der Dichtung und der Kunst zugrundelegen. Alles erkennen wir nur durch Analogie: die anorganische Natur, wo wir Ähnlichkeiten mit unserem Wesen sehen oder hineinlegen, die Tierwelt, die Menschheit, das Göttliche. Alle Wesen sind uns nur auf Grund einer Analogie mit uns selbst zugänglich: wir haben keinen anderen Schlüssel, um in die Welt einzudringen. Dies ist die metaphysische Fortsetzung des Relativismus: was der Mensch erkennt, wird durch den menschlichen Blickpunkt modifiziert. Diese allgemeine Analogie ist „wahr", weil Gott uns in eine solche Lage gestellt hat, daß sie unsere einzige Erkenntnismöglichkeit darstellt. Die Gottheit können wir ohnehin nur auf Grund des Bildes, das sie in uns hineingelegt hat, erkennen[77]).

Vernunft und logische Syllogismen sind von keinerlei Nutzen zur „Empfängnis" der Wahrheit; sie können sie nur ausbauen, nachdem die ganze Seele sie erfaßt hat. Die Vernunft an sich ist kein Offenbarungsmittel, kein zur Welt hin offenes Fenster. Nicht die Philosophen hellen die Wirklichkeit und die Zusammenhänge der Dinge am besten auf, sondern die Menschen, welche die Wahrheit durch analogische Erkenntnis erkundet haben, d. h. die Dichter. Mehr als Aristoteles und Leibniz haben Homer, Sophokles, Dante, Shakespeare und Klopstock der Psychologie und der Menschenkenntnis Materialien geliefert. Am besten wird die Natur des Menschen durch „die Weissagungen und geheimen Ahnungen" der Dichter geoffenbart[78]).

So ist Herders „Irrationalismus": er leugnet den Nutzen der Vernunft nicht, begrenzt aber ihr Hoheitsgebiet und weist ihre übermäßigen Ansprüche in ihre Schranken zurück. Nicht anders . wird der Irrationalismus der Romantiker sein: die Vernunft bleibt bei ihnen stets in Ehren, vorausgesetzt, daß sie ihre — genau abgesteckten — Befugnisse nicht überschreitet.

Worin besteht nun die dichterische Erkenntnis? Ihr wesentliches Merkmal ist, daß sie nicht einfach empfangend, sondern tätig und schöpferisch ist. Obgleich der Mensch im strengen Sinn des Wortes nichts erfinden und keine absolut neue Welt hervorbringen kann, ist er trotzdem fähig, eine gewisse produktive Tätigkeit auszuüben, indem er auf Grund von Beobachtungstatsachen Bilder und Ideen schafft und sie frei miteinander verbindet. Das ganze menschliche Leben ist, wie

---

[76]) *Vom Erkennen und Empfinden*, VIII, 193.
[77]) Ebd., VIII, 170.
[78]) Ebd., VIII, 170 f., 183 f.

gesagt, eine Poetik: unablässig klären wir die Welt, indem wir die Erscheinungen absondern und wieder zusammensetzen. Unsere Vorstellungen sind keine Abdrücke der objektiven Eigenschaften der Dinge im
Geist, sie stellen das Ergebnis unserer unaufhörlichen Tätigkeit dar, die
in die Mannigfaltigkeit der Welt und des Ich Einheit hineinbringt. In
diesem Sinne schaffen wir wirklich unsere Vorstellungen der Welt:
„Alles, was Bild in der Natur heißt, wird solches nur durch die Empfängnis und Wirkung seiner (nl. des Menschen) bemerkenden, ab-
sondernden, zusammensetzenden, bezeichnenden Seele"[79]). Nun besteht
eben diese Tätigkeit der Seele darin, die Bilder mit dem Stempel der
Analogie zu prägen. Die Seele versetzt sich in die Gegenstände, die sie
erkennt. Wir übertragen auf die Gegenstände selbst unsere Art zu
denken und zu fühlen; wir verwandeln sie analogisch. Dichtung ist
nichts anderes als das künstlerisch dargestellte Gepräge der Analogie.
Das ist Sulzers Subjektivität der Empfindungen, aus welcher Herder die
letzten Konsequenzen zieht. Die Seele belebt, vermenschlicht, morali-
siert die Welt. In der poetischen Vorstellung wird jede Handlung auf
ein persönliches Subjekt bezogen; das ganze Weltall wird — genau
wie in der Auffassung der Primitiven — von individuellen und lebendigen Kräften bewegt. Solcher Animismus ist der Urzustand des
menschlichen Denkens; die Dichtung führt zu den Ursprüngen zurück[80]).

Gleich der menschlichen Seele ist das Kunstwerk ein unteilbares
Ganzes. Es wurde schon darauf hingewiesen, daß Ausdruck und Idee
so innig miteinander verbunden sind, daß jede gründlichere Modifikation
des ersteren eine Änderung der zweiten mit sich bringt. Auch innerhalb
der Idee muß sich der Mannigfaltigkeit eine Einheit aufdrängen.
Wiederum gilt Shakespeare als Beispiel. Seine Werke strotzen von
brausendem und mannigfaltigem Leben, aber eine einzige Seele belebt
das Ganze. Die Absicht des Schöpfers vollzieht sich trotz und sogar vermittelst der Unordnung seiner Schöpfung. Indem er uns eine weite und
tiefe Welt vorstellt, deutet Shakespeare uns zugleich den richtigen und
vereinheitlichenden Blickpunkt an, von dem aus wir sie betrachten
müssen. Alle Elemente des *König Lear* sind schon im ersten Auftritt
enthalten; *Othello* zeigt uns ein äußerst kompliziertes Räderwerk, aber
zugleich auch die Art und Weise, wie es ineinandergreift. Sogar Zeit
und Ort machen einen Teil des Ganzen aus; sie sind mit der Handlung eins, insofern sie die einzig möglichen sind, um die Handlung zu
umrahmen, wie die Hülse den Kern umfaßt. Solche organische Einheit,

---

[79]) *Zerstreute Blätter*, XV, 536.
[80]) Ebd., XV, 532 f.

in *Macbeth* etwa, erweckt eher den Eindruck einer Naturschöpfung als eines menschlichen Erzeugnisses. Jedes Shakespearesche Stück ist „individuell", d. h. Zeit, Ort und Handlung tragen zu einem einzigen Ganzen bei. Alles ist natürlich, zusammenhängend, zweckmäßig. Der Wirklichkeitseindruck ist so stark, daß man darüber die Erdichtung vergißt. Man erwartet keine schönen Reden wie in der französischen Tragödie; man denkt nicht einen Augenblick an das „Brettergerüst". „Kein Shakespeare und Sophokles, kein wahrer Dichter der Welt" hat für diejenigen geschrieben, die solche Dinge auf der Bühne suchen[81]. Durch die organische Einheit seiner Schöpfung und die Illusion, die sich daraus ergibt, kann sich der Künstler der Seele seines Publikums bemächtigen. „Wie der Magnet das Eisen, kann er Herzen an sich ziehen, und wie der elektrische Funke allgegenwärtig durchdringt, allmächtig fortwandelt: so trifft auch sein Blitz, wo er will, die Seele"[82]. An seiner Wirkung auf das Gemüt erkennt man den „gottgegebenen" Dichter. In einem gelungenen Werk vollzieht der Maler eine „magische Mystifikation". Wir glauben, die dargestellten Gestalten und Dinge wirklich fassen zu können. Das Sehen wird zum Tasten auf ebenso naive Weise wie bei einem plötzlich geheilten Blinden, welcher nach bloß gemalten Objekten instinktiv greift. Ähnlich handelt der Dichter, wenn er uns zwingt, an seinem Denken, seiner Handlung, seinen Gefühlen Anteil zu nehmen. Während er spricht, vergessen wir uns selbst, um seine Ideen zu teilen, seine Affekte und Leidenschaften zu empfinden und uns mit seinen Helden zu identifizieren. Durch sein Werk lebt der Dichter in uns[83].

So führt die Illusion bei Herder wie bei Lessing zur Identifizierung. Bei Lessing war sie jedoch nur bei Werken möglich, die Seelenzustände ausdrückten. Bei Herder erstreckt sie sich auf das ganze Gebiet der Kunst. Sie ist ein natürliches und instinktives Phänomen. Schon das Kind empfindet aus Sympathie die Affekte der anderen Personen seiner Umgebung; intuitiv liest es ihnen den Zorn oder etwa die Güte am Gesichtsausdruck ab. Auf ähnliche Weise fühlen wir den Geist, der ein Kunstwerk belebt. Er geht auf uns über, durchdringt uns mehr oder weniger schnell. „Mein Arm erhebt sich mit jenem Fechterarm, meine Brust schwillt mit jener Brust, auf welcher Anthäus erdrückt wird, meine Gestalt schreitet mit Apollo oder lehnt sich mit ihm oder schaut begeistert empor. Laokoons und der Niobe Seufzer dringen nicht etwa

---

[81]) *Shakespeare*, V, 220 ff.
[82]) *Über die Wirkung der Dichtkunst*, VIII, 433 f.
[83]) *4. Kritisches Wäldchen*, IV, 70, 194; *Plastik*, VIII, 9 f.; *Kalligone*, XXII, 154 f.

in mein Ohr, sie heben meine Brust selbst mit stummem Schmerz"[84]). Aus dieser natürlichen Sympathie erwächst die ästhetische Wirkung. Vor einem stehenden oder angelehnten Apollo, der keine Empfindung und keine Leidenschaft ausdrückt, läßt uns Lessing im Stich. Sein System bietet keinen Maßstab, um ein solches Werk zu beurteilen: für ihn beschränkt sich das Mitleid auf die geäußerten Gefühle. Nicht so bei Herder; seine Identifizierung geht viel weiter, sie bezieht sich auf das, was er den „Gemütscharakter" des Werkes nennt und was nicht unbedingt ein ausgedrücktes Gefühl ist.

B. Der Primat der Idee

Die individuelle Einheit des Kunstwerks, die seine Vollkommenheit bedingt, ergibt sich aus dem Primat der Idee. Mit diesem Begriff scheint sich Herder Lessing zu widersetzen, der, wenigstens auf der ersten Stufe seines Funktionalismus, den Primat der Form verfocht. Herder stellt das Problem anders: es gibt für ihn keine Alternative Form—Stoff, Schönheit—Ausdruck. Wenn er den Primat der Form leugnet, verwirft er ebenso entschieden den Primat des Stoffes. „Am Materiellen des Bildes liegt's eigentlich nirgends", sagt er; und weiter: „Vollendete poetische Form ist vom Gedanken und von der Empfindung ... abhängig"[85]). Weder der Stoff, noch die Form spielen also im Kunstwerk die bestimmende Rolle. Es kommt nur auf das an, was Herder manchmal den „schaffenden Geist" nennt, der dem Werk seine Einheit und sein Leben verleiht. Das ist das einzige, was man einem anderen nicht entlehnen kann, ohne ein Plagiat zu begehen. Diesem „Geist" gibt Herder noch weitere Namen: Seele, innere Empfindung, Lebensgeist, Lebenswind, Kraft, Bedeutung, Gedanke[86]).

Mit diesen Begriffen war Herder nicht von Anfang an vertraut, er hat ihre Kernbedeutung für seine Theorie nicht von vornherein erkannt. Offensichtlich unter dem Einfluß Lessings hat er in den ersten Jahren seiner kritischen Tätigkeit Meinungen geäußert, die noch kein reifes und selbständiges Denken verraten. In dem Maße, in dem er seine Reflexion vertiefte, rang er sich aber zu einem eigenen Gesichtspunkt durch. Er hatte ohnehin schon in den ersten Schriften das Vorgefühl „seiner" Wahrheit gehabt. Als er z. B. von der menschlichen Schönheit sprach und von den Urteilen, die darüber gefällt werden, unterschied er drei Arten: die ersten stützten sich namentlich auf die „Völligkeit"

---

[84]) *Kalligone*, XXII, 173.

[85]) *Zerstreute Blätter*, XV, 530; *Briefe zur Beförderung der Humanität*, XVIII, 121.

[86]) *Zerstreute Blätter*, XV, 531; *Briefe zur Beförderung der Humanität*, XVIII, 121 f.; *Briefwechsel über Ossian*, V, 162; *Plastik*, VIII, 58 ff.; *Fragmente*, I, 399.

und den „Anstrich" der Wangen; die zweiten auf die Regelmäßigkeit
der Züge; die dritten auf die geistige Schönheit, die sich in den Augen,
dem Gesicht und der Haltung des ganzen Körpers ausdrückte. Schon in
diesen drei Urteilsarten kann man die drei Elemente, die uns beschäftigen, im Keime sehen: in den ersten diktiert der Stoff sein Gesetz;
in den zweiten hat die Form die Oberhand; in den dritten herrscht die
„Idee". Letzteren gibt Herder den Vorzug[87]).

Das Fortschreiten vom Stoff zur Idee scheint übrigens für die geistige
Entwicklung des 18. Jahrhunderts charakteristisch. So unterscheidet
Gundolf, von der Aufnahme Shakespeares in Deutschland ausgehend,
drei Stufen in der Vertiefung der Kenntnis des englischen Dramatikers:
Shakespeare als Stoff, als Form, als Gehalt. Bemerkenswert ist dabei,
daß Lessing zu den deutschen Denkern, die Shakespeare als Form aufnehmen, gehört, und daß Herder unter denen, die ihn als Gehalt ein-
führen, die erste Stelle einnimmt.

In der Entwicklung der Ästhetik begegnet man demselben Phänomen.
Die Schweizer hatten die Kunst dem Wunderbaren und der Einbildungskraft erschlossen und ihr dadurch einen neuen Stoff erobert.
Lessing unterwarf diesen Stoff, ohne etwas davon auszuschließen, der
ordnenden Vernunft und den Strukturgesetzen. Schließlich fordert
Herder, daß der Komplex Form—Stoff von einem schaffenden Geist
belebt wird.

Was ist dieser Herdersche Geist, der weder zum Stoff, noch zur Form
gehört? Herder teilt Lessings Meinung, daß allegorische Vorstellungen
aus den bildenden Künsten zu verbannen sind. Malerei und Bildhauerkunst stellen keine Abstraktionen, sondern Personen und konkrete
Gegenstände dar. Aber die ganze Plastik selbst ist eine große Allegorie:
sie schildert die Seele mit Hilfe des Körpers. Ein Werk der Plastik „bedeutet" eine Seele, und eigentlich ist es diese Seele selbst, die sich die
Form schafft. Die Lehre von den Verhältnissen ist vielleicht die Bedingung, nicht das Wesen der bildenden Künste. Sonst wären alle Statuen identisch. Schönheit ist jeweils konkret und individuell. Ein Werk
ist nur dann gelungen, wenn es diese Voraussetzung erfüllt. Die ein-
malige Vollkommenheit der Griechen ist einzig der Tatsache zuzuschreiben, daß sie das Individuelle zu fassen und wiederzugeben
wußten. Nur weil ein Werk individuell ist, kann es uns ansprechen,
unsere Sympathie erregen; nur deshalb können wir uns mit ihm identifizieren. So stimmt der Primat der Idee mit dem Individualismus
überein[88]).

---

[87]) *Ist die Schönheit des Körpers ein Bote von der Schönheit der Seele?*, I, 51 ff.
[88]) *Plastik*, VIII, 58 ff., 78 ff.

„Form ist vieles bei der Kunst, aber nicht alles; die schönsten Formen des Altertums belebet ein *Geist,* ein *großer Gedanke,* der die Form zur Form macht und sich in ihr wie in seinem Körper offenbart. Nehmt diese *Seele* hinweg, und die Form ist eine Larve ... Soll ich wählen: Gedanken ohne Form oder Form ohne Gedanken, so wähle ich das erste. Die Form kann meine Seele ihnen leicht geben". Der Geist, die Seele, der große Gedanke, verschieden von Inhalt und Form, sind die „Bedeutung" des Kunstwerks. Von ihnen hängt alles übrige ab[89]).

In einem vollkommenen Werk ist dieser Geist in Inhalt und Form eingewoben und macht damit ein unteilbares Ganzes aus, dessen Struktur ihm entspricht. Wir wissen schon, daß Inhalt und Form aufs engste miteinander zusammenhängen; das gleiche gilt für Inhalt, Form und Idee. Wenn man den Inhalt (etwa einen Umstand des Ortes und der Zeit in einem Shakespeareschen Stück) oder die Form (etwa das Versmaß eines Dichtwerks) ändert, so verwandelt bzw. verflüchtigt sich der Geist, die Idee. Deshalb ist nichts schwieriger, als ein Gedicht in eine fremde Sprache zu übersetzen. Unbedingt muß man den Ton des Originals behalten, sonst geht alles „Dunkle, Unnennbare, das uns mit dem Gesange stromweise in die Seele fließet", verloren. Das „Unnennbare" und der Ton sind Bestandteile der Idee. Dabei denkt man an Ermatingers Auffassung des Rhythmus als der inneren Motivierung des lyrischen Gedichts. Ermatingers „Rhythmus" entspricht teilweise Herders „Ton". „Es ist beinahe immer ein Kennzeichen einer mittelmäßigen Poesie, wenn sie gar zu leicht zu übersetzen ist", sagt Herder, in auffälliger Übereinstimmung mit Jean Paul, nach dem alles, was übersetzt werden kann, die Mühe der Übersetzung nicht lohne[90]).

Die Idee des Dichters ist eine Naturkraft. Was durch die Poesie wirkt, ist die Natur selbst. „Die Sprache ist nur Kanal, der wahre Dichter nur Dolmetscher, oder noch eigentlicher der Überbringer der Natur in die Seele und in das Herz seiner Brüder"[91]). Die Poesie ist ein Organ der Erkenntnis und der Offenbarung der Welt. Der Dichter ist ein Seher. Das war schon Hamanns Überzeugung, und sie wurde später von der Romantik und dem französischen Symbolismus wiederaufgenommen. Dazu bedarf es jedoch einer Poesie, die noch „rein" ist, d. h. die sich nicht unter das Joch der „Kunst" beugt. Herder findet sie im Jugendalter der Welt und der einzelnen Völker, d. h. in einer Zeit, in der der Mensch den Natureindrücken aufgeschlossener war. So entspricht seine

---

[89]) *Briefe zur Beförderung der Humanität,* XVIII, 121 f.

[90]) Rezension von Denis' Ossian-Übersetzung, IV, 321; *Briefwechsel über Ossian,* V, 162 f.; *Fragmente,* I, 399 f. Ermatinger, *Das dichterische Kunstwerk,* S. 260 ff.

[91]) *Über die Wirkung der Dichtkunst,* VIII, 339 f.

Vorliebe für primitive Dichtung und Volkslied seiner tiefsten und kühnsten Dichtungsauffassung.

C. Kunst und Moral

Nach Herders Auffassung steht das Genie immer im Einklang mit den moralischen Gesetzen, ähnlich wie sich alle menschlichen Vermögen normalerweise nie bekämpfen, sondern vielmehr harmonisch zusammenwirken. Das Werk eines Genies wird niemals moralisch anstößig sein, wenn es auch nicht den Zweck hat, die Sittlichkeit zu fördern. Der Geschmack als „Erscheinung" des Genies ist von der Tugend verschieden; weil aber die Seele eine einzige und indifferenzierte Energie ist, wird der Geschmack nie gut sein, wenn die Moralität verdorben ist[92]).

Kunst ist Ernst. „Der Feind, mit dem wir kämpfen, ist das schwächliche Divertissement falscher Künstelei, falscher Liebelei, falscher Weisheit"[93]). Die Kunst ist kein bloßer Schmuck des Lebens, kein Zeitvertreib für müßige Stunden. Sie drückt die tiefste Echtheit des Lebens und der Welt aus. Solche Erwägungen sind späterhin gang und gäbe geworden; für die Kunstanschauung der Herderzeit stellten sie aber erhebliche Probleme. Es fehlten damals die Kategorien, die es ermöglichen, ein ästhetisches Phänomen zu einer ernsten Angelegenheit zu machen, ohne schon dadurch aus dem ästhetischen Bereich herauszufallen. Um den „poetischen Ernst" zu rechtfertigen, mußte man fast notwendig zum „nichtpoetischen Ernst" greifen, die Kunst auf das wirkliche Leben beziehen und im wirklichen Leben Gründe für die Bedeutung und die Funktion der Kunst finden. Diese Denkgewohnheiten waren eine starke Hemmung für jede Theorie, die dem Wesen der Kunst als Ganzem gerecht werden wollte. Sie hatten Sulzers Unternehmen zum Scheitern gebracht, aber auch der instinktsichere Herder vermag sie nicht ganz abzuschütteln: um den Ernst der Kunst zu sichern, macht er sie allmählich zu einem Mittel zum Zweck. In dem Maße, in dem er sich ihrer Bedeutung im Leben schärfer bewußt wird, weicht die Betonung ihrer Selbständigkeit und Eigengesetzlichkeit zurück. Im Jahre 1766 vertritt er noch die Meinung, daß Frömmigkeit und Sittlichkeit mit literarischer Kritik nichts zu schaffen haben, daß Lüge und Aberglaube der Dichtung nicht schaden, wenn sie poetische Ideen enthalten, daß bei Vergil nicht etwa Anstand und Keuschheit zu suchen sind, sondern sein Genie, seine Kunst, seine poetische Ader. Aufgabe der Kunst ist Täuschung, nicht Belehrung und Erbauung[94]). Ge-

---

[92]) *Ursachen des gesunknen Geschmacks,* V, 610 ff.
[93]) *Adrastea,* XXIII, 391.
[94]) *2. Kritisches Wäldchen,* III, 243, 258, 273, 278 f.

wiß hat Herder diese Erklärungen nicht ausdrücklich widerrufen. In seiner Reifezeit stößt man jedoch kaum noch auf solche Äußerungen. Allmählich schleicht sich die Moral in seine Urteile ein. Bei Richardson deutet er auf die Gefahren einer unnatürlichen Idealisierung; Fielding wirft er vor, den Schwächen der Zeit zu erliegen und verdorbene Sitten mit Wohlgefallen zu schildern, anstatt sie zu bekämpfen und zu bessern. Er stellt das Theater als die beste „Schule der Sitten" hin. Er mahnt den Redner, seinen Zweck nie aus den Augen zu verlieren, welcher darin bestehe, „die Menge zu unterrichten, ihre Begriffe aufzuhellen, ihr menschliches, moralisches Gefühl zu bilden". Auffallend ist, in diesem Zusammenhang die Ideen von Belehrung und Erbauung wiederzufinden, die der junge Herder aus jeder Definition der Kunst ausgeschaltet wissen wollte[95]).

Zu belehren und erbauen gelingt der Kunst jedoch nicht hauptsächlich durch die Mitteilung, die „Überbringung" eines Inhalts, sondern durch die Erregung eines Affekts. „Was für nützlichere Sache, als dem Theater mehr Illusion zu verschaffen. Wer das tut, der arbeitet für die Menschheit"[96]). Die vollständigere Illusion macht die Rührung stärker, und diese verursacht die Katharsis. Gleich Lessing wird Herder in seinen letzten Werken seine Reflexion über die moralische Wirkung der Kunst, insbesondere der Tragödie, auf diesen Begriff konzentrieren. „Vergnügen ist immer der nächste Zweck aller hohen Künste und das unentbehrlichste Mittel zu jedem höheren Endzweck. Gefällt ein Stück nicht, unterhält es nicht durchaus unsere Seelenkräfte: so mag man in ihm weder lernen, noch seine Leidenschaften reinigen"[97]). „Rühren und nichts als rühren ist der schlechteste oder vielmehr kein letzter Zweck des Trauerspiels. Muß man denn nicht wissen, wofür, wodurch, wozu man gerührt werde?"[98]). Illusion, Vergnügen und Rührung sind also auf einen höheren Zweck ausgerichtet: „lernen" und „Leidenschaften reinigen". Indem es unsere Leidenschaften erregt, will das griechische Drama sie zugleich reinigen, läutern, klären, veredeln und ordnen. Es stürzt uns nicht von Leidenschaft in Leidenschaft „ohne Zweck, ohne vernünftige Absicht und Ordnung". Sein Zweck und seine Absicht sind die Katharsis. Diese besteht, wie schon bei Lessing, darin, daß Furcht und Mitleid auf ein rechtes Maß gebracht, d. h. je nach dem individuellen Charakter angestachelt oder gedämpft werden. Durch die Reini-

---

[95]) *Über die Wirkung der Dichtkunst*, VIII, 423 ff.; *Einzelne Blätter zum Journal der Reise*, IV, 482; *Kalligone*, XXII, 165.

[96]) *Einzelne Blätter zum Journal der Reise*, IV, 482.

[97]) *Zerstreute Blätter*, XVI, 97.

[98]) *Adrastea*, XXIII, 385.

gung von Furcht und Mitleid werden aber auch weitere Leidenschaften geläutert. Das Trauerspiel lehrt uns, in welchen Umständen, zu welchen Zwecken und in welchem Grade wir diese Leidenschaften empfinden sollen. Ähnlich besteht die Wirkung der Komödie darin, daß sie uns lachen lehrt: sie entwickelt oder mildert unsere Fähigkeit, das Lächerliche wahrzunehmen[99]).

Katharsis übersetzt Herder unterschiedslos mit „Läuterung" und „Reinigung"[100]). Er schlägt aber auch andere Übersetzungen vor, die auf eine andersartige und persönliche Auffassung dieses Phänomens deuten. Er sagt nämlich „Endurteil", „Entsühnung", „Versöhnung"[101]). Und er versteht darunter, daß die Grausamkeit des Schicksals oder die Schuld der Menschen gewöhnlich schon im Werke selbst vom Schicksal oder von den Menschen entsühnt, versöhnt werden. So ist *Ödipus auf Kolonos* die Katharsis von *König Ödipus;* Antigone „endet, versöhnt mit ihrem Tode das Schicksal"; Ajax lernt seinen Zorn beherrschen, Herkules „endet" das Drama *Philoktet* und „vollendet" die Reinigung der Leidenschaft; der *Befreite Prometheus*, ein verlorengegangenes Stück, war die Katharsis des *Gefesselten Prometheus*. Die so verstandene Katharsis ist die Rechtfertigung der Trilogien und Tetralogien des griechischen Dramas. Die Tragödie selbst verlangt, in einer Versöhnung mit dem Schicksal auszugehen. Deshalb schlägt Herder vor, das griechische Drama nicht Trauerspiel, sondern Heldenspiel zu nennen. In Abwandlung von Aristoteles schreibt er: „Tragödie ist eine Schicksalsfabel, d. h. eine dargestellte Geschichte menschlicher Begegnisse, mittelst menschlicher Charaktere in menschlichen Gemütern eine Reinigung der Leidenschaften durch ihre Erregung selbst vollendend"[102]).

3. Die Künste

Lessing teilte das Gebiet der Kunst in sukzessive und gleichzeitige Kunstformen, in Poesie und Malerei. Gegen diese Einteilung erhebt Herder schwerwiegende Einwürfe: 1. entgegen dem, was Lessing glaubt, ist das Gebiet der gleichzeitigen Künste nicht einförmig: Skulptur und Malerei sind in ihrem Wesen nicht identisch; 2. weder die

---

[99]) *Adrastea*, XXIII, 357, 385 ff., 395 ff. Statt „Mitleid" sagt Herder hin und wieder „Mitgefühl", gewöhnlich aber „Teilnehmung"; freilich begegnet auch manchmal das Wort „Erbarmen" (so in *Adrastea*, XXIII, 349 ff.).

[100]) *Adrastea*, XXIII, 349 ff.

[101]) Ebd., XXIII, 352 ff.

[102]) Ebd., XXIII, 383, 346, 355. Der Begriff „vollenden" entspricht in diesem Zusammenhang Daciers Übersetzung des Aristoteles: „achève de purger"; vgl. oben S. 122.

Gleichzeitigkeit noch die Sukzession, noch die weiteren von Lessing angedeuteten Eigenschaften erklären den tiefen Unterschied, der die Plastik von der Poesie trennt.

Die Verschiedenheit von Malerei und Bildhauerkunst kann nicht übersehen werden. Schon ihre äußere Form ist uneinheitlich: die Malerei ist eine zweidimensionale, die Bildhauerei eine dreidimensionale Kunst. Sie wenden sich nicht an denselben Sinn: jene interessiert das Gesicht, diese den Tastsinn, der uns allein befähigt, Körper und dreidimensionale Formen wahrzunehmen. Das Gesicht kann sich eigentlich nur Flächen und plane Figuren vorstellen, die Herder oft „Gestalten" nennt. Wenn man ein Werk der Bildhauerkunst mit dem Gesicht beurteilt, so reduziert man die Statue zu einem Bild, die Wahrheit zu einem Traum. Die Bildhauerei als Kunst des Tastsinns und des Raums, und die Malerei als Kunst des Gesichts und der Fläche unterscheiden sich durch ihre Wirkung, ihr Element, ihre Gesetze, ihre Kompositon[103]).

Die Farbe gehört nicht zur Skulptur, weil sie sich nicht an den Tastsinn wendet; sie würde der schönen Form sogar schaden. Die Häßlichkeit ist eher in der Malerei als in der Bildhauerkunst annehmbar, und die Art Häßlichkeit, die das Gesicht duldet, ist nicht die, welche der Tastsinn gelten läßt. Das Gesamtbild, die Komposition, die Nebeneinanderstellung sind der Malerei wesentlich, spielen aber keine Rolle bei der Statue. In der griechischen Skulptur sind die Gewänder gewöhnlich spärlich oder naß, auf jeden Fall mehr oder weniger durchsichtig, weil die Schönheit des Körpers das Wesentliche ist. Die Malerei schildert Gewänder mit viel mehr Freiheit, weil ihr Hauptvorzug gerade in der Wiedergabe des Lichtes und der Farben liegt. Der Bereich der Malerei ist ausgedehnter als der der Bildhauerkunst. Diese kann die Flamme, den Bach, die Landschaft nicht wiedergeben; es wäre willkürlich und ungerecht, dies der Malerei abzusprechen. Das hieße ihr Wesen mißverstehen und ihre Möglichkeiten verkennen[104]).

Die Theorie vom fruchtbaren Augenblick, die den Kern von Lessings Anschauungen über die Plastik darstellt, wird von Herder ab und zu — allerdings mit vielfachen Vorbehalten — hingenommen, meistens jedoch grundsätzlich abgelehnt. Jede Stellung, jede Leidenschaft, jeder Ausdruck eines Lebewesens ist transitorisch und ermüdet mehr oder weniger bald. Eines seufzenden Laokoon wird der Betrachter überdrüssig genau wie eines schreienden. Nur das Stilleben ist nicht transitorisch, weil es ohne Charakter, ohne Ausdruck ist. Die Kunst ist nicht für eine

---

[103]) *4. Kritisches Wäldchen*, IV, 44 ff.; *Plastik*, VIII, 9, 14 ff.

[104]) *Plastik*, VIII, 16 ff. Bemerkenswert ist Herders Verteidigung der Landschaftsmalerei, die von Lessing abgelehnt wurde; vgl. *Zerstreute Blätter*, XV, 223.

fortgesetzte bzw. wiederholte Betrachtung, sondern für den ersten Blick bestimmt[105]).

Der Unterschied zwischen Poesie und bildenden Künsten liegt viel tiefer, als Lessing glaubte. Gewiß besteht die Poesie aus artikulierten Tönen, die in der Zeit aufeinander folgen, und die bildende Kunst aus Figuren, die im Raume nebeneinander existieren. Aber abgesehen davon, daß das Verhältnis des Zeichens zu dem Bezeichneten in den beiden Künsten bei weitem nicht identisch ist, daß nämlich die Töne willkürlich, die Gestalten natürlich sind — Lessing erwähnt diese Tatsache, ohne sich des weiteren darum zu kümmern —, erschöpft die Verschiedenheit der Ausdrucksmittel nicht den ganzen Unterschied zwischen diesen Kunstformen. Die Sukzession ist der Dichtung eine Bedingung und eine Begrenzung, keineswegs der Kern der dichterischen Wirkung, während das Nebeneinander die Quelle der malerischen Wirkung selbst ist. In der Musik wäre die Sukzession ein grundlegendes Moment; um einen richtigen Begriff vom Wesen der Poesie zu bekommen, müßte man sie gerade mit den anderen sukzessiven Künsten vergleichen, was Lessing unterlassen hat. Übrigens wirkt die Sukzession in den progressiven Künsten nicht auf dieselbe Weise wie die Gleichzeitigkeit in der Plastik: die bildende Kunst wirkt im Raume, die Musik und alle sukzessiven Künste wirken nicht nur in der Zeit, sondern durch die Zeit, durch sukzessive Modifizierung der Töne.

Die Zeichen der Poesie, die Wörter, haben einen Sinn, der sich an Hand der Kategorien von Raum und Zeit nicht erfassen läßt; er wirkt auf die Seele ein auf Grund einer dritten Kategorie, die Herder als „Kraft" bezeichnet. Die Künste des Raumes bringen „Werke" hervor; die der Zeit sind die Künste der „Energie"; die Poesie wirkt vor allem durch die den Worten inhärente „Kraft". Das Gebiet der Dichtung ist ebensowohl der Raum als die Zeit. Ein Gedicht ist nämlich eine „sinnliche Rede": das Gemüt muß nicht nur das Zeichen wahrnehmen, sondern auch und vor allem das Bezeichnete. Die Dichtung bemüht sich, an die sinnliche Wirklichkeit ihrer Bilder glauben zu machen; ihre erste Aufgabe ist es, eine Art von Gemälde, eine sinnliche Vorstellung der Gegenstände zu geben. Zugleich aber wirkt sie in der Zeit, weil sie eine Rede ist, d. h. eine Sukzession, sozusagen eine Melodie von Vorstellungen, die progressiv ein Ganzes ausmachen. In der Poesie schließen sich also Raum und Zeit zu einer Einheit zusammen: die poetische Energie ist nicht möglich ohne die sinnlichen Vorstellungen; diese anderseits genügen nicht, denn erst durch die Energie

---

[105] *1. Kritisches Wäldchen*, III, 74 ff.

schafft die Dichtung die Anschauung eines Ganzen. Ihr musikalischer und ihr plastischer Charakter ergänzen sich; ihr Wesen ist eine Kraft, die durch den Raum — die Objekte, die sie versinnlicht — in der Zeit — einer Reihe von Teilen, die ein Ganzes bilden — wirkt. Sie läßt also die drei Kategorien der Sinnlichkeit auftreten, sie ist eine „sinnlich vollkommene Rede". Dies ist die Herdersche Untergründung der Baumgartenschen Definition: oratio sensitiva perfecta.

Aus der Sukzession schloß Lessing auf die Natur der Gegenstände der Dichtung: sie sollten Handlungen sein. Und daraus leitete er seine Regeln her. Herder ist bestrebt, nachzuweisen, daß Lessings Schluß irrtümlich gewesen sei. Gegenstände, die aufeinander folgen, bilden nicht unbedingt eine Handlung. Dazu bedarf es über die Sukzession hinaus der Kraft. Letztere muß die Substanz sein, die den Modifikationen zugrunde liegt, davon aber unabhängig ist. Nicht auf Grund der von der Sprache auferlegten Sukzession verwandelt Homer das Koexistierende in ein Nacheinander, sondern weil er seine Erzählung „energisieren" will. Die Kraft des Gedichtes muß in jedem Augenblick seines Verlaufs empfunden werden. Das ist wiederum ein wesentlicher Unterschied gegenüber den bildenden Künsten. Hier können wir erst betrachten und urteilen, wenn das ganze Werk vollendet ist. Wenn das Gedicht aber nicht schon im Laufe seiner Entwicklung alle seine Vorstellungen empfinden läßt, ist seine Wirkung verfehlt, denn seine vollendete Form wird uns kein neues Element bieten. Der Dichter liefert sein Werk in der Sukzession. In der dichterischen Schilderung kommt es darauf an, jeden Zug zu energisieren. Dadurch systematisiert Herder ein Prinzip Lessings, der die Beschreibung gelten ließ, insofern sie auf das Gemüt des Lesers wirkte[106]).

Herder war allzu engagiert, um sich auf entfernte Autoritäten zu berufen. Er geht kaum über Baumgarten zurück und spricht vom Altertum nur gelegentlich. Seine Theorie ist in erster Hinsicht eine großartige Auseinandersetzung mit Lessing. Im Laufe dieser Darstellung stellte sich wohl heraus, daß Herders Ansichten die Äußerungen seines Vorgängers weniger bekämpfen und widerlegen als fortsetzen und vertiefen. Lessing hatte die Probleme erkannt und zu lösen versucht an Hand der Gegebenheiten, die ihm eine Zeit bot, in der die deutsche Dichtung noch keine Gipfel erklommen hatte. Seine Anschauungen sind manchmal bruchstückhaft, und die Konflikte, die er schildert, treffen nicht immer den Kern der Sache. Er entdeckt Shakespeare und setzt ihn dem

---

[106]) Ebd., III, 133 ff.

französischen Klassizismus entgegen, aber seine Entdeckung, ohne freilich zufällig zu sein — sie zeugt von einem sicheren Instinkt —, erfolgt nicht auf Grund eines absolut strengen und allgemeinen Prinzips. Neben Shakespeare waren noch viele Elemente der Entwicklung einer deutschen Dichtung günstig; dafür hat er sich weniger interessiert. Erst Herder ist es, der, in eine bessere Lage gestellt, das Prinzip von Lessings Denken erfaßt und ohne Einschränkung anwendet. Er hat sich zur Aufgabe gemacht, das Phänomen Shakespeare zu e r k l ä r e n ; er hat sich nicht damit begnügt, es als eine einzigartige Ausnahme hinzustellen, er hat vielmehr versucht, seine Möglichkeit und Regelmäßigkeit nachzuweisen. Zu diesem Zweck waren ein fester Ausgangspunkt und eine allgemeine Einstellung nötig. Beides hat ihm der Relativismus geboten. Als er diesen Grundsatz nun einmal deutlich ins Auge gefaßt hatte, war der Weg frei für eine systematische Erforschung und für neue Entdeckungen: das Volkslied, die primitive Dichtung, die natürliche Poesie, usw.

Lessing bleibt im Konflikt Form—Stoff befangen und entscheidet sich für die Form. Auch hier vertieft Herder das Problem und findet das dritte Glied, das die Lösung ermöglicht: den Geist, die Idee. Ähnliches gilt für das Problem der Poesie. Lessing definiert sie mit Hilfe des Begriffes des Sukzessiven, den er dem des Gleichzeitigen entgegensetzt. Herder sieht ein, daß die Frage falsch gestellt ist; und wieder einmal entdeckt er im Begriff der Kraft den Gesichtspunkt, der die Antwort möglich macht. So trägt er mit Nachdruck Ideen vor, deren Ergiebigkeit Lessing übersehen hatte.

Herder ist vor allen Dingen der Entdecker von Gesichtspunkten, der Erschließer neuer Horizonte und der Vertiefer der vorhergehenden Anschauungen. Gewiß wurde dieser Fortschritt der Ideen durch Lessings bahnbrechende Arbeit möglich gemacht, der sich bemüht hatte, die Probleme klar und deutlich zu umreißen, und manche Lösungen vorschlug, die Herder nur wieder aufzugreifen und zu verallgemeinern brauchte. Der Rohbau war errichtet. Dies gilt für fast alle Grundfragen; es sei u. a. an die Auffassung des Zweckes der Kunst erinnert, den Lessing als Täuschung und Mitleid definiert und den Herder als Illusion und Teilnehmung (oder Mitgefühl) bezeichnet. Schon die gebrauchten Termini weisen auf einen methodischen Ausbau der Lessingschen Anschauungen hin. Erst in Herders Werk ist jedoch die Aufklärung so gut wie endgültig überwunden: das Individuelle verdrängt und ersetzt das Abstrakt-Allgemeine, die universale Vernunft wird unzweideutig in ihre Schranken verwiesen. Die Herrschaft des rationalistischen Dogmatismus über die Ästhetik ist zu Ende.

Selbstverständlich hat Herder nicht alle Probleme gelöst. Gleich Lessing schneidet er manchmal die Frage an, ohne eine befriedigende Antwort geben zu können. Zum Beweis dafür könnte man viele weit auseinandergehende Tendenzen der späteren Ästhetik erwähnen, die sich auf seine Ansichten als auf ihre erste Anregung berufen.

Der ästhetische Positivismus Taines und Scherers findet sich bei ihm im Keime. Indem er Volk, Rasse, Umwelt, Zeit, Klima als bestimmend für die Kunst hinstellt, nimmt er Taines Grundsätze vorweg. Nur die Hervorhebung des Individuellen hindert ihn, sich konsequent in dieser Richtung zu bewegen.

Die Existenzphilosophie hat manche ihrer Grundthesen von Herder übernommen. Gemeinsam ist ihnen die Auffassung des Menschen als eines wesentlich historischen, in der Zeit eingemauerten Wesens, das, jedes von der persönlichen und situationsbedingten Perspektive unabhängigen Urteils unfähig, in einem Werden begriffen ist, das seine Substanz nie vollständig verwirklicht.

Die marxistische Kritik hat die Forderung nach der Anpassung der Dichtung an die Bedürfnisse des Volkes, für welches sie bestimmt ist, von Herder übernehmen können, zumal er von der Annahme ausgeht, das Volk sei der „größte und ehrbarste" Teil der Menschheit.

Der Relativismus bietet die mannigfaltigsten Möglichkeiten der Anwendung, wirft aber zugleich ein schwieriges Problem auf. Offensichtlich kann eine relativistische und historische Einstellung zum Verständnis der Kunst erheblich beitragen. Im Bereich der Literatur ist sie sogar notwendig, da die Sprache sich erst in ihrem historischen Zusammenhang voll verstehen läßt. Die Frage ist aber, ob der Relativismus über die Erklärung hinaus die ästhetische Beurteilung ermöglicht. Der einzige Maßstab, den er bietet, ist der Einklang des Werkes mit dem geistigen und physischen Klima, in dem es entstanden ist. Infolgedessen wäre jede Kunst, die mit dem Zeitgeist oder mit den historischen und nationalen Bestimmungen in Widerspruch stünde — d. h. manche hervorragende und geniale Schöpfung — den Banalitäten unterlegen, welche die Umstände der Zeit und des Milieus entsprechend ausdrükken. Deshalb hat sich Herder genötigt gefühlt, auf absolute Werte aufmerksam zu machen. Sein Relativismus soll vor allem jede Möglichkeit der Willkür ausschalten.

Herders Ideen führen unmittelbar auf die Romantik hin, und zwar nicht nur auf ihre äußerlichen und nebensächlichen Züge, wie etwa die Rückkehr zum Mittelalter, zur Natur, zu den Ursprüngen, zur Volkstradition, sondern auch und besonders auf ihr tieferes Wesen. Es sei

bloß an ein paar Berührungspunkte erinnert: die analogische Erkenntnis und die Mikrokosmosidee; die unteilbare Einheit der Seele; die
Zurückweisung der Vernunft in die Schranken eines Vermögens ohne
Vorherrschaft über die anderen und die Wiederherstellung des Aus-
gleichs und der Harmonie innerhalb des Gemüts; den Primat der poetischen vor der rationalen Erkenntnis; die Auffassung der Kunst als
eines Ausdrucks der Natur und einer Offenbarung Gottes. Diese absoluten Werte, die dem methodischen Relativismus nicht unterstehen,
werden sich als Schlüsselstellungen der romantischen Theorie erweisen.

Dritter Teil

KANT

KANT

1. Stellung der Ästhetik in der Kantischen Philosophie

Obgleich die *Kritik der Urteilskraft* in dieser Studie eher in der Perspektive der ästhetischen Bemühungen des 18. Jahrhunderts als im Rahmen des philosophischen Systems des Kritizismus betrachtet wird, muß wohl zunächst der Platz, den sie in Kants Denken einnimmt, in großen Zügen umrissen werden. Die Welt als Gegenstand der Philosophie erscheint Kant unter dem doppelten Aspekt des Sinnlichen (Natur) und des Übersinnlichen (Freiheit). Die von Natur und Freiheit betroffenen Seelenvermögen sind das Erkenntnis- und das Begehrungsvermögen mit ihren jeweiligen Attributen, dem Verstand und der Vernunft.

Die Untersuchung der Gesetze und der Tätigkeit des Verstandes und der Vernunft heißt die „Kritik"; ihr steht die „Doktrin" gegenüber, welche nicht die Erkenntniskräfte, sondern die Prinzipien der Natur und der Freiheit selbst zum Gegenstande hat.

Es gibt jedoch ein drittes Seelenvermögen, das von den beiden oben genannten unabhängig ist: das „Gefühl der Lust und Unlust". Ihm entspricht als Attribut die Urteilskraft. Ihre Aufgabe ist es, die Verbindung zwischen dem Allgemeinen, das von Verstand und Vernunft gegeben, und dem Besonderen, das von Sinnlichkeit und Einbildungskraft dargeboten wird, herzustellen.

Wenn die Urteilskraft vom Allgemeinen ausgeht, um das Individuelle zu subsumieren, heißt sie bestimmend. Wenn sie umgekehrt von individuellen Gegebenheiten ausgeht und zum entsprechenden Allgemeinen aufsteigt, heißt sie reflektierend.

Die reflektierende Urteilskraft zerfällt wiederum in eine theoretische — die die Erkenntnis der empirischen Naturgesetze ermöglicht — und in eine ästhetische. Letztere bildet den Gegenstand der Ästhetik.

Die Urteilskraft hat in der objektiven Welt kein entsprechendes „Gebiet", für welches sie gesetzgebend wäre, wie etwa der Verstand für die Natur und die Vernunft für die Freiheit. Demgemäß ist der Gegenstand der Ästhetik eine rein subjektive Tätigkeit des Menschen. Eigentlich hat das Ästhetische keine von der Seele unabhängige Wirklichkeit. Ästhetisch, sagt Kant, ist „dasjenige, dessen Bestimmungsgrund nicht anders als subjektiv sein kann". Die Ästhetik kann also niemals eine Doktrin, eine Theorie, sondern nur eine Kritik sein[1]).

Subjektiv ist der Gegenstand der Ästhetik noch in einer anderen Hinsicht. In der ästhetischen Beurteilung wird die Vorstellung eines Objekts nicht auf dieses Objekt selbst bezogen und mit ihm verglichen, um etwa ihre Richtigkeit festzustellen und also zu einer Erkenntnis zu gelangen. Ihr ist jedes Streben nach Erkenntnis fremd. Sie bezieht die Vorstellung einzig und allein auf den Gemütszustand des Betrachters. „Was an der Vorstellung eines Objekts bloß subjektiv ist, d. i. ihre Beziehung auf das Subjekt, nicht auf den Gegenstand, ausmacht, ist die ästhetische Beschaffenheit derselben." Dieser Gemütszustand ist je nach den Fällen eine Empfindung der Lust oder der Unlust. „Dasjenige Subjektive an einer Vorstellung, was gar kein Erkenntnisstück werden kann, ist die mit ihr verbundene Lust oder Unlust"[2]).

Weder der Begriff noch der Zweck des betrachteten Gegenstandes (seine Beschaffenheit, wie man früher sagte, sein Inhalt) interessieren also die ästhetische Beurteilung, sondern nur seine Form: „Wenn mit der bloßen Auffassung der Form eines Gegenstandes der Anschauung, ohne Beziehung derselben auf einen Begriff zu einem bestimmten Erkenntnis, Lust verbunden ist, so wird die Vorstellung dadurch nicht auf das Objekt, sondern lediglich auf das Subjekt bezogen"[3]).

Allerdings ist dabei notwendigerweise die ganze Seele tätig, nicht etwa nur die sinnliche Wahrnehmung und die Einbildungskraft. Diese vergleicht die Vorstellung „unabsichtlich" mit den Gesetzen des Verstandes; letzterer wird nicht einfach ausgeschaltet. Daraus ergibt sich eine Schwierigkeit — an welcher mancher Denker gescheitert ist; denn das Verhältnis der Seelenkräfte ist in der ästhetischen Beurteilung und in der Erkenntnis gleich. Letztere entsteht nämlich für Kant folgendermaßen: die von einem gegebenen Gegenstand getroffenen Sinne lösen die Tätigkeit der Einbildungskraft aus, welche die sinnlichen Gegebenheiten zusammensetzt und den Verstand auffordert, ihnen mit Hilfe seiner Begriffe Einheit zu verschaffen[4]).

Wodurch unterscheidet sich denn das ästhetische Urteil von der Erkenntnistätigkeit? Dadurch, daß das gegenseitige Verhältnis der Seelenkräfte, wie gesagt, nicht auf einen Begriff abgestimmt ist, sondern nur

[1]) Vgl. *Kritik der Urteilskraft* (abgekürzt: K. d. U.), Einleitung §§ I—IV, VIII; §§ 1, 54.

[2]) K. d. U., Einleitung § VII.

[3]) Ebd.

[4]) K. d. U., § 21; vgl. auch § 9.

ein freies Spiel zwischen den Vermögen erzeugt. Dieses freie, d. h. von keinem Begriffe beschränkte Spiel erweckt ein Gefühl der Lust, das der Bestimmungsgrund des ästhetischen Urteils ist (in Abhebung von dem Erkenntnisurteil, das durch den Begriff bestimmt wird). Das Subjekt fühlt sich selbst durch eine Vorstellung affiziert. Das gefühlsmäßig wahrgenommene Verhältnis zwischen Einbildungskraft und Vernunft ergibt das Erhabene, das zwischen Einbildungskraft und Verstand bedingt das Schöne[5]).

Das Fehlen der begrifflichen Bestimmung ist also die Voraussetzung des freien Spiels, dessen sich der Betrachter bewußt wird. Das schließt ein, daß das freie Spiel nicht das adäquate Verhältnis einer anschaulichen Vorstellung zu einem Begriff (was objektiv und erkenntnismäßig wäre), sondern vielmehr die Übereinstimmung der Einbildungskraft selbst mit dem Verstand ist. Diese Übereinstimmung ist nur dann möglich, wenn die Freiheit der ersteren ohne besondere Absicht mit der **Gesetzmäßigkeit des zweiten harmoniert. Nur dann erscheint ein Ge**genstand als „zweckmäßig" für die ästhetische Urteilskraft, d. h. nur dann ist er schön oder erhaben. Das Vermögen, diese Zweckmäßigkeit auf Grund der Lust, die sie in uns erweckt, zu beurteilen, heißt der **Geschmack**[6]).

Offenbar ist der Anteil der beiden Vermögen am freien Spiel ziemlich ungleich. Ähnlich wie der Verstand in der Erkenntnistätigkeit vorherrscht, hat im ästhetischen Urteil die Einbildungskraft die Oberhand. Hier spielt der Verstand wohl eher eine negative Rolle: es genügt schon, wenn seine Gesetzmäßigkeit „keinen Anstoß leidet". Er nimmt einen bescheidenen Raum ein: Kant steht nicht an, das Unregelmäßige, das die Einbildungskraft entzückt, ohne den Verstand zu verletzen, dem Regelmäßigen, das den Verstand befriedigt und die Einbildungskraft unterdrückt, vorzuziehen. Sobald der Verstand die Vorherrschaft erringt, hemmt er die Freiheit der Einbildungskraft, und der Betrachter wendet sich vom Gegenstand ab. Der Verstand muß der Einbildungskraft zu Diensten stehen, nicht umgekehrt[7]).

Ähnlich wie es von jedem Begriff frei ist, ist das ästhetische Urteil dem Einfluß des Willens und der Neigungen entzogen, d. h. uninteressiert. Diese Eigenschaft wird im zweiten Abschnitt behandelt.

Obwohl das ästhetische Urteil aus den Bereichen der Erkenntnis und des Willens, in denen Allgemeinheit und Notwendigkeit herrschen, ausgeschlossen ist, läßt es diese beiden Merkmale nicht vermissen. Kant

[5]) K. d. U., §§ 1, 9.
[6]) K. d. U., § 35
[7]) K. d. U., Allgemeine Anmerkung nach § 22.

erkennt ihm ein Prinzip a priori zu, das es gegenüber dem Gefühlsvermögen in dasselbe Verhältnis stellt, das die Vernunft und der Verstand gegenüber dem Erkenntnis- und dem Begehrungsvermögen haben: es ist das Prinzip der subjektiven Zweckmäßigkeit. Es wird zusammen mit den übrigen Bestimmungen des Urteils erörtert werden.

Die eben entworfene Skizze der Stellung der Ästhetik im Kantischen System und der allgemeinen Bestimmungen des Geschmacksurteils fordert einige Bemerkungen.

Es wird gewöhnlich angenommen, Kants entscheidende Bedeutung für die Entwicklung der Ästhetik bestehe darin, daß er das Schöne dem Willen und der Erkenntnis entrissen, dem Gefühl angegliedert und zu einer rein subjektiven Erscheinung, d. h. zum Bewußtsein des die Wahrnehmung begleitenden Seelenzustandes, gemacht habe. Nun sind aber diese Kernideen der Kantischen Ästhetik keine Kantischen Erfindungen. In der Ästhetik war die kopernikanische Revolution des Kritizismus eine vollendete Tatsache v o r der *Kritik der Urteilskraft*.

Kants Position ergab sich genau besehen aus einer dreifachen Folgerung: zuerst wurde die Seele in drei selbständige Vermögen eingeteilt; dann wurde die Wahrnehmung der Schönheit auf eines dieser Vermögen, das Gefühl, bezogen; schließlich wurde die Wirklichkeit des Schönen auf das Bewußtsein eines subjektiven gefühlsmäßigen Gemütszustandes begründet.

Was die Dreiteilung der Seele betrifft, so hat Kant nichts Ursprüngliches. In der ersten Hälfte des Jahrhunderts wurde freilich durchweg eine symmetrische Zweiteilung in obere (geistige) und untere (sinnliche) Vermögen angenommen. Diese Zweiteilung stammte von Leibniz. Unter den oberen Vermögen unterschied man wiederum die Vernunft und den Willen. Ein eigens auf die Wahrnehmung der Schönheit gerichtetes Vermögen wurde nicht anerkannt. Das Schöne hatte in der Rangordnung der Werte keinen deutlich umrissenen Platz und entsprach in der Tätigkeit des Geistes keiner genau festgelegten Funktion. Erst Baumgarten hatte es unzweideutig in das Gebiet der anschauenden Erkenntnis, der unteren Vermögen, verwiesen.

Bald nach 1750 beginnt man, in die oberen Vermögen, welcher Terminus allmählich in Vergessenheit gerät, ein drittes Glied zur Wahrnehmung des Schönen aufzunehmen. Es heißt gewöhnlich Geschmack in bezug auf die Kunstschönheit, Gefühl oder Empfindung im Verhältnis zur Naturschönheit. In seiner *Theorie der schönen Künste* aus dem Jahre 1767 spricht sich Riedel für das Bestehen von drei unabhängigen Vermögen aus: dem sensus communis, dem Gewissen und dem Geschmack, welche je auf das Wahre, das Gute und das Schöne abgestimmt sind. Zwei Jahre später bezeichnet Herder die von Riedel gebrauchten Termini als Grundbegriffe der neuen Modephilosophie[8]). 1771 nimmt Sulzer ebenfalls eine psychologische Dreiteilung in Verstand, sittliches Gefühl und Geschmack vor. Sechs Jahre später vollzieht Tetens in seinen *Philosophischen Versuchen über die menschliche Natur* eine ähnliche Teilung.

Die ausführlichste Vorwegnahme der Kantischen Ansichten bietet aber Mendelssohn. Schon immer hatte er das ästhetische Vergnügen mehr oder weniger deutlich auf ein Gefühl bezogen, ohne sich zunächst um Stellung und Funktion dieses Gefühls im Gemüt allzu sehr zu kümmern. Gewöhnlich reihte er es unter die sinnlichen Vermögen ein. 1785 formuliert er jedoch in den *Morgenstunden* seine Idee viel genauer, sondert das „Gefühl der Lust und Unlust" von dem Willen und der Vernunft ab und gliedert es dem selbständigen „Billigungsvermögen" an. Er schreibt: „Man pfleget gemeiniglich das Vermögen der Seele in Erkenntnisvermögen und Begehrungsvermögen einzuteilen, und die Empfindung der Lust und Unlust schon mit zum Begehrungsvermögen zu rechnen. Allein mich dünket, zwischen dem Erkennen und Begehren liege das Billigen, der Beifall, das Wohlgefallen der Seele, welches noch eigentlich von der Begierde weit entfernt ist. Indessen scheint es mir schicklicher, dieses Wohlgefallen oder Mißfallen der Seele mit einem besonderen Namen zu benennen. Ich werde es in der Folge Billigungsvermögen nennen, um es dadurch sowohl von der Erkenntnis der Wahrheit als von dem Verlangen nach dem Guten abzusondern. Es ist gleichsam der Übergang vom Erkennen zum Begehren, und verbindet diese beiden Vermögen durch die feinste Abstufung, die nur nach einem gewissen Abstande bemerkbar wird"[9]). Diese Mittelstellung des Gefühls zwischen der Erkenntnis und dem Willen ist bekanntlich ein Charakteristikum der Kantischen Urteilskraft.

So war die Dreiteilung der Seelenvermögen bereits vor Kant durchgeführt und — mindestens einmal — ausführlich begründet worden. Man hat sich darüber gewundert, daß der Begriff des Gefühls in der *Kritik der Urteilskraft* keiner sorgfältigen Überprüfung unterzogen wird und daß der Entschluß, es zu einem Grundvermögen der Seele zu machen, kaum philosophisch unterbaut ist. Solches Erstaunen ist nicht gerechtfertigt, wenn man bedenkt, daß Kant in dieser Frage die Ansichten seiner Vorgänger einfach übernommen hat. Sein Verdienst ist es nur, sie genauer formuliert, durch ein ganzes System eingerahmt

---

[8]) *4. Kritisches Wäldchen,* IV, 5.
[9]) *Morgenstunden,* II, 295 f.

und durch eine konsequente Terminologie gefestigt zu haben. Er postuliert das Gefühl als einen selbständigen Bestandteil der menschlichen
Natur, wenigstens auf der Ebene der Erscheinungswelt. Er befreit es
vom Intellekt, dem es von Descartes und Spinoza untergeordnet, und
vom Willen, dem es von Plato, Aristoteles und den Scholastikern angeglichen worden war.

An zweiter Stelle hat Kant die Schönheit zum Gegenstand des Gefühls machen müssen. Nach Mendelssohns Vorgang nennt er es „Gefühl der Lust und Unlust". Auch hieran ist nichts besonders neu. Von
jeher wurde das Schöne auf das Gefühl bezogen. Schon Aristoteles
spricht vom Vergnügen, das man beim Anblick der Schönheit empfindet,
und die alte Rhetorik macht das Vergnügen und die Rührung zur
Quelle und zum Zweck der Redekunst. Nach Cicero und Quintilian
setzt sich der Redner das flectere, movere, delectare, conciliare zum
Ziel.

Freilich waren im 17. Jahrhundert gewisse intellektualistische Formeln aufgetaucht, deren bedeutendste für die deutsche Ästhetik die
Leibnizische war. Sie setzt Schönheit mit Vollkommenheit gleich; der
einzige Unterschied zwischen beiden ist die Art, wie sie erkannt werden. Parallel hierzu strebten moralisierende Tendenzen, die über Leibniz in die Aufklärung eingedrungen waren, die Kunst zu einem Faktor
der Moral und der gesellschaftlichen „Glückseligkeit" zu machen.
Baumgarten hatte sie seinerseits von der Vernunft und der Ethik unabhängig gemacht, gliederte sie aber weiterhin dem Gebiet der — sinnlichen — Erkenntnis an, nicht dem des Gefühls, das er übrigens nicht
zum selbständigen Vermögen erhob.

Baumgartens Schüler haben die Schönheit dem Einflußbereich der
Erkenntnis jedoch sehr bald entzogen. Trotz seiner gelegentlichen Beibehaltung des Begriffes „undeutliche Erkenntnis" riß Sulzer die Kunst
aus dem analogon rationis heraus und wies sie dem Gefühl zu. Den
Bestimmungsgrund des Schönen sah er in der Empfindung. Nun kann
man beim Anblick der Schönheit Vergnügen empfinden, ohne daß der
Verstand die Beschaffenheit des Objekts zu erkennen und das sittliche
Gefühl dessen Zweck wahrzunehmen braucht. Nur durch eine Wirkung
auf das Gefühl erreicht die Kunst ihren Zweck. Ein Stoff wird erst dann
„ästhetisch", wenn er rühren kann. Auch Mendelssohn hat die Wahrnehmung des Schönen unmittelbar auf das Gefühl bezogen und jede
Vermittlung des Verstandes und des Willens ausgeschaltet. Winckelmann ist ebenfalls der Meinung, daß nur das Gefühl fähig ist, die
Schönheit zu beurteilen. Keine Definition und keine rationale Erklärung kann das Wesen der Schönheit erschöpfen, vom Gefühl aber wird

sie instinktiv erfaßt. Und Lessing macht die Affektwirkung zum Haupt-zweck der Kunst, dem alles übrige funktionell untergeordnet ist. So-wohl bei den Philosophen als auch bei den Kritikern waren solche An-sichten gang und gäbe geworden.

Was den dritten Punkt anbelangt, die eigentliche Zurückführung der Schönheit auf die Subjektivität, so konnte Kant gleichfalls auf manchen Vorgriff zurückblicken. Um das Schöne zu einem innerlichen Phänomen ohne objektive Wirklichkeit zu machen, hat er es von allem, was die Erkenntnis in irgendeiner Weise angeht, scharf trennen müssen. Daher lehnt er jede metaphysische Definition der Schönheit und besonders die populäre Formel von sinnlicher Erkenntnis der Vollkommenheit ab: man kann ein schönes Gebäude auf eine „verworrene" Weise erken-nen, sagt er, ohne darum schon dessen Schönheit wahrzunehmen. Wenn man etwas auf seine Vollkommenheit hin beurteilt, so fällt man kein ästhetisches, sondern ein teleologisches, ein Vernunfturteil. Das Schön-heitsgefühl ist unabhängig von jedem Erkenntnisvorgang, sei er nun sinnlich oder rational; es beruht lediglich auf dem Bewußtsein eines Gemütszustandes[10]).

Ebenso wie der metaphysischen Definition stellt sich Kant den An-sichten Herders entgegen. Für diesen ist die Schönheit objektiv ähnlich wie das Wahre und das Gute, und das Geschmacksurteil betrifft das Wesen und die Beschaffenheit der Dinge. Es gibt keine Form ohne Bedeutung, kein Urteil ohne Begriff; es besteht keine Schönheit ohne Vollkommenheit.

Kants Denken entzieht sich also mächtigen Einflüssen aus verschie-denen Richtungen der Ästhetik. Aber darum ist seine Einstellung noch nicht eine absolute Neuheit. Bei Sulzer finden sich ganz ähnliche Ideen: auch er scheidet Schönheit von Erkenntnis und hebt hervor, man könne beim Anblick von Gegenständen, deren Zweck und deren Begriff un-bekannt sind, ein ästhetisches Gefallen empfinden. Die Empfindung der Schönheit steht für ihn zwischen dem einfachen Sinnenvergnügen und dem deutlichen Erkennen. Verwickelter als das erste gefällt sie, ohne daß das zweite dazwischenkommt, ohne daß die Erkenntnis der Be-schaffenheit der Dinge das Gefühl zu bestimmen braucht. Die Form der Dinge genügt. Ebensowenig wie Kant faßt Sulzer die Schönheit als ein objektives Attribut, sie gehört nicht zum „Erkennlichen", wir nehmen sie durch das Gefühl einer Modifizierung unseres Gemüts-zustands wahr, ohne uns um objektive Eigenschaften im geringsten zu kümmern, ohne die Ursache der Modifizierung erkennen zu wollen.

---

[10]) Vgl. K. d. U., § 1 und Anmerkung II zu § 57.

Die Schönheit eines Gegenstandes gründet sich einzig auf den Eindruck, den er macht; wir urteilen kraft eines Gemütszustandes.

Ähnlich wie Sulzer greift Mendelssohn dem Subjektivismus der *Kritik der Urteilskraft* vor. Er unterscheidet — ganz in Kantischem Wortschatz — die materiale von der formalen Erkenntnis. Erstere ist das Produkt der begrifflichen Tätigkeit des Verstandes und auf die Erkundung der Wahrheit gerichtet; die zweite steht nur in Beziehung zu dem Gefühl, dem Billigungsvermögen: ohne jede objektive Erkenntnis erregt sie Lust oder Unlust, Billigung oder Mißbilligung. Nun liegt das Wesen des Schönen in der formalen Erkenntnis. Das Erkennen unterscheidet sich vom Billigen wie das Objektive vom Subjektiven. Das Erkenntnisvermögen „geht von den Dingen aus und endiget sich in uns; da hingegen das Billigungsvermögen den entgegengesetzten Weg nimmt, von uns selbst ausgehet, und die äußeren Dinge zu ihrem (sic) Ziele hat"[11]. Die Erkenntnis sucht, unsere Begriffe der objektiven Wahrheit angemessen zu machen ohne Rücksicht auf unsere Lust und Unlust. Das Billigungsvermögen ist bestrebt, die äußeren Dinge unseren Wünschen entsprechen zu lassen. „Jenes will den Menschen nach der Natur der Dinge, dieses die Dinge nach der Natur des Menschen umbilden[12]." Die Quelle des ästhetischen Vergnügens liegt demnach in uns, in der Natur unserer Seele, nicht im Objektiven. Der Übergang zum Subjektiven ist also vollzogen. Die Idee war reif, Kant brauchte sie nur zu ernten.

Aus den vorhergehenden Ausführungen ersieht man also, daß die drei Schritte, die es Kant ermöglicht haben, die Schönheit zu einer subjektiven Erscheinung zu machen, welche sich an das Gefühl als autonomes Vermögen wendet, schon alle von seinen Vorgängern getan worden waren. Mancher von ihnen war sogar sehr folgerichtig und ausführlich darauf eingegangen. In der Stellung und in der Lösung dieses Kernproblems des ästhetischen Kritizismus hat Kant nichts Originales.

Das urteilbestimmende Gefallen ist das Bewußtsein eines freien Spiels der Einbildungskraft und der geistigen Vermögen. Kant betont die Rolle der Einbildungskraft. Sulzer machte sie schon zur „Mutter aller Künste", und bei Baumgarten bildete sie zusammen mit dem Gedächtnis, dem Geschmack und der Darstellungskraft den Hauptteil der unteren Vermögen; die Baumgartenschen dispositiones acute sentiendi,

---

[11] *Morgenstunden*, II, 295 f.
[12] Ebd., II, 297.

ad imaginandum, poetica und ad praevidendum gehören nämlich zu
dem, was Kant Einbildungskraft nennt.

Für Kant wird im ästhetischen Urteil nicht die Einbildungskraft
allein mit unserem Gefühl in Verbindung gebracht, wie manchmal angenommen wird. Das Vergnügen entsteht aus einer Übereinstimmung
zwischen der Einbildungskraft und den geistigen Vermögen; nicht die
Harmonie zwischen der Mannigfaltigkeit der sinnlichen Gegebenheiten
und ihrer begrifflichen oder zweckhaften Einheit — auch wenn diese
Einheit verworren wahrgenommen wird — erregt das Vergnügen, auch
nicht die Übereinstimmung zwischen dem sinnlichen Inhalt und einem
bestimmten Zweck oder Begriff, sondern zwischen der Einbildungskraft
und dem Vermögen der Begriffe selbst. Was soll das anderes heißen,
als daß die Rolle der geistigen Vermögen im Schönheitsurteil regulativ
und nicht konstitutiv ist. Es liegt in der Natur des menschlichen Geistes,
die Einheit des Mannigfaltigen wahrnehmen zu wollen, und diese
Wahrnehmung erregt Vergnügen. Die Einheit, die im Geschmacksurteil
erfaßt wird, ist jedoch eher negativ: nichts darf die Vernunft beleidigen. Die freie Einbildungskraft überschreitet den Rahmen jedes möglichen Begriffs; wenn sich eine Übereinstimmung und ein Einklang zwischen der Einbildungskraft und den geistigen Vermögen herstellt, so
ist das Verhältnis zwischen dem Bild und dem Begriff bzw. dem Zweck,
welcher in der adhärierenden Schönheit dem Bild zugewiesen wird,
eine Unangemessenheit, denn das Bild ist reicher als der Begriff im
Geschmacksurteil und weniger reichhaltig als der Zweck im Urteil über
das Erhabene.

In der Beurteilung und der Schöpfung der Kunst mußten nach Baumgarten der intellectus und die ratio die Harmonie zwischen den sinnlichen Vermögen herstellen, nachdem sie diese Vermögen erregt hatten.
Das bleibt für Kant teilweise gültig. Aber Baumgarten fürchtete, daß
die Vermittlung dieser geistigen Vermögen die sinnliche Vorstellung zur
Deutlichkeit emporheben und also die Schönheit zerstören würde. Es
gab bei ihm immer die Möglichkeit eines Konfliktes zwischen Ästhetik
und Logik. Die Ausdehnung des ästhetischen Horizonts eines Individuums hing mit der Ausdehnung seines logischen Horizontes zusammen; je weiter der letzte, desto beschränkter der erste. Kant hebt diesen
Konflikt auf: für ihn haben Sinnlichkeit und Vernunft beide an der
Wahrnehmung und der Erschaffung der Schönheit Anteil. Erst aus ihrer
Übereinstimmung entsteht das urteilbestimmende Vergnügen.

Man könnte fragen, ob Kant den Unterschied zwischen Schönheits-
und Erkenntnisurteil deutlich gesehen und ins rechte Licht gerückt hat.
Man könnte sogar den Eindruck gewinnen, als mache er aus dem Schön-

heitsurteil ein abgestutztes Erkenntnisurteil, welches nicht bis zur begrifflichen Erfassung ginge, sondern unterwegs aufgehalten würde und die Grenze der für jede Erkenntnis erforderlichen Subjektivität nicht überschritte. Das ästhetische Urteil hätte alle Elemente des Erkenntnisurteils, dessen Form, dessen Regel, das gleiche Verhältnis der betroffenen Vermögen, ginge aber nicht bis zum Begriff. Man könnte versucht sein, darin nichts von der cognitio sensitiva qua talis Baumgartens Verschiedenes zu sehen, um so mehr als Kant den Anteil der Einbildungskraft besonders betont.

Dem ist aber in keiner Weise so. Während der Bestimmungsgrund eines Erkenntnisurteils in der Adäquation zu dem vom Geiste nach den Modalitäten der reinen Vernunft erfaßten Wirklichen liegt, beruht der Bestimmungsgrund eines ästhetischen Urteils einzig und allein auf dem empfundenen Vergnügen. Der Geschmack ist das Vermögen der Beurteilung auf Grund einer Lustempfindung. Dies macht den spezifischen Unterschied des ästhetischen gegenüber dem begrifflichen Urteil aus. Der Gegenstand setzt Verstand und Einbildungskraft in Bewegung: wird nun das Verhältnis der beiden als harmonisch empfunden, so ist der Gegenstand schön; das empfundene Vergnügen ist also rein reflexiv, es entspringt dem freien Spiel unserer Vermögen, nicht unmittelbar der äußeren Wirklichkeit.

Kants reflexives Gefallen setzt sich der ästhetischen Erfahrung Herders entgegen. Für Kant fußt das ästhetische Urteil auf dem Bewußtsein des eigenen Gemütszustandes. In der Wahrnehmung des Schönen bleibt die Dualität des Menschen und der Welt, des Ich und des Nicht-Ich, bestehen. Der Mensch steht der Welt gegenüber, diese ist Ob-jekt, Gegen-stand, für den menschlichen Geist. Das Gefühl ist keine Brücke, die von einem Ufer zum anderen, vom Subjekt zum Objekt führt. Es ist kein Erkenntnisfaktor, es macht nur Randbemerkungen zu einem Text, für dessen Aufstellung es nicht zu Rate gezogen wurde[13]). Ihm ging in der Seele eine Tätigkeit der Vermögen der begrifflichen Erkenntnis voraus; sie haben sich vor ihm des Gegenstandes bemächtigt. Für Herder verläuft der Prozeß anders: vor jeder geistigen Tätigkeit, vor dem Auftreten der verschiedenen Vermögen erfaßt das Ich den Gegenstand durch ein einheitliches und undifferenziertes Erlebnis. In der Wahrnehmung des Schönen wie in der Erkenntnis — Herder macht in dieser Hinsicht keinerlei Unterscheidung zwischen beiden Tätigkeiten —, verschmelzen Subjekt und Objekt und identifizieren sich miteinander. Der Mensch steht in der Welt, ist mit der Welt durch sein

---

[13]) Vgl. Litt, *Kant und Herder als Deuter der geistigen Welt*, S. 69.

ganzes Wesen verbunden: „erkennen" heißt soviel wie sich dieser Verbindung bewußt werden; Erkenntnis ist Ereignung. Das Schönheitsurteil ist von anderen Urteilen nicht spezifisch unterschieden, der Geschmack ist kein selbständiges Vermögen.

Kunst und Moral

Indem Kant das ästhetische Urteil von den sonstigen menschlichen Tätigkeiten absonderte und zu einem rein subjektiven, uninteressierten, unbegrifflichen, aber allgemeingültigen und notwendigen Phänomen machte, schien er die wichtige Frage nach dem Verhältnis zwischen Kunst und Moral, die das ganze 18. Jahrhundert beschäftigt hatte, endgültig gelöst zu haben. Die beiden Gebiete decken sich in keiner Weise: das Schöne wird durch das Gefallen bestimmt, das wir am harmonischen Spiel unserer Erkenntnisvermögen empfinden, und wenn die Vernunft als moralischer Sinn in der Wahrnehmung des Erhabenen eine Rolle spielt, so geschieht es nicht, um uns eine Verhaltensweise zu diktieren. Die Empfindung der Schönheit in Kunst und Natur untersteht also nicht dem kategorischen Imperativ, der Quelle aller moralischen Verhaltensweisen. Auf der phänomenalen Stufe der Welt, die der Zustand unseres Menschseins ist, sind Schönheit und Kunst autonom.

Aber Kants System und die Ergebnisse seiner früheren Kritiken erlauben ihm nicht, das auf solche Weise gelöste Problem auf die Welt der Phänomene zu beschränken. Die dreifache Antinomie der reinen Vernunft hatte ihn dazu geführt, das intelligible Substrat der Dinge zu postulieren. Allein dieses Postulat befähigte ihn, den Bereich der reinen Vernunft abzugrenzen und die Unmöglichkeit, die Gegenstände der Sinne für Dinge an sich zu nehmen, zu begründen.

Die Erkenntnis setzt ein harmonisches Verhältnis zwischen Sinnlichkeit und Verstand voraus. Nun kann dieses Verhältnis nicht vorhanden sein, wenn der Geist das intelligible Substrat zum Gegenstand seiner Untersuchung macht. Die Naturbegriffe haben ihre Quelle in der sinnlichen Anschauung und können daher das Noumenon, das Ding an sich, nicht erreichen. Anderseits hat unsere Vernunft wohl die Idee des Freiheitsbegriffes, aber jede sinnliche Anschauung desselben ist unmöglich. Unserer theoretischen Erkenntnis bleibt das intelligible Substrat also verschlossen. Und doch muß unsere Erkenntnis die Grundeinheit dieses Substrats postulieren, nicht nur um die Antinomie der reinen Vernunft aufzulösen, sondern um die Wirkung des Übersinnlichen als Freiheitsbegriff auf das Sinnliche als Naturbegriff zu

191

erklären, eine Wirkung, die von dem Willen möglich gemacht und in die Tat umgesetzt wird.

Außerdem gilt die Idee des intelligiblen Substrats ebensowohl für das menschliche Wesen. Auch die einzelnen Seelenvermögen überschreiten ihre Heterogeneität dank einer ähnlichen Idee. Vernunft, Verstand, Urteilskraft, sogar Sinnlichkeit fließen aus einem einzigen Prinzip, welches ihr intelligibles Substrat ist[14]).

Dem Postulat der Grundeinheit der Welt und der Grundeinheit des Ich entsprechend muß unsere Erkenntnis der Welt, zu der unsere Einzelvermögen verschieden beitragen, auf der Ebene des Übersinnlichen einheitlich sein.

Wenn alle unsere geistigen Tätigkeiten im Übersinnlichen zu einer Einheit verschmelzen und wenn anderseits auf der gleichen Ebene der Gegenstand selbst, auf den sie angewendet werden, eine ähnliche Einheit aufweist, so ergibt sich der notwendige Schluß, daß zwischen diesen Tätigkeiten kein Antinomie- und kein Unvereinbarkeitsverhältnis, ja sogar keine völlige Andersartigkeit bestehen kann, wenn sie in der phänomenalen Welt richtig geleitet werden. Wie also zwischen Natur und Freiheit eine Grundverwandtschaft besteht, so sind unsere Vermögen ihrer Herkunft nach miteinander verwandt.

Nun scheint es auf den ersten Blick, daß eine Vernunftidee und eine sinnliche Anschauung auf keinen gemeinsamen Nenner zu bringen sind. Letztere wird erstere nie völlig und angemessen „demonstrieren" können. Und doch gibt es einen Übergang vom Sinnlichen zur Vernunft, nämlich die Analogie. Die Analogie einer sinnlichen oder an der Sinnlichkeit teilnehmenden Erscheinung mit einer transzendentalen Idee ist ein Symbol. Um ein Symbol zu erhalten, bezieht man ein sinnliches Bild auf einen empirischen Begriff, man abstrahiert die Regel dieses Verhältnisses und überträgt sie auf ein anderes Gebiet. Wenn man z. B. einen monarchischen Staat durch einen belebten Körper oder durch irgendeine Maschine symbolisiert, überträgt man auf den monarchischen Staat die Regel des Verhältnisses, welches entweder zwischen der organischen und natürlichen Bewegung des Körpers und diesem Körper selbst oder zwischen der äußeren Handhabung der Maschine und ihrer Funktion besteht, und man erhält grundverschiedene Auffassungen derselben Idee.

Somit kommt Kant auf Grund des übersinnlichen Ursprungs der Welt und der menschlichen Vermögen zu dem Schluß, daß die Schönheit als eine an der Sinnlichkeit teilhabende Erscheinung das Symbol

[14]) Vgl. K. d. U., Einleitung § II; § 57 und Anmerkung I und II.

192

des moralisch Guten als einer von der Vernunft abhängigen Idee ist. Die Regel des Verhältnisses, das zwischen der Urteilskraft und dem Gefühlsvermögen hergestellt wird, ist dieselbe wie die des Verhältnisses zwischen der Vernunft und dem Begehrungsvermögen. Auf beiden Seiten wird die Tätigkeit des Geistes als allgemein und notwendig empfunden, die Seele fühlt sich geadelt und über die sinnlichen Eindrücke erhoben, Urteilskraft und Vernunft geben sich selbst das Gesetz, indem sie jede Heteronomie ablehnen; und schließlich sind sie sich bewußt, daß ihre Tätigkeit aus einem Prinzip fließt, welches weder die Natur noch die Freiheit, sondern deren gemeinsame Grundlage, das Übersinnliche, ist[15]).

Auf dem Umweg über das Übersinnliche wird die Kunst zu einem privilegierten Erkenntnismittel, ohne etwas von ihrer Autonomie zu verlieren, d. h. ohne ein fremdes Element als Bestimmungsgrund anzunehmen. Durch sie wird es möglich, das Übersinnliche und somit die Grundeinheit der Welt symbolisch zu erkennen.

Die Bedeutung des Übersinnlichen in der Kantischen Ästhetik wurde bisher viel zu wenig beachtet. Wenn das intelligible Substrat dem menschlichen Geist auch unerkennbar ist, so bildet es nichtsdestoweniger die Grundlage seiner Tätigkeit und seiner Natur. Durchgehend wurde Kant als der Trennende betrachtet und Herder als dem Verbindenden und Vereinigenden entgegengesetzt. Herder selbst fühlte sich in dieser Hinsicht in Widerspruch zu Kant. Auf diesem Gegensatz beruht die ganze Polemik der *Kalligone:* dort verwirft Herder Kants angeblich ungerechtfertigte Unterscheidungen zwischen den menschlichen Vermögen sowohl als zwischen den Grundwerten. Er ist der Meinung, daß Kant die Vermögen voneinander und das Schöne vom Wahren und vom Guten ohne Grund scheide.

Gewiß ist der Eindruck, den man von den Werken der beiden Denker bekommt, verschieden. Herder betont unablässig die Einheit der menschlichen Erkenntnis und hält es für Willkür, die Seele in unabhängige Einzelvermögen aufzuspalten. Er erblickt zwischen Idee und Ausdruck, Kunst und Natur, Schönheit und Erhabenheit, Schönheit, Wahrheit und sittlicher Güte eine innige Einheit. „Das Wahre, Gute, Schöne, ungetrennt und unzertrennlich, sei unsere Losung", schreibt er in seiner *Kalligone*[16]).

Dagegen untersucht Kant die geistige Tätigkeit im phänomenalen Zustand, d. h. eben in einem Zustand der Trennung. Sinnlichkeit, Ein-

---

[15]) Vgl. K. d. U., § 59.
[16]) *Kalligone,* XXII, 11.

bildungskraft, Verstand, Vernunft, Gefühl werden von ihm als verschiedene und verschieden abgezweckte Vermögen behandelt. Das Schöne, das Wahre, das Gute, das Angenehme, das Nützliche usw. sind spezifische und selbständige Werte, solange uns die intellektuelle Anschauung, welche unserer Erkenntnis die Welt des Noumenons erschließen würde, versagt ist. In diesem Sinne ist Kants Denken nach Litts Ausdruck architektonisch: es baut unsere Vermögen und die Welt Schicht auf Schicht auf und vermeidet sorgfältig sie zu vermischen[17]).

Das ist aber nur ein Teil und ein Aspekt des Kantschen Denkens. Der Leser darf sich durch den quantitativen Unterschied zwischen den der Untersuchung der getrennten Vermögen gewidmeten Texten und denen, worin sich die Auffassung des Übersinnlichen ausdrückt, nicht in die Irre führen zu lassen. Einzig die methodische Einstellung ist für diesen Mangel an Gleichgewicht verantwortlich. Kant zerlegt zunächst die Seele und betrachtet deren Vermögen einzeln. Er läßt es aber nicht bei dieser Trennung bewenden; er vereinigt, was er getrennt hat, und läßt unsere Natur nicht in einer Reihe zusammenhangloser Elemente aufgehen. Es ist eben die Funktion des Übersinnlichen, unsere Vermögen einerseits und die objektive Welt anderseits zur Einheit zurückzubringen. Der Unterschied gegenüber Herder betrifft nur die Ebene, auf der die Vereinigung stattfindet. Herder fordert die totale einheitliche Apperzeption schon in der Erscheinungswelt; Kant schiebt sie ins Übersinnliche hinaus, gibt uns aber ein Mittel an die Hand, sie in dieser Welt teilweise zu verwirklichen. Indem er die analogische und symbolische Erkenntnis in sein System aufnimmt, öffnet er einen Weg, den seine vorigen Kritiken kaum erhoffen ließen.

Die Unterschiede zwischen Kant und Herder sind nicht so tief, wie man gewöhnlich meint. Beide postulieren die Einheit der Seele und der Welt; Kant allerdings als strenger Philosoph, der über die Möglichkeit, diese Einheit zu erkennen, nachdenkt; Herder als naiver, intuitiver Mensch, der die tatsächliche Wirklichkeit solcher Erkenntnis unproblematisch als gegeben hinnimmt. Herder wendet sich gegen jede Trennung, welche die wesentliche Einheit beeinträchtigen würde; Kant analysiert die einzelnen Aspekte des Menschen und der Welt, ohne das Geringste gegen diese Grundeinheit vorzubringen. Herder spottet über Kants intelligibles Substrat, verficht aber selbst die Einheit der Seelenvermögen und der Welt, d. h. postuliert etwas ganz Ähnliches. Der Unterschied liegt darin, daß er der menschlichen Erkenntnis keine strenge Grenze setzt und daß er die intellektuelle An-

---

[17]) Litt, a. a. O., S. 65.

schauung nicht davon ausschließt. Er sieht in der Erkenntnis nur Grad-, keine Wesensunterschiede. Der Widerspruch zwischen beiden Denkern liegt einzig in ihrer Erkenntnistheorie, nicht in ihrer Metaphysik.

Das zweite Gebiet, das nach Herder von Kant zu Unrecht aufgespalten wird, ist das der Werte. Man weiß, wie Kant die Frage der Beziehungen zwischen Gut und Schön, Moral und Kunst an Hand des Übersinnlichen löst, indem er den symbolischen Wert des Schönen anerkennt. Diese Lösung scheint ihm eigen zu sein. In den theoretischen Schriften des Jahrhunderts finden sich wenig Anhaltspunkte, die einen möglichen Einfluß nahelegen könnten. Kant sichert die Unabhängigkeit des Schönen in der Erscheinungswelt und gleicht es dem Wahren und dem Guten im Intelligiblen an.

Die Idee des Symbolismus erwächst aus Kants Postulat und Auffassung des Übersinnlichen. Die Bestrebungen des damaligen Denkens, die Kunst von der Vormundschaft der Ethik zu befreien, sind bekannt. Schon Baumgarten schränkte die Wirkung der Moral auf eine negative Regulierung ein. Die Kunst durfte das Gewissen nicht beleidigen, hatte aber keinem moralischen Zweck zu dienen. Seine Nachfolger — Meier und Sulzer ausgenommen — haben dasselbe Prinzip, wenn auch nicht immer konsequent angewandt, so doch wenigstens eindeutig aufgestellt.

Für Herder gibt es keine Möglichkeit eines Konfliktes zwischen Kunst und Ethik. Die von den beiden Begriffen betroffenen Vermögen fallen in der einzigen Energie der Seele zusammen, und die Werte des Schönen und des Guten sind unzertrennlich. Jede Teilung tut der Ordnung der Dinge Gewalt an; das Genie ist immer in Übereinstimmung mit der Moral.

Dieser Herdersche Schluß steht in vollem Einklang mit den Kantischen Anschauungen, nach denen das Genie die lebendige Synthese aller handelnden Vermögen ist. Es wäre ohnehin unmöglich, daß Herder und Kant in diesem Punkt zu abweichenden Anschauungen gelangten. Ihre Annahme der analogischen Erkenntnis hindert sie beide, die Werte radikal auseinanderzuhalten. Kants Eigentümlichkeit besteht darin, das Wahre und das Gute zu vereinigen, indem er ihre wechselseitige Unabhängigkeit sichert.

2. Die ästhetische Wertung

Kant definiert den Geschmack als das Vermögen, die Schönheit zu beurteilen, d. h. über die formale oder subjektive Zweckmäßigkeit auf

Grund des Lust- und Unlustgefühls zu entscheiden[18]). Die Lust oder das Wohlgefallen ist eben das Bewußtsein der formalen Zweckmäßigkeit im Spiel der Erkenntnisvermögen, das von einer gegebenen Vorstellung ausgelöst wird. Unter dem Einfluß dieses Vergnügens strebt das Subjekt, seinen Gemütszustand weiter andauern zu lassen und die Beschäftigung seiner Erkenntnisvermögen fortzusetzen. Es verweilt bei der Betrachtung des Schönen. Im Gegensatz dazu strebt es unter dem Einfluß des Mißgefallens, welches der Mangel an subjektiver Zweckmäßigkeit erzeugt, den die Vorstellung begleitenden Seelenzustand aufzuheben[19]).

Entsprechend der für die Analyse der Erkenntnisurteile angewendeten Methode betrachtet Kant die Geschmacksurteile unter den vier Gesichtspunkten der Qualität, der Quantität, der Relation und der Modalität.

Die Qualität eines ästhetischen Urteils ist seine Uninteressiertheit. Interesse nennt Kant das Vergnügen, das mit der Vorstellung des Daseins eines Gegenstandes verbunden ist. Man ist glücklich, wenn der Gegenstand existiert, unglücklich wenn er nicht besteht. Das Interesse geht das Begehrungsvermögen an. Sobald es sich in das Geschmacksurteil mischt, verliert dieses seine Reinheit und seine Unparteilichkeit, d. h. seine Autonomie. Damit ein ästhetisches Urteil ausgesprochen werden kann, muß in dem Augenblick, in dem es ausgesprochen wird, das Dasein des Gegenstandes gleichgültig sein. Worauf es ankommt, ist, daß der Gegenstand in der einfachen Reflexion, der bloßen Anschauung, der reinen Betrachtung gefällt[20]).

Diese Uninteressiertheit ist eine spezifische Eigenschaft des Schönen im Vergleich mit dem Angenehmen und dem Guten.

Das Angenehme ist das, was den Sinnen in der Empfindung gefällt. Es erweckt eine Neigung, eine Begierde. Das dadurch verursachte Vergnügen setzt also mehr als ein einfaches Urteil voraus. Es entspringt aus einem Verhältnis zwischen dem Dasein des Objekts und dem Subjekt. Das Angenehme gefällt nicht nur, es vergnügt, es befriedigt Neigungen, Appetite, Begierden, es hat immer etwas Physiologisches an sich, es fördert wenigstens zeitweise den Eindruck von Gesundheit und Wohlsein. Es wird nicht durch ein Urteil, sondern durch eine einfache Empfindung bestimmt. Es kann vorkommen, daß, was vergnügt,

---

[18]) K. d. U., § 1; Einleitung § VIII.
[19]) K. d. U., §§ 10—12.
[20]) K. d. U., §§ 2—3.

196

nicht gefällt, und daß, was unangenehm ist, nl. die traurigen Dinge im allgemeinen, ästhetisch gefällt. Es kann auch vorkommen, daß das Schöne und das Angenehme in einer Vorstellung vereinigt sind, daß das Angenehme der Schönheit Relief gibt, aber es läßt sich nie mit ihr verwechseln, es ist spezifisch von ihr unterschieden[21]).

Das Gute ist das, „was vermittelst der Vernunft, durch den bloßen Begriff gefällt". Ähnlich wie das Angenehme ruft es ein interessiertes Gefallen hervor und zwar unter dem doppelten Aspekt des zu etwas Guten (des Nützlichen) und des an sich Guten (des moralisch Guten). In beiden Fällen erscheint der Begriff eines Zweckes, ein Verhältnis der Vernunft zum Wollen, also ein Vergnügen an dem Dasein eines Gegenstandes oder einer Handlung, ein Interesse. Dies ist für das Nützliche ohne weiteres klar, gilt aber nicht weniger für das moralisch Gute, den eigentlichen Gegenstand des Willens, d. h. der durch die Vernunft bestimmten Begehrung. „Etwas wollen und an dem Dasein desselben ein Wohlgefallen haben, d. i. daran ein Interesse nehmen, ist identisch"[22]).

Somit ist das durch das Angenehme und das Gute verursachte Vergnügen verschieden von dem Wohlgefallen, das man beim Anblick des Schönen empfindet. Das Angenehme erregt die Neigung; das moralisch Gute die Achtung. Beide sind von einem Interesse bestimmt und überlassen dem eigentlichen Geschmacksurteil Uninteressiertheit und Freiheit.

Der Begriff des uninteressierten Gefallens im Kantischen Sinn war vor 1790 bereits bekannt. Schon im Mittelalter hatten manche Denker die Verbindung zwischen der Schönheit und den praktischen Tendenzen bzw. den physiologischen Bedürfnissen wenigstens teilweise aufgehoben. So hatte z. B. Thomas von Aquin, der sich übrigens auf Aristoteles und Cicero stützte, das uninteressierte Gefallen, das durch den Gesichtssinn erregt wird, den Genüssen der unteren Sinne, die er als „biologisch, praktisch und interessiert" bezeichnete, entgegengesetzt[23]).

Bei den deutschen Theoretikern des 18. Jahrhunderts ist die Idee zuweilen in einer Deutlichkeit ausgedrückt, die den Kantischen Formeln in keiner Weise nachsteht. Besonders Mendelssohn greift in diesem Punkte wieder einmal den Betrachtungen der *Kritik der Urteilskraft* vor. Seiner Auffassung nach ist der Wunsch nach Besitzergreifung

---

[21]) K. d. U., § 3 und Anmerkung (§ 54).
[22]) K. d. U., § 4.
[23]) Vgl. De Bruyne, *L'Esthétique au Moyen Age,* S. 11 und 147 ff.

des Gegenstandes, der durch seine Schönheit das Vergnügen erregt, „sehr weit unterschieden" von dem Wohlgefallen am Schönen. Dieser Wunsch erwacht erst, wenn wir die Schönheit „in Beziehung auf uns" betrachten, d. h. mit Kant zu reden, wenn wir das Dasein des Objekts auf uns beziehen, wenn wir daraus ein „Gut", ein Objekt der Begehrung machen. Das Vergnügen an der Schönheit wird durch keine Neigung getrübt; sie gefällt, „wenn wir sie auch nicht besitzen und von dem Verlangen, sie zu benutzen, auch noch so weit entfernt sind"[24]). Solche Anschauungen entsprechen dem Geist und dem Buchstaben des Kritizismus.

Unter den sonstigen in dieser Studie betrachteten Denkern drückt Winckelmann trotz seiner Abneigung gegen jede Philosophie Ansichten aus, die den Kantischen sehr nahe stehen. Um die Schönheit wahrzunehmen, muß der Geschmack rein, d. h. jedem Einfluß des Instinkts und der Leidenschaft entzogen und von jeder Absicht frei, sein. Auch anderswo begegnet diese Auffassung: bei Baumgarten, bei Sulzer, bei Riedel und in England bei Hutcheson und Burke[25]).

Der Kantische Begriff der Uninteressiertheit des Geschmacksurteils ist also wenig neu. Und doch ist er für das System wesentlich. Erst er ermöglicht es, die Apriorität und die Allgemeinheit des Schönen zu behaupten.

Das zweite Merkmal des Geschmacksurteils ist die Allgemeinheit. Der Quantität nach ist es dem Erkenntnisurteil gleich, obschon es sich nicht auf Begriffe stützt und obschon seine Allgemeinheit nicht objektiv und logisch ist. Weil das Geschmacksurteil durch kein Interesse und keine individuelle Neigung, also durch keine „Privatbedingungen" bestimmt wird, hat der Urteilende allen Grund, anzunehmen, sein Wohlgefallen entstehe aus der Tätigkeit der betroffenen Vermögen selbst, und er mutet es daher mit Recht allen Menschen zu. Mithin spricht er von der Schönheit als von einer Eigenschaft des Gegenstandes und formuliert sein Geschmacksurteil wie ein Erkenntnisurteil. Seine Beurteilung enthält einen Anspruch auf Allgemeinheit. Da nun aber sein Urteil von keinem Begriff abhängt, kann diese Allgemeinheit nur subjektiv, d. h. auf die Natur und die Tätigkeit des Subjekts gegründet, sein. Zur Bezeichnung dieser subjektiven Allgemeinheit empfiehlt Kant das Wort Allgemeingültigkeit[26]).

---

[24]) *Morgenstunden*, II, 295 f.

[25]) Vgl. Spitzer, in *Zs. f. Ästhetik*, XVII, S. 91; Basch, *Essai critique sur l'esthétique de Kant*, S. XI.

[26]) K. d. U., §§ 6—9.

Daß es durch keinen Begriff bestimmt wird, unterscheidet das Schöne vom Guten. Sein Anspruch auf Allgemeinheit unterscheidet es vom Angenehmen. Dieses hat nämlich seine Quelle in äußerst veränderlichen individuellen Neigungen. Die Einmütigkeit, die über einen angenehmen Eindruck erzielt wird, geht nie über das Generelle hinaus und erhebt sich nie auf die Ebene des Allgemeinen, weil sie aus dem Empirischen nicht herauskommt.

Den Anspruch des Geschmacksurteils auf Allgemeinheit begründet Kant mit Hilfe folgender Betrachtung, die ein Schlüsselgedanke der *Kritik der Urteilskraft* ist. Er fragt, ob das Wohlgefallen, das dem Geschmacksurteil zugrunde liegt, der Beurteilung vorangehe oder sich aus dieser ergebe. Wenn das Urteil sich darauf beschränkte, ein ihm vorangehendes Gefallen festzustellen und auszudrücken, könnte es sich nur auf einen angenehmen Eindruck stützen und hätte kein Recht darauf, die Allgemeinheit dieses Gefallens zu fordern. Das Umgekehrte geschieht: das Schönheitsurteil gründet sich auf die Beurteilung. Das Wohlgefallen ist bekanntlich nur das Bewußtsein des Einklangs der Vermögen, also der die Beurteilung begleitende Seelenzustand. Wir wissen, daß dieser Einklang in einem freien Spiel besteht, d. h. in einem durch keinen Begriff und durch keine Erkenntnisregel bestimmten Verhältnis. Er ist die subjektive Voraussetzung jeder Erkenntnis überhaupt, ohne auf eine besondere Erkenntnis abgezweckt zu sein. Da nun das Gefallen aus den subjektiven Voraussetzungen jeder Erkenntnis entspringt, kommt ihm notwendigerweise dieselbe Quantität wie der Erkenntnis selbst zu: es muß allgemein sein.

Der Bestimmungsgrund der Allgemeinheit der Geschmacksurteile ist also das freie Spiel der Seelenvermögen; er drängt sich aber dem Bewußtsein durch eine Empfindung auf, d. h. auf eine nicht begriffliche, sondern ästhetische Weise. Somit gründet sich das Schönheitsurteil nicht nur auf das Gefallen, sondern auf das Gefühl der Allgemeinheit dieses Gefallens[27].

Im Blick auf die Allgemeinheit haben Kant und Herder entgegengesetzte Anschauungen. Für Kant ist die Allgemeingültigkeit der Geschmacksurteile eine Forderung des Bewußtseins, ein Anspruch, dem nicht notwendig eine tatsächliche Einhelligkeit entspricht. Irrtümer und Uneinigkeit in konkreten Fällen tun dem Absoluten des Anspruchs keinerlei Eintrag. Für Herder hat das Geschmacksurteil nur individuellen Wert. Wenn er auch das Wesen der Kunst für ewig und unveränderlich hält, spricht er dem besonderen Urteil diese Eigenschaften ab. Entge-

---

[27] K. d. U., §§ 9, 12, 37.

gen der Kantischen Ansicht erhebt für ihn das Urteil keinen Anspruch auf Allgemeinheit.

Gegen den Allgemeinheitscharakter des Kantischen Urteils wurde der Einwand vorgebracht, er sei eine reine Hypothese, die Kant ohne Begründung als bewiesen angenommen habe. V. Basch, der im französischen Sprachraum die Deutung der Kantischen Ästhetik noch weitgehend bestimmt, betrachtet die dritte *Kritik* als eine Zusammensetzung von zwei Gruppen teilweise antinomischer Anschauungen, die von Leibniz-Baumgarten und von Burke herrühren. Nach ersteren beruhte die Schönheit auf einer Erkenntnis; nach Burke auf einem bloßen Gefühl. Nun machte Kant das Schöne zu einem Gefühl, erteilte ihm aber gewisse Eigenschaften des Erkennens, namentlich die Allgemeinheit. Laut Basch liegt Kants wirkliche Originalität in dieser Stellung des Geschmacksproblems und nicht etwa in der Zurückführung des Schönen auf das Subjektive. Damit soll Kant die Antinomie in der Auffassung des Geschmacks als einer Funktion des Verstandes einerseits, also als allgemein und notwendig, und als einer Funktion des Gefühls anderseits, also als individuell und kontingent, aufgelöst haben. Kant macht ihn zu einer Funktion des Gefühls, billigt ihm aber zugleich Allgemeinheit und Notwendigkeit zu. Dadurch versöhnt er Dubos und die englische Ästhetik mit der intellektualistischen Anschauung[28]).

Nun ist dieser originale Kantische Schluß ein Irrtum, sagt Basch, der Kant in ein Dilemma gezwängt haben will. Entweder, meint er, geht das Gefühl der Beurteilung voraus und ist deren Bestimmungsgrund, dann ist diese aber nicht allgemein und notwendig; oder das Urteil ist allgemein und notwendig und geht der Empfindung voraus, in dem Fall ist diese aber nicht der Bestimmungsgrund des Urteils, sie ist nicht unmittelbar und spontan. Kant gehe also von einer falschen Fragestellung aus; sein Widerspruch zu dem Intellektualismus Leibniz-Baumgartens habe keinen Sinn; die *Kritik der Urteilskraft* hätte nie geschrieben werden sollen. Ohne Grund soll Kant einen subjektiven Seelenzustand, d. h. die Harmonie der Einbildungskraft mit dem Verstand, in eine allgemein mitteilbare intellektuelle Tätigkeit verwandelt haben[29]).

Dieser scheinbar schwerwiegende Einwand stellt die ganze philosophische Tragweite der dritten Kritik in Frage. Wenn das Urteil vom Gefühl abhängt, ist es individuell, wenn es sich aus einer Erkenntnis ergibt, ist es allgemein, verliert aber dadurch seinen ästhetischen Charakter. Außerhalb der Erkenntnis ist für Basch keine Allgemeinheit

[28]) Basch, a. a. O., S. XXVI, 26 ff., 167.
[29]) Basch, a. a. O., S. g—h, XLVIII, 178.

möglich: der Seelenzustand, der uns ermächtigt, das Geschmacksurteil als allgemeingültig zu betrachten, kann demgemäß kein bloß empfundener, sondern nur ein erkannter Zustand sein. Durch ein Taschenspielerkunststück habe Kant das Gefühl in eine Erkenntnis verwandelt, was das Fundament seines Systems ins Wanken bringe.

Baschs Ausführungen scheinen uns jeder sachlichen Grundlage zu entbehren. Das Bewußtsein des freien Spiels unserer Vermögen anläßlich einer gegebenen Vorstellung ist kein erkannter Seelenzustand. In diesem Augenblick befinden wir uns immer noch auf einer Stufe der geistigen Tätigkeit, die der Erkenntnis vorangeht: wir sind über die subjektiven Bedingungen der Erkenntnis nicht hinausgelangt, und es handelt sich dabei nicht einmal um die subjektiven Bedingungen einer besonderen Erkenntnis, sondern jeder Erkenntnis überhaupt, d. h. um ein Verhältnis zwischen Sinnlichkeit und Verstand, das erfaßt wird, bevor der Verstand den Gegebenheiten der Sinnlichkeit seine Begriffe aufgeprägt hat. Die subjektiven Bedingungen der Erkenntnis sind ebenso allgemein mitteilbar wie die Erkenntnis selbst, weil diese erst aus jenen erwächst. Nun kann man sich dieser Bedingungen nur durch eine Empfindung bewußt werden. Der Kern des Geschmacksurteils, die eigentliche Wahrnehmung der Schönheit, das reine ästhetische Phänomen wird von Kant in dem für das ganze System so folgenreichen § 9 mit dem Worte „Beurteilung" bezeichnet. Das ist die Belebung der Vermögen und die Herstellung eines Verhältnisses zwischen ihnen aus Anlaß einer gegebenen Vorstellung. Die Beurteilung geht naturgemäß dem Gefallen als dessen Ursache voran. Und dennoch bleibt das Gefallen der Bestimmungsgrund des ästhetischen Urteils, insofern es das Recht gibt, das in der Beurteilung hergestellte Verhältnis zwischen den Vermögen als ästhetisch zu bestimmen.

Das dritte Merkmal des Geschmacksurteils ist eine Zweckmäßigkeit ohne Zweck. Zweckmäßigkeit ist „die Kausalität eines Begriffs in Ansehung seines Objekts". Zweck ist also ein Gegenstand, den man sich als Wirkung eines Begriffes vorstellt. Aber die Zweckmäßigkeit, von der im Geschmacksurteil die Rede ist, ist eine formale, d. h. sie setzt keine Vorstellung eines Zweckes voraus, sondern betrifft nur die subjektive Tätigkeit der Seelenvermögen; ihre Kausalität wirkt sich nur auf den Gemütszustand des Subjekts aus: dieses wünscht, in einem gegebenen Seelenzustand zu verharren[30]).

Im Zweckmäßigkeitsverhältnis ist die Vorstellung der Wirkung der Bestimmungsgrund der Ursache und geht dieser voran. Im Geschmacks-

---

[30]) K. d. U., §§ 10, 12.

urteil ist also das Bewußtsein unseres Gemütszustands der Bestimmungsgrund des Bewußtseins unserer Vorstellungstätigkeit und geht ihm voran. So ist, psychologisch gesehen, das ästhetische Gefallen absolut unmittelbar, obschon es sich in der philosophischen Zergliederung des Geschmacksurteils notwendigerweise durch die Vorstellung, deren Wirkung es ist, erklären muß. Wenn dieser Schluß dem Geist der Kantischen Anschauungen entspricht, muß die ganze Argumentation von Basch gegen die Möglichkeit des unmittelbaren Gefallens zusammenbrechen.

Die ästhetische Zweckmäßigkeit setzt sich der logischen entgegen; die Vorstellung eines Zweckes ist ihr fremd. In der bloßen Reflexion, die dem Geschmacksurteil zugrunde liegt, erfassen wir keinen Zweck, der einigermaßen die Materie der Zweckmäßigkeit wäre, wir nehmen nur die Form einer Zweckmäßigkeit wahr. Das Geschmacksurteil kann nämlich keinen subjektiven Zweck als Bestimmungsgrund des Gefallens, das es ausdrückt, haben. Ein solcher Zweck würde das Interesse hervorrufen und das Geschmacksurteil als solches aufheben. Jeder objektive Zweck ist ebenfalls ausgeschlossen: sonst wäre das Urteil durch einen Begriff und nicht durch den Einklang unserer Vermögen bestimmt. Ebensowenig darf das Angenehme der Bestimmungsgrund sein, sonst würde das Gefühl der Allgemeinheit verschwinden. Der einzig mögliche Bestimmungsgrund des Geschmacksurteils ist also die subjektive Zweckmäßigkeit einer Vorstellung ohne Zweck, d. h. die bloße Form der Zweckmäßigkeit, deren Bewußtsein eben das Wohlgefallen ist. Daraus erklärt sich, daß die subjektive Zweckmäßigkeit den Begriffen der Übereinstimmung und der Harmonie angeglichen wird. Sie ist eben nichts anderes als die harmonische Übereinstimmung unserer Einbildungskraft mit unseren oberen Vermögen anläßlich einer Vorstellung[31]).

Wie Cohen mit Recht bemerkt, ist es für das Kantische System wesentlich, daß die ästhetischen Urteile zu dem Gefühl von Lust und Unlust in unmittelbarer Beziehung stehen. Diese ihre Unmittelbarkeit sichert ihre Unabhängigkeit gegenüber den moralischen Urteilen, in welchen das Vergnügen mittelbar entsteht, und anderseits macht sie ihre Bestimmung vom Gefühl her von den theoretischen Urteilen unabhängig[32]). Diese Ansicht Cohens bestätigt unsere Deutung, wonach das Vergnügen tatsächlich unmittelbar ist, wenn es unter dem psycho-

---

[31]) K. d. U., §§ 10—11, 39.

[32]) Cohen, *Kants Begründung der Ästhetik*, S. 159 f.

logischen Gesichtspunkt betrachtet wird. Erst in der Zerlegung der Bewußtseinstätigkeit, die zum Urteil führt, nimmt das Wohlgefallen folgerichtig den zweiten Platz ein, nämlich nach der „Beurteilung". Einzig dieser Unterschied im Blickpunkt ist es, der eine angebliche und von Basch wiederum getadelte Inkonsequenz erklärt. Kant macht in keiner Weise das Gefallen zu einer mittelbaren Erscheinung, nachdem er dessen Unmittelbarkeit aufgestellt hätte. Diese Unfolgerichtigkeit seines Denkens ist nur scheinbar und erklärt sich durch einen Wechsel der Perspektive.

Das vierte Merkmal des Geschmacksurteils ist die Notwendigkeit. Das Gefallen, wodurch das Urteil bestimmt wird, ist notwendig mit ihm verbunden[33]).

Diese Notwendigkeit ist jedoch keine theoretische und objektive, welche von vornherein sicherstellte, daß das Vergnügen tatsächlich von jedem Menschen empfunden wird. Ebensowenig ist sie eine praktische, die das Gefallen zum Gegenstand eines absoluten Befehls machte. Sie ergibt sich nicht aus Begriffen, weil das Geschmacksurteil kein Erkenntnisurteil ist. Schließlich kann sie sich auch nicht auf die Erfahrung gründen, denn aus empirischen Urteilen ergibt sich keine Notwendigkeit.

Die ästhetische Notwendigkeit ist eine exemplarische, d. h. sie erfordert „die Beistimmung aller zu einem Urteil, das als Beispiel einer allgemeinen Regel, die man nicht angeben kann, angesehen wird". Das Geschmacksurteil, das immer ein besonderes Urteil ist, muß sich also auf eine allgemeine Regel berufen, um die Notwendigkeit des von ihm ausgedrückten Gefallens beanspruchen zu können. Diese subjektive Notwendigkeit ist „bedingt": mein Urteil scheint mir mit Recht notwendig, weil ich mir eines allen gemeinsamen Prinzips bewußt bin, welches diesen Anspruch rechtfertigt; und ich könnte mit dem tatsächlichen Beifall der anderen rechnen, wenn ich sicher wäre, daß ich mein Urteil unter diesem Prinzip richtig subsumiert habe[34]).

Nun kann dieses Prinzip nur subjektiv sein; ein objektives würde es nämlich erlauben, die absolute Notwendigkeit jedes in Übereinstimmung mit ihm gefällten Urteils zu beanspruchen. Das wäre nur in einem Erkenntnisurteil möglich; im ästhetischen handelt es sich nur um einen Anspruch auf den Beifall der anderen. Das Prinzip des Geschmacksurteils ist der „Gemeinsinn".

---

[33]) K. d. U., §§ 18—22.
[34]) K. d. U., §§ 18—19.

Auch ohne uns auf die psychologische Beobachtung berufen zu müssen, haben wir das Recht, das Bestehen dieses Gemeinsinns anzunehmen: er ist nämlich die Bedingung der allgemeinen Mitteilbarkeit unserer Erkenntnisse. Letztere übertragen sich zugleich mit dem sie begleitenden Gemütszustand, d. h. zugleich mit „der Stimmung der Erkenntniskräfte zu einer Erkenntnis überhaupt" und selbstverständlich mit dem Bewußtsein dieser Stimmung. Wenn dieser Gemütszustand sich nicht mitteilen ließe, so könnte die Erkenntnis nicht als Resultat einer Mitteilung entstehen. Nun setzt die Mitteilbarkeit dieser subjektiven Bedingungen der Erkenntnis einen Gemeinsinn voraus[35]).

Das Schöne

Versucht man anhand der Analyse des ästhetischen Urteils und der Teildefinitionen der Schönheit, die in der *Kritik der Urteilskraft* enthalten sind, die Merkmale des Schönen aufzuzählen, ist die erste wesentliche Feststellung wohl die, daß die Schönheit keine Beschaffenheit der Dinge, kein objektives Attribut, keine Substanzeigenschaft ist; an sich ist sie nichts. Eine Wirklichkeit erhält sie erst in dem Augenblick, in dem wir uns ihrer durch die Empfindung bewußt werden. Sie besteht ganz in dem Verhältnis einer Vorstellung zu unserem Gemüt. Es ist also ein grammatischer Mißbrauch und eigentlich ein Irrtum, zu sagen, etwas sei schön, wie es etwa wahr ist. Der Satz: das ist schön, ist eine naive Behauptung, die nur durch das die Beurteilung begleitende Bewußtsein von Allgemeinheit und Notwendigkeit gerechtfertigt ist. Dieses Bewußtsein gibt uns ein gewisses Recht, eine objektive Ausdrucksformel zu gebrauchen, welche das Schöne zu einer der Vollkommenheit, dem Wahren und Guten ähnlichen Eigenschaft stempelt. Die philosophische Analyse zeigt jedoch, daß wir es da nur mit einer Analogie zu tun haben, daß das Schöne niemals von einer objektiven Zweckmäßigkeit her determiniert sein kann, gleichviel ob diese Zweckmäßigkeit äußerlich (Nützlichkeit) oder innerlich (Vollkommenheit) ist. Das Schöne wird also nicht durch die Beziehung des Mannigfaltigen der Vorstellung auf einen Zweck bestimmt. Solche Beziehung ließe sich nur durch einen Begriff ausdrücken. Die objektive Zweckmäßigkeit, auf Grund deren wir die Vollkommenheit eines Gegenstandes feststellen können, beruht auf einem Begriff dessen, was der Gegenstand sein soll. Die subjektive Zweckmäßigkeit, welche die Schönheit bestimmt, ist davon wesentlich unterschieden. Auch eine verworrene Erkenntnis der objektiven Zweckmäßigkeit, der Vollkommenheit also, hat nichts mit dem Gefühl der Zweckmäßigkeit, des freien Spiels der Seelenvermö-

---

[35]) K. d. U., §§ 20—22.

gen, gemein. Das Schöne ist aus der Sphäre des Objektiven grundsätzlich ausgeschlossen[36]).

Der Kantische Begriff der Schönheit ließe sich etwa wie folgt formulieren: das Schöne ist die Erscheinungsweise eines Gegenstandes, dessen bloße Anschauung ein begriffloses und uninteressiertes, aber allgemeines und notwendiges Gefallen erregt, welches in dem Bewußtsein einer rein subjektiven Zweckmäßigkeit besteht[37]).

Diese Definition ist wenigstens die der reinen, freien, vagen Schönheit, also des Gegenstandes des eigentlichen ästhetischen Urteils, dessen Bestimmungsgrund von jedem Einfluß des Interesses und des Begriffes frei ist. Es ist die Schönheit der Blumen, der Vögel, der Arabesken, des Laubwerks, der Ornamente, usw.[38]).

Die Frage stellt sich anders und wird etwas komplizierter, wenn es sich um die Schönheit des Menschen, der höheren Tierarten, der Baukunst, usw. handelt. Ein Gebäude können wir nur dann als schön bezeichnen, wenn wir ein richtiges Verhältnis zwischen seiner Beschaffenheit und dem Gebrauch, zu dem es bestimmt ist, oder der Idee, die es vorstellen soll, wahrnehmen. Hier schleicht sich also in unsere Beurteilung der Schönheit ein Zweck, eine Vollkommenheit, ein Erkenntnisurteil ein, das die Bedingung des Geschmacksurteils ist und ihm seine Reinheit raubt. Die Schönheit eines solchen Gebäudes ist eine anhängende, adhärierende Schönheit, die von den Bestimmungen des Begriffs und des Zwecks nicht mehr frei ist. Sie ist eine bedingte Schönheit: sie muß die rationale Vollkommenheit des Gegenstandes, auf den sie bezogen wird, voraussetzen. Sie ist also das Resultat eines Geschmacksurteils und eines Vernunfturteils, welches die Vollkommenheit feststellt[39]).

---

[36]) K. d. U., §§ 6, 9, 15.

[37]) Der *Grundriß der Geschichte der Philosophie* von Überweg-Heinze (III. Bd., S. 601) faßt die Kantische Definition der Schönheit folgendermaßen zusammen: „Schön ist somit..., was ohne Interesse allen durch seine bloße Form notwendig gefällt". Obschon sich die Formel von Überweg-Heinze auf gelegentliche Inkonsequenzen in Kants Terminologie stützen könnte (so z. B. in der Allgemeinen Anmerkung zur Exposition der ästhetischen reflektierenden Urteile), entspricht sie dem Geist der Kantischen Kritik nicht. Nichts erlaubt uns, anzunehmen, daß die Schönheit tatsächlich allen gefällt. Es ist gerade die Eigentümlichkeit — und der Vorzug — der Kantischen Analyse, daß das subjektive Bewußtsein der Notwendigkeit des ästhetischen Wohlgefallens einen bloßen A n s p r u c h darstellt und daß es in keiner Weise durch eine eventuelle Uneinigkeit in den Einzelurteilen beeinträchtigt wird (vgl. K. d. U., § 8).

[38]) K. d. U., § 16.

[39]) K. d. U., § 16.

Der Begriff, die Vollkommenheit und der Zweck des Gegenstandes setzen der Schönheit Grenzen: eine Statue könnte schönere Züge und Umrisse, ein Gebäude harmonischere Linien und Formen aufweisen, wenn erstere nicht einen bestimmten Menschen darstellen und letzteres nicht auf einen bestimmten Gebrauch abgezweckt sein müßte. Die anhängende Schönheit ist also durch einen objektiven Zweckmäßigkeitsbegriff fixiert und daher der Gegenstand eines teilweise intellektualisierten Geschmacksurteils.

Ein Vernunftbegriff ist eine Idee. Die Vorstellung eines individuellen Wesens, das einer Idee angemessen ist, ist ein Ideal. Ein Ideal der Schönheit wird also nur bei solchen Gegenständen möglich sein, deren Zweck durch eine Vernunftidee a priori bestimmt ist. Somit ist die freie Schönheit eines Ideals unfähig, weil ihr keine Idee zugrunde liegt. Das gilt auch für gewisse Formen der anhängenden Schönheit: die Idee eines schönen Gartens, eines schönen Baumes, eines schönen Hauses ist viel zu unbestimmt, als daß eine individuelle Darstellung dieser Gegenstände das Prädikat „ideal" erhalten könnte. Nur der Mensch, der den Zweck seines Daseins in sich selbst hat, der seine Zwecke durch seine Vernunft selbst bestimmt, ist eines Ideals der Schönheit fähig.

Das Ideal ist aus zwei Elementen zusammengesetzt: der Normalidee und der Vernunftidee.

Die ästhetische Normalidee ist eine einzelne Anschauung der Einbildungskraft, welche sich den Menschen als das durchschnittliche Bild eines zu einer bestimmten Tierart gehörigen Wesens vorstellt. Die Elemente dieses Bildes werden alle aus der Erfahrung genommen: sie stellen den Durchschnitt der konkreten Einzelerscheinungen dar, und dieser Durchschnitt bestimmt eine gewisse Schönheitsart. Die Einbildungskraft findet gleichsam das Bild wieder, das der Natur bei der Erschaffung der Art Modell gestanden hätte. Die Normalidee ist der Kanon im Sinne Polyklets, ein schulgerechtes Muster, das weniger durch seine positiven Vorzüge als durch seine Regelmäßigkeit und Tadellosigkeit gefällt. Sie schafft sozusagen die negativen Voraussetzungen der menschlichen Schönheit.

Das zweite Element des Ideals, die Vernunftidee, macht die Zwecke der Menschheit zum Prinzip eines Urteils über die menschliche Gestalt. Sie betrachtet diese Gestalt als die Offenbarung sittlicher Zwecke im Sinnlichen und faßt sie so als die Wirkung dieser Zwecke in der Erscheinungswelt auf. Die Vernunftidee ist der positive Aspekt des Ideals: sie ist wesentlich der Ausdruck des Sittlichen im Sinnlichen. Ihre Verwirklichung und ihre Beurteilung setzen also eine Zusammenwirkung der Vernunft mit der Einbildungskraft voraus. Indem sie sich dem Einfluß der Begriffe und der Zwecke unterwerfen muß, wird die anhängende Schönheit ihrer Unabhängigkeit vom moralisch Guten beraubt[40]).

Abgesehen von dem Wortgebrauch ist die Unterscheidung zwischen freier und adhärierender Schönheit nicht neu. Der Begriff einer Schönheit, die dem Einfluß des Zweckes und des Interesses entzogen ist in Abhebung von derjenigen, welche die deutlich erkannte Vollkommenheit des Gegenstands voraussetzt, war schon vor Kant aufgestellt worden. Nach Sulzers Auffassung zerfallen die Gegenstände, die ein Gefallen erzeugen, in drei Gattungen, und die Gattung des Schönen umfaßt diejenigen, die ein Vergnügen erwecken, ehe die Erkenntnis und die Begehrung auf den Plan treten. Die Schönheit zieht durch ihre Form an ohne Rücksicht auf ihren Stoff und auf ihre „Zweckmäßigkeit", die je das Interesse und den Begriff mit sich bringen würden. Diese von Interesse und Begriff freie Schönheit nennt Sulzer „das bloß Schöne", und er setzt sie der Empfindung der Vollkommenheit entgegen. Wie Sulzer sondert Mendelssohn die von der Schönheit erzielte Wirkung vom Begriff und vom Interesse ab. Das Fehlen jedes Begriffes unterscheidet die Schönheit von der Vollkommenheit: diese erscheint erst, nachdem die Vernunft die begriffliche Einheit, d. h. einen den verschiedenen Elementen der Vorstellung gemeinsamen „Zweck", entdeckt hat; die Schönheit dagegen wird durch eine bloß scheinbare Einheit, eine sinnliche Harmonie bestimmt. Das Fehlen jedes Interesses anderseits bezeichnet die Tätigkeit des Billigungsvermögens, welches das Schöne erfaßt, ohne daß die geringste Begierde, den Gegenstand zu besitzen, erwacht.
Auch der Begriff der idealen Schönheit war schon vor der *Kritik der Urteilskraft* dargelegt worden. Mendelssohn hatte ihn bereits von Winckelmann übernommen. Für diesen ergibt er sich aus Einzelbeobachtungen, die man so zusammensetzt und anordnet, daß das Bild einer „geistigen Natur" entsteht, die ein vollkommenes Muster der menschlichen Schönheit ist. Winckelmanns Ideal bleibt auf der Ebene von Kants Normalidee und erhebt sich nicht bis zum Vernunftbegriff. Dieser Unterschied hängt aber mehr mit der Terminologie als mit der Sache selbst zusammen: nach Winckelmann läßt sich eine Idee in einem Kunstwerk nur dann darstellen, wenn dieses „Ausdruck" aufweist. Der Ausdruck ist aber in jeder künstlerischen Darstellung notwendig! Auch Lessing hatte seine Auffassung des Ideals dargelegt und es auf die menschliche Schönheit beschränkt: „Die höchste körperliche Schönheit existiert nur in dem Menschen und auch nur in diesem vermöge des

---

[40]) K. d. U., § 17.

Ideals. Dieses Ideal findet bei den Tieren schon weniger, in der vege-
tabilischen und leblosen Natur aber gar nicht statt." Daraus leitete er
die Unterlegenheit des Landschaftsmalers ab, welcher „Schönheiten
nachahmet, die keines Ideals fähig sind; er arbeitet also bloß mit dem
Auge und mit der Hand, und das Genie hat an seinem Werke wenig
oder gar keinen Anteil"[41]).

Das Erhabene

Die zweite ästhetische Kategorie ist das Erhabene[42]). Gleich dem
Schönen weist es die Merkmale der Uninteressiertheit, der Allgemeinheit, der Notwendigkeit und der Zweckmäßigkeit ohne Begriff auf.
Ebensowenig wie das Schöne ist es eine Eigenschaft der Dinge selbst;
es entsteht und liegt ganz in dem Gefühl, welches das Urteil bestimmt.
Es gefällt durch ein ästhetisches Reflexionsurteil ohne Vermittlung der
objektiven Zweckmäßigkeit. Es gibt Anlaß zu einzelnen Urteilen, die
subjektiv gesehen aber allgemein und notwendig sind.

Es hebt sich vom Schönen jedoch durch wesentliche Merkmale ab.
Die Vermögen, die beim Erhabenen in ein freies Spiel treten, sind
nicht dieselben, die das Schöne erfassen: nicht die Einbildungskraft und
der Verstand betätigen sich dabei, sondern die Einbildungskraft und
die Vernunft. Nun ist im Kantischen System nichts antinomischer als
die Vernunft als Vermögen des Übersinnlichen und die Einbildungskraft als Vermögen der Sinnlichkeit. Das Verhältnis, das sich zwischen
diesen beiden Gemütskräften herstellt, kann also keine Harmonie und
kein Ausgleich sein, woraus ein Wohlgefallen unmittelbar entspringt,
sondern vielmehr eine Unangemessenheit, die zunächst ein Gefühl der
Unlust, der Disharmonie erweckt. Aber mit Hilfe dieser Disharmonie,
d. h. der Unfähigkeit der Einbildungskraft, die Ideen der Vernunft zu
erreichen und darzustellen, werden wir uns eines Vermögens bewußt,
das die ausgedehnteste Einbildungskraft übertrifft. Dieses Bewußtsein
ruft das Gefühl unserer übersinnlichen Bestimmung hervor und verschafft dadurch Vergnügen. Die anfängliche Disharmonie erweist sich
als im Einklang mit den Gesetzen der Vernunft; der Konflikt zwischen
den Vermögen führt zur subjektiven Zweckmäßigkeit. Die Unlust wird
zur Quelle der Lust, die Ohnmacht der Einbildungskraft gibt uns das
beglückende Bewußtsein der Selbständigkeit und der Reinheit unserer
Vernunft.

---

[41]) Blümner, *Laokoon*, Nachlaß C, S. 440 f.
[42]) K. d. U., §§ 23—29.

In der Natur wird das Gefühl des Erhabenen durch die Größe und die Macht erregt. Das „Mathematisch-Erhabene" ist das schlechthin Große (nicht als quantitas, sondern als magnitudo), das, „was über alle Vergleichung groß ist". Die Natur erweckt den Eindruck der absoluten Größe in den Erscheinungen, deren Anblick die Idee ihrer Unendlichkeit hervorruft. Diese Art des Erhabenen betrifft das Erkenntnisvermögen. Das „Dynamisch-Erhabene" wird durch das Schauspiel einer entfesselten, furchtbaren Natur verursacht, die unsere Widerstandsfähigkeit übersteigt und uns von unserer physischen Schwäche überzeugt. Sie betrifft das Begehrungsvermögen.

Im ersten Fall versetzt uns die Natur, indem sie die Idee der Unendlichkeit evoziert, in einen Gemütszustand, der demjenigen ähnlich ist, den wir unter dem Einfluß der moralischen Ideen empfinden. Im zweiten Fall erregt sie das Gefühl unserer geistigen Überlegenheit und daher unserer wahren Unabhängigkeit von ihr. In beiden Fällen erhebt sie die Seele auf die Ebene des Übersinnlichen. Die Gegebenheiten der bis zu den äußersten Grenzen ihrer Fassungskraft getriebenen Phantasie erscheinen uns klein neben der absoluten Größe unserer übersinnlichen Bestimmung. Diese Disharmonie erweckt in uns das Gefühl unseres von der Natur völlig unabhängigen Endzwecks, und dieses Gefühl bestimmt unser Urteil über das Erhabene. Letzteres ist also etwas rein Subjektives, es liegt ganz im Gemüt des Urteilenden. Das Sinnliche suggeriert es nur, ohne es je „demonstrieren" zu können. Mithin beweist die bloße Empfindung des Erhabenen das Bestehen eines Seelenvermögens, dem kein sinnlicher Maßstab angemessen ist. Das Erhabene gefällt eben durch seinen Gegensatz zu dem Interesse der Sinne; es regt uns dazu an, einen Gegenstand zu schätzen, der diesem Interesse entgegengesetzt ist. Indem die Seele es auffaßt, empfindet sie die Unzulänglichkeit der Natur als Darstellung der Ideen; sie sieht ein, daß eine sinnliche Vorstellung trotz aller Anstrengungen der Einbildungskraft keiner Vernunftidee adäquat sein kann. So wird die Seele veranlaßt, die Natur in ihrer Ganzheit als die mangelhafte konkrete Entsprechung einer objektiv unerkennbaren übersinnlichen Idee, als die Erscheinung einer Natur an sich zu denken.

Das Gefühl des Erhabenen führt also zum Bewußtsein des Übersinnlichen und besonders der Vernunft. Die Vernunftideen, denen die Einbildungskraft unangemessen ist, liegen dem Gefühl des Erhabenen zugrunde. Nun setzt ihre Entwicklung im Menschen eine höhere Kulturstufe voraus als die, welche für das Schönheitsurteil ausreicht. Die Empfänglichkeit für Vernunftideen ist denn auch nicht so allgemein verbreitet wie die Fertigkeit des Verstandes. Daraus erklärt sich, daß sich das Erhabene, wenngleich es ebenso dringlich wie die Schönheit auf Notwendigkeit und Allgemeinheit Anspruch erhebt, tatsächlich über ein viel beschränkteres Anwendungsgebiet erstreckt als die Schönheit.

Noch andere Merkmale heben das Erhabene vom Schönen ab. Während das Schöne die Seele in einem Zustand der ruhigen Kontemplation erhält, erregt das Erhabene eine Rührung, die zunächst in einer „Hemmung", dann in einer „Ergießung der Lebenskräfte" besteht. Es zeichnet sich durch eine „negative Lust" aus; statt wie das Schöne das Subjekt zum Gegenstand hinzuziehen, stößt es dieses Subjekt zunächst ab, und die Eigenart des Gefühls, das es erweckt, ist derjenigen des moralischen Gefühls verwandt: Bewunderung und Achtung. Während die Schönheit die Form der Gegenstände und also ihre Begrenzung betrifft, kann sich das Erhabene auf einen formlosen Gegenstand beziehen, insofern er Unbegrenztheit evoziert. Anstatt sich auf eine formale Zweckmäßigkeit zu gründen und also für die Urteilskraft „gleichsam vorherbestimmt" zu sein, weist das Erhabene eine Unvereinbarkeit mit unserer Urteilskraft auf, eine Unangemessenheit zu unserem Vorstellungsvermögen; es tut unserer Einbildungskraft Gewalt an.

Das Problem des Erhabenen hat sich von jeher gestellt. Schon vor Longin stempelte die Rhetorik das sublime zu einem der drei Zwecke und einem der drei Stile der Redekunst. Noch bei Baumgarten bezeichnet es eine gewisse Größe des Stoffes und den entsprechenden Stil. Es bewirkt in der Seele einen status tranquillitatis, wodurch es sich vom Pathetischen abhebt, welches eine heftige Rührung und Entzückung erregt. Winckelmanns „stille Größe" entspricht ziemlich genau der Definition, die Baumgarten von der tranquillitas gab: supra perturbationes animi vulgares et tumultus mentis internos posita[43]).

Im Bereich der Schönheit vollzieht Sulzer bekanntlich eine Dreiteilung, die Kants Unterscheidungen teilweise vorwegnimmt. Es wurde schon darauf hingewiesen, daß sein Begriff des „bloß Schönen" mit dem Kantischen Begriff der freien Schönheit übereinstimmt. Sulzers zweite Gattung ist der „Reiz", die „Grazie", die „Anmutigkeit"; die dritte erweckt „Hochachtung". Der Sulzersche Reiz deckt wenigstens teilweise das Gebiet der anhängenden Schönheit, ja sogar des Kantischen Ideals; die dritte Gattung, „das Große und Erhabene", unterscheidet sich vom Schönen, das nur die Einbildungskraft beschäftigt, durch eine Rührung des Herzens, was deutlich Kant ankündigt.

---

[43]) *Aesthetica,* § 416.

Das Prinzip des Geschmacks

Wenn die Urteilskraft ein selbständiges Vermögen ist, so gründet sie sich auf ein Prinzip a priori. Das psychologische Phänomen des Anspruchs auf Allgemeinheit und Notwendigkeit postuliert ein solches Prinzip. Es kann sich nicht aus Begriffen ergeben, d. h. objektiv sein: sonst wäre es nicht der Urteilskraft eigentümlich. Diese muß sich selbst ein Prinzip geben, d. h. einen Begriff andeuten, der ihr zur Regel dienen soll. Da diese Regel nur subjektiv sein kann, muß sie das, was gefällt und mißfällt, nicht durch die Anwendung von Begriffen, sondern durch die Gegebenheiten des Gefühls bestimmen. Das Prinzip, das die reflektierende Urteilskraft sich selbst als Regel gibt, ist die Z w e c k - m ä ß i g k e i t   d e r   N a t u r [44].

Damit man sich ein System der Erfahrung nach natürlichen Gesetzen, die ihre Begründung und ihren Ausgangspunkt in unserem Verstand haben, vorstellen kann, müssen alle empirischen Gesetze als eine Einheit betrachtet werden, als ob eine fremde Intelligenz sie auf den Gebrauch der menschlichen Erkenntnisvermögen abgestimmt hätte. Die Zweckmäßigkeit der Natur ist nichts anderes als diese für die Deutung der Wirklichkeit notwendige Hypothese. Die Zweckmäßigkeit ist also ein Begriff a priori, dessen Ursprung lediglich in der reflektierenden Urteilskraft liegt. Schon das Prinzip der theoretischen reflektierenden Urteilskraft ist also ein rein subjektives, eine Regel, eine Maxime, weder ein Begriff der Natur, noch ein Begriff der Freiheit. Es stellt die einzig mögliche Art dar, wie wir in unseren Reflexionen über die Gegenstände der Natur verfahren können, wenn wir zu einer zusammenhängenden Erfahrung gelangen wollen. Es bestimmt das Vergnügen, das wir empfinden, wenn wir eine systematische Einheit unter rein empirischen Gesetzen entdecken[45].

In der ästhetischen reflektierenden Urteilskraft, die nicht auf die Erkenntnis ausgerichtet und für die eine Vorstellung dann zweckmäßig ist, wenn sie mit Wohlgefallen unmittelbar verbunden erscheint, ist das Zweckmäßigkeitsprinzip aus zwei Gründen subjektiv: zunächst als bloße Maxime, zweitens als formale, subjektive Bedingung jedes Urteils.

Das reine Geschmacksurteil findet also ein Gefallen an der bloßen Form der Vorstellung auf Grund des Zweckmäßigkeitsprinzips. Letzteres läßt uns die Welt als das Werk einer Intelligenz erblicken, die sie auf die Harmonie unserer Seelenvermögen abgestimmt hat, d. h. zugleich auf unsere Erkenntnis und unser Vergnügen. So erscheint die

[44] K. d. U., Vorrede und § 20.
[45] K. d. U., Einleitung §§ IV, V; §§ 61—68.

Zweckmäßigkeit eines schönen Gegenstandes als ein Teil der allgemeineren Zweckmäßigkeit der Natur. Letztere ist das Prinzip der ersteren[46]). Das Zweckmäßigkeitsprinzip bedingt die Auffassung der Kunstkritik. Jeder Versuch, einen objektiven Beweis der Schönheitsurteile zu erbringen, ist vergeblich. Keine empirische Beweisführung (die Einmütigkeit der Meinungen), kein Argument a priori (die Regeln) haben je einen Menschen in Sachen des Geschmacks überzeugen können. Empirismus und Rationalismus bieten keine befriedigende Lösung. Der Geschmack erhebt Anspruch auf Selbständigkeit, er läßt sich weder von den Urteilen anderer, noch von einer objektiven Regel bestimmen. Er urteilt unabhängig nach seinem eigenen Prinzip. Gewiß ist er vervollkommnungsfähig; er läßt sich verfeinern und berichtigen. Über denselben Gegenstand fällen wir zu verschiedenen Zeiten unseres Lebens verschiedene Urteile. Nie aber könnten wir unsere Meinung aufrichtig ändern, um uns einem fremden Befehl zu fügen.

Objektive Beweise lassen sich also vergeblich suchen. Die Kritik muß im Subjektiven bleiben: sie muß sich auf die Vorstellung des Gegenstandes beschränken, darf sich aber nie auf den Gegenstand selbst erstrecken. Ihre Aufgabe ist es, die Vorstellungsvermögen und ihre Funktion im Geschmacksurteil zu untersuchen, ihre gegenseitige Zweckmäßigkeit an Beispielen zu erklären, die Regel oder die Bedingungen der subjektiven Harmonie anzugeben, dem Subjekt in seinem Nachdenken über sich selbst zu helfen. Nie wird sie das Wohlgefallen aufzwingen können.

Die Kritik ist entweder empirisch oder transzendental. Im ersten Fall beschränkt sie sich darauf, konkrete Beispiele zu betrachten und ihnen die Regeln der Psychologie anzulegen. Die transzendentale Kritik erforscht das Prinzip des Geschmacks und schließt von der Natur der darin betroffenen Vermögen auf die Möglichkeit und die Seinsweise der ästhetischen Wahrnehmung. Gegenstand der empirischen Kritik sind die Werke der schönen Kunst, Gegenstand der transzendentalen ist das Vermögen, die Werke der schönen Kunst zu beurteilen[47]).

3. Das Kunstschaffen

Die Kunst ist die auf die Erschaffung des Schönen abgezweckte menschliche Tätigkeit. Sie ist die Projektion der subjektiven Harmonie unserer Vermögen ins Objektive.

Ähnlich wie der Geschmack ein selbständiges Vermögen ist, ist die Kunst eine spezifische und auf andere Erscheinungen nicht zurückführ-

---

[46]) K. d. U., § 35.
[47]) K. d. U., §§ 32—34.

bare Tätigkeit. Sie unterscheidet sich von der Natur, von der Wissenschaft, vom Handwerk.

Sie hebt sich von der Natur ab, wie das Tun vom Handeln, wie das Werk von der Wirkung. Sie ist eine auf Freiheit beruhende Schöpfung, sie gründet sich auf einen Entschluß des durch die Vernunft bestimmten Willens. Nur analogisch werden etwa die Wachsscheiben der Bienen ein Kunstwerk genannt. Sie sind nur ein Produkt ihrer Natur, ihres Instinkts, während im Kunstwerk eine Vorstellung des Zwecks der Verwirklichung vorangegangen ist und sie ermöglicht hat.

Die Kunst unterscheidet sich von der Wissenschaft wie das Können vom Wissen, wie die Technik von der Theorie. Die Kunst geht über das Wissen hinaus und läßt sich durch die Wissenschaft nicht ganz erklären. Was durch Anwendung gewisser Vorschriften ohne weiteres ausführbar ist, ist lange noch keine Kunst.

Die Kunst hebt sich schließlich vom Handwerk ab, weil sie ein freies Spiel, eine an sich angenehme Beschäftigung ist im Gegensatz zur „Lohnkunst", welche die Herstellung bestellter Produkte zum Zweck hat und durch den Verdienst anlockt. Beide haben jedoch eine „mechanische" Geschicklichkeit als Arbeitsbedingung gemeinsam: ohne Beherrschung der Mittel kann sich der Geist im Werke nicht verkörpern und es nicht beleben[48]).

Unter den als Kunst bezeichneten Tätigkeiten trennt Kant die „mechanischen" Künste, die sich darauf beschränken, einen Gegenstand zu verwirklichen, dessen Plan und Muster im voraus bekannt ist, von den „ästhetischen" Künsten, deren unmittelbarer Zweck die Erregung eines Vergnügens ist. Letztere zerfallen wiederum in angenehme und schöne Künste. Das von den angenehmen Künsten verursachte Gefallen beruht auf einfachen Empfindungen; ihr Zweck ist Genuß, Reiz, Zeitvertreib, Unterhaltung. Die schönen Künste erwecken ein Gefallen der Reflexion. Nur diese sind Objekte des Geschmacksurteils[49]).

Das Reich des Schönen umfaßt die Kunst- und die Naturschönheit. Naturschönheit haftet am Gegenstand, Kunstschönheit an der Darstellung des Gegenstandes. Reine Naturschönheit schließt die Vorstellung eines Zweckes aus, während die Kunstschönheit nach einem Begriff dessen, was sie darstellen soll, verwirklicht werden muß. Letzterer liegt also ein Erkenntnisurteil zugrunde. Die Verbindung zwischen Natur- und Kunstschönheit stellt die adhärierende Naturschönheit her,

---

[48]) K. d. U., § 43.
[49]) K. d. U., § 44.

die ebenfalls die Erkenntnis eines Zweckes voraussetzt, obschon sie zur Natur gehört. Sie läßt die Natur als eine Kunst erscheinen[50]).

Unter dem Gesichtspunkt der Schönheit unterstehen Natur und Kunst denselben Prinzipien. In beiden Fällen ist die Schönheit subjektiv und durch das Zweckmäßigkeitsprinzip bestimmt. Um schön zu sein, muß die Kunst Natur zu sein scheinen, weil die Zweckmäßigkeit nicht absichtlich anmuten und „die Schulform nicht durchblicken" dürfen; um schön zu sein, muß die Natur Kunst zu sein scheinen, weil sie als das Werk einer auf das freie Spiel unserer Vermögen abgezweckten Kausalität betrachtet werden muß[51]).

Historisch gesehen ist die Schönheit der Natur erst durch Vermittlung und unter dem Gesichtswinkel der Kunst entdeckt worden. Diese Tatsache wird von Kant theoretisch begründet. Das Verhältnis der Kunst zur Natur wandelt sich bei ihm von Grund auf. Die Kunst kann keine Naturnachahmung mehr sein; sie dient gleichsam der Natur zum Vorbild. Die Natur ist nur dann schön, wenn sie ähnlich wie die Kunst eine Zweckmäßigkeit aufweist. Kant verkündet den Primat der Kunst vor der Natur[52]).

Das ist die Lösung einer Streitfrage, die seit Jahrhunderten bestand und die bald darauf wieder aufbrechen sollte. Die von der Moral unabhängige Kunst will auch von der Natur unabhängig sein. Letztere ist kein Muster mehr, sondern nur noch ein Material: sie ist die einzige sinnliche Gegebenheit, über die die Kunst verfügt, um ihre Zweckmäßigkeit auszudrücken. Das Wesentliche ist nicht die Nachahmung der Natur, sondern der Ausdruck einer subjektiven Zweckmäßigkeit. Natur und Kunst werden, wie Mendelssohn es schon gewünscht hatte, auf ihre gemeinsamen Grundsätze zurückgeführt. Das Zeitalter der mimesis ist vorbei, die Kunst wird von nun an als eine poiesis gedacht.

Das Genie

„Die schöne Kunst ist nur als Produkt des Genies möglich." Genie ist das schönheitschaffende, Geschmack das schönheitbeurteilende Vermögen. „Genie ist das Talent (Naturgabe), welches der Kunst die Regel gibt." Es ist eine angeborene schöpferische Kraft, eine natürliche Ge-

---

[50]) K. d. U., § 48.
[51]) K. d. U., § 45.
[52]) Vgl. Cohen, a. a. O., S. 199 f.

mütsanlage, ein ingenium, wodurch die Natur im Reiche der Kunst ihre eigenen Gesetze diktiert[53]).

Das Genie schafft das, was keine Regel bestimmen und wozu keine Vorschrift anleiten kann. Sein erstes Merkmal ist die Originalität.

Solche Originalität ist exemplarisch. So wie das Urteil das Exempel für eine Regel ist, die man nicht angeben kann, ist das Werk des Genies ein Muster, das die objektiven Vorschriften ersetzt und zur Erweckung anderer Genies oder zur Aufstellung von „Regeln" dienen kann.

Das Genie ist sich des Schöpfungsprozesses nicht deutlich bewußt. Es weiß nicht, wie die Ideen in ihm entstehen und sich zusammensetzen. Es kann seine innere Tätigkeit nicht wissenschaftlich beschreiben und hat keinen Einfluß darauf. Das Unbewußte der genialen Tätigkeit macht es wahrscheinlich, daß das Wort Genie aus lateinisch genius stammt: ein bei der Geburt mitgegebener Schutzgeist leitet den Künstler und gibt ihm ohne dessen Zutun originale Ideen ein.

Das Genie kommt einzig in der Kunst, nicht in der Wissenschaft vor. Eine wissenschaftliche Entdeckung — wenn sie nicht dem Zufall zu verdanken ist — ist das normale Resultat der Forschung und des Nachdenkens. Ein Erfinder könnte den gesamten Gang seiner Gedanken von den Anfangsgründen seiner Wissenschaft an bis zu seiner Erfindung beschreiben. Solches wäre dem Genie unmöglich: nichts Äußerliches leitet es zu seinem Werke an, dieses entsteht außerhalb aller Regeln und Muster. Zwischen dem größten Gelehrten und dem wissenschaftlichen Anfänger ist nur ein Gradunterschied; Gelehrter und Genie dagegen sind in ihrem Wesen verschieden. Die Wissenschaft und ihre Grundsätze sind mitteilbar. Das Genie und seine schöpferische Kraft entspringen unmittelbar aus der Natur und lassen sich niemals übertragen[54]).

Das Kunstwerk setzt beim Künstler die Vorstellung eines bestimmten Zweckes, mithin die Betätigung der geistigen Vermögen voraus; anderseits muß es den Stoff, der diesen Zweck zu veranschaulichen hat, sinnlich ausdrücken. Das Genie als Urheber des Kunstwerks wird sich also durch ein bestimmtes Verhältnis der Vernunft zur Einbildungskraft auszeichnen. Seiner Bestimmung gemäß ist dieses Verhältnis das Gegenteil desjenigen, das von der Erkenntnis erfordert wird. In der Erkenntnis ist die Einbildungskraft dem Verstand und seinen Begriffen untergeordnet; in der Kunst ist sie „frei", sie kann einen Stoff bieten, der die

---

[53]) K. d. U., § 46.
[54]) K. d. U., §§ 46—47.

Grenzen des rationellen Zweckes überschreitet und den der Verstand mit seinen Begriffen nicht ganz zu umfassen vermag. Solches ist eine „ästhetische Idee".

Genie ist das Vermögen, ästhetische Ideen zu erfinden und sie auf eine angemessene Weise auszudrücken, d. h. den Gemütszustand, den sie auslösen, mitzuteilen. In diesem Sinne ist das Genie „das Vermögen ästhetischer Ideen" und das belebende Prinzip der Seele, d. h. was Kant „Geist" nennt. Es drückt das Unsagbare eines Gemütszustandes aus und macht ihn allgemein mitteilbar[55]).

Die Auffassung des Genies als einer angeborenen, von der Natur geschenkten Kraft war im 18. Jahrhundert ziemlich landläufig. Schon Baumgarten drückt sie mit dem Terminus „ingenium aestheticum connatum" aus. Sulzer sieht im Genie ebenfalls eine natürliche Gabe; auch Herder betrachtet es meist als angeboren. Nur Lessing scheint in dieser Hinsicht eine Ausnahme zu machen: die Rolle, die er — besonders in der *Dramaturgie* — dem Genie zuschreibt, ist aber nichtsdestoweniger groß; auch er gibt dem Genie den Vorrang vor den Regeln.

In diesem Problem nimmt Kant eine unzweideutig irrationalistische Stellung ein. Indem er das Unbewußte der geistigen Tätigkeit des Genies und die Unmöglichkeit, sie zu beschreiben oder beliebig ins Leben zu rufen, behauptet, nähert er sich dem Sturm und Drang. Allerdings hatte schon Baumgarten erkannt, daß der Künstler sich zwar manchmal bewußt in einen Zustand des impetus versetzen kann, in jedem Fall aber unfähig ist, in diesem Zustand konzipierte Gedanken später mit gleicher Wucht wiederzugeben.

Kant behauptet außerdem, die Kunst setze die Erkenntnis des Zweckes, auf den sie abgestimmt sei, voraus. Damit läßt er wenigstens auf einer Stufe der Tätigkeit des Genies die entscheidende Vermittlung der Vernunft gelten. Dies zusammen mit der Hervorhebung des „Mechanischen" der Kunst macht ihn mit Lessing verwandt, für den Absicht und Ausführung die Unterscheidungsmerkmale des echten Genies sind. Anderseits war die Auffassung, nach der das Genie der Kunst Regeln gibt, Lessing vertraut. Er gründete sie auf die dem Genie eigene tiefere Kenntnis des Wesens und der spezifischen Zweckmäßigkeit der Künste. Solche Kenntnis unterscheidet für ihn das Genie von dem Stümper und ermöglicht dem Genie, jede willkürliche Regel zu zertreten und die wahren Gesetze des Kunstwerks aufzustellen.

Hinsichtlich des Problems des Genies scheint sich Kant zu widersprechen. Anläßlich der Naturnachahmung hatte er den Primat der

---

[55]) K. d. U., § 49.

Kunst angenommen. Jetzt postuliert er den Primat der Natur. Diese Antinomie muß unseres Erachtens aufgelöst werden, ähnlich wie Kant selbst die Antinomie des Geschmacks auflöste. Der Primat der Kunst gilt für die Welt der Erscheinungen, der Primat der Natur für das Intelligible.

Wenn Kant einmal den Primat der Kunst über die Natur und ein andermal den Primat der Natur über die Kunst verficht, gebraucht er das Wort Natur in einem je anderen Sinn. Im ersten Fall handelt es sich um die phänomenale, im zweiten um die noumenale Natur. Um schön zu sein, muß die phänomenale Natur ein Kunstwerk zu sein scheinen, d. h. nach der subjektiven Zweckmäßigkeit, die sich in einem Kunstwerk kundtut, eingerichtet sein. Das Kunstwerk selbst aber ist eine Schöpfung des Genies, welches ein Ausdruck der noumenalen Natur ist, eine Offenbarung des intelligiblen Substrats unserer Vermögen.

Basch betrachtet die Kantische Theorie des Genies als ein inkonsequentes Zugeständnis an den Empirismus[56]. Seine Meinung beruht auf einem gründlichen Mißverständnis. Die Genietheorie ordnet sich in Kants System ganz natürlich ein. Im Genie offenbart sich die übersinnliche Einheit unserer Vermögen, die von Kant immer wieder postuliert wird. Zwar ist die Frage des Genies einer der wenigen Punkte der Kantischen Kritik, an dem das Individuelle zutage tritt und das Allgemeine überschattet. Die geniale Tätigkeit ist eine Erscheinung, die unter keinem Allgemeinen subsumiert werden kann. Was sich darin ausdrückt, ist die Natur an sich, das Intelligible. Eine Inkonsequenz will uns in diesen Gedankengängen jedoch nicht einleuchten.

Trotz ihrer heftigen Polemik berühren sich Herder und Kant hier wieder einmal. Das Genie ist für Herder eine „unitarische" Erscheinung, und für Kant bedeutet es den Einbruch des unitarischen Intelligiblen in die Welt der Erscheinungen und des Individuellen. So kann die Kantische Kritik das begrifflich Unerkennbare der Kunstschöpfung mit Hilfe des Auftretens des Übersinnlichen begründen.

Die ästhetische Idee

Die ästhetische Idee ist das, „was die Gemütskräfte zweckmäßig in Schwung versetzt, d. i. in ein solches Spiel, welches sich von selbst erhält und selbst die Kräfte dazu stärkt". Sie stellt also den Kern der Kunst dar, denn sie entspricht der Definition der ästhetischen Zweckmäßigkeit selbst.

Sie besteht in einer Vorstellung der Einbildungskraft, die mehr evoziert als irgendein Begriff und durch kein angemessenes Ausdrucks-

---

[56] A. a. O., S. 479.

mittel ganz wiedergegeben werden kann. Deshalb bezeichnet sie Kant als eine „Idee": in gewisser Hinsicht ist sie den Ideen der Vernunft verwandt, die umgekehrt rationale Begriffe sind, denen man keine sinnliche Anschauung adäquat machen kann. Die ästhetische Idee ist mit einer solchen Mannigfaltigkeit von Bildern verbunden und ruft so viele unsagbare Dinge hervor, daß keine begriffliche Vorstellung sie zu subsumieren vermag. Sie eröffnet der Seele die Aussicht auf ein „unabsehliches Feld verwandter Vorstellungen", und so belebt sie die Einbildungskraft und die Erkenntnisvermögen, die über den jeweiligen künstlerischen Ausdruck hinaus eine Menge „unnennbarer Nebenvorstellungen", „ästhetischer Attribute" wahrnehmen. In allen Künsten fließt der Geist, der die Werke belebt, aus der Quelle dieser ästhetischen Attribute. Ohne sie wäre die Sprache lebloser Buchstabe.

Die ästhetische Idee bringt uns zu einer neuen Definition der Schönheit: in Kunst und Natur heißt Schönheit soviel wie Ausdruck ästhetischer Ideen. In der Kunst werden diese durch einen Begriff des Gegenstandes veranlaßt; in der Natur genügt die einfache Reflexion über einen Gegenstand, um die Idee, die er darstellen soll, zu erwecken. Diese Definition bestätigt das Subjektive der Schönheit: die ästhetischen Ideen sind Anschauungen der Einbildungskraft ohne jeden entsprechenden angemessenen Begriff; sie sind „inexponible Vorstellungen" der Einbildungskraft und können also nie zu Erkenntnisgegenständen werden[57].)

Die ästhetische Idee ist ein Kerngedanke des Kantischen Systems. Indem sie den Nachweis erbringt, daß Kunst und Schönheit in ihrem tieferen Wesen nichtbegriffliche Erscheinungen sind, übersteigt sie endgültig den ästhetischen Rationalismus. Das Regelmäßige ist dem Geschmack antinomisch, weil es nicht zweckmäßig ist: es ermöglicht keine lange Kontemplation. Sobald der Verstand darin Ordnung und Einheit deutlich erblickt hat, ist das freie Spiel der Einbildungskraft aufgehoben, und eine weitere Betrachtung ermüdet den Aufnehmenden. Im Gegenteil ist die Mannigfaltigkeit, die Natürlichkeit, das Unregelmäßige, alles, was das freie Spiel der Einbildungskraft in den Grenzen einer subjektiven Zweckmäßigkeit unterhält, immer schön, neu, anziehend. Ähnliches hatte schon Lessing geäußert.

Die ästhetische Idee zeichnet sich durch zwei wesentliche Merkmale aus: eine besondere Evozierungskraft und eine Unangemessenheit zu jedem Begriff. Sie eröffnet eine Aussicht ins Unendliche und entrinnt dem Begrifflichen. Nun sind das zwei Elemente der Mystik, und so

---

[57]) K. d. U., §§ 49, 51 und Anmerkung I zu § 57.

erlangt paradoxerweise das mystische Erlebnis Bürgerrecht in der Kantischen Kunstauffassung.

Die ästhetische Idee weist eine affektmäßige Dynamik auf. Sie umfaßt nämlich die Fülle der verschiedenartigsten Assoziationen, die von einem Begriff hervorgerufen werden. Diese haben nicht nur den Zweck, die Vorstellung des Gegenstandes der Einbildungskraft zugänglich zu machen, sondern müssen dazu die Gemütskräfte beleben, die Harmonie zwischen unseren Vermögen zustande bringen und das Vergnügen, das wir daran nehmen, unterhalten. Die ästhetische Idee überschreitet also den Rahmen des Begriffsvermögens. Dies ermöglicht uns, das früher Gesagte zu bestätigen: die Harmonie, die in Kunst und Schönheit zwischen den Seelenvermögen herrscht und die unser Gefallen erregt, gründet sich wie bei der Erfahrung des Erhabenen auf eine Disharmonie, eine Unangemessenheit zwischen dem jeweiligen Begriff und den Gegebenheiten der Einbildungskraft. Eben diese Unangemessenheit gefällt uns, und zwar weil sie „zweckmäßig" ist. Entscheidend in dem Gefallen an der Schönheit ist das Bewußtsein, daß wir durch den Intellekt nicht alles fassen können, daß wir unaufhörlich Entdeckungen machen und unsere Anschauung der Dinge unablässig bereichern. Im Gegensatz dazu sind wir einer Schönheit, die von unserem Geist erschöpft werden kann, sehr bald überdrüssig. Ein Werk der ersten Art liest und sieht man gerne wieder, während man sich von einem Werk der zweiten Art nach kurzer Zeit abwendet.

Indem Kant die Schönheit als Ausdruck ästhetischer Ideen definiert, befestigt er die Grundlage seiner Theorie, nämlich das zweckmäßige Verhältnis der Einbildungskraft in ihrer Freiheit zu dem Verstand in seiner Gesetzmäßigkeit. Der Verstand liefert nur regulative, keine konstitutiven Prinzipien der Schönheit. Er will bloß keinen Anstoß leiden. So verficht Kant die deutliche Vorherrschaft der Einbildungskraft über den Verstand in der Wahrnehmung und Erschaffung des Schönen.

Die Zahl und die Ausdehnung der Assoziationen, die von einer ästhetischen Idee hervorgerufen werden, sind psychologisch subjektiv, d. h. sie hängen mit den Fähigkeiten, den Erfahrungen, der Bildung des Betrachters zusammen. So erklärt sich die individuelle Verschiedenheit der Schönheitsurteile. Nicht nur nach dem Talent des Künstlers, sondern auch nach dem eigenen Gesichtskreis entdeckt der Betrachter mehr oder weniger „Attribute", denkt er mehr oder weniger zu der Darstellung hinzu. So kann der Kritiker in einem Werk ganz legitim mehr erblicken, als der Künstler bewußt hineingelegt hat. Hätte Kant diese Ansicht ausgewertet, so hätte sie ihn in die Nähe Herders geführt. In ihr liegt der ganze Relativismus im Keim: der individuelle, der historische und auch der nationale. Die Assoziationen werden in ihrer ganzen Fülle erfaßt, wenn das Werk uns in der Zeit und im Raum nahe steht. Ein Gedicht aus einem entfernten Volke ist uns fast unzugänglich: wir verstehen es nur kümmerlich, weil uns die erforderlichen Synästhesien fehlen und weil daher seine ästhetische Idee der Elemente entkleidet ist, die ihren Wert ausmachen.

Die Bedeutung, die Herder der aura des poetischen Wortschatzes und dem Unnennbaren einer Vorstellung zuschreibt, nimmt Kants ästhetische Idee weitgehend vorweg, auch wenn Herder das Unnennbare mehr in dem Ton des Werkes als in den bildlichen Evozierungen sehen will. Kants ästhetischer Idee stehen Herders Anschauungen am nächsten; erstaunlicherweise versäumt Vogts bemerkenswerte Arbeit, Herder unter den Vorläufern der ästhetischen Idee zu erwähnen[58]).

Neben Herder hat auch Lessing ein Vorgefühl davon gehabt, ohne daß sich bei ihm allerdings eine Definition finden ließe. Seine Unterscheidung zwischen Prosa und Poesie beruht auf einer gleichartigen Anschauung. Die Prosa hat für ihn nur die Mitteilung eines Inhalts zum Zweck und erschöpft sich demgemäß in begrifflichen Vorstellungen. Die Poesie will „lebhafte" Bilder hervorrufen und Illusion verschaffen, setzt also etwas wie eine ästhetische Idee voraus. Um das Mitleid zu ermöglichen, bedarf es mehr als einer einfachen Vorstellung; der körperliche Schmerz reicht z. B. nicht aus. Die Einbildungskraft muß durch mannigfaltige Bilder getroffen werden, soll der Betrachter die dargestellten Gefühle empfinden. Der fruchtbare Augenblick der bildenden Künste ist weiter nichts als der vollkommenste Ausdruck einer ästhetischen Idee: je mehr die Einbildungskraft des Betrachters tätig ist, desto mehr Elemente glaubt er zu entdecken und desto mehr Eigenes denkt er hinzu.

Ist aber die „extensive Klarheit" Baumgartens nicht schon eine Vorausdeutung auf Kants ästhetische Idee? Was die extensive der intensiven Klarheit, der Deutlichkeit, entgegensetzt, ist die Menge der Elemente, die sie enthält, ihr größerer Bestimmungsgrad, ihre größere Individualisierung, ihr Reichtum (ubertas). Je mehr bildliche und sinnliche Merkmale eine Vorstellung aufweist, desto geeigneter ist sie für die Kunst, weil sie der Einbildungskraft mehr Stoff verschafft. Die notae der „lebendigen Gedanken" sind nichts anderes als die sinnlichen Attribute der ästhetischen Idee. Reichtum und Lebendigkeit des Inhalts scheinen wohl das zu bezeichnen, was über den reinen Begriff hinausgeht, was die ästhetische „Erkenntnis" hindert, zur Deutlichkeit zu gelangen, und im „Verworrenen" zurückhält.

---

[58]) Vogt, *Die ästhetische Idee bei Kant*, S. 65.

Die Rolle des Geschmacks

Das Genie bringt ästhetische Ideen hervor und stellt sie im Kunstwerk dar. Bei der Ausarbeitung des ersten Entwurfs tritt aber der Geschmack in den Schöpfungsprozeß ein und macht seine Forderungen geltend. Seine Aufgabe ist es, das freie Spiel der Vorstellungsvermögen zu sichern. Er formt den von der Eingebung und der Spontaneität gelieferten Stoff aus und weist dem Genie den Weg zur subjektiven Zweckmäßigkeit. Die Funktion des Geschmacks ist im Kunstwerk wesentlich. Wenn er mit dem Genie, d. h. besonders mit der schöpferischen Einbildungskraft, in Konflikt gerät, muß nicht er, sondern das Genie die Opfer bringen. Der Geschmack wird als die unerläßliche Bedingung jeder Schönheit hingestellt[59]).

Das Problem der Funktion des Geschmacks in der schöpferischen Kunsttätigkeit erhält bei Kant eine ganz herkömmliche Lösung. Er betrachtet den Geschmack als die erforderliche Disziplin des Genies. Schon das Altertum hatte ihn so aufgefaßt, obschon die hier gebrauchten Begriffe ihm unbekannt waren. Diese Ansicht wird auch von Baumgarten vertreten, indem er das correctionis studium fordert, wodurch der vom impetus eingegebene erste Wurf berichtigt wird. Sulzer stempelt die Kunst zum Werk „des vom Geschmack geleiteten Genies".

Nachdem Kant anläßlich der ästhetischen Idee die Vorherrschaft der Phantasie über den Verstand als Bedingung des genialen Kunstwerks behauptet oder mindestens deutlich vorausgesetzt hat, ist es ziemlich verwunderlich, wie er hier die Einbildungskraft dem Geschmack opfert. Das bringt ihn in die Nähe Lessings, bei dem die Polarität Ausdruck — Schönheit, Stoff — Form gewisse Ähnlichkeiten mit dem Kantischen Gegensatz Genie — Geschmack aufweist. Für Kant muß sich die Einbildungskraft dem Geschmack unterwerfen, weil dieser die Bedingungen der Schönheit diktiert. Für Lessing muß sich der Ausdruck der Schönheit, der Stoff der Form unterordnen, damit die Kunst ihre Affektwirkung erzielen kann. In beiden Fällen geschieht das Opfer in der Absicht, dem Werk seine ästhetische Funktion zu sichern.

Die Nachahmung

Die Kunst ist ein Produkt des Genies, und dessen erste Eigenschaft ist die Originalität. Die „Nachahmung" kennzeichnet Geister, die sich nicht zum Rang des Genies erheben. Nur für solche Geister haben die Begriffe Schule, Methode, Regeln einen Wert. Die Werke des Genies

---

[59]) K. d. U., §§ 48, 50.

sind ihnen behilflich, insofern sie daraus lernen können. Diese Nachahmung entartet sehr leicht zur knechtischen Kopie, zur Nachäffung, bei welcher der Schüler sogar die Fehler des Lehrers nachahmt, oder zum Manierierten, das eine Orginalitätssucht ohne natürliches Talent verrät.

Dennoch haben die großen Kunstwerke, wie die Geschmacksurteile, einen exemplarischen Wert, eine exemplarische Notwendigkeit und Allgemeinheit. Und als solche berechtigen sie zu der Nachahmung, die Kant mit dem Wort „Nachfolge" bezeichnet. Das Genie erweckt beim anderen Genie das Gefühl seiner eigenen Originalität und eine persönliche Auffassung seiner Kunst. Darum wird die Selbständigkeit des Geschmacks durch die Anerkennung klassischer Muster nicht beeinträchtigt. Diese sollen den Künstler nicht zur knechtischen Nachmachung anregen, sondern ihn im Gegenteil zum Bewußtsein seiner Persönlichkeit bringen und ihm Irrtümer und unnütze Versuche ersparen. Sie sind sozusagen Merksteine für seine Vermögen, die, auf sich selbst angewiesen und nur von einem technischen Können unterstützt, Gefahr laufen würden, in die Irre zu gehen. Im Bereich des Geschmacks ist dieser exemplarische Wert der genialen Werke notwendiger als anderswo, und zwar wegen des Mangels an objektiven Begriffen und Regeln[60]).

Die „Nachäffung" ist besonders von Lessing gerügt und verfemt worden. Man darf einen Stoff übernehmen, sagt er, nie aber eine Form, d. h. die Eigentümlichkeit eines Kunstwerks. Auch Herder will als einzige zulässige Nachahmung das „Nacheifern" gelten lassen, welches Kants „Nachfolge" ziemlich genau entspricht. Lessing und Herder behaupten ohnehin, daß nur das Genie ein anderes Genie entzünden könne und daß dabei Regel und Vorschrift unnütz seien.

Die Regeln

Mit der Frage der Nachahmung ist das Problem der Regeln eng verknüpft. Da sind zunächst die Vorschriften, welche die „mechanische" Arbeit der Kunst, die Kenntnis der Ausdrucksmittel, die Lehre von der Technik betreffen. Kant betont energisch deren Notwendigkeit und lehnt den Anspruch der „Genies" des Sturmes und Dranges ab, welche die Kunst von jedem Zwang befreien wollen: um den Forderungen des Geschmacks gerecht zu werden, muß der gewählte Stoff nach Ausführungsregeln bearbeitet werden.

Davon abgesehen gibt es keine objektiven Regeln des Geschmacks, welche die Schönheit durch Begriffe bestimmen. Regeln können

---

[60]) K. d. U., §§ 32, 49.

nur empirisch sein. Sie werden aus den genialen Werken abgeleitet und sind eher „Erinnerungen" als „Vorschriften". Da die Kunst jeweils die intellektuelle Vorstellung eines Zweckes voraussetzt, sind sie eigentlich keine Regeln des Geschmacks, sondern der Übereinstimmung des Geschmacks mit der Vernunft, des Schönen mit dem Guten. Sie zielen darauf ab, Schönheit als „Instrument" der Vernunft gehörig gebrauchen zu lehren.

Um zum Gegenstand eines Schönheitsurteils zu werden, muß jede Kunstschöpfung eine Zweckmäßigkeit in ihrer Form aufweisen, sich aber davor hüten, irgend eine Absicht durchblicken zu lassen, die das freie Spiel der Vermögen hemmen würde. Deshalb muß die Kunst wie ein Naturprodukt aussehen; die Regeln müssen darin gewissenhaft, „pünktlich", aber nicht „peinlich" beachtet werden: jede Spur der Rolle, die sie bei der Ausarbeitung gespielt haben, muß verschwinden[61].

Lessing wußte bereits, daß die Regeln nur aus den Werken des Genies hergeleitet werden können und bloß empirisch, nicht a priori sind. Er ließ sie nur gelten, solange das Genie sie nicht durch sein Werk widerlegt habe. Das trennt Kant und Lessing von Herder, der die Regeln zu allgemeinen und notwendigen Wahrheiten machte. Auf Grund der undifferenzierten Einheit des Gemüts schien es ihm unmöglich, daß der menschliche Geist durch die philosophische Reflexion zu Schlüssen gelangen könnte, die durch die künstlerische Tätigkeit widerlegt werden.

Daß die Regeln im fertigen Kunstwerk keine sichtbare Spur hinterlassen und daß die Arbeit des Künstlers, der strenge Plan, den er zugrunde gelegt, die Begrenzungen, denen er sich unterworfen hat, nicht durchblicken dürfen, war schon eine Forderung Baumgartens, Sulzers und Lessings. Für diesen würde das allzu offenbare Hervortreten der künstlerischen Arbeit die Illusion aufheben und dadurch die Wirkung der Kunst vereiteln.

Das System der Künste

Dem in der *Kritik der Urteilskraft* vorgeschlagenen System der Künste mißt Kant nur einen hypothetischen Wert bei. Er stellt dieses System nach einem „bequemen Prinzip" auf, nämlich nach der Analogie der Kunst mit der Art und Weise der sprachlichen Mitteilung: „Wort, Gebärdung und Ton", „Artikulation, Gestikulation und Modulation". Er unterscheidet die redenden, die bildenden und die Künste „des

---

[61]) K. d. U., §§ 16, 17, 43, 45, 47.

schönen Spiels der Empfindungen". Die ersten umfassen die Poesie und die Beredsamkeit; die zweiten die Plastik und die Malerei; die dritten die Musik und die „Farbenkunst"[62]).

Diese systematische Einteilung fällt mit der Abstufung des ästhetischen Wertes der einzelnen Künste zusammen. Den obersten Rang erhält die Dichtkunst, weil sie die angemessenste Ausdrucksform der ästhetischen Ideen ist. Entgegen der Beredsamkeit, die sich als die Kunst der Überzeugung ausgibt und sich an den Verstand zu richten behauptet, gewöhnlich aber nicht über die Ebene der Einbildungskraft hinausgeht, gibt sich die Poesie als ein einfaches Spiel der Einbildungskraft, ohne jedoch die Vernunft unbefriedigt zu lassen. Durch seine produktive Einbildungskraft verleiht der Dichter seinen Begriffen Leben und gibt dem Verstand Nahrung. Unter allen Künsten ist die Poesie diejenige, die ihren Ursprung am vollständigsten dem Genie verdankt und die es am wenigsten duldet, durch Vorschriften und Beispiele geleitet zu werden. Indem sie die Einbildungskraft befreit und es ihr ermöglicht, sich bei einem gegebenen Begriff eine Menge Ideen vorzustellen, für die kein adäquater Ausdruck besteht, erweitert sie das Gemüt und eröffnet ihm Aussichten auf das Gebiet des Übersinnlichen. Der Dichter bedient sich der Natur als eines Werkzeugs seiner Absichten und läßt sie so als ein „Schema" des Übersinnlichen erscheinen. Dadurch bekommt die Poesie den Wert eines symbolischen Erkenntnismittels; sie ist der Gipfel der Kunst[63]).

An zweiter Stelle in der Rangordnung der Werte steht die bildende Kunst. Weniger als die Dichtung, aber mehr als die dritte Gattung entfaltet sie die Vermögen, die im Geschmacksurteil auftreten. Sie umfaßt die Plastik und die Malerei. Beide stellen Ideen dar mit Hilfe von Figuren im Raume; ihr „Urbild" liegt in der Einbildungskraft. Die Plastik (Baukunst und Bildhauerei) ist die Kunst der Sinnenwahrheit; die Malerei die des Sinnenscheins. Erstere wendet sich an das Gesicht und den Tastsinn, letztere an das Gesicht allein. Der eigentliche Gegenstand der bildenden Künste ist die Zeichnung; Farben gehören nicht zur Form, sondern zum Stoff der Empfindungen, tragen also zur Schönheit im strengeren Sinn nichts bei. Als Kunst der Zeichnung steht die Malerei über der Plastik. Sie erstreckt sich ohnehin über ein weiteres Gebiet: alles, was Zusammenstellung von Formen ist, kann ihr Gegenstand sein. Sie umfaßt die meisten Verzierungskünste wie Lustgärtnerei, Tapisserie, Kleidung, usw. Sie verlangt, daß man ihre Gestalten beurteilt, so wie sie sich dem Auge darbieten, und nach der Wirkung,

---

[62]) K. d. U., § 51.
[63]) K. d. U., §§ 51—53.

die sie auf die Einbildungskraft machen. Die Skulptur stellt „Begriffe von Dingen, so wie sie in der Natur existieren können, körperlich dar", indem sie aber der subjektiven Zweckmäßigkeit Rechnung trägt. Die Architektur stellt auf ästhetisch zweckmäßige Art Begriffe von Dingen dar, die „nur durch die Kunst möglich sind und deren Form nicht die Natur, sondern einen willkürlichen Zweck zum Bestimmungsgrunde hat". Die Bildhauerei kann ästhetische Ideen frei ausdrücken; in der Baukunst ist die ästhetische Idee durch den Gebrauch und die Bestimmung des Gegenstandes beschränkt[64]).

Im Blick auf die bildenden Künste erhebt sich die Frage nach der Häßlichkeit. Wir wissen, daß Kant die Naturschönheit als ein schönes Ding definiert in Abhebung von der Kunstschönheit, welche die schöne Darstellung eines Dinges ist. Somit läßt er den Grad der Schönheit, der dem Gegenstand der Kunst eigen sein soll, undeterminiert und schließt die Häßlichkeit nicht grundsätzlich aus. Es kommt einzig darauf an, den Gegenstand in Übereinstimmung mit den Forderungen der ästhetischen Urteilskraft darzustellen. Die Häßlichkeit des Gegenstandes selbst kommt nicht in Betracht, wenn die künstlerische Darstellung schön ist. Eine Art Häßlichkeit ist jedoch verbannt: das Ekelhafte, und zwar weil dessen künstlerische Gestaltung dieselben Reaktionen auslöst wie die Wirklichkeit. Trotz aller Bemühungen des Künstlers fallen Darstellung und Natur zusammen. Darum ist in der Bildhauerkunst, deren Formen der Natur näher sind, jede unmittelbare Darstellung der Häßlichkeit fehlerhaft. Um häßliche Ideen, etwa den Tod, zu gestalten, muß sie zur Allegorie greifen und sich so durch Vermittlung der Vernunft an die Urteilskraft richten[65]).

Die dritte Stelle im System der Künste wird von der Musik und der „Farbenkunst" eingenommen. Wenn man „den Reiz und die Bewegung des Gemüts" zum Maßstab nähme, käme die Musik unmittelbar nach der Poesie. Das ist aber „mehr Genuß als Kultur" und als solcher nicht spezifisch zur Schönheit gehörig. Kant bezweifelt übrigens, daß Musik und Farbenkunst mit Recht den schönen Künsten beigezählt werden. Er neigt manchmal dazu, sie eher als „angenehme" Künste aufzufassen, die nicht aus der ästhetischen Reflexion, sondern aus dem bloßen Vergnügen der Sinne erwachsen. Er führt Gründe für und gegen diese Meinung an und bleibt ziemlich unentschlossen. Er ist nicht weit davon entfernt, den einzigen ästhetischen Wert der Musik in den intellektuellen Assoziationen, die sie hervorruft, zu erblicken. Die Musik geht von Empfindungen aus, meint er, und gelangt zu unbestimmten Ideen, die

[64]) K. d. U., §§ 14, 51, 53.
[65]) K. d U., § 48.

dazu nur einen transitorischen Wert haben, während die bildenden Künste von bestimmten Ideen ausgehen und zu Empfindungen gelangen und darüber hinaus dauerhafte Werke schaffen. Darum stehen sie in der Rangordnung höher[66]).

Abgesehen vom Prinzip, das er zugrunde legt und dem er ohnehin nur einen Experimentalwert beimißt, ist alles, was Kants System der Künste betrifft, in den vorhergehenden Theorien enthalten. Ohne Zweifel ist die Meinung, Kant sei jeden Gefühls für wahre Kunst bar gewesen, er lasse jeden Kontakt mit der lebenden Kunst vermissen und zeuge nur von einem gewissen Sinn für Schönheit im allgemeinen, übertrieben. Vieles spricht aber dafür, daß sie nicht grundfalsch ist. Was die Musik betrifft, ist sie sogar stichhaltig. Kant mochte die Musik nicht und verstand nichts davon. Die einzige Rolle, die sie in seinem Leben gespielt hat, ist, daß sie ihn mit ihrem unerwünschten Lärm in seiner Arbeit gestört und von seinen Meditationen abgelenkt hat. Was er von ihrem „Mangel an Urbanität" sagt, ist sehr bezeichnend. Seine Vertrautheit mit der Dichtung ist aber nicht so gering gewesen, wie man behauptet hat und wie die allerdings kümmerlichen Beispiele, die er anführt, nahelegen. Er kannte mindestens die Hauptströmungen der zeitgenössischen Literatur und übte — wenn auch nur ablehnend — Kritik an der Theorie des Sturmes und Dranges. Daß Wieland von ihm noch als Gegenspieler Homers angegeben wird und daß er zu erbärmlichen Belegen greift, um etwa den Begriff der ästhetischen Idee zu veranschaulichen, darf nicht allzu sehr wundernehmen, wenn man bedenkt, daß sein Interesse nur der grundsätzlichen Klärung der Kunstbegriffe und nicht der kritischen Auslegung der Dichtwerke galt, und wenn man überdies parallele Erscheinungen aus dem 20. Jahrhundert zum Vergleich heranzieht! Persönliche Meinungen und Erfahrungen legt Kant ohnehin nur ausnahmsweise seinen Reflexionen über die Künste zugrunde. Sein Material schöpft er fast durchweg aus den kritischen Schriften, die seit Baumgarten erschienen waren.

Kant räumt der Dichtung die erste Stelle ein; Lessing ebenfalls, indem er ihr eine weitere Ausdehnung und bedeutendere Möglichkeiten zuschreibt als den anderen Künsten. Abgesehen von Winckelmann, der gewöhnlich die bildenden Künste und die Dichtung in bezug auf ihren Wert, ihre Ausdehnung und ihr Niveau gleichstellt, erleidet der Primat der Dichtung keinerlei Einbuße von Baumgarten bis Herder. Man streitet über den Vorrang einer bestimmten literarischen Gattung, nicht der Dichtung überhaupt. Lessing entthront das Epos zugunsten des

---

[66]) K. d. U., §§ 51, 53.

Dramas, Herder tritt eher für die Lyrik und das Epos ein. Den Rang
der Dichtung jedoch stellt keiner in Frage. Kant ist es aber gewesen,
der diesen Primat auf die folgerichtigste und zusammenhängendste
Weise begründet hat.

Die Kantische Absonderung von Plastik und Malerei ist ebenfalls
die normale Fortführung voriger Ansichten. Lessing hatte die Grenzen
des Literarischen und des Plastischen gezogen, ordnete aber Bildhauerkunst und Malerei denselben Gesetzen unter. Herder unterscheidet sie
ähnlich wie Kant nach den Sinnen, an die sie sich wenden, und nach
ihren eigenen Gesetzen und ihrem Wesen. Schon er schreibt der Bildhauerkunst die Wahrheit und der Malerei den Anschein zu.

Daß die bildenden Künste und besonders die Malerei als Künste
der Zeichnung aufgefaßt werden, in denen das Kolorit nur eine nebensächliche Rolle spielt und zu dem reinen Schönheitseindruck nichts beiträgt, weil es nur auf die Formen ankommt, war schon Lessings Idee,
welcher sogar bedauerte, daß die Ölmalerei je erfunden wurde, denn
nach seiner Meinung tut das Kolorit den Linien Abbruch, auf welchen
doch einzig die Schönheit beruht[67]).

In bezug auf die Häßlichkeit stimmen Lessing und Kant auffallend
überein. Sie lassen beide das Häßliche als möglichen Gegenstand künstlerischer Darstellungen gelten. Lessing sagt: „als Ingrediens"; er weist
es dem Bereich der Dichtung zu und verbannt es aus der Malerei auf
Grund des gleichzeitigen Charakters ihrer Bilder. Das Ekelhafte verpönt er auf jeden Fall wegen der Wirkungsähnlichkeit der Darstellung
und des Gegenstandes selbst. Dies ist genau die Argumentation, deren
Kant sich bedient, um die Häßlichkeit aus der Bildhauerkunst auszuschließen.

Überblickt man die in der *Kritik der Urteilskraft* behandelten Probleme, so fällt zunächst das Fehlen gewisser Fragen auf, die das ganze
Jahrhundert beschäftigt hatten und die auf Grund des Kantischen
Systems aus der ästhetischen Theorie ausscheiden und zu falschen Problemen geworden sind. Diesen Fragen ist jedes Anrecht auf einen Platz
im System des Schönen und der Kunst entzogen, wenn man die Voraussetzungen der Kantischen Philosophie hinnimmt.

Da ist zunächst das Problem der Nachahmung der Natur. Es wurde
gezeigt, daß Kant die Rollen vertauscht. Da die Kunst wesentlich der
Ausdruck einer subjektiven Zweckmäßigkeit unserer Vermögen ist, hat
sie kein Bedürfnis mehr, sich von äußeren Kriterien und Maßstäben
lenken zu lassen.

---

[67]) Blümner, *Laokoon,* S. 469.

Ebenso wird das Problem der Wahrheit von Kant aufgehoben. Als zur Schönheit gehöriges Phänomen steht die Kunst außerhalb des Bereiches der Erkenntnis. Kein Maßstab äußerer Wahrheit kann ihr angelegt werden. Folgerecht wird das Problem der Legitimität der heterokosmischen Erdichtungen nach Baumgartens Ausdruck in Kants System nicht behandelt. Die innere Wahrheit beschränkt sich ihrerseits auf eine Harmonie der Seelenvermögen: ist diese hergestellt, so ist alles andere nebensächlich. Wahrscheinlichkeit, Wahrheit usw. sind keine Kernfragen mehr, sondern nur noch Epiphänomene, die den Grund des Problems nicht berühren.

Der Konflikt zwischen Vergnügen und Belehrung bleibt Kant fremd. Wenn die Kunst einen günstigen Einfluß auf die Bildung ausübt, so nur indirekt und auf dem Umweg über das ästhetische Gefallen, das allein zu ihrer Zweckmäßigkeit gehört. Die Kategorie des Unterrichtens ist aus dem Zweck der Kunst verbannt. Sie schleicht sich anläßlich der Poesie verstohlen wieder ein, weil diese zugleich der Einbildungskraft und der Vernunft Nahrung gibt. Dies ist aber eine unbeabsichtigte Folge der Dichtung. Die Redekunst, die sich absichtlich vornimmt, die Vernunft zu unterhalten, wird von Kant im System der Künste kaum geduldet. Das erinnert wieder an Lessing, für den die Kunst nur durch die Rührung belehrend wirkt.

Diese Probleme können als von der Kantischen Ästhetik gelöst angesehen werden. Nicht so steht es mit allen Fragen, welche die Kritik entweder gar nicht oder nur flüchtig und summarisch stellt, wie etwa der Relativität des Schönen und der Kunst. Kant betrachtet den Menschen sub specie aeterni, in seinem unveränderlichen, der Kontingenz entzogenen Wesen. Damit steht er in Widerspruch zu Herder, für den der Mensch wesentlich ein historisches Wesen ist. Gewiß taucht bei Kant hie und da ein schüchterner Relativismus auf und zwar in einer doppelten Hinsicht. Die historische und nationale Relativität spielt eine Rolle in der Bildung der ästhetischen Normalidee, welche, insofern sie den Menschen betrifft, je nach Völkern und Zeitaltern verschieden ist. Die individuelle Relativität kommt anläßlich des Erhabenen und der ästhetischen Idee zum Ausdruck: deren Wahrnehmung ist entsprechend den Individuen und der Ausdehnung ihrer Bildung verschieden. Aber die Feststellung dieser Tatsache stört Kant in der Aufstellung seines Systems. Er ist gar nicht geneigt, sie seinen Prinzipien und seiner Theorie zugrundezulegen, wie Herder es getan hat. Ihm liegt daran, ohne jede Rücksicht auf den historischen Charakter des Menschen bis zum Ewig-Menschlichen aufzusteigen. Den Menschen begreift er als ein erwachsenes Wesen im Besitz der Kunst, der Wissenschaft, der Moral; sein Werden berücksichtigt er keineswegs.

ANHANG

Schlußwort

VIER JAHRZEHNTE ÄSTHETIK

Die Zeit von 1750 bis 1790 bildet die erste große Epoche der deutschen Ästhetik. Trotz der manchmal weit auseinandergehenden Meinungen und der verschiedenen Blickrichtungen und Interessen kennzeichnet sie sich durch eine grundsätzliche Einheitlichkeit und einen gedanklichen Zusammenhang, die sie als eine in sich geschlossene und innerhalb eindeutiger Grenzen verlaufende Bewegung erscheinen lassen. Sie knüpft naturgemäß an die Versuche an, auf die in der Einleitung hingewiesen wurde, nicht aber so sehr im Sinne einer Fortsetzung als vielmehr öfter einer Abhebung davon. Gewiß werden manche Anschauungen Bodmers, Gottscheds und etwa J. E. Schlegels weiter ausgebaut und Leibnizens Philosophie vielen Bemühungen zugrunde gelegt. Was aber besonders auffällt, ist der Wille und das Bewußtsein, eine neue Wissenschaft zu gründen, indem man die Probleme der Schönheit und die Werke der Kunst von einem ursprünglichen Gesichtspunkt aus betrachtet.

Von Baumgarten bis Kant erzielen die Ideen über Kunst und Schönheit schnelle und bedeutende Fortschritte.

Im Jahre 1750 schleichen sich die Betrachtungen über die Ästhetik schüchtern in das philosophische Denken ein. Das Schöne und die Kunst werden in den Bereich der sinnlichen Erkenntnis verwiesen, die in jeder Beziehung der rationalen unterlegen ist. Mit großer Vorsicht und mit vorheriger, oft recht ungeschickter Widerlegung der Einwände aus allen Gebieten der geistigen Tätigkeit wird versucht, das Anrecht der Schönheit auf die Aufmerksamkeit des Philosophen zu rechtfertigen. Erst dank einer Verlegung ins „Sinnliche" erwirbt das Schöne Bürgerrecht im Denken des gebildeten Menschen. Es mischt sich aber in keiner Weise in die „obere" Tätigkeit des Geistes; außerhalb des Faches, das ihm in der Seele vorbehalten ist, übt es keinen Einfluß aus.

Im Jahre 1790 ist der Platz, den ihm Kant einräumt, ein ganz anderer. Jetzt gründet die Schönheit in der menschlichen Natur, in der sie einen der Wahrheit und dem Guten gleichwertigen Raum ausfüllt. Sie spielt sogar eine Rolle ersten Ranges, da es durch ihre Vermittlung dem intelligiblen Substrat gelingt, sich in der Welt der Erscheinungen symbolisch auszudrücken.

Dennoch ist Kant kein Wunder: in der Ästhetik hat es keine „kopernikanische Revolution" gegeben. Das Kernproblem der *Kritik der Ur-*

teilskraft ist genau dasselbe wie das Kernproblem der *Aesthetica*. Für Kant wie für Baumgarten und seine Nachfolger kommt es hauptsächlich darauf an, der Schönheit eine Stelle im Reich der Werte anzuweisen und das Seelenvermögen, welches auf die Wahrnehmung und die Erschaffung des Schönen ausgerichtet ist, abzusondern und zu beschreiben. Auf welcher Ebene steht die Idee der Schönheit, und wie verfährt der Geist, um sie zu erkennen? Das sind die Fragen, die sich die Theoretiker von 1750 und von 1790 zuerst vorlegen. Eher als die große Zahl von Einzelanschauungen, die Kant von seinen Vorgängern übernimmt, macht sie die Ähnlichkeit, ja sogar die Identität der Hauptthemen ihrer Theorie miteinander verwandt. Kant hat sich kein neues Problem gestellt. Er versucht, die Grundfragen, die ihm von Baumgarten und seinen Nachfolgern dargeboten wurden, zu lösen. Dieser gemeinsame Grundzug der in diesem Buch behandelten vier Jahrzehnte beweist ihre tiefe Einheit als Epoche des ästhetischen Bewußtwerdens, wie es in der Einleitung heißt.

Wie hat Kant dieses Kernproblem gelöst? Es wurde darauf hingewiesen, daß keine seiner ästhetischen Grundanschauungen ihm eigen ist. Die Dreiteilung der Seele, das ästhetische Urteil als Funktion des Gefühls, das Schöne als Bewußtsein eines subjektiven Gemütszustandes, diese Gedankengänge, welche die Schönheit und den Geschmack „situieren", sind alle drei den vorhergehenden Theoretikern entlehnt. Man findet sie sogar in Mendelssohns Ausführungen vereinigt. Nicht nur in den Grundanschauungen jedoch, sondern auch in den Einzelansichten sammelt und systematisiert Kant Ideen, die er bei seinen Vorgängern vorgefunden hat. Es kommt manchmal vor, daß er ohne Nuance und ohne kritische Überprüfung die Meinungen und sogar die Terminologie der früheren Ästhetiker übernimmt, um sie in seine Theorie einzuordnen. Das ist in dem Problem des Geschmacks und der ästhetischen Wertung öfter der Fall. Das Nichtbegriffliche der Schönheit, das uninteressierte Vergnügen, das sie erweckt, die ideale Schönheit sind Anschauungen, die vorher ausgearbeitet und rational untergründet worden waren: Sulzer, Mendelssohn, Winckelmann und andere hatten diese Grundsätze bereits aufgestellt. Das gleiche gilt für die Theorie vom Kunstschaffen. Die in der *Kritik der Urteilskraft* dargelegten Ansichten über das Genie, die Funktion des Geschmacks im Schöpfungsvorgang, die Nachahmung, die Regeln, die Definition und die wechselseitige Abgrenzung der Künste, d. h. im Grunde die Gesamtheit der Kantischen Ideen über das künstlerische Schaffen, sind ihm nicht eigen. Herder und besonders Lessing hatten sie vorher dargelegt.

Die *Kritik der Urteilskraft* wurzelt in der ihr vorangehenden Epoche. Ohne die Vorbereitung, die seit Baumgarten stattgefunden hat, wäre sie einfach nicht denkbar gewesen. Seinen Grundanschauungen und dem größten Teil seiner Einzelideen nach gehört Kant zum 18. Jahrhundert.

Eine ästhetische Revolution von Kant zu erwarten, wäre eine ungerechtfertigte Hoffnung. Er wollte und er konnte sie nicht erfüllen. Was ihm am Herzen lag, war nicht die Aufstellung einer neuen Theorie des Schönen, sondern die Vollendung seines Systems, die Begründung des Übergangs von der praktischen zur reinen Vernunft, der intelligiblen Welt zur Welt der Sinnlichkeit. Es ist über jeden Zweifel erhaben, daß der Grundbegriff der dritten Kritik in Kants Augen das Prinzip der Zweckmäßigkeit der Natur ist. Dieses Prinzip findet im zweiten Teil des Buches, der vom teleologischen Urteil handelt, eine ausgedehntere Anwendung als in der Analyse des ästhetischen Urteils. Es verbindet die beiden Hälften der *Kritik der Urteilskraft;* und wenn man Kants p h i l o s o p h i s c h e s Denken wiedergeben wollte, wäre es willkürlich, den ersten Teil des Buches abzusondern. Kants Anliegen ist die Anwendung der Kategorien und der Prinzipien, die er in seinen früheren Kritiken entdeckt hat, auf Probleme, die er in keiner Weise beabsichtigt, auf eine neue und ursprüngliche Weise zu stellen. Er übernimmt sie ohne jedes Zögern von seinen Vorgängern und seinen Zeitgenossen. Diese Probleme sind ihm nur Arbeitsmaterial.

Man darf diese eigentümliche Perspektive nicht aus den Augen verlieren, wenn man die wahre Tragweite der Kantischen Ästhetik würdigen will. Wenn Kant neue Anschauungen formuliert und folgenreiche Gedanken entwirft, so geschieht das nie auf Grund eines besonderen Interesses für die Theorie des Schönen als solche, sondern jeweils auf Grund rein philosophischer Überlegungen. Wenn es ihm gelingt, originale Ideen zu entdecken, so rührt das daher, daß er die ästhetischen Probleme von einem nicht ästhetischen Blickpunkt aus betrachtet. Es ist keine allzu schwere Aufgabe, die neuen Ideen, die in der *Kritik der Urteilskraft* vertreten sind, aufzuzählen. Es sind deren vier: die Zweckmäßigkeit der Natur als Maxime der Reflexion, die Allgemeinheit und die Notwendigkeit der ästhetischen Urteile (mit ihren Korollaren bzw. Bedingungen: der allgemeinen Mitteilbarkeit und dem Gemeinsinn) und schließlich der Symbolwert der Schönheit. Es wäre sinnlos, die weittragende Bedeutung und die tiefe Ursprünglichkeit dieser Schlüsse leugnen zu wollen. Sie sind das unzweideutige Merkmal des Genies. Sie fließen aber alle aus der philosophischen Einstellung ihres Urhebers, welche niemals durch rein ästhetische Rücksichten und Gründe bestimmt wurde. Diese Einstellung bestand lange, ehe Kant sich die Frage nach dem Schönen vorlegte. Die Kantische Ästhetik ist eine Antwort auf philosophische Fragen und nicht die Frucht eines Interesses für die Schönheit und die Kunst. Wenn man dem Philosophen seine mangelhafte Information in konkreten Kunstangelegenheiten vorwirft, so mißversteht man seine Absicht. Kant ist ein überlegener und genialer Vollender, kein Erneuerer der Ästhetik.

Durch diese Bemerkungen erklärt sich, warum die spätere Ästhetik dem Kantischen System vor allem peripherische Ideen entlehnt hat. Sie hat die Kerngrundsätze der Kritik weder übernommen noch weiter ausgebaut. Sie ist sogar sehr oft daran vorbeigegangen und hat sie manchmal verleugnet. Sie hat z. B. den Begriff des Symbolismus, der von Kant auf Grund seines Postulats des Intelligiblen konzipiert wurde, ausgewertet; die Grundlage des Systems aber, die Subjektivität des Schönen, hat sie sehr bald aufgegeben.

Gerade der Übergang zur Objektivität stellt den bedeutendsten Schritt der nachkantischen Ästhetik dar. Mit der idealistischen Philosophie setzt eine neue Periode in der Geschichte der Ästhetik ein, die sich von der vorhergehenden so schroff abhebt wie diese von den verstreuten Versuchen der Literaturkritik und der Metaphysik aus der ersten Jahrhunderthälfte. Es geht nicht nur die Wahrnehmung der Schönheit von den unteren Vermögen zu den höchsten Regionen der Seele über, sondern auch in der Erklärung der Welt wird die Idee der Schönheit zum Angelpunkt.

Dadurch, daß er auf der Schwelle der Objektivität stehen geblieben ist, ohne sie überschreiten zu wollen, ordnet sich Kant in eine Epoche ein, in der die Ästhetik noch von der Vermögenspsychologie beherrscht war. Unter den großen ästhetischen Theorien ist sein Werk der letzte Ausdruck des ästhetischen Bewußtwerdens, von dem die Rede war.

Aus dem Jahre 1796 stammt die erste Fassung des *Systemprogramms des deutschen Idealismus*. Diese Schrift gibt ein sehr bezeichnendes Rätsel auf. Seit Rosenzweig sie 1917 aufgefunden hat, ist es noch nicht gelungen, den Urheber mit Bestimmtheit zu ermitteln. Man hat viele Namen vorgeschlagen: Hegel, Schelling, Hölderlin, Friedrich Schlegel. Diese Ratlosigkeit ist symptomatisch. Sechs Jahre nach der *Kritik der Urteilskraft* hat sich die Idee der Schönheit so verbreitet und beherrscht die spekulativen Bemühungen dermaßen, daß eine so deutliche und „programmatische" Schrift wie das älteste Systemprogramm ihren Verfasser nicht eindeutig verrät und die Fachleute in solche Verlegenheit versetzt, daß sie zwischen Denkern schwanken, die in anderer Hinsicht sehr verschieden voneinander sind. Es gibt wohl keinen besseren Beweis für die allgemeine Verbreitung der neuen Geisteshaltung, welche die Vorherrschaft des Schönen auf allen Ebenen verficht. Die vorgeschlagenen Namen stellen die Mehrheit der idealistischen Schule dar.

Die Stelle, die uns besonders angeht, lautet: „Zuletzt die Idee, die alle vereinigt, die Idee der Schönheit, das Wort in höherem platonischen Sinne genommen. Ich bin nun überzeugt, daß der höchste Akt der Vernunft, der, in dem sie alle Ideen umfaßt, ein ästhetischer Akt ist, und daß *Wahrheit und Güte nur in der Schönheit verschwistert* sind — der Philosoph muß ebensoviel ästhetische Kraft besitzen als der Dichter. Die Menschen ohne ästhetischen Sinn sind unsre Buchstabenphilosophen. Die Philosophie des Geistes ist eine ästhetische Philosophie. Man kann in nichts geistreich sein, selbst über Geschichte kann man nicht geistreich räsonieren — ohne ästhetischen Sinn. Hier soll offenbar werden, woran es eigentlich den Menschen fehlt, die keine Ideen verstehen — und treuherzig genug gestehen, daß ihnen alles dunkel ist, sobald es über Tabellen und Register hinausgeht. Die Poesie bekommt dadurch eine höhere Würde, sie wird am Ende wieder, was sie am Anfang war — *Lehrerin der Menschheit;* denn es gibt keine Philosophie, keine Geschichte mehr, die Dichtkunst allein wird alle übrigen Wissenschaften und Künste überleben"[68]).

Dies ist wohl das eindeutigste Zeugnis für die Überschwemmung der Philosophie durch das ästhetische Denken. Die Schönheit wird zum Inbegriff aller Ideen und damit — für die idealistische Philosophie — zum Urgrund der Welt. In der objektiven wie in der subjektiven Welt ersteigt also die Idee der Schönheit die höchste Stufe und wird zum Schlüssel aller Dinge.

Groß ist der Abstand, der zwischen dieser Auffassung und den vorigen liegt. Nicht einmal fünfzig Jahre sind verstrichen, seit Baumgarten die Schönheit gegen Einwände und Angriffe in Schutz nehmen mußte, die sie als eine Quelle von Irrtümern und eine moralische Gefahr bekämpften. Vor ein paar Jahren noch verweigerte ihr Kant den Zutritt zur Objektivität.

Dennoch hat die Epoche von Baumgarten bis Kant der Philosophie das Feld der ästhetischen Reflexion erschlossen und das ästhetische Bewußtwerden, das sie kennzeichnet und vereinheitlicht, unablässig vertieft. So hat sie die Geister auf den nachkantischen Idealismus vorbereitet und der Aufnahme einer neuen Botschaft zugänglich gemacht.

---

[68]) F. Rosenzweig, *Das älteste Systemprogramm des deutschen Idealismus;* vgl. auch Cassirer, *Idee und Gestalt,* S. 130 ff.; Böhm, *Hölderlin als Verfasser des „Ältesten Systemprogramms";* Walzel, *Poesie und Nicht-Poesie,* S. 128 f.

BIBLIOGRAPHIE

I. ALLGEMEINES

1. Geschichte der Ästhetik

BÄUMLER, A., *Ästhetik,* im *Handbuch der Philosophie,* hrsg. v. A. Bäumler u. M. Schröter, München u. Berlin, Oldenbourg, 1934.

BAYER, R., *Histoire de l'Esthétique,* Paris, Colin, 1961.

BOSANQUET, B., *A History of Aesthetic,* London, Swan Sonnenschein and Co, New York, Macmillan and Co, 1892, 1904 (2. Ausgabe).

CHAMBERS, F. P., *The History of Taste,* Columbia University Press, 1932.

CROCE, B., *Estetica come scienza dell'espressione e linguistica generale. Teoria e storia,* Bari, Laterza, 1958¹⁰.

DE WULF, *L'Histoire de l'esthétique et ses grandes orientations,* in *Revue néoscolastique,* XVI, 2 (1909).

DILTHEY, W., *Die drei Epochen der modernen Ästhetik und ihre heutige Aufgabe,* in *Deutsche Rundschau,* 72, August 1892.

GILBERT, K. E., and KUHN, H., *A History of Esthetics,* New York, Macmillan, 1939.

GRUCKER, E., *Histoire des doctrines esthétiques et littéraires en Allemagne,* Paris, Berger-Levrault, 1883.

LISTOWEL, EARL OF, *A Critical History of Modern Aesthetics,* London, Allen and Unwin, 1933.

LOTZE, H., *Geschichte der Ästhetik in Deutschland,* München, Cotta 1868.

MARKWARDT, BR., *Geschichte der deutschen Poetik,* 5 Bde., Berlin, W. de Gruyter, 1937—1960 (*Grundriß der germanischen Philologie,* 13).

SAINTSBURY, G. A., *A History of Criticism and Literary Taste in Europe,* London-Edinburg, Blackwood, 1900—1905.

SCHASLER, M., *Kritische Geschichte der Ästhetik. Grundlegung für die Ästhetik als Philosophie des Schönen und der Kunst,* Berlin, Nicolai, 1872.

UTITZ, E., *Geschichte der Ästhetik,* in *Geschichte der Philosophie in Längsschnitten,* Heft 6, Berlin, Junker und Dünnhaupt, 1932.

VENTURI, L., *Histoire de la critique d'art,* traduit de l'italien par J. Bertrand, Brüssel, Ed. de la Connaissance, 1938.

WELLEK, RENÉ, *Geschichte der Literaturkritik 1750—1830,* deutsch bei Luchterhand, Darmstadt, 1959.

ZIMMERMANN, R., *Geschichte der Ästhetik als philosophischer Wissenschaft,* Wien, Braumüller, 1858.

2. Das 18. Jahrhundert in Deutschland

ANGER, ALFRED, *Literarisches Rokoko,* Stuttgart, Metzler, 1962.

BAADER, HORST, *Diderots Theorie der Schauspielkunst und ihre Parallelen in Deutschland,* in *R. L. C.,* XXXIII, 2, S. 200—223.

BÄUMLER, A., *Kants Kritik der Urteilskraft. Ihre Geschichte und Systematik,* Halle, Niemeyer, 1923 (Bd. I), Neudruck (*Das Irrationalitätsproblem in der Ästhetik und Logik des 18. Jahrhunderts bis zur Kritik der Urteilskraft*), Darmstadt, Wiss. Buchges., 1967.

BARNSTOFF, J., *Youngs Nachtgedanken und ihr Einfluß auf die deutsche Literatur*, Diss. Bamberg, 1895.

BEHRENDT, ERWIN, D., *Literary Criticism in German Periodicals in the 18th Century*, Bloomington, Indiana Univ., Diss. (masch.), 1959.

BERGER, K., *Zur Antikenauffassung in der Kunsttheorie und Dichtung des frühen 18. Jahrhunderts*, in Zs. f. Ästhetik, 1943, Bd. 37, S. 55 ff.

BIRKE, JOACHIM, *Gottscheds Neuorientierung der deutschen Poetik an der Philosophie Wolffs*, in Zs. f. dt. Ph. 85, 1966, S. 560—75.

BIRKE, JOACHIM, *Christian Wolffs Metaphysik und die zeitgenössische Literatur- und Musiktheorie. Gottsched, Scheibe, Mizler*, Berlin, de Gruyter, 1966.

BLACKALL, ERIC A., *Die Entwicklung des Deutschen zur Literatursprache 1700—1775*, Stuttgart, Metzler, 1966.

BÖCKMANN, P., *Formgeschichte der deutschen Dichtung*, Hamburg, Hoffmann und Campe, 1949.

BÖHM, BENNO, *Sokrates im 18. Jh.*, Neumünster, Wachholtz, 1966.

BRAITMAIER, F., *Geschichte der poetischen Theorie und Kritik von den Diskursen der Maler bis auf Lessing*, Frauenfeld, Huber, 1888—1889, 2 Bde.

BRINCKMANN, HENNIG, *Schönheitsauffassung und Dichtung vom Mittelalter bis zum Rokoko*, in H. B., *Studien z. Geschichte d. deutschen Sprache u. Literatur*, Bd. 2, Düsseldorf, Schwann, 1966, S. 289—306.

BRUEGGEMANN, F., *Der Kampf um die bürgerliche Welt- und Lebensanschauung in der deutschen Literatur des 18. Jahrhunderts*, in Dt. Vierteljahrsschrift f. Literaturwissenschaft und Geistesgeschichte, 1925,.Bd. 3, S. 94 ff.

BRUFORD, W. H., *Germany in the 18th Century: The Social Background of the Literary Revival*, Cambridge U. P., 1965.

BURGER, HEINZ O., *Deutsche Aufklärung im Widerspiel zu Barock und „Neubarock"*, in *Formkräfte der deutschen Dichtung*, Göttingen, Vandenhoeck, hrsg. Steffen, 1967, S. 56—80.

BUTLER, E. M., *The Tyranny of Greece over Germany*, Cambridge, University Press, 1935.

CASSIRER, E., *Die Philosophie der Aufklärung*, Tübingen, Mohr (Siebeck), 1932 (*Grundriß der philosophischen Wissenschaften*, hrsg. v. Fr. Medicus).

— *Freiheit und Form. Studien zur deutschen Geistesgeschichte*, Berlin, Bruno Cassirer, 1916.

— *Idee und Gestalt. Fünf Aufsätze*, Berlin, Bruno Cassirer, 1921.

COLLEVILLE, M., *La Renaissance du lyrisme dans la poésie allemande du XVIII⁰ siècle*, Paris, Didier, 1936.

CYSARZ, H., *Erfahrung und Idee. Probleme und Lebensformen in der deutschen Literatur von Hamann bis Hegel*, Wien-Leipzig, Braumüller, 1921.

DESSOIR, M., *Geschichte der neueren deutschen Psychologie*, Bd. I: *Von Leibniz bis Kant*, Berlin, Duncker, 1902, 2. Ausgabe.

DIECKMANN, HERBERT, *Religiöse und metaphysische Elemente im Denken der Aufklärung*, in *Wort und Text*, Festschrift f. Fritz Schalk, Frankfurt, Klostermann, 1963, S. 333—54.

DIECKMANN, HERBERT, *Reflexionen über den Begriff „raison" in der Aufklärung und bei Pierre Bayle*, in *Ideen und Formen*, Festschrift f. Hugo Friedrich, Frankfurt, 1965, S. 41—59.

DIECKMANN, HERBERT: *Das Abscheuliche und Schreckliche in der Kunsttheorie des 18. Jhs.*, in *Poetik und Hermeneutik* III, S. 271—317.

DILTHEY, W., *Das Erlebnis und die Dichtung. Lessing, Goethe, Novalis, Hölderlin*, Berlin-Leipzig, Teubner, 1916, 5. Ausgabe.

DOCKKORN, KLAUS, *Macht und Wirkung der Rhetorik*. Vier Aufsätze z. Ideengeschichte d. Vormoderne, Bad Homburg, Gehlen, 1968.

DOCKHORN, K., *Die Rhetorik als Quelle des vorromantischen Irrationalismus in der Literatur- und Geistesgeschichte*, in *Nachrichten der Akademie der Wissenschaften in Göttingen*, Philologisch-historische Klasse, 1949, Nr. 5, Göttingen, Vandenhoeck und Ruprecht, 1949.

EGAN, R. F., *The Genesis of the Theory of „Art for Art's Sake" in Germany and England*, in *Smith College Studies in Modern Languages*, II, 4 und V, 3, 1921 bis 1924.

EPHRAIM, CH., *Wandel des Griechenbildes im 18. Jahrhundert. Winckelmann, Lessing, Herder*, Berlin-Leipzig, Haupt, 1936 (*Sprache und Dichtung*, Heft 61).

ERMATINGER, E., *Das Erbe der Alten*, Leipzig, Reclam, 1935 (*Deutsche Literatur*, Reihe *Klassik*, Bd. I).

ERNST, J., *Der Geniebegriff des Sturm und Drangs und der Frühromantiker*, Diss. Zürich, 1916.

Europäische Aufklärung, Herb. Dieckmann z. 60. Geb., hrsg. H. Friedrich u. Fr. Schalk, München, Fink, 1967.

FAIVRE, ANTOINE, *Kirchberger et l'Illuminisme du dix-huitième siècle*, Publ. du Centre de Recherches d'Hist. et de Phil. de la IVe Section de l'Ecole Pratique des Hautes Etudes à la Sorbonne, Den Haag, Nijhoff, 1966.

FAMBACH, OSCAR, *Ein Jahrhundert deutscher Literaturkritik*, Bd. 3: Der Aufstieg zur Klassik in der Kritik der Zeit, Berlin, Akademie, 1959.

FOLKIERSKI, W., *Entre le Classicisme et le Romantisme*, Paris, Champion, 1925.

FRYE, NORTHROP, *Anatomy of Criticism*, Princeton, UP, 1957, dt. v. Edgar Lohner u. Henning Clewing: Analyse d. Literaturkritik, Stuttgart, Kohlhammer, 1964.

GRAPPIN, P., *La Théorie du génie dans le préclassicisme allemand*, Paris, Presses universitaires de France, 1952.

GUNDOLF, F., *Shakespeare und der deutsche Geist*, Berlin, Bondi, 1914.

GUTHKE, KARL S., *Die Auseinandersetzung um das Tragikomische und die Tragikomödie in der Ästhetik der deutschen Aufklärung*, in Jb. für Ästhetik u. allgem. Kunstwiss., 6, 1961, S. 114—38.

GUTHKE, KARL S., *Geschichte und Poetik der deutschen Tragikomödie*, Göttingen, Vandenhoeck, 1961.

HATFIELD, HENRY, *Aesthetic Paganism in German Literature. From Winckelmann to the Death of Goethe*, Harvard University Press, 1964.

HAZARD, P., *La pensée européenne au XVIIIᵉ siècle, de Montesquieu à Lessing*, Paris, Boivin, 1946, 2 Bde. + Register.

HEITNER, ROBERT R., *German Tragedy in the Age of Englightenment*. A Study of the Development of Original Tragedies 1724—1768, Berkeley, Los Angeles, UP California, 1963.

HERRMANN, HANS PETER, *Naturnachahmung und Einbildungskraft*. Zur Entwicklung d. dt. Poetik von 1670 bis 1740, Bad Homburg, Gehlen, 1970.

HETTNER, H., *Geschichte der deutschen Literatur im 18. Jahrhundert*, Braunschweig, Vieweg, 1913, 6. Ausgabe, 4 Bde.

HINCK, WALTER, *Das deutsche Lustspiel im 18. Jahrhundert*, in *Das dt. Lustspiel*, 1968, I, S. 7—26, Göttingen, Vandenhoeck, hrsg. Steffen.

IMMERWAHR, R., *The Ascending Romantic View in the 18th Century*, in *Public. of the Engl. Goethe Soc.*, 36, 1966, S. 1—33.

JÄGER, GEORG, *Empfindsamkeit und Roman*, Wortgeschichte, Theorie und Kritik im 18. und frühen 19. Jahrhundert, Stuttgart, Kohlhammer, 1969.

Jäger, Hans-Wolf, *Politische Kategorien in Poetik und Rhetorik der 2. Hälfte des 18. Jahrhunderts*, Stuttgart, Metzler, 1970.

Joachimi-Dege, M., *Deutsche Shakespeare-Probleme im 18. Jahrhundert und im Zeitalter der Romantik*, Diss. Bern, 1907.

Kaiser, Gerhard, *Geschichte der deutschen Literatur. Von der Aufklärung bis zum Sturm und Drang 1730—1785*, Gütersloh, Mohn, 1966.

Kimpel, Dieter, *Der Roman der Aufklärung*, Stuttgart, Metzler, 1967.

Koller, J., *Entwurf zur Geschichte und Literatur der Ästhetik von Baumgarten bis auf die neueste Zeit*, Regensburg, 1799.

Korff, H. A., *Geist der Goethezeit. Versuch einer ideellen Entwicklung der klassisch-romantischen Literaturgeschichte*, Leipzig, Weber, 1923—1953, 4 Bde.

Koester, A., *Die allgemeinen Tendenzen der Geniebewegung im 18. Jahrhundert*, Leipzig, Edelmann, 1912.

— *Die deutsche Literatur der Aufklärungszeit*, Heidelberg, Winter, 1925.

— *Von der Critischen Dichtkunst zur Hamburgischen Dramaturgie*, in *Volkelt-Festschrift*, München, Beck, 1918.

Krauss, Werner, *Über die Konstellation der Aufklärung in Deutschland*, in *Sinn und Form* XIII, 1961, S. 65—100 u. 223—288.

Krauss, Werner, *Studien zur deutschen und französischen Aufklärung*, Berlin, Rütten u. Loening, 1963.

Krauss, Werner, *Die französische Aufklärung im Spiegel der deutschen Literatur des 18. Jahrhunderts*, Berlin, Akademie, 1963.

Krauss, Werner, *Bemerkungen zur neueren Aufklärungsforschung*, in *Beitr. z. roman. Philologie 2*, 1963, H. 2, S. 32—38.

Krauss, Werner, *Zur Bezeichnung einiger philosophischer Grundbegriffe der deutschen und französischen Aufklärung*, in *Neue Beitr. z. Lit. d. Aufklärung*, 1964, S. 7—11.

Krauss, Werner, *Perspektiven und Probleme*, Neuwied, Luchterhand, 1965.

Krauss, Werner und Kortum, Hans (Hrsg.), *Antike und Moderne in der Literaturdiskussion des 18. Jahrhunderts*, Berlin, Akademie, 1966.

Lange, K., *Die ästhetische Illusion im 18. Jahrhundert*, in *Zs. f. Ästhetik*, Bd. I, S. 30 ff.

Langen, August, *Der Wortschatz des deutschen Pietismus*, Tübingen, Niemeyer, 1968².

Lockemann, Wolfgang, *Die Entstehung des Erzählproblems*. Untersuchungen z. dt. Dichtungstheorie im 17. u. 18. Jh., Meisenheim, 1963.

Martens, Wolfgang, *Die Botschaft der Tugend*. Die Aufklärung im Spiegel d. dt. moral. Wochenschriften, Stuttgart, Metzler, 1968.

Mason, Eudo, *Schönheit, Ausdruck und Charakter im ästhetischen Denken des 18. Jahrhunderts*, in *Festschrift Kohlschmidt*, hrsg. v. M. Bindschedler u. P. Zinsli, Bern, Francke, 1969, S. 91—108.

Mayer, Hans (Hrsg.), *Meisterwerke deutscher Literaturkritik*. Aufklärung, Klassik, Romantik, Stuttgart, Goverts, 1962.

Mortier, Roland, *Diderot in Deutschland 1750—1850*, dt. von H. J. Schürmann, Stuttgart, Metzler, 1967.

Muncker, F., *Wandlungen in den Anschauungen über Poesie während der zwei letzten Jahrhunderte. Festrede*, München, G. Franz, 1906.

Panofsky, Erwin, *Idea*, Ein Beitrag z. Begriffsgesch. d. älteren Kunsttheorie, Berlin, 1960².

Petsch, R., *Deutsche Dramaturgie von Lessing bis Hebbel*, München, Müller und Rentsch, 1912.

PIT, A., *De ontwikkeling van de aesthetische Idee in de 16e, 17e en de 18e eeuw*, in *Tijdschrift voor Wijsbegeerte*, II, 6 (1909).

POENSGEN, M., *Geschichte der Theorie der Tragödie von Gottsched bis Lessing*, Diss. Leipzig, 1896.

POMETZNY, F., *Grazie und Grazien in der deutschen Literatur des 18. Jahrhunderts*, Hamburg-Leipzig, Voß, 1900 (hrsg. B. Seuffert).

PREISENDANZ, WOLFGANG, *Die Auseinandersetzung mit dem Nachahmungsprinzip in Deutschland und die besondere Rolle der Romane Wielands*, in *Poetik u. Hermeneutik I*, 1964, S. 72—95.

PRIESLEY, J. B., *The Enlightenment*, in J. B. P., *Lit. and Western Man*, London, Heinemann, 1960, S. 98—110.

PURDIE, EDNA, *Studies in German Literature of the 18th Century*, London, UP, 1965.

REHM, W., *Götterstille und Göttertrauer. Aufsätze zur deutsch-antiken Begegnung*, Bern, Francke, 1951.

— *Griechentum und Goethezeit. Geschichte eines Glaubens*, Bern, Francke, 1952, 3. Ausgabe.

REICHMANN, EBERHARD, *Die Begründung der deutschen Aufklärungsästhetik aus dem Geist der Zahl*, in *Monatshefte* LIX, 3, S. 193—203.

REICHMANN, EBERHARD, *Die Herrschaft der Zahl*, Quantitatives Denken in d. dt. Aufklärung, Stuttgart, Metzler, 1968.

REIMANN, PAUL, *Hauptströmungen der deutschen Literatur 1750—1848*, Berlin, Dietz, 1963².

ROBERTSON, J. G., *Studies in the Genesis of Romantic Theory in the 18th Century*, Cambridge, University Press, 1923, New York, Russell and Russell, 1962.

ROSENTHAL, B., *Der Geniebegriff des Aufklärungszeitalters*, Berlin, Ebering, 1933 (*Germanische Studien*, Bd. 138), Neudruck, Nendeln, Kraus, 1967.

SCHACHT, R., *Entwicklung der Tragödie in Theorie und Praxis von Gottsched bis Lessing*, Diss. München, 1910.

SCHERING, A., *Die Musikästhetik der deutschen Aufklärung*, in *Zs. der internationalen Musikgesellschaft*, VIII, 7 und 8.

SCHERPE, KLAUS, *Gattungspoetik im 18. Jahrhundert*. Histor. Entwicklung v. Gottsched bis Herder, Stuttgart, Metzler, 1968.

SCHNEIDER, F. J., *Die deutsche Dichtung der Aufklärungszeit (1700—1755)*, Stuttgart, Metzler, 1949, 2. Ausgabe (*Epochen der deutschen Literatur*).

— *Die deutsche Dichtung der Geniezeit (1750—1800)*, Stuttgart, Metzler, 1952 (*Epochen der deutschen Literatur*).

SCHÖFFLER, HERBERT, *Deutscher Geist im 18. Jahrhundert*. Essays zur Geistes- u. Religionsgeschichte, Göttingen, Vandenhoeck, 1967².

SCHÖNERT, JÖRG, *Roman und Satire im 18. Jahrhundert*. Ein Beitrag zur Poetik, Stuttgart, Metzler, 1969.

SCHULTZ, F., *Klassik und Romantik der Deutschen*, Stuttgart, Metzler, 1935 (*Epochen der deutschen Literatur*).

SCHWITZKE, H., *Die Beziehungen zwischen Ästhetik und Metaphysik in der deutschen Philosophie vor Kant*, Diss. Berlin, 1930.

SOMMER, R., *Grundzüge einer Geschichte der deutschen Psychologie und Ästhetik von Wolff-Baumgarten bis Kant-Schiller*, Würzburg, Stahel, 1892.

SOMMERFELD, MARTIN, *Romantheorie und Romantypus der deutschen Aufklärung*, Reprogr. Nachdr. aus *DVjS* 4, 1926, S. 459—490, Darmstadt, Wiss. Buchges., 1967.

SØRENSEN, BENGT A., *Symbol und Symbolismus in den ästhetischen Theorien des 18. Jahrhunderts und der deutschen Romantik*, Kopenhagen, Munksgaard, 1963.

241

STEIN, K. H. VON, *Die Entstehung der neueren Ästhetik*, Stuttgart Cotta, 1886; Neudruck Olms 1964.

STOECKER, H., *Zur Kunstanschauung des 18. Jahrhunderts von Winckelmann bis zu Wackenroder*, in *Palaestra*, Bd. 26 (1904).

TUMARKIN, A., *Die Überwindung der Mimesislehre in der Kunsttheorie des 18. Jahrhunderts*, in *Festgabe für S. Singer*, Tübingen, Mohr (Siebeck), 1930.

VALJAVEC, FRITZ, *Geschichte der abendländischen Aufklärung*, Wien-München, Herold, 1961.

WALZEL, O., *Das Prometheussymbol von Shaftesbury zu Goethe*, in *Neue Jahrbücher f. klass. Altertum*, 1910.

— *Gehalt und Gestalt im Kunstwerk des Dichters*, Berlin, Athenaion, 1923 (*Handbuch der Literaturwissenschaft*).

— *Shaftesbury und das deutsche Geistesleben des 18. Jahrhunderts*, in *Germanischromanische Monatsschrift*, I, 1909, S. 416 ff.

— *Vom Geistesleben des 18. und 19. Jahrhunderts. Aufsätze*, Leipzig, Insel, 1911.

WIERLACHER, ALOIS, *Das bürgerliche Drama. Seine theoretische Begründung im 18. Jahrhundert*, München, Fink, 1968.

WOLF, H., *Versuch einer Geschichte des Geniebegriffs in der deutschen Ästhetik des 18. Jahrhunderts* (Bd. I: *Von Gottsched bis Lessing*), Heidelberg, Winter, 1923.

WOLFF, H. M., *Die Weltanschauung der deutschen Aufklärung in geschichtlicher Entwicklung*, Bern, Francke, 1949, 1963².

ZILSEL, E., *Die Entstehung des Geniebegriffs. Ein Beitrag zur Ideengeschichte der Antike und des Frühkapitalismus*, Tübingen, Mohr (Siebeck), 1926.

II. EINZELNES

1. BAUMGARTEN (1714—1762)

a) *Ästhetische Werke*

Meditationes philosophicae de nonnullis ad poema pertinentibus, Halle, 1735.

Metaphysica, Halle, 1739; Neudruck Olms 1963.

Philosophische Briefe vom Aletheophilus, Frankfurt-Leipzig, 1741.

Aesthetica, Frankfurt a. d. Oder, 1750—1758, 2 Bde.; Neudruck Olms 1961.

Sciagraphia encyclopaediae philosophicae, Halle, 1769.

b) *Studien*

ABBT, TH., *A. G. Baumgartens Leben und Charakter*, in *Vermischte Schriften*, Bd. 3—4, Halle, 1771—1780.

ASCHENBRENNER, K., and W. B. HOLTHER, *A. G. Baumgarten's Meditationes philosophicae de nonnullis ad poema pertinentibus*, University of California Press, 1954.

BERGMANN, E., *Die Begründung der deutschen Ästhetik durch A. G. Baumgarten und G. F. Meier*, Leipzig, Roeder und Schunke, 1911.

BOSCH, R., *Die Problemstellung der Poetik, eine historisch-kritische Untersuchung über die Methoden und Grenzen wissenschaftlicher Wertbestimmung*, in *Beiträge zur Ästhetik*, XVIII, Leipzig, 1928.

CROCE, B., *Rileggendo l' „Aesthetica" del Baumgarten*, in *La Critica*, Neapel-Bari, 1933, S. 1—19.

FOERSTER, J. CH., *Charakter dreier berühmter Weltweisen der neueren Zeit, nl. Leibnizens, Wolffs und Baumgartens*, Halle, 1765.

LINN, MARIE-LUISE, *A. G. Baumgartens „Aesthetica" und die antike Rhetorik*, in *DVjS* XVI, 3, S. 424—443.

MENZER, P., *Zur Entstehung von A. G. Baumgartens Ästhetik*, in *Logos*, Bd. 4, S. 288—296, Tübingen, Mohr, 1938.

MEYER, H. G., *Leibniz und Baumgarten als Begründer der deutschen Ästhetik*, Diss. Halle, 1874.

PETERS, H. G., *Die Ästhetik A. G. Baumgartens und ihre Beziehungen zum Ethischen*, Berlin, Junker und Dünnhaupt, 1934.

POPPE, B., *A. G. Baumgarten, seine Bedeutung und Stellung in der Leibniz-Wolffschen Philosophie und seine Beziehungen zu Kant.* Nebst Veröffentlichung einer bisher unbekannten Handschrift der Ästhetik Baumgartens, Diss. Münster, 1907.

PRIEGER, E., *Anregung und metaphysische Grundlagen der Ästhetik von A. G. Baumgarten*, Diss. Berlin, 1875.

RAABE, K., *A. G. Baumgarten aestheticae in disciplinae formam redactae parens et autor*, Diss. Rostock, 1873.

RIEMANN, A., *Die Ästhetik A. G. Baumgartens unter besonderer Berücksichtigung der Meditationes, nebst einer Übersetzung dieser Schrift*, Halle, Niemeyer, 1928.

SCHMIDT, J., *Leibniz und Baumgarten. Ein Beitrag zur Geschichte der deutschen Ästhetik*, Diss. Halle, 1875.

2. MEIER (1718—1777)

a) *Ästhetische Werke*

Theoretische Lehre von den Gemütsbewegungen überhaupt, Halle, 1744.

Gedanken von Scherzen, Halle, 1744.

Abbildung eines Kunstrichters, Halle, 1745.

Untersuchung einiger Ursachen des verdorbenen Geschmacks der Deutschen in Absicht auf die schönen Wissenschaften, Halle, 1746.

Beurteilung der Gottschedischen Dichtkunst, Halle, 1747—1748.

Anfangsgründe aller schönen Künste und Wissenschaften, Halle, 1748—1750, 3 Bde.

Betrachtungen über den ersten Grundsatz aller schönen Künste und Wissenschaften, Halle, 1757.

Auszug aus den Anfangsgründen aller schönen Künste und Wissenschaften, Halle, 1758.

Versuch einer allgemeinen Auslegungskunst, (Photomechan. Nachdruck der Ausgabe 1757), Düsseldorf, Stern, 1965.

b) *Studien*

BERGMANN, E., *Die Begründung der deutschen Ästhetik durch A. G. Baumgarten und G. F. Meier*, Leipzig, Roeder und Schuncke, 1911.

BOEHM, H., *Das Schönheitsproblem bei G. F. Meier*, in *Archiv für gesamte Psychologie*, Bd. 56, S. 177—250.

LANGE, SAMUEL GOTTHOLD, *Das Leben Georg Friedrich Meiers*, Halle, 1778.

3. SULZER (1720—1779)

a) *Ästhetische Werke*

Unterredungen über die Schönheiten der Natur, Berlin, 1750.

Gedanken von dem vorzüglichen Werte der epischen Gedichte des Herrn Bodmers, Berlin, 1754.

Gedanken über den Ursprung und die verschiedenen Bestimmungen der Wissenschaften und schönen Künste. Akademierede, Berlin, 1757.

Briefe, die neueste Literatur betreffend (Nr. 78), Berlin, 1760.

Allgemeine Theorie der schönen Künste, Leipzig, 1771—1774, 4 Bde.

Die schönen Künste, in ihrem Ursprunge, ihrer wahren Natur und besseren Anwendung betrachtet, Leipzig, 1772 (Sonderausgabe des Artikels *Schöne Künste* aus der *Allgemeinen Theorie*).

Vermischte Schriften, Leipzig, 1773—1781, 2 Bde.

b) Studien

ALPÁR, G., *Streit der Alten und Modernen in der deutschen Dichtung,* Pécs, 1939.

DAHNE, M., *J. G. Sulzer als Pädagoge,* Diss. Leipzig, 1902.

GROSS, H., *Sulzers Allgemeine Theorie der schönen Künste,* Diss. Berlin, 1905.

HEYM, L. M., *Darstellung und Kritik der ästhetischen Ansichten J. G. Sulzers,* Diss. Leipzig, 1894.

HOCKER, N., *The Discussion of Taste from 1750 to 1770,* in *PMLA,* 1934.

LEO, L., *Zur Entstehungsgeschichte der Allgemeinen Theorie der schönen Künste J. G. Sulzers,* Diss. Heidelberg, 1906.

NIVELLE, A., *Sulzer als Neuerer,* in *Markwardt-Festschrift,* Berlin, de Gruyter, 1960.

PALME, A., *Sulzers Psychologie und die Anfänge der Dreivermögenslehre,* Diss. Berlin, 1905.

ROSE, F., *J. G. Sulzer als Ästhetiker und sein Verhältnis zu der ästhetischen Theorie und Kritik der Schweizer,* in *Archiv für die gesamte Psychologie,* X, S. 197—263.

SPRINGORUM, *Über das Sittliche in der Ästhetik Sulzers,* ebd., 72, S. 1—42.

TUMARKIN, A., *Der Ästhetiker J. G. Sulzer,* Frauenfeld-Leipzig, Huber, 1933.

WALZEL, O., *Sulzer über Poesie,* in *Zs. für deutsche Philologie,* 62, S. 267—303.

WOLF, R., *J. G. Sulzer aus Winterthur. Biographien zur Kulturgeschichte der Schweiz,* Zürich, 1860.

4. MENDELSSOHN (1729—1786)

a) Werke

Gesammelte Schriften, hrsg. v. E. B. Mendelssohn, Leipzig, Brockhaus, 1843—1845, 7 Teile in 8 Bden.

Gesammelte Schriften, hrsg. v. D. Elbogen, J. Guttmann, E. Mittwoch, Berlin, Akademie-Verlag, 1929 ff.

Schriften zur Philosophie, Ästhetik und Apologetik, hrsg. v. Moritz Brasch (Reprogr. Neudruck der Ausgabe Leipzig 1880), Hildesheim, Olms, 1968, 2 Bde.

Angeführte Werke:

Briefe über die Empfindungen, 1755 (Abk. *Empfindungen*).

Rhapsodie oder Zusätze zu den Briefen über die Empfindungen (Abk. *Rhapsodie*).

Über die Hauptgrundsätze der schönen Künste und Wissenschaften, 1757 (Abk. *Hauptgrundsätze*).

Über das Erhabene und Naive in den schönen Wissenschaften, 1758.

Briefe, die neueste Literatur betreffend (partim), 1759—1765.

Morgenstunden, oder Vorlesungen über das Dasein Gottes, 1785 (Abk. *Morgenstunden*).

Briefwechsel mit Lessing und Nicolai, 1755 ff.

b) Studien

CAHN, N., *Moses Mendelssohns Moralphilosophie,* Diss. Gießen, 1921.

EDITIUS, A., *Theorien über die Verbindung von Poesie und Musik bei Moses Mendelssohn und Lessing,* Diss. München, 1918.

GOLDSTEIN, L., *Moses Mendelssohn und die deutsche Ästhetik,* in *Teutonia* 3, Königsberg, 1904.

KANNGIESSER, G., *Die Stellung Moses Mendelssohns in der Geschichte der Ästhetik,* Diss. Marburg, 1868.

PINKUS, F., *M. Mendelssohns Verhältnis zur englischen Philosophie*, Diss. Würzburg, 1929.

RICHTER, L., *Philosophie der Dichtkunst. M. Mendelssohns Ästhetik zwischen Aufklärung und Sturm und Drang*, Berlin, 1948.

5. WINCKELMANN (1717—1768)

a) *Werke*

Werke, hrsg. v. Fernow-Meyer-Schultze-Siebelis, Dresden, Walther, 1808—1820, 8 Bde.

Kunsttheoretische Schriften (Faksimile-Druck der 1. Auflage, Dresden 1764—1767, Rom 1767), Baden-Baden, Heitz, 1962—1967, 8 Bde.

Briefe, hrsg. v. Förster, Berlin, Schlesinger, 1824—1825, 3 Bde.

Geschichte der Kunst des Altertums, hrsg. v. Goldscheider, Wien, Phaidon, 1934.

Angeführte Werke:

Gedanken über die Nachahmung der griechischen Werke in der Malerei und Bildhauerkunst, 1755 (Abk. *Gedanken*).

Erläuterung der Gedanken von der Nachahmung der griechischen Werke und Beantwortung des Sendschreibens über diese Gedanken, 1755—1756 (Abk. *Erläuterung*).

Erinnerung über die Betrachtung der Werke der Kunst, 1756—1759 (Abk. *Erinnerung*).

Von der Grazie in Werken der Kunst, 1756—1759 (Abk. *Grazie*).

Abhandlung von der Fähigkeit der Empfindung des Schönen in der Kunst, 1763 (Abk. *Empfindung*).

Versuch einer Allegorie, besonders für die Kunst, 1766 (Abk. *Allegorie*).

Geschichte der Kunst des Altertums, 1764 (Abk. *Geschichte der Kunst*).

Monumenti antichi inediti, mit dem *Trattato preliminare*, 1767.

b) *Studien*

ARON, E., *Die deutsche Erweckung des Griechentums durch Winckelmann und Herder*, Heidelberg, Niels Kampmann, 1929.

BAC, F., *Le favori du Cardinal Albani (J. J. Winckelmann), „le père de l'archéologie"*, Paris, Conard, 1929.

BAIER, H. H., *Winckelmanns Lehre vom Schönen und von der Kunst*, Diss. Greifswald, 1862.

BAUMECKER, G., *Winckelmann in seinen Dresdner Schriften. Die Entstehung von Winckelmanns Kunstanschauung und ihr Verhältnis zur vorhergehenden Kunsttheoretik mit Benutzung der Pariser Manuskripte Winckelmanns dargestellt*, Berlin, Junker und Dünnhaupt, 1933.

BAUMGART, W., *Das Bild Winckelmanns in der neueren Forschung*, in Zs. f. dt. Philologie 62, 1937, S. 389—395.

BERGER, A. E., *Der junge Herder und Winckelmann*, in *Studien zur deutschen Philologie*, Halle, Niemeyer, 1903, S. 83—168.

BERGMANN, E., *Das Leben und die Wunder J. Winckelmanns. Eine Studie*, München, Beck, 1920.

BLÄTTNER, F., *Winckelmanns deutsche Sendung*, in Dt. Vierteljahrsschrift f. Literaturwissenschaft und Geistesgeschichte 21, 1943, S. 23—66.

BOSSHARD, WALTER, *Winckelmann. Ästhetik der Mitte*, Stuttgart, Artemis, 1960.

BRITSCH, TODD ADAM, *Winckelmann and Romanticism. A Study of the 18th Century Shift in Aesthetic Sensibility*, Florida State Univ., Diss., 1966

BUTLER, E. M., *Goethe and Winckelmann*, in *Publications of the English Goethe Society*, N. S., 10, 1934, S. 1—22.

CASTLE, S., *Winckelmanns Kunsttheorie in Goethes Fortbildung*, in *Zs. f. österr. Gymnasien*, 59, 1908, S. 1—17.

EBERLEIN, K. K., *Winckelmann und Frankreich*, in *Dt. Vierteljahrsschrift f. Literaturwissenschaft und Geistesgeschichte*, 11, 1933, S. 592—610.

GERSTENBERG, K., *J. J. Winckelmann und A. R. Mengs*, Halle, Niemeyer, 1929.

HAMANN, R., *Winckelmann und die kanonische Auffassung der antiken Kunst*, in *Internationale Monatsschrift für Wissenschaft, Kunst und Technik*, VII, 10 (1913).

HATFIELD, HENRY, *Winckelmann and his German Critics*, New York, 1943.

IPPEL, A., *Winckelmanns Bedeutung für seine und unsere Zeit*, in *Winckelmann-Gesellschaft*, Stendal, Jahresgabe 1941, S. 5—34.

JERSCH, H., *Untersuchungen zum Stile Winckelmanns mit besonderer Berücksichtigung der Geschichte der Kunst des Altertums*, Diss. Königsberg, 1939.

JUSTI, C., *Winckelmann und seine Zeitgenossen*, Leipzig, Koehler und Amelang, 1943, 4. Ausgabe eingeleitet v. L. Curtius; 5. Ausgabe, Köln, Phaidon, 1956.

KOHLSCHMIDT, W., *Winckelmann und der Barock*, in *Form und Innerlichkeit*, Bern, Francke, 1955.

KRAUS, K., *Winckelmann und Homer. Mit Benutzung der Hamburger Homer-Ausschreibungen Winckelmanns*, Berlin, Junker und Dünnhaupt, 1935.

KREUZER, INGRID, *Studien zu Winckelmanns Ästhetik. Normativität u. histor. Bewußtsein*, Berlin, Akademie, 1959.

KRONENBERG, M., *Winckelmann und Lessing*, in *Geschichte des deutschen Idealismus*, Bd. I, S. 303—337, München, Beck, 1908.

MÜLLER, M., *Untersuchungen zur Sprache Winckelmanns*, Diss. Leipzig, 1926.

NIVELLE, A., *Winckelmann et le Baroque*, in *Revue Belge de Philologie et d'Histoire*, Brüssel, 1958.

NOACK, FR., *Mengs und Winckelmann*, in *Deutsches Leben in Rom (1700—1900)*, Stuttgart-Berlin, Cotta, 1907, S. 65—89.

OBENAUER, K. J., *Winckelmann und Rousseau*, in *Die Problematik des ästhetischen Menschen in der deutschen Literatur*, München, Beck, 1933, S. 147—166.

OLGUÍN, M., *The Theory of Ideal Beauty in Arteaga and Winckelmann*, in *Journal of Aesthetics and Art Criticism*, Bd. 8, S. 12—33.

PATER, W., *The Renaissance*, London, Macmillan and Co., 1920—1921.

REHM, W., *Winckelmann und Lessing*, Berlin, de Gruyter, 1941 (auch in *Götterstille und Göttertrauer*, Bern, Francke, 1951, S. 183—201).

— *Winckelmann, Gesetz und Botschaft*, in *Griechentum und Goethezeit*, Bern, Francke, 1952, 3. Ausgabe, S. 23—55.

RÜDIGER, H., *J. J. Winckelmann*, in *Wesen und Wandlung des Humanismus*, Hamburg, Hoffmann und Campe, 1937, S. 156—191.

RUPPERT, H., *Winckelmann-Renaissance*, in *Geistige Arbeit*, 9 (1942), S. 1—2.

SCHADEWALDT, W., *Winckelmann und Homer*, Leipzig, Barth, 1941 (*Leipziger Universitätsreden*, 6).

SPITZER, H., Rezension von Bergmann, *Das Leben und die Wunder Winckelmanns*, in *Zs. f. Ästhetik*, 17 (1924), S. 88—102.

STOECKER, H., *Zur Kunstanschauung des 18. Jahrhunderts von Winckelmann zu Wackenroder*, Berlin, Mayer und Müller, 1904 (*Palaestra*, 26).

VALLENTIN, B., *Winckelmann*, Berlin, Bondi, 1931.

WAETZOLDT, W., *Die Begründung der deutschen Kunstwissenschaft durch Christ und Winckelmann*, in *Zs. f. Ästhetik*, 15 (1921), S. 165—186.

246

— *Winckelmann*, in *Deutsche Kunsthistoriker*, Leipzig, Seemann, 1921, Bd. I, S. 51—73 (neu hrsg. unter dem Titel *J. J. Winckelmann, der Begründer der deutschen Kunstwissenschaft*, Leipzig, Seemann, 1940).

WEBER, H. J., *„Grazie" bei Winckelmann*, in *Zs. f. dt. Wortforschung*, 9 (1907), S. 141—152.

— *„Geschmack" bei Winckelmann*, ebd., 10 (1908—1909), S. 17—20.

ZBINDEN, W., *Winckelmann*, Bern, Francke, 1935.

ZELLER, HANS, *Winckelmanns Beschreibung des Apollo im Belvedere*, Zürich, Atlantis, 1955, 246 S. (*Zürcher Beiträge zur deutschen Literatur- und Geistesgeschichte*, Bd. 8).

6. LESSING (1729—1781)

a) Werke

Werke, hrsg. v. Petersen und Olshausen, Berlin, Bong, 1925—1935, 25 Bde.

Werke, hrsg. v. Fricke, Leipzig, Reclam, o. J., 6 Bde.

Laokoon, herausgegeben und erläutert von H. BLÜMNER, Berlin, Weidmann, 1880, 2. Ausgabe.

Briefwechsel mit Mendelssohn und Nicolai über das Trauerspiel, hrsg. v. Petsch, Leipzig, Göschen, 1910 (auch in *Mendelssohns gesammelten Schriften*, Bd. V, S. 3 bis 228); Reprogr. Nachdruck, Darmstadt, Wiss. Buchges., 1967.

Angeführte Werke:
Rettungen des Horaz.
Abhandlungen über die Fabel, 1759.
Briefe, die neueste Literatur betreffend, 1759—1765 *(partim).*
Laokoon oder über die Grenzen der Malerei und Poesie, 1766.
Briefe antiquarischen Inhalts, 1768.
Wie die Alten den Tod gebildet, 1769.
Hamburgische Dramaturgie, 1767—1769.

b) Studien

ALLISON, HENRY, E., *Lessing and the Enlightenment. His Philosophy of Religion and its Relation to 18th Century Thought*, Ann Arbor, Univ. of Michigan, 1966.

ALTHAUS, HORST, *Laokoon. Stoff und Form*, Bern-München, Francke, 1968.

ARONSON, A., *Lessing et les classiques français*, Diss. Toulouse, 1935.

BAUER, GERHARD u. SIBYLLE (Hrsg.), *Gotthold Ephraim Lessing*, Darmstadt, Wiss. Buchges., 1968.

BIRKE, JOACHIM, *Der junge Lessing als Kritiker Gottscheds*, in *Euphorion* 62, 1968, S. 392—404.

BLÜMNER, H., *Lessings Laokoon*, Berlin, Weidmann, 1880, 2. Ausgabe.

BÖCKMANN, P., *Lessings Begründung der klassischen Symbolform*, in *Zs. f. d. dt. Unterricht*, 50.

— *Das Formprinzip des Witzes in der Frühzeit der deutschen Aufklärung*, in *Jb. d. freien dt. Hochstifts*, 1932—1933.

BONNEMANN, E., *Lessing-Kritik und Lessing-Bild der Romantik*, Diss. Köln, 1932.

BRAEMER, E., *Zu einigen Grundfragen in Lessings Hamburgischer Dramaturgie*, in *Weim. Beitr.* 55, H. 3.

CITONI, L., *Contributi di Lessing all' estetica*, Palermo, La Luce, 1936.

OLIVIO, J., *Lessing und das Problem der Tragödie*, Horgen-Zürich, Münster-Presse, 1928 (*Wege zur Dichtung*, Bd. 5).

Cosack, W., *Materialien zu Lessings Hamburgischer Dramaturgie*, Paderborn, F. Schöningh, 1891, 2. Ausgabe.

Deditius, A., *Theorien über die Verbindung von Poesie und Musik bei Moses Mendelssohn und Lessing*. Diss. München, 1918.

Dieckmann, R., *Lessing und Diderot*, Diss. Zürich, 1916.

Dilthey, Wilhelm, *Ästhetische Theorie und schöpferische Kritik*, in *G. E. Lessing*, Darmstadt, Wiss. Buchges., 1968, S. 36—53.

— *Das Erlebnis und die Dichtung*, Leipzig, Teubner, 1906, S. 17—174.

Doenhardt, W., *Lessing und Corneille*, Diss. Münster, 1932.

Dühring, F., *Die Überschätzung Lessings und seiner Befassung mit Literatur. Zugleich eine neue kritische Dramatheorie*, Leipzg, Thomas, 1906, 2. Ausgabe.

Eickhorn, W. D., *Die Auffassung der Darstellung der Bewegung in der bildenden Kunst bei Lessing*, Diss. Göttingen, 1927.

Feller, W., *Die tragische Katharsis in der Auffassung Lessings*, Duisburg, Programm, 1888.

Fischer, A., *Kritische Darstellung der Lessingschen Lehre von der Fabel*, Diss. Halle, 1891.

Fischer, C., *Lessings Einfluß auf Schiller*, Diss. Bonn, 1896.

Fischer, E. K., *Lessing. Ein Bild seines geistigen Werkes*, München, Callwey, 1923.

Fischer, H., *Lessings Laokoon und die Gesetze der bildenden Kunst*, Berlin, Weidmann, 1887.

Frey, A., *Die Kunstform des Lessingschen Laokoon*, Stuttgart und Berlin, Cotta, 1905.

Friedrich,, Wolf-Hartmut, *Sophokles, Aristoteles and Lessing*, in *Euphorion* LVII, 1/2, S. 4—27.

Gravemann, J. F. T., *Über die Gründe, mit denen Lessing in seinem Laokoon zu beweisen sucht, daß bei den Griechen das Prinzip der Kunst die Schönheit gewesen*, Diss. Rostock, 1867.

Grucker, E., *Lessing*, Paris-Nancy, Berger-Levrault, 1896.

Haar, G., *Parenthesen zu Lessings Laokoon*, Hanau, Clauß und Feddersen, 1908,

Henry, H., *Herder und Lessing*, Diss. Berlin, 1941.

Herrmann, H., *Der Gegenwärtigkeitsgedanke in der theoretischen Behandlung des dramatischen Kunstwerks bei Lessing, A. W. Schlegel und Hegel*, Breslau, Priebatsch, 1934.

Keller, H., *Goethe und das Laokoon-Problem*, Frauenfeld-Leipzig, Huber, 1935 (*Wege zur Dichtung*, Bd. 21).

Henwood, S. H., *Lessing in England*, in *Modern Language Review*, IX, 2—3 (1914).

Hinkel, W., *Lessings Lehre vom fruchtbaren Moment, historisch und systematisch beleuchtet*, in *Arch. f. syst. Philosophie und Soziologie*, Bd. XXXIII.

Koch, F., *Lessing und der Irrationalismus*, in *Dt. Vierteljahrsschrift f. Literaturwissenschaft und Geistesgeschichte*, VI (1928), S. 114—143.

Kommerell, M., *Lessing und Aristoteles. Untersuchung über die Theorie der Tragödie*, Frankfurt a. M., Klostermann, 1940.

Kont, I., *Lessing et l'Antiquité*, Paris, Leroux, 1894—1899, 2 Bde.

Krause, Siegfried, *Das Problem des Irrationalen in Lessings Poetik*, Diss. Köln, 1962.

Kronenberg, M., *Winckelmann und Lessing*, in *Geschichte des deutschen Idealismus*, Bd. I, S. 303—337, München, Beck, 1908.

Kunze, A., *Lessings Einfluß auf die englische und deutsche Literatur*, Magdeburg, Programm, 1911.

Lappert, Hans-Ulrich, *G. E. Lessings Jugendlustspiele und die Komödientheorie der frühen Aufklärung*, Zürich 1968.

LEANDER, F., *Lessing als ästhetischer Denker*, Upsala, 1942.

LEISEGANG, H., *Lessings Weltanschauung*, Leipzig, Meiner, 1931.

Lessing und die Zeit der Aufklärung, Göttingen, Vandenhoeck, 1968.

LUNDING, E., *Lessing und Kierkegaard*, in *Orbis Litterarum*, 2, Kopenhagen, 1944, S. 158—187.

MAASS, E., *Lessing*, Stuttgart, Cotta, 1938.

MANN, O., *Grundlagen und Gestaltung des Lessingschen Humors*, in *Zs. f. Ästhetik*, 31 (1937), S. 1—31.

— *Lessing*, Hamburg, M. v. Schröder, 1948.

— *Lessing und das Tragische*, in *Preußische Jahrbücher*, November 1934.

— *Neue Lessingforschung*, in *Zs. f. dt. Philologie*, 1935.

MAY, K., *Lessings und Herders kunsttheoretische Gedanken in ihrem Zusammenhang*, Berlin, Ebering, 1923 (*Germanische Studien*, Bd. 25), Nachdruck Nendeln, Kraus, 1967.

MEHRING, F., *Die Lessinglegende*, Stuttgart, Das neue Wort, 1953 (erste Ausgabe 1893).

MICHELSEN, PETER, *Die Erregung des Mitleids durch die Tragödie*, in *DVjS* 40, 1966, S. 548—566.

PELLEGRINI, ALESSANDRO, *Lessing e l'illuminismo*, in *Studi germanici* 2, 1964, S. 5—21.

PETERSEN, J., *Goethe und Lessing*, in *Euphorion*, 30 (1929), S. 175—188.

PFEIL, V., *Lessing und die Schauspielkunst*, Diss. Gießen, 1923.

REHM, W., *Winckelmann und Lessing*, Berlin, de Gruyter, 1941 (s. unter Winckelmann).

REISSLAND, EVA, *Das Gattungsproblem im dramatischen Schaffen Lessings*. Ein Beitrag z. Geschichte d. dt. Dramas in d. 2. Hälfte d. 18. Jhs., Diss. Greifswald, 1963.

RICHTER VON DER ROTHER, *Lessing. Vom Laokoon zum Nathan*, Leipzig, Elischer, 1906.

RICKLEFS, J., *Lessings Theorie vom Lachen und Weinen*, in *Dankesgabe für A. Leitzmann*, Jena, Frommann, 1927.

RIEMANN, R., *Lessing*, Leipzig, Reclam, 1910.

ROBERTSON, J. G., *Lessing's Dramatic Theory*, Cambridge, University Press, 1939, 1965[2].

RUDOWSKI, VICTOR A., *Action as the Essence of Poetry. A Revaluation of Lessing's Argument*, in *PMLA*, LXXXII, 5, S. 333—341.

SCHMIDT, E., *Lessing. Geschichte seines Lebens und seiner Schriften*, Berlin, Weidmann, 1899, 2. Ausgabe.

SCHMITZ, F. J., *Lessings Stellung in der Entstehung des Individualismus*, in *University of California Publications in Modern Philology*, 23 (1941).

SCHREMPF, CH., *Lessing*, Leipzig, Teubner, 1913 (*Aus Natur und Geisteswelt*, Bd. 403).

— *Lessing als Philosoph*, Stuttgart, Frommann, 1921, 2. Ausgabe.

SEELIGER, WERNER, *Lessings Kritik an der französischen Klassik*, Diss. Kiel, 1965 (Masch).

STROHSCHNEIDER-KOHRS, INGRID, *Vom Prinzip des Maßes in Lessings Kritik*, Stuttgart, Metzler, 1969.

SZAROTA, ELIDA M., *Lessings Laokoon*, Eine Kampfschrift f. eine realist. Kunst u. Poesie, Weimar, Arion, 1959.

TOLDT, W., *Lessing in England (1767—1850)*, Heidelberg, Winter, 1912.

VORLÄNDER, K., *Die Philosophie unserer Klassiker: Lessing, Herder, Schiller, Goethe*, Berlin-Stuttgart, Dietz, 1923.

WAGNER, A. M., *Lessing, Das Erwachen des deutschen Geistes*, Leipzig-Berlin, Horen-Verlag, 1931.

WALZEL, O., *Der Kritiker Lessing und Shakespeare*, in *Shakespeare-Jb.*, 65.

— *Lessings Begriff des Tragischen*, in *Vom Geistesleben des 18. und 19. Jahrhunderts*, Leipzig, Insel, 1911, S. 1—35.

WERNER, R. M., *Lessing*, Leipzig, Quelle und Meyer, 1929, 3. Ausgabe (*Wissenschaft und Bildung*, 52).

WIESE, B. VON, *Lessing. Dichtung, Ästhetik, Philosophie*, Leipzig, Quelle und Meyer, 1931.

WITKOWSKI, G., *Lessing*, Bielefeld-Leipzig, Velhagen und Klasing, 1921.

ZINCKERNAGEL, F., *Lessing als Stürmer und Dränger*, in *Verhandlungen der 56. Versammlung deutscher Philologen*, Berlin, 1928.

7. HERDER (1744—1803)

a) *Werke*

Sämtliche Werke, hrsg. v. B. Suphan, Berlin, Weidmann, 1877—1899, 33 Bde.

Angeführte Werke:
Haben wir noch jetzt das Publikum und Vaterland der Alten? 1765.
Ist die Schönheit des Körpers ein Bote von der Schönheit der Seele? 1766.
Die Ausgießung des Geistes, 1766.
Über die neue deutsche Literatur (Fragmente), 1766—1767.
Über Thomas Abbts Schriften, 1768.
Kritische Wälder, 1769.
Journal meiner Reise im Jahr 1769.
Einzelne Blätter zum Journal der Reise, 1769.
Abhandlung über den Ursprung der Sprache, 1772.
Von deutscher Art und Kunst, 1773 (*Auszug aus einem Briefwechsel über Ossian und die Lieder alter Völker* und *Shakespeare*).
Auch eine Philosophie der Geschichte zur Bildung der Menschheit, 1774.
Ursachen des gesunknen Geschmacks bei den verschiedenen Völkern, da er geblühet, 1775.
Plastik, 1778.
Vom Erkennen und Empfinden der menschlichen Seele, 1778.
Über die Wirkung der Dichtkunst auf die Sitten der Völker in alten und neuen Zeiten, 1778.
Denkmal Johann Winckelmanns, 1778.
Über den Einfluß der schönen in die höhern Wissenschaften, 1779.
Vom Einfluß der Regierung auf die Wissenschaften und der Wissenschaften auf die Regierung, 1780.
Von Ähnlichkeit der mittlern englischen und deutschen Dichtkunst, 1777.
Fragmente über die beste Leistung eines jungen Genies zu den Schätzen der Dichtkunst, o. J.
Vom Geist der ebräischen Poesie, 1782—1783.
Verstand und Herz, 1781—1782.
Zerstreute Blätter, 1785—1797.
Briefe zur Beförderung der Humanität, 1793—1797.
Iduna, 1796.
Kalligone, 1800.
Adrastea, 1801—1803.

b) *Studien*

ADLER, EMIL, *Herder und die deutsche Aufklärung*, Wien-Frankfurt-Zürich, Europa-Verlag, 1968.

ARON, E., s. unter Winckelmann.

BAER, H., *Beobachtungen über das Verhältnis von Herders Kalligone zu Kants Kritik der Urteilskraft*, Diss. Heidelberg, 1907.

BEGENAU, H., *Grundzüge der Ästhetik Herders*, Weimar, Böhlau, 1956 (*Beiträge zur deutschen Klassik*).

BERGER, A. E., s. unter Winckelmann.

BLÄTTNER, FR., *Das Shakespearebild Herders*, in *Vom Geist der Dichtung. Gedächtnisschrift für R. Petsch*, Hamburg, Hoffmann und Campe, 1949, S. 49—64.

BLOCH, D., *Herder als Ästhetiker*, Diss. Würzburg, 1895.

CHROBOK, P., *Die ästhetischen Grundgedanken von Herders Plastik in ihrem Entwicklungsgange*, Diss. Leipzig, 1906.

CLARK, R. T., *Herder, Vico and Cesarotti*, in *Studies in Philology*, 44 (1947), S. 645 —671.

DOBBEK, W., *J. G. Herder*, Weimar, Thüringer Volksverlag, 1950.

— *J. G. Herders Humanitätsidee als Ausdruck seines Weltbildes und seiner Persönlichkeit*, Braunschweig, G. Westermann, 1949.

— *Die Kategorie der Mitte in der Kunstphilosophie J. G. Herders*, in *Worte und Werte*, Markwardt-Festschrift, Berlin, W. de Gruyter, 1961, S. 70—78.

— *Die coincidentia oppositorum als Prinzip der Weltdeutung bei J. G. Herder wie in seiner Zeit*, in *Herder-Studien*, 1960, Würzburg, Holzner, S. 16—47.

FRICKE, G., *Herder*, in *Zs. f. d. dt. Unterricht*, 48, S. 673—690.

FRIEDLAND, N., *Über das Verhältnis von Herders „Erstem kritischen Wäldchen" zu Lessings Laokoon*, Bromberg, Programm, 1905.

FUGATE, JOE KEMP, *The Psychological Basis of Herder's Aesthetic*, Diss. Princeton, 1962, Den Haag, Mouton, 1966.

GÄRTNER, J., *Herders Anschauungen über eine christliche Kunst*, Diss. Heidelberg, 1938.

GEIGER, A., *Herder und das Drama*, in *Das literarische Echo*, XVI, 5 (1913).

GILLIES, A., *Herder und Ossian*, Berlin, Junker und Dünnhaupt, 1933 (*Neue Forschungen*, 19).

— *Herder's Essay on Shakespeare: das Herz der Untersuchung*, in *Modern Language Review*, 32.

GÜNTHER, H., *Herder und die Musik*, Diss. Leipzig, 1903.

HATCH, J. C., *Der Einfluß Shaftesburys auf Herder*, in *Studien zur vergleichenden Literaturgeschichte*, 1 (1901).

HAYM, R., *Herder nach seinem Leben und seinen Werken*, Berlin, Gaertner, 1877—1885, 2 Bde. (neu hrsg. v. Harich, Berlin, 1954).

HENRY, H., s. unter Lessing.

HOFFMANN, P. TH., *Der indische und der deutsche Geist von Herder bis zur Romantik*, Diss. Tübingen, 1915.

HOHENEMSER, R., *Wendet sich die Plastik an den Tastsinn?*, in *Zs. f. Ästhetik*, 6 (1911), S. 405—419.

ISAACSEN, H., *Der junge Herder und Shakespeare*, Berlin, Ebering, 1930 (*Germanische Studien*, Bd. 93).

JACOBY, G., *Herder als Faust. Eine Untersuchung*, Leipzig, Meiner, 1911.

— *Herders Kalligone und ihr Verhältnis zu Kants Kritik der Urteilskraft* (Teil III: *Die Probleme der Kalligone in Kants Kritik der Urteilskraft*), Diss. Berlin, 1906.

251

— *Herders und Kants Ästhetik*, Leipzig, Dürr, 1907.

JANSSENS, MARCEL, *Das Bild der Pflanze und der Organismusgedanke im Schrifttum des jungen Herder*, in *Jb. d. Wiener Goethe-Vereins* 67, 1963, S. 30—39.

JASKULSKY, C., *Über den Einfluß der vorkritischen Ästhetik Kants auf Herder*, in *Zs. f. d. österr. Gymnasien*, 51, 1900.

KETTNER, G., *Herders Erstes kritisches Wäldchen*, Naumburg, Sieling. 1887.

KOCH, F., *Herder und die Mystik* (Plotin), in *Blätter f. dt. Philosophie*, 1.

KOHLSCHMIDT, W., *Herder-Studien. Untersuchungen zu Herders kritischem Stil und zu seinen literaturkritischen Grundeinsichten*, Berlin, Junker und Dünnhaupt, 1929 (*Neue Forschung*, 4).

KOMMERELL, M., *Der Dichter als Führer in der deutschen Klassik*, Frankfurt, Klostermann, 1928, S. 305—357.

KONRAD, G., *Herders Sprachprobleme im Zusammenhang der Geistesgeschichte. Eine Studie zur Entwicklung des sprachlichen Denkens der Goethezeit*, Berlin, Ebering, 1937 (*Germanische Studien*, Bd. 194).

KOSCHMIEDER, A., *Herders theoretische Stellung zum Drama*, Stuttgart, Metzler, 1912 (*Breslauer Beiträge*, 35).

KÜHNEMANN, E., *Herder*, München, Beck, 1912, 2. Ausgabe.

— *Herder, Kant, Goethe. Ein Kapitel zur Kulturphilosophie des deutschen Idealismus*, in *Logos*, 2, S. 265 ff.

— *Herders letzter Kampf gegen Kant*, in *Studien zur Literaturgeschichte*, Hamburg-Leipzig, 1893.

KÜNTZEL, G., *J. G. Herder zwischen Riga und Bückeburg. Die Ästhetik und Sprachphilosophie der Frühzeit nach ihren existenziellen Motiven*, Frankfurt, Diesterweg, 1936.

KUNZ, F., *Bekämpfung und Fortbildung Lessingscher Ideen durch Herder*, Teschen, Programm, 1888.

LAMBRECHT, K., *Herder und Kant als Theoretiker der Geschichtswissenschaft*, in *Jahrbücher für Nationalökonomie und Statistik*, 3. Folge, 14, S. 161 ff.

LAUCHERT, F. R., *Die Anschauungen Herders über den Ursprung der Sprache, ihre Voraussetzungen in der Philosophie seiner Zeit und ihr Fortwirken*, in *Euphorion*, I, 1894.

LITT, TH., *Kant und Herder als Deuter der geistigen Welt*, Heidelberg. Quelle und Meyer, 1949, 2. Ausgabe.

LOHMEIER, DIETER, *Herder und Klopstock. Herders Auseinandersetzung mit der Persönlichkeit u. d. Werk Klopstocks*, Bad Homburg, Gehlen, 1968.

LOHSE, H., *Von Percy zum Wunderhorn*, Berlin, Mayer und Müller, 1902 (*Palaestra*, 22).

LUTZ, E., *Herders Anschauungen vom Wesen des Dichters und der Dichtkunst in der ersten Hälfte seines Schaffens*, Diss. Erlangen, 1925.

MARKWARDT, B., *Herders Kritische Wälder*, Leipzig, Quelle und Meyer, 1925.

MARTIN, E., *Herder und Goethe in Straßburg*, in *Jahrbuch für Geschichte, Sprache und Literatur Elsaß-Lothringens*, 14, S. 106 ff.

MARTIN, G., *Herder als Schüler Kants*, in *Kant-Studien*, 41.

MAY, K., s. unter Lessing.

NUFER, W., *Herders Ideen zur Verbindung von Poesie, Musik und Tanz*, Berlin, Ebering, 1929 (*Germanische Studien*, Bd. 74), Neudruck Nendeln, Kraus, 1967.

OSTERMANN, FR., *Die Idee des Schöpferischen in Herders Kalligone*, Bern-München, Francke, 1968.

RASCH, W., *Herder. Sein Leben und Werk im Umriß*, Halle, Niemeyer, 1938.

REED, EUGENE E., *Herder, Primitivism, and the Age of Poetry*, in *M.L.R.*, LX, 4, S. 553—567.

REISIGER, HANS, *J. G. Herder*, Darmstadt, Wiss. Buchges., 1970.

SALMONY, H. A., *Die Philosophie des jungen Herder*, Zürich, Vineta-Verlag, 1949.

SANGE, W., *Kant und Herder über das Angenehme, Gute und Schöne*, Diss. Halle-Wittenberg, 1906.

SCHAAF, K., *Herder und Lotze, Wegweiser in die Ästhetik der Gegenwart*, Diss. Bonn, 1924 (Masch.-Schr.).

SCHMIDT, G., *Herder und A. W. Schlegel*, Diss. Berlin, 1917.

SCHMITZ, R., *Das Problem „Volkstum und Dichtung" bei Herder*, Berlin, Junker und Dünnhaupt, 1937 (*Neue Forschung*, 31).

SCHULTZ, F., *Klassik und Romantik der Deutschen*, Stuttgart, Metzler, 1935, S. 139 —217.

SPRANGER, E., *J. G. Herder, Ahnung und Erfüllung*, in *Vom Geist der Dichtung. Gedächtnisschrift für R. Petsch*, Hamburg, Hoffmann und Campe, 1949, S. 31—48.

SPRINGMEYER, H., *Herders Lehre vom Naturschönen. Im Hinblick auf seinen Kampf gegen die Ästhetik Kants*, Jena, Diederichs, 1930 (*Dt. Arbeit der Univ. Köln*, Bd. 1).

STADELMANN, R., *Der historische Sinn bei Herder*, Halle, Niemeyer, 1928.

STAIGER, EMIL, *Der neue Geist in Herders Frühwerk*, in E. St., *Stilwandel*, Zürich-Freiburg, Atlantis, 1963, S. 121—173.

STURM, W., *Herders Sprachphilosophie in ihrem Entwicklungsgang*, Diss. Breslau, 1917.

TRONCHON, H., *La fortune intellectuelle de Herder en France*, Paris, Rieder, 1920. 2 Bde.

UNGER, R., *Zur neueren Herderforschung*, in *Germanisch-romanische Monatsschrift*, 1909.

VUJICA, PETER, *Der Bedeutungsgehalt des Wortes Poesie in den frühen Schriften J. G. Herders*, Diss. Graz, 1964 (Masch.).

WEBER, R., *Herder und das Drama*, in *Muncker-Forschungen*, 56, 1920.

WEDEL, M., *Herder als Kritiker*, Berlin, Ebering, 1928 (*Germanische Studien*, Bd. 55).

WELLS, G. A., *Herder's and Coleridge's Evaluation of the Historical Approach*, in *Modern Language Review*, 48, 2 (1953), S. 167—175.

WIDMAIER, D., *Die ästhetischen Ansichten Herders in seinem vierten kritischen Wäldchen und ihre Herkunft*, Diss. Tübingen. 1924 (Masch.-Schr.).

WOLF, H., *Die Genielehre des jungen Herder*, in *Dt. Vierteljahrsschrift f. Literaturwissenschaft und Geistesgeschichte*, III, 3 (1925), S. 401—430.

ZURBONSEN, F., *Herder und die Volkspoesie*, Arnsberg, Programm, 1888.

8. KANT (1724—1804)

a) Werke (Benutzte Ausgaben)

Beobachtungen über das Gefühl des Schönen und Erhabenen [1764], Leipzig, Xenien-Verlag, o. J. (*Xenien-Bücher*, 4).

Kritik der reinen Vernunft [1781], hrsg. v. R. Schmidt, Hamburg, Meiner, 1930. 2. Ausgabe, unveränderter Nachdruck 1952 (*Philosophische Bibliothek*, Bd. 37 a).

Kritik der praktischen Vernunft [1788], hrsg. v. K. Vorländer, Hamburg, Meiner, 1929, 9. Ausgabe, unveränderter Nachdruck 1952 (*Philosophische Bibliothek*, Bd. 38).

Kritik der Urteilskraft [1790], hrsg. v. K. Vorländer, Leipzig, Meiner, 1924, 6. Ausgabe, unveränderter Abdruck 1948 (*Philosophische Bibliothek*, Bd. 39 a).

253

b) *Studien*

ASSUNTO, ROSARIO, *Schönheit und Anmut: Notizen zur Ästhetik Kants*, in *Lukács-Festschrift*, Neuwied, Luchterhand, 1966, S. 512—534.

BAER, H., s. unter Herder.

BASCH, V., *Essai critique sur l'esthétique de Kant*, Paris, Vrin, 1897 (1927, 2. Ausg.).

BAUMGART, H., *Über Kants Kritik der ästhetischen Urteilskraft*, in *Altpreußische Monatsschrift*, 23 (1886), S. 258—282.

BÄUMLER, A., *Das Problem der Allgemeingültigkeit in Kants Ästhetik*, Diss. München, 1915.

BORDIHN, G., *Kant als Ästhetiker*, (Deutsch-Krone), Programm, 1882.

BOUTROUX, E., *La Philosophie de Kant*, Paris, Vrin, 1926.

BRÖKER, W., *Kants Kritik der ästhetischen Urteilskraft. Versuch einer phänomenologischen Interpretation und Kritik*, Diss. Marburg, 1928.

BÜHLER, WINFRIED, *Beiträge zur Erklärung der Schrift vom Erhabenen*, Göttingen, 1964.

CANDREA, G., *Der Begriff des Erhabenen bei Burke und Kant*, Diss. Straßburg, 1894.

COHEN, H., *Kants Begründung der Ästhetik*, Berlin, Dümmler, 1889.

DENCKMANN, G., *Kants Philosophie des Ästhetischen. Versuch über die philosophischen Grundgedanken von Kants Kritik der ästhetischen Urteilskraft*, Heidelberg, Winter, 1947.

DIETRICH, G., *Das System der Künste in der Ästhetik Kants und der engeren kantischen Schule unter besonderer Berücksichtigung der dramatischen Kunst*, Diss. Jena, 1930.

DORNER, A., *Kants Kritik der Urteilskraft in ihrer Beziehung zu den beiden anderen Kritiken und zu den nachkritischen Systemen*, in *Kant-Studien*, IV (1899), S. 248 —285.

EISLER, R., *Kant-Lexikon, Nachschlagwerk zu Kants sämtlichen Schriften, Briefen und handschriftlichem Nachlaß*, Berlin, Mittler und Sohn, 1930.

FRIEDLÄNDER, L., *Kant in seinem Verhältnis zu Kunst und schöner Natur*, in *Preuß. Jahrbücher*, XV (1867), S. 113—128.

GOLDFRIEDRICH, J., *Die Bedeutung der Kantischen Ästhetik*, Diss. Leipzig, 1895.

GRUNDMANN, R., *Die Entwicklung der Ästhetik Kants*, Diss. München, 1893.

GÜNTHER, J., siehe unter Herder.

KIRCHMANN, J. H. VON, *Erläuterungen zu Kants Kritik der Urteilskraft*, Leipzig, Meiner, 1882, 2. Ausgabe (*Philos. Bibliothek*, 10).

KUNTZE, FR., *Versuch über die Probleme der Kritik der Urteilskraft in einem System des transzendentalen Idealismus*, in *Festschrift f. Riehl*, Halle, 1914, S. 105 ff.

LITT, TH., s. unter Herder.

MENZER, P., *Kants Ästhetik in ihrer Entwicklung*, Berlin, Akademie-Verlag, 1952 (*Abhandlungen d. dt. Akademie der Wissenschaften zu Berlin. Klasse für Gesellschaftswissenschaften*, 1950, 2).

MOERCHEN, H., *Die Einbildungskraft bei Kant*, Diss. Marburg, 1930.

MÜLLER, W., *Das Verhältnis des Schönen zum Sittlich-Guten in der Ästhetik Kants*, Diss. Bonn, 1927.

NADLER, J., *Hamann, Kant, Goethe*, in *Schriften der Königsberger Gelehrtengesellschaft*, B. 8, 3 (1931).

NICOLAI, W., *Ist der Begriff des Schönen bei Kant konsequent entwickelt?*, Diss. Kiel, 1889.

PALM, J., *Vergleichende Darstellung von Kants und Schillers Bestimmungen über das Wesen des Schönen*, Diss. Jena, 1878.

254

BIBLIOGRAPHIE

RICHTER, A., *Kant als Ästhetiker*, in Zs. für Philosophie und philosophische Kritik, 89 (1876), S. 18—43.

ROMUNDT, H., *Der Platonismus in Kants Kritik der Urteilskraft*, in Vorträge und Aufsätze aus der Comeniusgesellschaft, Jg. 9, 1 und 2 (1901).

— *Die Mittelstellung der Kritik der Urteilskraft in Kants Entwurf zu einem philosophischen System*, in Arch. f. Geschichte der Philosophie, 24, S. 482.

ROSENTHAL, G., *Der Schönheitsbegriff bei Kant und Lessing*, in Kant-Studien XX (1915), S. 174—186.

ROSIKAT, K. A., *Kants Kritik der reinen Vernunft und seine Stellung zur Poesie*, Königsberg, Hartung, 1901.

SCHLAPP, O., *Kants Lehre vom Genie und die Entstehung der Kritik der Urteilskraft*, Diss. Göttingen, 1901.

SCHMIDT, P., *Kant, Schiller, Vischer über das Erhabene*, Diss. Halle, 1880.

SCHMIDT, R., *Kants Lehre von der Einbildungskraft*, in Annalen der Philosophie und philosophischer Kritik, Bd. IV, 1 u. 2, S. 1—41.

SCHÖNDÖRFFER, O., *Kants Definition vom Genie*, in Altpreußische Monatsschrift, 30 (1893), S. 278—291.

SCHUBERT-SOLDERN, R. VON, *Die Grundfragen der Ästhetik unter kritischer Zugrundelegung von Kants Kritik der Urteilskraft*, in Kant-Studien, XIII, 1908, S. 249 ff.

TREDE, JOH. HEINR. *Ästhetik und Logik. Zum systemat. Problem in Kants Kritik d. Urteilskraft*, in Das Problem d. Sprache, S. 169—182, München, Fink, 1967.

UTIZ, E., *Kant und die Ästhetik der Gegenwart*, in Dt. akad. Rundschau, 15. Jan. 1925, S. 4—6.

VOGT, W., *die ästhetische Idee bei Kant*. Diss. Erlangen, 1906.

VOLKELT, J., *Die Bedeutung der Ästhetik Kants*, in Leipziger neueste Nachrichten, 20. April 1924, S. 50.

WEBER, H., *Hamann und Kant*, Diss. Erlangen, 1903.

9. SONSTIGES

ARISTOTELES, *De arte poetica*, hrsg. v. W. Christ, Leipzig, Teubner, 1913.
— *Ars rhetorica*, hrsg. v. A. Roemer, Leipzig, Teubner, 1892, 2. Ausgabe.
CICERO, *De Oratore*, hrsg. v. W. Friedrich, Leipzig, Teubner, 1931.
— *Orator*, hrsg. v. P. Reis, Leipzig, Teubner, 1932.
HORAZ, *De arte poetica*, in Carmina, hrsg. v. F. Vollmer, Leipzig, Teubner, 1912.
LONGIN, *De sublimitate*, hrsg. v. Jahn-Wahlen, Leipzig, Teubner, 1910, 4. Ausgabe.
QUINTILIAN, *Institutio oratoria*, hrsg. v. L. Rademacher, Leipzig, Teubner, 2 Bde., 1907—1935.

*

BATTEUX, *Les Beaux-Arts réduits à un même principe* [1747], Neudruck der Ausgabe 1773, Genf, Slatkine, 1969.
— *Principes de littérature*, Neudruck der Ausgabe 1775, Genf, Slatkine, 1967.
Bibliothek der schönen Wissenschaften und der freien Künste, Leipzig, 1756 ff. und *Neue Bibliothek d. sch. W. u. d. fr. K.*, 1766 ff.
BILFINGER, *Dilucidationes philosophicae de Deo, anima humana, mundo et generalibus rerum affectionibus* [1725], Tübingen, Cotta, 1740, 2. Ausgabe.
BODMER, *Briefwechsel von der Natur des poetischen Geschmacks*, Zürich [Orell], 1736, Faksimile-Druck, Stuttgart, Metzler, 1966.
BOILEAU, *Art poétique* [1674], in Oeuvres poétiques, Paris, Larousse, o. J., S. 171—202.

BOUHOURS, *Entretiens d'Ariste et d'Eugène*, Paris, Mabre-Cramoisy, 1671, Neudruck, Paris, Colin, 1962.

BREITINGER, *Kritische Abhandlung von der Natur, den Absichten und dem Gebrauche der Gleichnisse*, Zürich, Orell, 1740; Faksimile-Druck, Stuttgart, Metzler, 1967.

CORNEILLE, P., *Trois discours sur le poème damatique*, in *Théâtre de Corneille*, Paris, Garnier, 1893, 2 Bde.

D'ALEMBERT, *Mélanges de littérature, d'histoire et de philosophie* [1753], Amsterdam, Chatelain, 1759, 2. Ausgabe.

DIDEROT, *Lettre sur les Sourds et les Muets* [1751], Paris, Garnier, 1875.

— *Salon de 1767*, Paris, Garnier, 1876.

DUBOS, *Réflexions critiques sur la poésie et sur la peinture*, Paris, Mariette, 1719; Neudruck, Genf, Slatkine, 1967.

GOETHE, *Sämtliche Werke*, Stuttgart, Cotta, 1853—1858, 40 Bde.

GOTTSCHED, *Die vernünftigen Tadlerinnen*, Leipzig, 1725 ff.

HAMANN, *Sämtliche Werke*, hrsg. v. J. Nadler, Wien, Th. Morus-Presse im Verlag Herder, 1950 ff., 6 Bde.

HARRIS, *Discourse on Music, Painting and Poetry*, London, 1744.

HOME, *Elements of Criticism* [1762], Edinburg, Bell and Creech, 1788, 7. Ausgabe, 2 Bde.

LEIBNIZ, *Essais de théodicée sur la bonté de Dieu, la liberté de l'homme et l'origine du mal* [1710], Amsterdam, Changuion, 1747, 2 Bde.

— *Monadologie* [1714], Paris, Hachette, o. J.

MARMONTEL, *Poétique française*, Paris, Leschapart, 1763, 2 Bde.

POPE, *Essay on Criticism* [1711], Cambridge, University Press, 1896.

RAPIN, *Réflexions sur la Poétique d'Aristote*, Paris, Muguet, 1674.

RICHARDSON, J., *Essays on the Theory of Painting* [1715], in *The Works of J. Richardson*, London, Egerton, 1792.

ROUSSEAU, J. J., *Du Contrat social ou principes du droit politique*, Amsterdam, Rey, 1762.

— *Lettre à d'Alembert sur les spectacles* [1758], Genf, Droz, 1948.

SCALIGER, J. C., *Poetices libri septem* [1561], Faksimile-Neudruck, Stuttgart, Frommann, 1964.

SCHILLER, FR., *Werke*, Leipzig, Reclam, o. J.

SHAFTESBURY, *Characteristics* [1711] (mit dem *Soliloquy* aus dem Jahr 1710), London, Longmans, Green and Co, 1870; Neudruck Alderman William, 1967.

TETENS, *Philosophische Versuche über die menschliche Natur und ihre Entwicklung*, 1777.

TRUBLET, *Essais sur divers sujets de littérature et de morale* [1735], Paris Briasson, 1749, 4. Ausgabe, 2 Bde.

VOLTAIRE, *Sémiramis* [1748], hrsg. v. Olivier, Paris, Droz, 1946.

WEBB, D., *An Inquiry into the Beauties of Painting*, London, 1760.

WOLFF, CHR., *Psychologia empirica*, Halle, 1730; Neudruck, Hildesheim, Olms, 1968.

*

ALAIN, *Propos sur l'esthétique*, Paris, Presses universitaires, 1949.

ANITCHKOV, E., *L'Esthétique au moyen âge*, in *Le Moyen Age*, 2. Reihe, Bd. 20, Januar-Juni 1918.

BERNAYS, J., *Grundzüge der verlorenen Abhandlung des Aristoteles über die Wirkung der Tragödie*, in *Abhandlungen der hist.-philos. Gesellschaft*, Breslau, 1857.

Böhm, W., *Hölderlin als Verfasser des „Ältesten Systemprogrammes des deutschen Idealismus"*, in Dt. Vierteljahrsschrift für Literaturwiss. und Geistesgeschichte, IV, S. 339 ff.

Borinski, K., *Die Antike in Poetik und Kunsttheorie. Vom Ausgang des klassischen Altertums bis auf Goethe und W. v. Humboldt*, Leipzig, Dieterich, 1921—1924, 2 Bde.; Neudruck, Darmstadt, Wiss. Buchges., 1965.

De Bruyne, E., *Geschiedenis van de Aesthetica. De Renaissance*, Antwerpen, Standaard, 1951.

— *L'Esthétique du moyen âge*, Löwen, Editions de l'Institut supérieur de Philosophie, 1947.

Dessoir, M., *Ästhetik und allgemeine Kunstwissenschaft*, Stuttgart, Enke, 1906.

Ermatinger, E., *Das dichterische Kunstwerk. Grundbegriffe der Urteilsbildung in der Literaturgeschichte*, Leipzig-Berlin, Teubner, 1921.

Hamann, R., *Geschichte der Kunst*, Berlin, Knaur, 1933.

Hetzer, Th., *Goethe und die bildende Kunst*, Leipzig, Volk-und-Buch-Verlag, 1948.

Journal of Aesthetics and Art Criticism, Cleveland-Ohio, 1941 ff.

Lalande, A., *Vocabulaire technique et critique de la philosophie*, Paris, Presses universitaires, 1947, 5. Ausgabe.

Nadler, J., *Literaturgeschichte des deutschen Volkes. Dichtung und Schrifttum der deutschen Stämme und Landschaften*, Berlin, Propyläen, 1938—1941, 4 Bde.

Norden, E., *Die antike Kunstprosa vom VI. Jahrhundert v. Chr. bis in die Zeit der Renaissance*, Leipzig-Berlin, Teubner, 1923, 2. Ausgabe, 2 Bde.

Reiners, L., *Stilkunst*, München, Beck, 1950, 3. Ausg.

Revue d'Esthétique, Paris, Presses universitaires, 1948 ff.

Rosenzweig, Fr., *Das älteste Systemprogramm des deutschen Idealismus. Ein handschriftlicher Fund mitgeteilt von*, in Sitzungsberichte der Heidelberger Akademie der Wissenschaften, Phil.-hist. Klasse, Jahrgang 1917, Heidelberg, Winter, 1917.

Soreil, A., *Introduction à l'histoire de l'esthétique française*, Lüttich, Vaillant-Carmanne, 1930.

Strich, Fr., *Deutsche Klassik und Romantik*, München, Beck, 1922.

Ueberweg-Heinze, *Grundriß der Geschichte der Philosophie*, Basel, Schwabe, 1953, 13. Ausgabe.

Valery, P., *Introduction à la poétique*, Paris, Gallimard, 1938.

Walter, J., *Die Geschichte der Ästhetik im Altertum*, Leipzig, Reisland, 1893.

Walzel, O., *Das Wortkunstwerk. Mittel seiner Erforschung*, Leipzig, Quelle und Meyer, 1926.

— *Poesie und Nicht-Poesie*, Frankfurt, Schulte-Bulmke, 1937.

Windelband, W., *Lehrbuch der Geschichte der Philosophie*, hrsg. v. Heimsoeth, Tübingen, Mohr (Siebeck), 1957, 15. Auflage.

Wölfflin, H., *Kunstgeschichtliche Grundbegriffe*, München, Bruckmann, 1915.

Zeitschrift für Ästhetik und allgemeine Kunstwissenschaft, hrsg. v. Dessoir, Stuttgart, Enke, 1906—1937.

NAMENREGISTER

Abälard, 9.
Addison, 9, 68, 117.
Alanus v. Lille, 116.
Alexander der Große, 149.
Alkuin, 116.
Algarotti, 117.
Anitchkov, 11, 18.
Aristoteles, 9, 21, 28, 83, 96, 114, 115, 116, 121, 122, 123, 124, 125, 129, 131, 143, 147, 150, 157, 161, 163, 171, 186, 197.
Armenini, 116.

Bacon, 13.
Basch, 198, 200, 201, 203, 217.
Batteux, 10, 23, 24, 117, 123, 125, 126.
BAUMGARTEN, 1, 2, 3, 4, 7—38, 39, 40, 41, 42, 43, 44, 45, 46, 48, 50, 51, 54, 55, 56, 61, 63, 64, 67, 68, 95, 98, 134, 152, 153, 154, 157, 161, 174, 184, 186, 188, 189, 190, 195, 198, 200, 210, 216, 220, 221, 223, 226, 228, 231, 232, 235.
Bäumler, 13, 19, 44.
Bayle, 68.
Bergmann, 8, 45.
Bernini, 78, 84.
Bilfinger, 14, 40.
Blümner, 115, 116, 119, 208, 227.
Bodmer, 1, 14, 15, 117, 167, 231.
Böhm, H., 42, 43, 44.
Böhm, W., 235.
Boileau, 9, 97.
Borinski, 70.
Bossuet, 11.
Bouhours, 76.
Braitmaier, 19, 47.
Breitinger, 1, 10, 14, 15, 117, 167.
Burke, 198, 200.

Calepio, 15.
Caravaggio, 78.
Cassirer, 235.

Cervantes, 9.
Chapelain, 123.
Christ, 68.
Cicero, 9, 21, 24, 29, 30, 186, 197.
Cohen, 15, 202, 214.
Corneille, 97, 100, 123, 124, 125, 129.
Croce, 8, 9, 20.
Curtius, 122, 125.
Curtius, L., 68.

Dacier, 122, 125, 171.
d'Alembert, 126.
Dante, 141, 163.
De Bruyne, 116, 126, 197.
de Marsy, 117.
de Piles, 68, 78, 92, 117.
Descartes, 186.
Diderot, 101, 109, 117, 118, 123, 124, 128.
Dilthey, 107.
Dio Chrysostomus, 115.
Dubos, 10, 12, 24, 68, 117, 200.
du Fresnoy, 117.

Edda, 9, 145.
Ermatinger, 168.
Ernesti, 68.
Euripides, 123, 150.

Fechner, 19.
Félibien, 68.
Fielding, 170.
Florus, 70.
Folkierski, 116.
Fontenelle, 9.

Gellert, 9.
Geßner, J. M., 68.
Geßner, S., 10.
Gilbert und Kuhn, 8, 20.
Goethe, 47, 67, 68, 70, 118, 119, 135, 136.
Gottsched, 1, 2, 10, 13, 20, 24, 89, 102, 108, 125, 231.
Gottschedin, 100.
Grappin, 20.

SACHREGISTER

Absicht, 74, 86, 90, 108, 131, 132, 133, 137, 164, 170, 216, 223.
„Abstraktion", 40.
Achtung, 197, 210.
acumen, 13, 40.
aestheticus, 16, 21.
Affektwirkung, 52, 86, 87, 88, 89, 93, 94, 97, 105, 106, 110, 112, 117, 120, 122, 123, 129, 165, 166, 170, 186, 187, 221, 223; s. Rührung.
Ähnlichkeit, 53, 91, 94, 114.
Allegorie, 35, 63, 71, 81, 83, 90, 111, 116, 117, 118, 167, 225.
Allgemein(heit), 91, 96, 97, 127, 152, 183, 191, 193, 198, 201, 202, 204, 205, 208, 210, 211, 233.
Altertum, 24, 30, 79, 83, 115, 145, 221.
Analogie, analogische Erkenntnis, 162, 163, 164, 177, 192, 194, 195.
analogon rationis, 10, 11, 13, 14, 20, 32, 33, 48, 186.
Angeboren(heit), 22, 23, 24, 25, 26, 36, 41, 51, 74, 154, 155, 214, 216.
angenehm, 49, 50, 59, 114, 121, 194, 196, 197, 199, 202.
anhängende (adhärierende) Schönheit, 189, 205, 206, 207, 210, 213.
Anmut(igkeit), 210.
Anschaulich(keit), 19, 54, 111, 112, 144.
Anstand, Anständigkeit, 51, 77, 80, 99.
Ästhetik: Definition, 7, 8, 9, 10, 13, 14, 15, 16, 17, 19, 20, 21, 40, 41, 45, 50; Autonomie der Ä., 3, 30, 36; praktische Ä., 7, 10, 14, 35, 41; theoretische Ä., 7, 14, 21, 35, 41.
ästhetische Idee, 216, 217—220, 221, 224, 225, 226, 228.
ästhetischer Horizont, 19, 28, 32, 189.
Aufklärung, 39, 48, 54, 55, 59, 71, 74, 89, 101, 109, 130, 133, 140, 175.
Ausdruck, 72, 76, 77, 79, 81, 83, 87, 88, 89, 92, 106, 111, 126, 144, 221.

Ausdrucksmittel, 62, 63, 64, 81, 89, 91, 92, 95, 110, 111, 112, 113, 116, 117, 118, 173, 222.

Barock, 67, 68, 73, 78, 79, 82, 84, 87, 88, 90, 99, 101, 118, 127, 128, 135.
βάθος, 29.
Baukunst, 62, 224, 225.
Begehrung(svermögen), 41, 55, 58, 60, 181, 184, 185, 193, 196, 197, 207, 209.
Begeisterung, 23, 24, 36, 155; s. impetus, Enthusiasmus.
Begierde, 22, 185, 196, 198, 207.
Begriff(lichkeit), 50, 64, 182, 183, 187, 188, 189, 190, 191, 198, 199, 202, 203, 204, 205, 206, 207, 213, 218, 219, 220, 232.
belehren, s. unterrichten.
belustigen, s. vergnügen.
Beredsamkeit, 218, 224, 228.
Beschreibung, 95, 112, 117, 118, 119, 120, 121, 129, 134, 174.
„Beurteilung", 199, 200, 201, 203, 204.
Beurteilungskraft, 11, 13, 51.
Bewunderung, 106, 124, 210.
Bezeichnungskraft, s. Darstellungsvermögen.
Bildhauerkunst, 62, 63, 93, 100, 105, 224, 225; B. und Malerei, 119, 171, 172, 227; griechische B., 62, 68, 79, 80, 87, 91, 110, 114, 172.
Billigung(svermögen), 60, 64, 185, 188, 207.
brevitas, 28.

certitudo (persuasio), 26, 34.
claritas (lux), 26, 33—34.
cogitatio(nes), 18, 21, 26, 27, 33.
cognitio, s. Erkenntnis.
consensus, 18, 28, 29, 33, 35, 37, 63.
correctionis studium, 23, 24, 221.

261

freies Spiel der Erkenntnisvermögen, 183, 188, 190, 196, 199, 201, 204, 208, 214, 218, 221, 223.

fruchtbarer (günstiger, kritischer, prägnanter) Augenblick, 63, 64, 114, 115, 117, 118, 220.

Furcht, 59, 107, 121, 122, 123, 125, 126, 170, 171.

furor poeticus, 24.

Gedächtnis (memoria), 11, 13, 22, 41, 188.

Gefallen, Mißfallen, 51, 52, 94, 98, 187, 188, 190, 191, 196, 197, 198, 199, 202, 203, 205, 207, 213, 219, 228.

Gefühl, 42, 49, 51, 52, 56, 58, 60, 63, 184, 185, 186, 188, 189, 190, 193, 194, 200, 208, 211, 232.

Gefühl der Lust und Unlust, 60, 181, 185, 186, 196, 202.

Gefühlsmäßige, das, 24, 105, 106, 137, 139, 142, 183, 184.

Geist, 13, 22; 165, 166, 167, 168, 175, 216, 218.

Gemeinsinn, 203, 204, 233.

Genie, 23, 24, 25, 35, 45, 49, 51, 53, 59, 61, 72, 74, 89, 90, 95, 98, 108, 119, 128, 129, 130, 131, 132, 133, 137, 149, 152—158, 160, 162, 169, 195, 208, 214—217, 221, 223, 224, 232.

genius, 23, 156, 162, 215.

Geschmack, 3, 15, 22, 39, 41, 49, 50, 51, 53, 54, 55, 69, 73, 74, 147, 149, 150, 156, 157—158, 161, 162, 169, 183, 184, 185, 188, 190, 191, 195, 198, 200, 212, 214, 221, 222, 223, 232.

Geschmacksurteil, 16, 63, 73, 139, 152, 159, 182, 183, 187, 189, 190, 191, 196, 197, 198, 199, 202, 205, 211, 212, 213, 232.

Gesetzmäßigkeit des Verstandes, 183, 219.

Gewissen, 161, 184, 195.

Gewißheit, 34, 35, 42.

gleichzeitige Künste, s. Nebeneinander.

Gott, 57, 62, 74, 75, 76, 101, 156, 163, 177.

Grazie, 77, 79, 210.

Griechen, 54, 69, 167.

Größe (magnitudo), 28—31, 35, 42, 80, 97, 102, 110, 111, 113, 209, 210.

Gründlichkeit, 34.

Handlung, 95, 111—112, 113, 120, 121, 129, 135, 164, 174.

Häßlichkeit, 21, 29, 73, 79, 80, 83, 86, 92, 100, 105, 106, 113, 114, 121, 126, 129, 152, 172, 225, 227.

heterokosmisch, 26, 33, 42, 228.

Herz, 22, 108, 123.

Historische, das, 147—151, 176, 219, 228.

historischer Sinn, 70, 83, 135, 142, 148.

Hochachtung, 210.

Ideal, ideale Schönheit, 62, 63, 68, 72, 76, 78, 91, 119, 206, 207, 208, 210, 232.

Idee, 70, 71, 72, 76, 79, 90, 153, 154, 164, 166—169, 175, 193, 218.

Identifizierung, 103, 104, 107, 121, 124, 165, 166, 167, 190.

Illusion, 57, 58, 59, 61, 63, 64, 94, 95, 96, 97, 102, 103, 106, 107, 111, 112, 116, 121, 122, 124, 127, 145, 159, 169, 170, 175, 220, 223.

impetus, 23, 24, 27, 153, 216, 221.

Individuelle, das, 1, 27, 28, 32, 37, 76, 78, 137, 138, 139, 140, 143, 151—158, 161, 162, 164, 165, 166, 167, 175, 176, 181, 199, 200, 217, 219, 220, 228.

ingenium, 13, 23, 24, 40, 156, 215, 216.

Inhalt, 27, 86, 87, 89, 90, 91, 92, 93, 94, 99, 101, 102, 107, 166, 167, 168, 220, 222.

Intellekt, s. Erkenntnisvermögen, obere.

intelligibles Substrat, 191, 192, 193, 217, 231. 233, 234.

„interessieren", 52, 53, 90, 99, 123, 124, 127.

judicium, 13, 35.

Katharsis, 124, 125, 127, 170, 171.

Kausalität (formale, subjektive), 60, 64, 196, 201.

klar, 13, 22, 27.

Klarheit, 33—34, 35, 42, 51, 52, 53, 79, 99, 124, 127, 144.

Klassik, 83, 88.

Klassizismus, 68; französischer K., 69, 175.

Komödie, 102, 103, 109, 124, 125, 126—127, 128, 171.

ARMAND NIVELLE

Frühromantische Dichtungstheorie

Groß-Oktav. VIII, 225 Seiten. 1970. Ganzleinen DM 48,—

KARL PESTALOZZI

Die Entstehung des lyrischen Ich

Studien zum Motiv der Erhebung in der Lyrik

Oktav. XVI, 364 Seiten. 1970. DM 24,—

GEORG WACKERL

Goethes Tag- und Jahres-Hefte

Groß-Oktav. VIII, 176 Seiten. 1970. Ganzleinen DM 34,—

(Quellen und Forschungen zur Sprach- und Kulturgeschichte der germanischen Völker,
Neue Folge 35 [159])

BRUNO MARKWARDT

Geschichte der deutschen Poetik

5 Bände und Ergänzungsband. Groß-Oktav. Ganzleinen.

Band 1: Barock und Frühaufklärung
3., um einen Nachtrag erweiterte Auflage. XII, 512 Seiten. 1964. DM 54,—

Band 2: Aufklärung, Rokoko, Sturm und Drang
2., unveränderte Auflage. VIII, 692 Seiten. 1970. DM 54,—

Band 3: Klassik und Romantik
VIII, 730 Seiten. 1971. DM 78,—

Band 4: Das neunzehnte Jahrhundert
VIII, 750 Seiten. 1959. DM 58,—

Band 5: Das zwanzigste Jahrhundert
VIII, 1032 Seiten. 1967. DM 128,—

Ergänzungsband: Strukturen und Perspektiven
des dichterischen Kunstwollens in der Gegenwart
In Vorbereitung

(Grundriß der germanischen Philologie Band 13)

Walter de Gruyter · Berlin · New York

KOMEDIA

Deutsche Lustspiele vom Barock bis zur Gegenwart

Texte und Materialien zur Interpretation

Herausgegeben von HELMUT ARNTZEN und KARL PESTALOZZI

Walter de Gruyter · Berlin · New York